W0223707

Savia

física y química

sm

4 ESO

Entrar en Saviadigital es fácil:

1. Escribe en internet la siguiente dirección: **smsaviadigital.com**
2. Regístrate e introduce el número de licencia que encontrarás en la página anterior.
3. Como solo debes registrarte una vez, anota tu **identificador** y **contraseña**.

CONOCE TU LIBRO

Entrada de la unidad

Empieza la unidad disfrutando de un texto relacionado con los contenidos que contextualiza la imagen y... **Abre tu mirada**.

Propuestas de actividades
Sirven para motivar, detectar lagunas, dificultades y conocimientos previos.

Ruta de aprendizaje
Cuestiones que te indican qué vas a aprender en la unidad.

Y tú, ¿qué opinas?
Cuestiones para promover tu opinión, el pensamiento crítico o la conciencia social.

Epígrafes

Los contenidos se exponen de manera ordenada y concisa, partiendo de un **contexto inicial** con situaciones reales y cercanas, para concluir con las ideas principales en un cuadro de color.

Mediante el icono **Savia**digital.com podrás acceder a vídeos, animaciones, actividades interactivas y enlaces web que te facilitarán la comprensión de los contenidos.

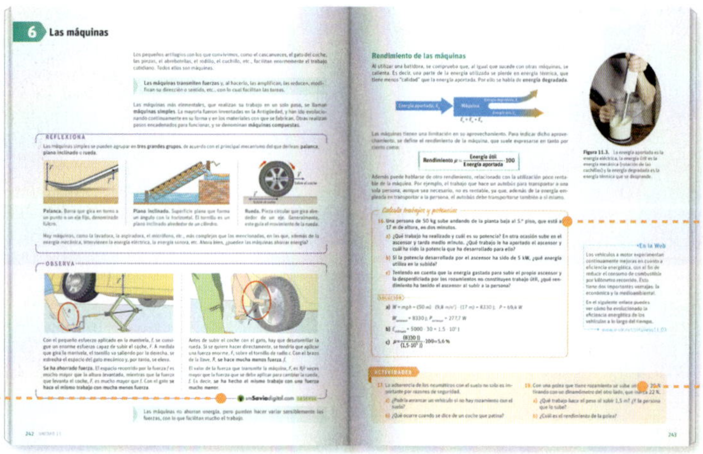

Dispones de **ejercicios resueltos** contextualizados que facilitan tu comprensión de los contenidos.

Actividades propuestas al final de cada epígrafe para que afiances los contenidos.

Repasa lo aprendido

Aquí encontrarás las respuestas a las cuestiones planteadas en la **ruta de aprendizaje** de la entrada.

Procedimientos de la ciencia

Explicación, paso a paso, de las técnicas más habituales de **trabajo en el laboratorio**.

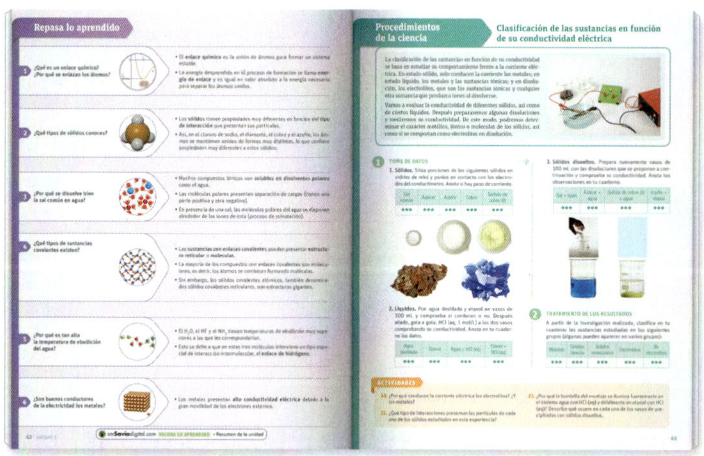

Actividades finales

Para terminar la unidad cuentas con cuatro páginas de **ejercicios y problemas contextualizados** para profundizar y trabajar lo aprendido.

Se intercalan **ejercicios resueltos** que te facilitarán la resolución de las actividades.

Los ejercicios están organizados por los **contenidos** desarrollados y clasificados por **nivel de dificultad**.

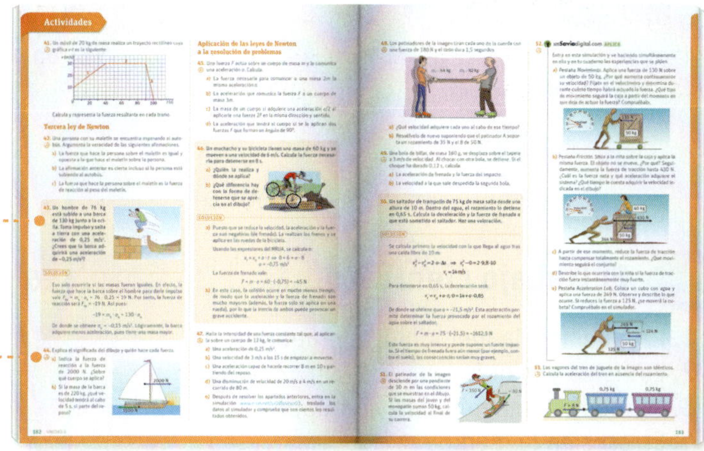

Ponte a prueba

Problemas y actividades PISA

Problemas presentados desde un contexto, extraídos de las pruebas PISA o inspirados en ellas.

Autoevaluación

Cuestiones para que evalúes los conocimientos adquiridos al finalizar la unidad. Dispones de las soluciones en las páginas finales del libro.

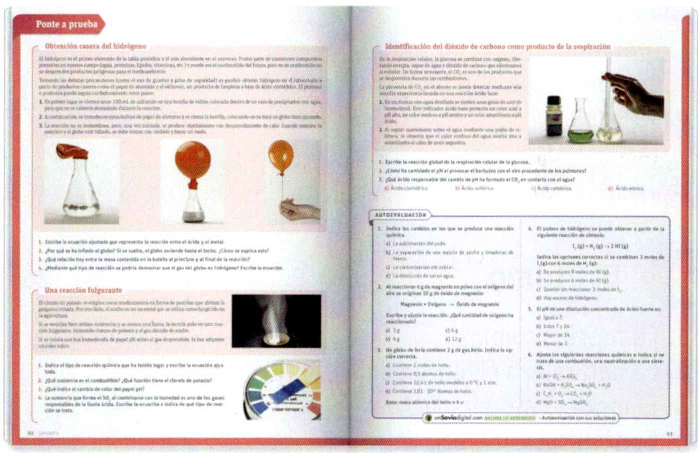

CONOCE **Savia**digital www.sm**Savia**digital.com

Saviadigital te ofrece más recursos y actividades para aprender y profundizar en los contenidos.

OBSERVA	Vídeos y animaciones para facilitarte la comprensión de los contenidos.
PRACTICA	Animaciones que te ayudan a entender el significado de algunas leyes o teorías.
APLICA	Actividades interactivas con las que resolverás ejercicios de una manera diferente.
INVESTIGA	Enlaces externos en los que ampliarás la información.
VALORA LO APRENDIDO	Resumen y autoevaluación de la unidad.

En tu libro aparecen llamadas para que sepas qué recursos hay en **Savia**digital.

sm**Savia**digital.com
APLICA Ajusta las ecuaciones químicas que se proponen

Para acceder a **Savia**digital, sigue los pasos que encontrarás al abrir este libro.

ÍNDICE

9 Fuerzas de especial interés

Abre tu mirada

Con frecuencia se escucha que los astronautas que orbitan la Tierra están experimentando la denominada "gravedad cero". Sin embargo, la fuerza de gravedad sobre la nave y sobre los astronautas, si bien inferior a la que existe en la superficie terrestre, no es nula. La sensación de gravedad cero se debe a que tanto la nave como el astronauta giran alrededor del planeta con la misma aceleración, en una especie de "caída libre".

- ¿Qué es la fuerza centrípeta?
- ¿Cómo se enuncia la ley de gravitación universal?
- Si todos los objetos caen hacia la Tierra, ¿por qué no cae la Luna?

Piensa y reflexiona

¿Cuáles de los siguientes fenómenos se explican gracias a la fuerza de la gravedad?

a) La atracción entre dos imanes

b) La caída de los objetos

c) Las mareas

d) La atracción protón-electrón

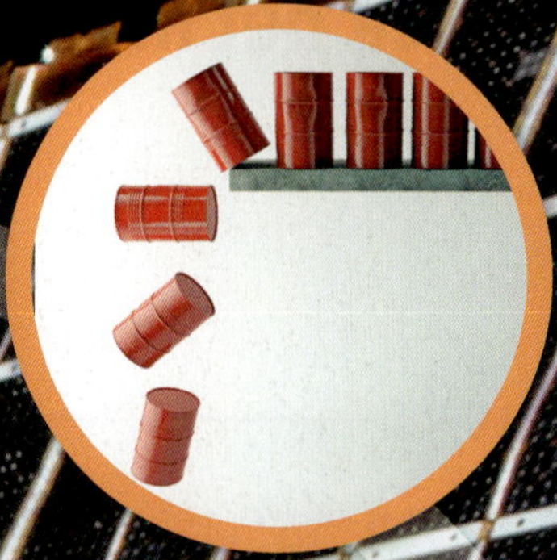

Analiza y determina

¿Crees que la fricción o rozamiento es un problema para llevar a cabo nuestras actividades diarias? ¿En qué situaciones ayuda y en cuáles perjudica?

Y tú, ¿qué opinas?

Desde hace unos años, algunas empresas privadas han puesto en marcha programas de turismo espacial privado, que permitirán a las personas que lo deseen realizar viajes por el espacio. Como es lógico, este tipo de viaje o aventura espacial solo será accesible a personas con un elevado poder adquisitivo. Debate con tus compañeros sobre esta nueva "oferta turística".

- ¿Qué fenómenos naturales se pueden explicar a través de las fuerzas gravitatorias?
- ¿Qué fuerzas intervienen sobre los objetos que se desplazan?

1 Dinámica del movimiento circular

En la naturaleza se pueden observar multitud de movimientos circulares, en los que la velocidad cambia continuamente de dirección. Como hemos estudiado en la unidad 8, este cambio se debe a la acción de una fuerza.

REFLEXIONA

En cada una de estas situaciones, ¿hacia dónde se dirige la fuerza responsable del cambio de movimiento?

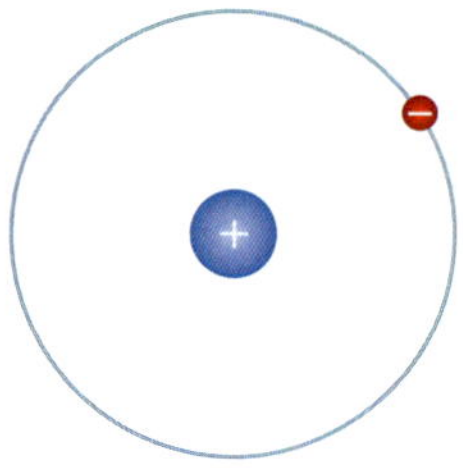

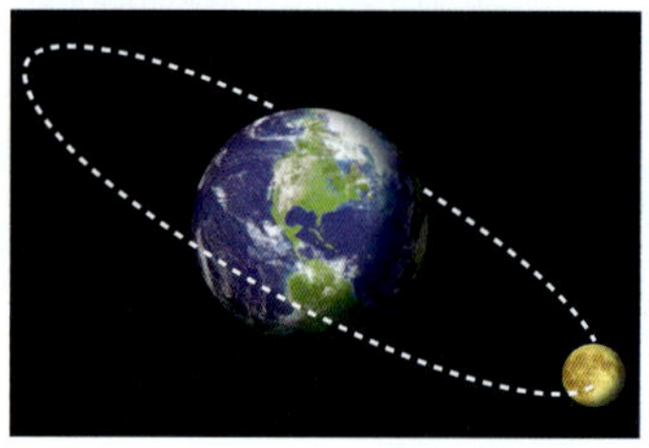

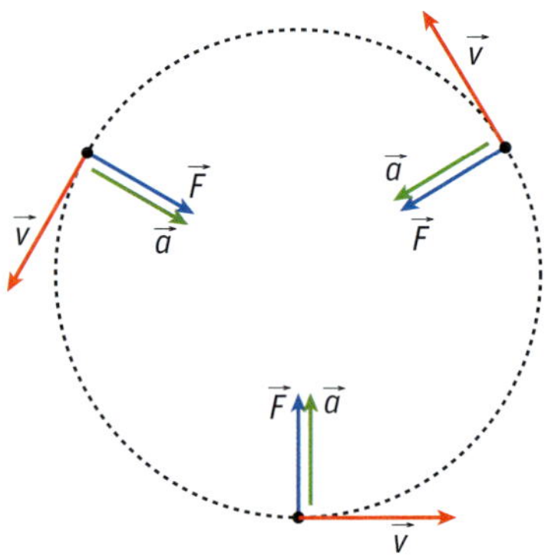

Figura 9.1. En el movimiento circular uniforme, tanto la aceleración como la fuerza neta están dirigidas hacia el centro de la circunferencia.

En estos ejemplos, la aceleración del cuerpo que se mueve va dirigida hacia el centro de su trayectoria. Se denomina **aceleración normal** o **centrípeta** y, como se vio, su valor es:

$$a_n = \frac{v^2}{R} = \omega^2 \cdot R$$

Al estudiar los principios de la dinámica, se estableció una relación entre la fuerza que actúa sobre un objeto y la aceleración que adquiere. Si dicha aceleración va dirigida hacia el centro, debe existir en todo movimiento circular una fuerza dirigida igualmente hacia el centro de la trayectoria, que se denomina **fuerza normal** o **centrípeta**.

ACTIVIDADES

1. smSaviadigital.com

OBSERVA

Entra en esta simulación y observa los vectores velocidad y aceleración dentro y fuera del tubo en el primer caso del ejercicio resuelto 1.

En el segundo caso, ¿qué trayectoria seguiría la bola si se rompiese en las posiciones A, B y C? Dibuja el vector velocidad. A continuación, comprueba en la simulación si tus respuestas son correctas.

Razona qué ocurre si desaparece la fuerza centrípeta

1. **Sobre una mesa se ha dispuesto un tubo grueso de plástico transparente doblado en forma de circunferencia (incompleta). Se ha lanzado una bola de acero por un extremo. ¿Qué trayectoria seguirá la bola al salir del tubo?**

Imagina ahora que sobre la misma mesa tenemos otra bola atada a un hilo que se ha fijado por el otro extremo con un clavo. De las cuatro trayectorias que se muestran en el dibujo, ¿cuál seguirá la bola si se rompe el hilo?

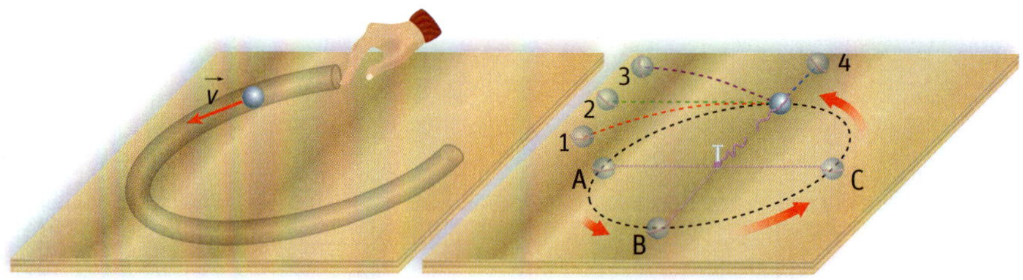

SOLUCIÓN

Dentro del tubo, las fuerzas que actúan sobre la bola la obligan a "torcer" continuamente. Una vez que queda liberada, esas fuerzas desaparecen y la bola mantiene un movimiento rectilíneo uniforme, suponiendo que no haya rozamiento.

Aplicando la misma consideración al segundo caso, se ve que las trayectorias 1, 3 y 4 son imposibles. En efecto, sabemos que, en ausencia de una fuerza resultante, un objeto mantiene su movimiento rectilíneo y uniforme. Las trayectorias 1 y 3 no son rectilíneas. Además, dado que la velocidad es tangente a la trayectoria en cada punto, la trayectoria 4 tampoco es posible. La trayectoria que sigue la bola es la 2.

La segunda ley aplicada al movimiento circular uniforme

Si se aplica la segunda ley de Newton a la situación descrita en la página anterior, obtenemos una expresión para la fuerza centrípeta:

$$\vec{F}_n = m \cdot \vec{a}_n \quad \Rightarrow \quad \boxed{F_n = m \cdot \frac{v^2}{R}}$$

El efecto de la fuerza centrípeta no es modificar el módulo de la velocidad del objeto, sino hacer que cambie continuamente de dirección.

Deduce otras expresiones para la fuerza centrípeta

2. **A partir de las expresiones cinemáticas estudiadas para el movimiento circular uniforme, deduce y explica la expresión $F_n = m \cdot \omega^2 \cdot R$. A continuación, expresa la velocidad y la fuerza normal en función del período del movimiento circular.**

SOLUCIÓN

La velocidad lineal y angular de un *MCU* vienen relacionadas por el radio de la trayectoria, $v = \omega \cdot R$. Si se sustituye en la expresión de la segunda ley, resulta:

$$F_n = m \cdot \frac{v^2}{R} = m \cdot \frac{(\omega \cdot R)^2}{R} = m \cdot \omega^2 \cdot R$$

Puesto que la velocidad angular puede expresarse como $\omega = 2\pi/T$, resulta:

$$v = \omega \cdot R = \frac{2\pi \cdot R}{T} \qquad\qquad F_n = m \cdot \omega^2 \cdot R = m \cdot \frac{4\pi^2}{T^2} \cdot R$$

Aplica la segunda ley al movimiento circular uniforme

3. **Observa la imagen. Una pequeña bola de plástico o corcho se ha atado a una cuerda que se ha hecho pasar por un tubo cilíndrico. En el otro extremo se ha atado un contrapeso que tensiona la cuerda. Si se comienza a hacer girar la bola a una velocidad adecuada, el contrapeso queda equilibrado en una posición.**

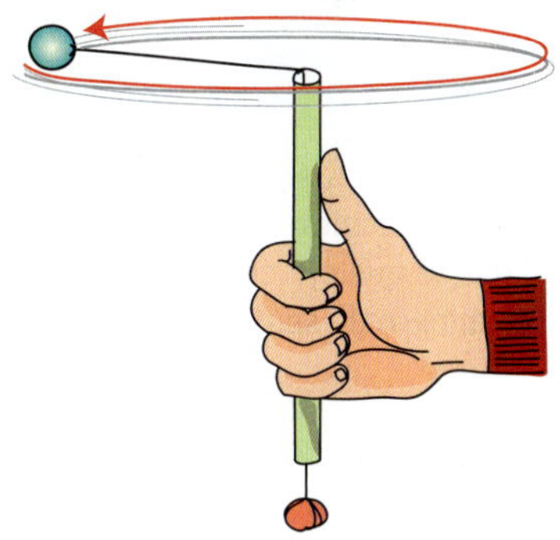

a) **Dibuja el vector de la fuerza que actúa sobre la bola. A continuación, dibuja los vectores velocidad y aceleración en la masa que gira.**

b) **Si la masa que gira es de 120 g y la cuerda ejerce sobre ella una fuerza de 15 N, ¿qué velocidad lineal habrá adquirido cuando el radio de giro sea de 40 cm?**

c) **Calcula la fuerza necesaria para que la masa dé cuatro vueltas cada segundo manteniendo el radio de giro.**

SOLUCIÓN

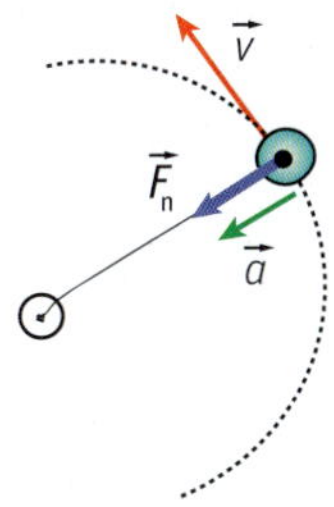

a) Los vectores están dispuestos tal como indica la figura de la derecha.

b) Se despeja la velocidad en la expresión de la fuerza normal y se meten los valores:

$$v^2 = \frac{F_n \cdot R}{m} \quad \Rightarrow \quad v = \sqrt{\frac{F_n \cdot R}{m}} = \sqrt{\frac{(15\,\text{N}) \cdot (0{,}4\,\text{m})}{0{,}12\,\text{kg}}} = 7{,}1\,\text{m/s}$$

c) Si la masa da cuatro vueltas cada segundo, dado que cada vuelta son 2π radianes, la velocidad angular será $\omega = 8\pi$ rad/s. Por tanto, la fuerza necesaria será:

$$F_n = m \cdot \omega^2 \cdot R = (0{,}12\ \text{kg}) \cdot (8\pi\ \text{rad/s})^2 \cdot (0{,}4\ \text{m}) = 30{,}3\ \text{N}$$

2 Ley de gravitación universal. El peso

Figura 9.2. ¿Por qué no se cae la Luna como lo hace la manzana?

Isaac Newton se preguntó por qué los cuerpos celestes giran unos en torno a otros mientras que los objetos abandonados a cierta altura caen hacia la Tierra. Partiendo de las teorías de Copérnico, Kepler y Galileo, Newton consiguió formular una ley de aplicación universal que se convirtió rápidamente en uno de los pilares de la física.

REFLEXIONA

Disponemos una plomada colgada de un hilo. ¿Qué dirección marca? ¿Qué trayectoria seguirá si cortamos el hilo?

Imagina que hubiera un agujero interminable sobre el suelo. ¿Qué movimiento describiría la plomada?

Si fuera posible observar los objetos que hay en la superficie de nuestro planeta "desde fuera", los veríamos alineados de un modo peculiar. ¿A qué se debe esto? ¿Qué los mantiene "pegados" a su posición?

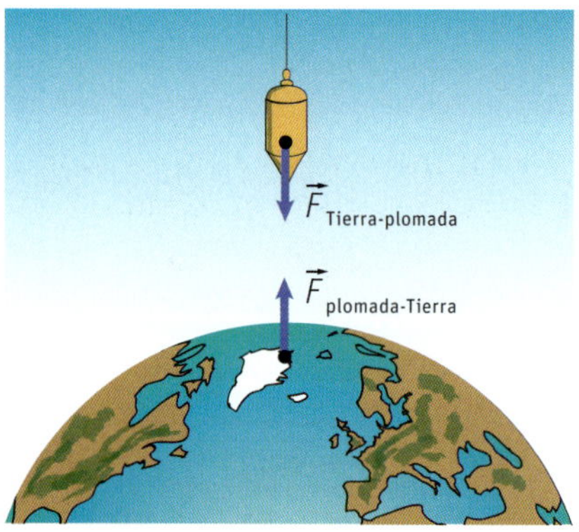

Figura 9.3. La fuerza que ejerce la Tierra sobre la plomada es, en módulo, igual que la que ejerce la plomada sobre la Tierra, pero de sentido contrario.

Debe existir una fuerza que actúa sobre la plomada, dirigida en todo momento hacia el centro de la Tierra. De acuerdo con la tercera ley, la plomada ejerce a su vez una fuerza de atracción sobre la Tierra, igual y opuesta a la anterior. Newton estableció que dichas fuerzas son solo un caso particular de fuerzas que aparecen entre cada pareja de cuerpos y estableció su **ley de gravitación universal**:

> Todo par de cuerpos separados una distancia r se atraen entre sí con una fuerza directamente proporcional al producto de sus masas, m_1 y m_2, e inversamente proporcional al cuadrado de la distancia entre ellos:
>
> $$F = G \cdot \frac{m_1 \cdot m_2}{r^2}$$

En esta expresión, m_1 y m_2 son las masas de los cuerpos, expresadas en kg; r es la distancia en metros entre los centros de gravedad de cada cuerpo, y G es la **constante de gravitación universal**, cuyo valor es:

$$G = 6{,}67 \cdot 10^{-11}\ \text{N m}^2/\text{kg}^2$$

ACTIVIDADES

2. Interpreta la expresión siguiente, referida a la Tierra y a una plomada situada cerca de su superficie.

$$F = \left(6{,}67 \cdot 10^{-11}\ \frac{\text{N} \cdot \text{m}^2}{\text{kg}^2}\right) \cdot \frac{M_T \cdot m_p}{(6{,}37 \cdot 10^6\ \text{m})^2}$$

a) ¿Qué significan las letras M_T y m_p? ¿De dónde procede el valor $6{,}37 \cdot 10^6$ m?

b) ¿Qué datos se necesitan para calcular la fuerza con que se atraen la Tierra y la plomada?

Calcula la fuerza con que se atraen dos cuerpos

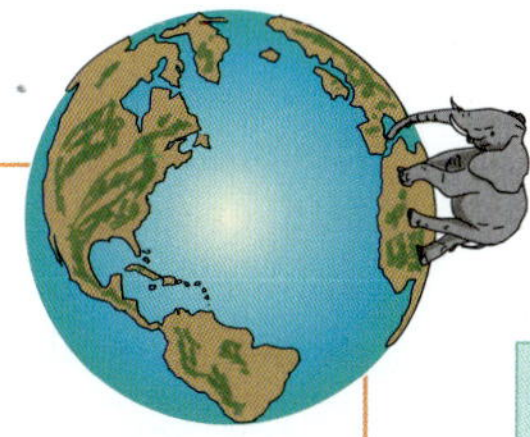

4. **Calcula la fuerza con que se atraen mutuamente la Tierra y un elefante de 6500 kg situado en su superficie.**

Calcula después la fuerza con que se atraen dos portaviones de 10^5 t cada uno separados 150 m.

Datos: M_T = 5,97 · 10^{24} kg; R_T = 6370 km

SOLUCIÓN

En el primer caso se supone que toda la masa de la Tierra se encuentra en el centro de masas, situado en su centro:

$$F = \left(6{,}67 \cdot 10^{-11}\ \frac{\text{N} \cdot \text{m}^2}{\text{kg}^2}\right) \cdot \frac{5{,}97 \cdot 10^{24}\ \text{kg} \cdot 6500\ \text{kg}}{(6{,}37 \cdot 10^6\ \text{m})^2} = 6{,}38 \cdot 10^4\ \text{N}$$

En el caso de los portaviones, la fuerza resulta insignificante:

$$F = \left(6{,}67 \cdot 10^{-11}\ \frac{\text{N} \cdot \text{m}^2}{\text{kg}^2}\right) \cdot \frac{10^8\ \text{kg} \cdot 10^8\ \text{kg}}{(150\ \text{m})^2} = 29{,}6\ \text{N}$$

Cuerpo	m (kg)	R (m)
Sol	1,99 · 10^{30}	6,96 · 10^8
Luna	7,35 · 10^{22}	1,74 · 10^6
Mercurio	3,30 · 10^{23}	2,43 · 10^6
Venus	4,87 · 10^{24}	6,06 · 10^6
Tierra	**5,97 · 10^{24}**	**6,37 · 10^6**
Marte	6,42 · 10^{23}	3,43 · 10^6
Júpiter	1,90 · 10^{27}	6,99 · 10^7
Saturno	5,69 · 10^{26}	5,98 · 10^7
Urano	8,68 · 10^{25}	2,33 · 10^7
Neptuno	1,02 · 10^{26}	2,21 · 10^7

El peso

El **peso** es la fuerza con que la Tierra atrae a los cuerpos. Esta fuerza es proporcional a la masa de cada cuerpo.

La expresión de la fuerza gravitatoria se puede expresar así:

$$F\ (\text{peso}) = G \cdot \frac{M_T \cdot m}{R_T^2} = m \cdot \left(\frac{G \cdot M_T}{R_T^2}\right) = m \cdot g$$

La magnitud entre paréntesis es constante para la Tierra y se llama g. Su valor es:

$$g = G \cdot \frac{M_T}{R_T^2} = \left(6{,}67 \cdot 10^{-11}\ \frac{\text{N} \cdot \text{m}^2}{\text{kg}^2}\right) \cdot \frac{5{,}97 \cdot 10^{24}\ \text{kg}}{(6{,}37 \cdot 10^6\ \text{m})^2} = 9{,}81\ \text{m/s}^2$$

Esta magnitud, conocida como **aceleración de la gravedad**, también expresa la fuerza que la Tierra ejerce sobre cada kilogramo de masa situado en su superficie (9,8 N/kg). Conocida esta magnitud, resulta muy útil expresar el peso como el producto $P = m \cdot g$.

Ten en cuenta

El valor de g disminuye con la altura, ya que aumenta el valor del denominador en su expresión matemática:

$$g = G \cdot \frac{M_T}{r^2} = G \cdot \frac{M_T}{(R_T + h)^2}$$

Calcula el peso a una determinada altura

5. **Compara el peso del elefante de 6500 kg en la superficie de la Tierra con el que tendría si estuviera en un Boeing 747 a 12 500 m de altitud**

SOLUCIÓN

A 12 500 m de altitud, el peso del elefante (y de cualquier cuerpo) será lógicamente menor que en la superficie, pues la distancia al centro de la Tierra es mayor:

$$F = \left(6{,}67 \cdot 10^{-11}\ \frac{\text{N} \cdot \text{m}^2}{\text{kg}^2}\right) \cdot \frac{5{,}97 \cdot 10^{24}\ \text{kg} \cdot 6500\ \text{kg}}{(6{,}37 \cdot 10^6\ \text{m} + 12\,500\ \text{m})^2} = 6{,}35 \cdot 10^4\ \text{N}$$

Este peso es solo un 0,4 % menor que el peso en la superficie de la Tierra.

ACTIVIDADES

3. Interpreta el significado del dibujo, en el que se ha despreciado el rozamiento. ¿Cuál es el resultado del cociente en cada caso? ¿Resultarían los tres cocientes iguales si los midiéramos en otro planeta?

3 La caída libre y los satélites

Hemos estudiado anteriormente la **masa**, *m*, como una propiedad intrínseca de cada objeto, es decir, que acompaña a ese objeto esté donde esté. Por el contrario, el **peso**, *mg*, definido como la fuerza gravitacional que actúa sobre un cuerpo, depende de su masa y de otras variables, como el lugar donde esté ese cuerpo.

La sensación de peso que experimenta un ser vivo le llega del medio que lo rodea; por ejemplo, de la fuerza que ejerce sobre el suelo y de la reacción del suelo sobre aquel.

Caída libre

REFLEXIONA

El ascensor A, que se encuentra detenido, tiene una balanza de baño en el suelo. Si se sube a ella una persona, ¿qué marcará la balanza?

Si se rompiera el cable del ascensor, la aguja de la balanza se pondría en cero. ¿Por qué? ¿Se ha quedado sin peso esa persona? ¿Está en gravedad cero?

Imagina que el ascensor sigue cayendo con la persona en su interior.

Si saca una manzana del bolsillo y la suelta. ¿Qué ocurrirá? ¿Con qué aceleración cae el ascensor? ¿Y la persona? ¿Y la manzana?

En la imagen se observa a un tripulante de la Estación Espacial Internacional (EEI) con algunas piezas de fruta "flotando" junto a él.

Puede parecer sorprendente que aparezca esta imagen junto a las dos anteriores. ¿Qué relación guardan?

smSaviadigital.com OBSERVA

En ambas situaciones se puede decir que las manzanas están "cayendo".

La atracción que ejerce la Tierra sobre la persona o sobre cualquier objeto dentro del ascensor es la misma tanto si este está quieto como si cae. No es posible decir que esa persona se ha quedado sin gravedad. Tampoco es correcto decir que los tripulantes de la estación espacial estén en gravedad cero. De hecho, la aceleración de la gravedad en la órbita que sigue la estación espacial, situada a unos 400 km de altura, es solo un poco menor que en la superficie terrestre, y vale 8,69 m/s^2. Para alcanzar la gravedad cero, la estación debería estar infinitamente alejada de cualquier estrella o planeta.

Al romperse el cable, el ascensor cae con la misma aceleración que la persona y que los demás objetos. En efecto, si se aplica la segunda ley a un ascensor sobre el que solo actúa la gravedad, podremos calcular la aceleración:

$$peso_{ascensor} = m_{ascensor} \cdot a_{ascensor} \Rightarrow m_{ascensor} \cdot g = m_{ascensor} \cdot a_{ascensor} \Rightarrow a_{ascensor} = g$$

Y si se aplica a la persona o a la manzana, resulta:

$$peso_{manzana} = m_{manzana} \cdot a_{manzana} \Rightarrow m_{manzana} \cdot g = m_{manzana} \cdot a_{manzana} \Rightarrow a_{manzana} = g$$

La **caída libre** es el movimiento de un cuerpo bajo la acción exclusiva de la fuerza gravitatoria. Se trata de un movimiento cuya aceleración es el valor de *g* en ese lugar.

ACTIVIDADES

4. Comenta la siguiente frase: "No debe confundirse el término ingravidez con el de caída libre."

5. La aceleración de la gravedad en la superficie de la Luna es g_L = 1,6 m/s^2. ¿Qué distancia recorrerá un objeto durante 2 s en caída libre en la Luna, si parte del reposo? Compáralo con su recorrido en la Tierra.

Satélites en caída libre

Cuando sobre un cuerpo solo actúan fuerzas gravitatorias, dicho cuerpo cae libremente con una aceleración g. Ahora bien, ¿por qué no cae entonces la Luna, o cualquier otro satélite, como la EEI? ¿O sí lo hacen, pero de distinta manera?

INTERPRETA

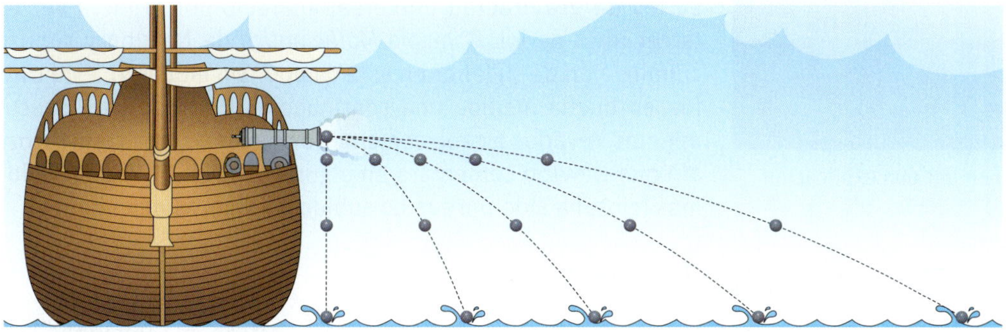

Inicialmente, el cañón del barco ha dejado caer una bala sin ningún impulso. A continuación, lanza sucesivos proyectiles, cada vez con más velocidad. En estos disparos, la bala adquiere cierta velocidad horizontal de salida y recorre trayectorias cada vez más amplias hasta chocar con el agua.

Es posible prolongar el dibujo, suponiendo velocidades crecientes del proyectil y teniendo en cuenta la curvatura de la Tierra. La situación sería entonces similar a la que se muestra a la derecha. En ambos casos puede decirse que **los proyectiles caen libremente**.

Newton ideó esta situación imaginaria: un cañón situado en la cima de una montaña dispara proyectiles con velocidad creciente, de modo que van cayendo en puntos cada vez más alejados del origen.

smSaviadigital.com **OBSERVA**

Newton se dio cuenta de que la velocidad horizontal comunicada al proyectil puede llegar a convertirlo en un satélite que recorra una circunferencia alrededor de la Tierra. Puesto que se trata de un movimiento circular uniforme y la única fuerza que actúa sobre el satélite es la atracción gravitatoria, se puede escribir la segunda ley considerando que "a" es la aceleración normal o centrípeta:

$$F_{\text{Tierra-satélite}} = m_{\text{satélite}} \cdot a_{\text{n}} = m_{\text{satélite}} \cdot \frac{v^2}{r} \quad \Rightarrow \quad G \cdot \frac{M_{\text{Tierra}} \cdot m_{\text{satélite}}}{r^2} = m_{\text{satélite}} \cdot \frac{v^2}{r}$$

Despejando la velocidad del proyectil en la órbita, resulta:

$$v_{\text{orbital}} = \sqrt{G \cdot \frac{M_{\text{Tierra}}}{r}}$$

La **velocidad orbital** de un satélite en su órbita terrestre, v_{orbital}, depende solo de la masa de la Tierra y de la distancia entre ambos cuerpos.

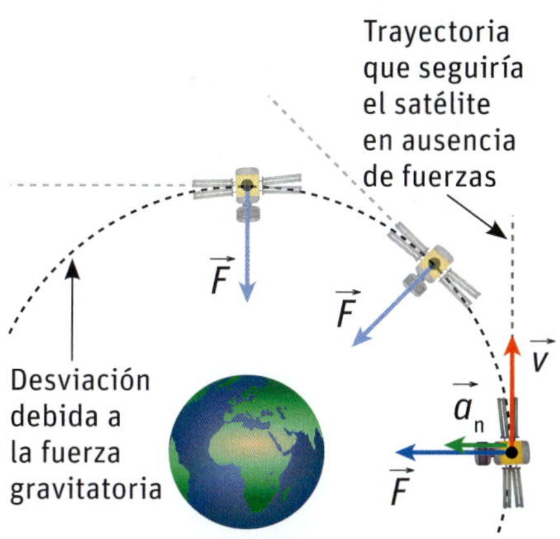

Figura 9.4. La trayectoria circular que sigue un satélite alrededor de la Tierra se debe a la fuerza de la gravedad.

Para concluir, es posible establecer la conexión entre el movimiento del satélite y de la manzana de la página anterior: ambos cuerpos se mueven bajo la acción exclusiva de fuerzas gravitatorias, luego ambos se encuentran en caída libre.

ACTIVIDADES

6. La distancia entre los centros de la Tierra y la Luna es de 380 000 km. ¿Qué otros datos son necesarios para calcular la velocidad de giro de la Luna en torno a la Tierra? A partir de estos datos, calcula la velocidad orbital, la velocidad angular y el período de revolución de la Luna.

4 La ley de gravitación en algunos fenómenos naturales

Figura 9.5. Newton fue el primer científico en dar una explicación certera del movimiento planetario.

Newton aplicó sus principios de la dinámica a los objetos celestes sin una base experimental. Sin embargo, su explicación de los fenómenos gravitatorios funcionaba a la perfección y ofrecía una explicación excelente de muchos fenómenos naturales, como la caída de los cuerpos, el movimiento de la Luna alrededor de la Tierra o de los planetas alrededor del Sol, las mareas o el movimiento de los cometas.

La **ley de gravitación universal** apareció por primera vez en el tercer libro de los *Principia Mathematica* de Newton y supuso la culminación de su labor en este campo. Sin embargo, este trabajo fue en buena medida una continuación de trabajos y descubrimientos llevados a cabo con anterioridad por otros científicos. De ahí que Newton comentara en alguna ocasión: "Si he logrado ver más lejos, ha sido porque he subido a hombros de gigantes".

El movimiento planetario

Unos cincuenta años antes de los *Principia Mathematica*, el astrónomo **Johannes Kepler** (1571-1630) había dado una descripción detallada del movimiento de los planetas con respecto al Sol, basada en los datos recopilados por su maestro **Tycho Brahe** (1546-1601) sobre la posición de los planetas en sus movimientos por el firmamento.

La descripción empírica de Kepler ha pasado a la historia como las tres **leyes de Kepler**, que fueron posteriormente justificadas con la ley de gravitación de Newton.

Leyes de Kepler

Primera ley	Segunda ley	Tercera ley
La trayectoria de cada planeta en torno al Sol es una elipse de baja excentricidad, en uno de cuyos focos se encuentra el Sol.	Cada planeta se mueve de manera que la línea imaginaria trazada desde el Sol al planeta barre áreas iguales en tiempos iguales.	El cuadrado del período de revolución del planeta en torno al Sol es proporcional al cubo de la distancia promedio planeta-Sol.

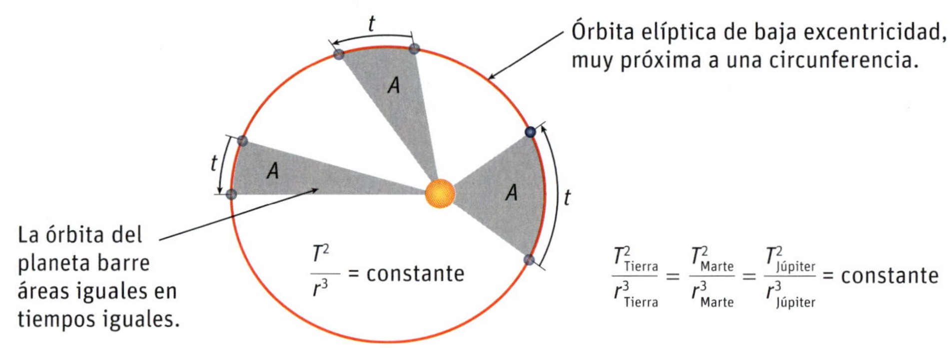

La constante de proporcionalidad de la tercera ley de Kepler es idéntica para todos los planetas, algo que solo puede justificarse mediante la ley de gravitación universal.

ACTIVIDADES

7. smSaviadigital.com PRACTICA

Entra en esta simulación y visualiza el *applet* de cada una de las leyes. Calcula la constante de la tercera ley de Kepler a partir de los datos del satélite del ejemplo.

8. Analiza el significado de la segunda ley de Kepler.

a) ¿Se puede decir que el movimiento del planeta es uniforme?

b) Busca información para saber si la Tierra se mueve más deprisa cuando es verano en el hemisferio Norte.

Las mareas

Si bien Kepler sostenía que la acción combinada del Sol y de la Luna era la responsable de las mareas terrestres, esta hipótesis no fue aceptada por otros científicos. Algún tiempo después, este fenómeno encontró explicación a partir de la fuerza de atracción gravitatoria de Newton. En efecto, las mareas son variaciones en el nivel del mar debidas a la atracción gravitatoria que el Sol y la Luna ejercen sobre diferentes puntos de la superficie terrestre.

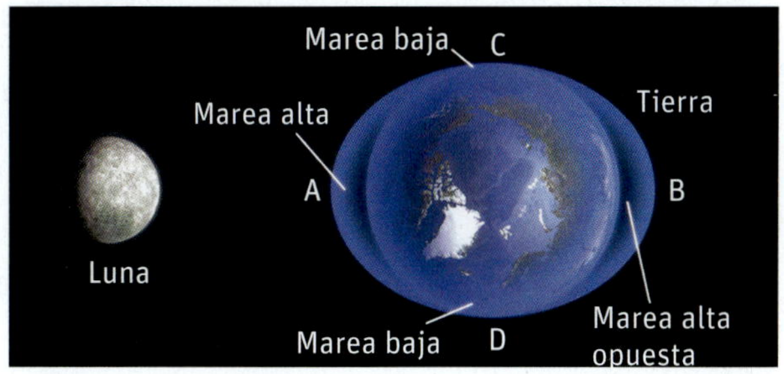

La Tierra gira sobre sí misma de modo que cualquier punto de la superficie se alinea con la Luna dos veces cada veinticuatro horas, lo que produce dos **mareas altas**: una cuando la Luna está en el punto más alto sobre el horizonte (A) y otra cuando está en las antípodas de dicho punto (B). Simultáneamente, mientras la masa de agua se alarga en los puntos mencionados, se produce una **marea baja** en los puntos situados perpendicularmente (C y D).

OBSERVA

El efecto del Sol sobre la masa de agua es menor que el de la Luna, ya que se encuentra mucho más lejos, pero el efecto conjunto de ambos astros da lugar a un tipo particular de mareas.

- Cuando el Sol y la Luna están alineados (luna llena y luna nueva), sus efectos atractivos sobre la masa de agua se suman y producen las **mareas vivas**.
- Cuando los astros están en posiciones perpendiculares (Luna en cuarto creciente y decreciente), se compensan los efectos y tenemos **mareas muertas**.

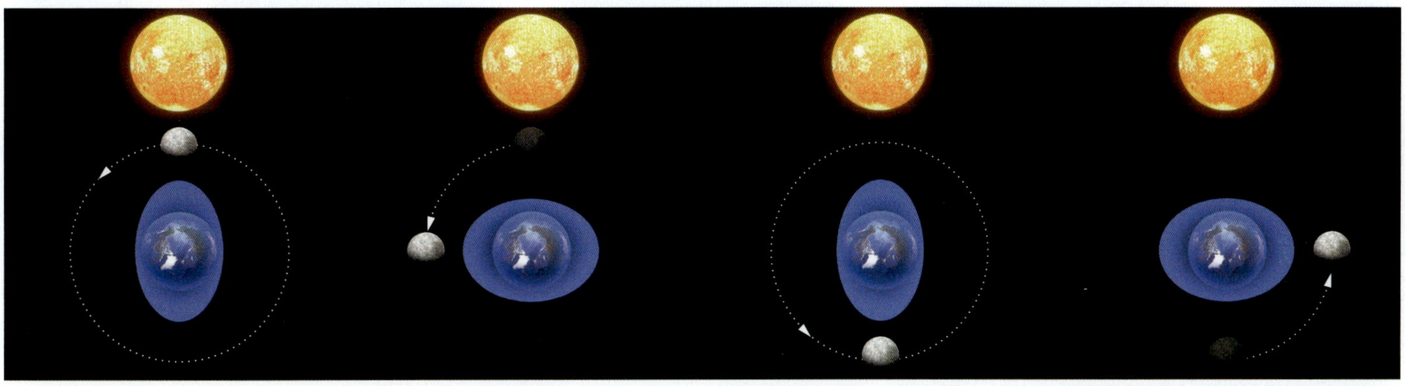

1. Luna nueva; marea viva. 2. Siete días después. Cuarto creciente; marea muerta. 3. Catorce días después. Luna llena; marea viva. 4. Veintiún días después. Cuarto decreciente; marea muerta.

Las trayectorias de los cometas

Un nuevo éxito de la propuesta newtoniana para explicar el funcionamiento del universo tuvo lugar cuando **Edmund Halley** (1656-1742) pudo calcular la órbita elíptica de un cometa y predecir su regreso.

Desde la Antigüedad se tenía noticia de la aparición de estos objetos brillantes de larga cola, si bien no se sospechaba que el mismo cometa retornaba una y otra vez. La ley de gravitación permitió a Halley asegurar que las apariciones de 1607 y 1682 eran del mismo objeto celeste, y que volvería a presentarse en 1758. Cuando en esta última fecha se cumplió su predicción, el cometa fue bautizado con su nombre.

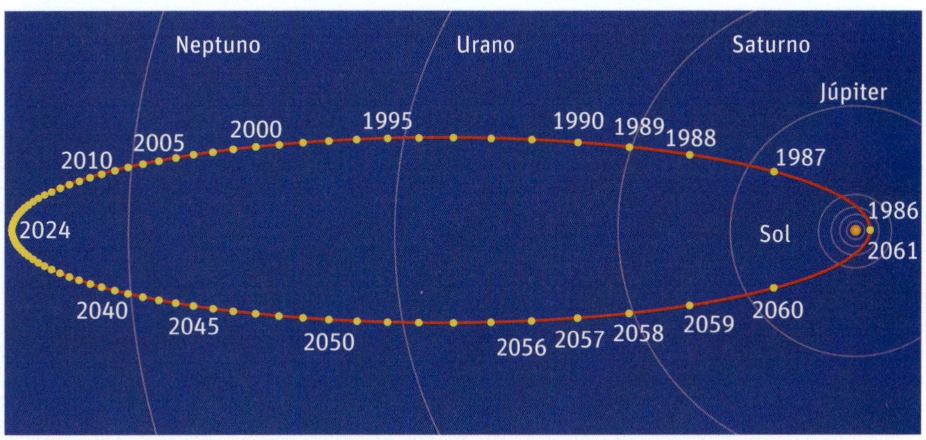

Figura 9.6. La gráfica muestra la posición del cometa Halley desde 1986 hasta su retorno previsto para el año 2061.¿Dónde está ahora el Halley?. ¿Cómo se explica la acumulación de puntos en el extremo más alejado de su órbita?

5 Fuerza peso, fuerza normal, tensión y rozamiento

Para predecir el movimiento de un objeto es preciso conocer las fuerzas que actúan sobre el mismo y hacer uso de los tres principios de la dinámica. Si solo intervienen fuerzas de naturaleza mecánica, puede hablarse de fuerzas peso, fuerzas normales, tensiones y rozamientos.

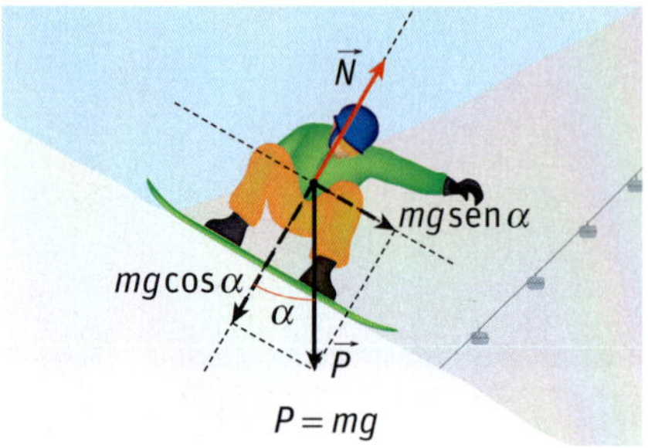

Fuerza peso y fuerza normal

Como hemos visto, el **peso**, $\vec{P}$, de un cuerpo es la fuerza con que la Tierra lo atrae. Esta fuerza está dirigida en todo momento al centro de la Tierra, se aplica en el centro de gravedad del cuerpo y su valor es mg.

La **fuerza normal**, $\vec{N}$, es la que ejerce una superficie sobre un cuerpo apoyado en dicha superficie, perpendicularmente a la misma. Es la fuerza de reacción a la que ejerce el cuerpo sobre la superficie.

En el caso de superficies horizontales, el módulo de la fuerza normal puede coincidir con el módulo del peso, pero no siempre es así.

Analiza las parejas de fuerzas

6. **Imagina un balón encima de una mesa. Dibuja las fuerzas que actúan sobre él e indica en una tabla cuáles son parejas de acción y reacción.**

SOLUCIÓN

Fuerza (parejas acción-reacción)	¿Quién la realiza?	¿Sobre quién actúa?	Se aplica en…
$P = mg$	La Tierra	El balón	El balón
P'	El balón	La Tierra	La Tierra
N	La mesa	El balón	El balón
N'	El balón	La mesa	La mesa

Como puede verse, tanto mg como N se aplican sobre el balón, luego no constituyen una pareja de acción y reacción.

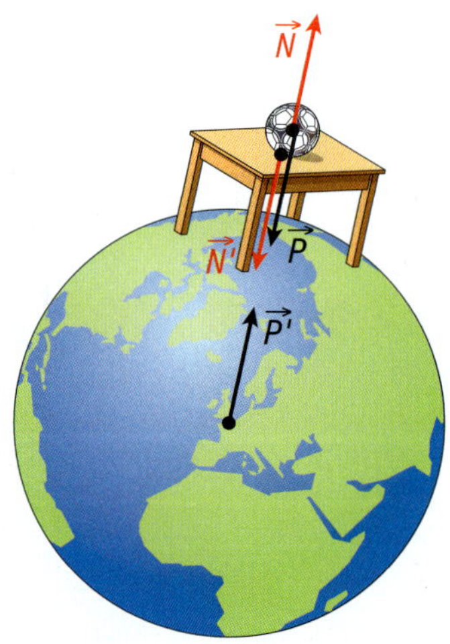

Tensión

Se llama **tensión**, $\vec{T}$, a la fuerza que ejerce un cable o una cuerda sobre un cuerpo.

Con frecuencia se hace uso de poleas, que modifican la dirección de la tensión. Todos los puntos de la cuerda o cable soportan la misma tensión. Si se considera la polea y las cuerdas ideales (masas nulas y sin rozamiento), la tensión a ambos lados de la polea es la misma.

Figura 9.7. La tensión es la misma a ambos lados de la polea y vale $T = mg/2$.

ACTIVIDADES

9. smSaviadigital.com PRACTICA

Entra en esta animación y realiza la descomposición con la fuerza 9,8 N y el ángulo 36°. Analiza los resultados. ¿Cuánto vale la fuerza normal?

10. ¿Qué tensión soporta la cuerda de la imagen si la masa de la pesa es de 10 kg?

Fuerza de rozamiento

ANALIZA

Se suele pensar que el rozamiento es una fuerza negativa y contraria al movimiento, pero no siempre es así. En las imágenes siguientes se indica en color verde la fuerza de rozamiento en cada caso. Justifica de dónde surge, en qué casos hace posible el movimiento, cuándo se opone a él y cuándo permite que cambie su dirección.

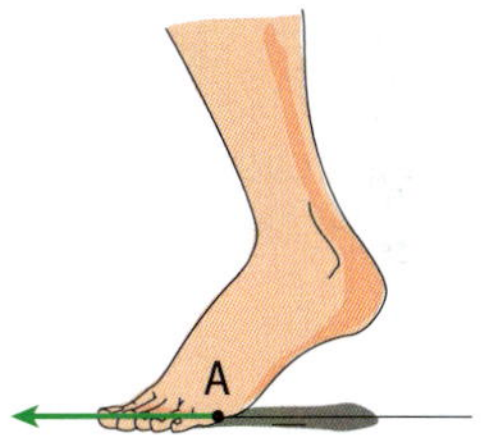

Andamos sobre suelo normal.

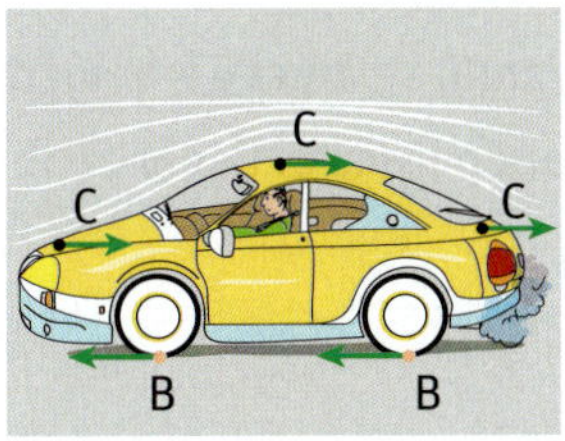

El coche se mueve hacia la izquierda.

El coche toma una curva.

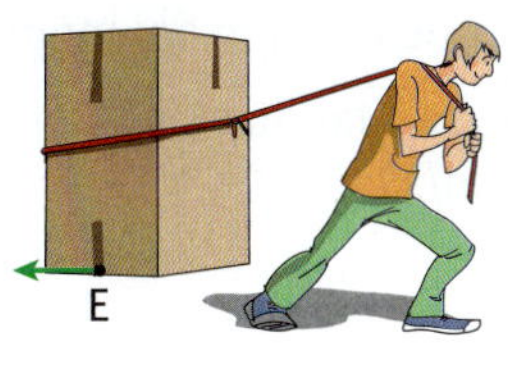

Se arrastra un bloque hacia la derecha.

Sobre el bloque se encuentra un libro.

smSaviadigital.com PRACTICA

Las fuerzas de rozamiento forman parte de nuestra vida cotidiana. Muy a menudo **permiten el movimiento**, como ocurre en los casos A, B, D y F. En todas estas situaciones, si el suelo del objeto no ofreciera rozamiento, el movimiento sería incontrolable. En otros casos, el rozamiento sí **dificulta el movimiento**, como ocurre con el aire que frena al coche (C) o cuando se arrastra un objeto (E). Este último caso se conoce como *rozamiento por deslizamiento*.

> El **rozamiento por deslizamiento** aparece siempre que las fuerzas aplicadas tienden a desplazar una superficie material sobre otra. Cuando afecta a cuerpos que están en movimiento, se denomina **rozamiento cinético**.

La fuerza de rozamiento cinético tiene estas características:

- Es paralela a las superficies deslizantes y depende de la naturaleza de las mismas.
- Su módulo es proporcional a la fuerza normal que ejerce una superficie sobre la otra:

$$f_{roz} = \mu \cdot N$$

La constante adimensional μ, denominada **coeficiente de rozamiento**, es independiente del área de contacto entre las superficies y de la velocidad de deslizamiento.

Calcula la fuerza de rozamiento en un plano horizontal

7. **Un libro de 500 g está apoyado en una mesa. Se tira de él con una fuerza de 10 N. Si el coeficiente de rozamiento vale 0,7, calcula la fuerza de rozamiento y la aceleración que adquiere.**

SOLUCIÓN

En este caso, el módulo de la fuerza normal es igual al módulo del peso y su valor es $N = m \cdot g = (0{,}5 \text{ kg}) \cdot (9{,}8 \text{ m/s}^2) = 4{,}9$ N. La fuerza de rozamiento valdrá:

$$f_{roz} = \mu \cdot N = 0{,}7 \cdot (4{,}9 \text{ N}) = 3{,}4 \text{ N}$$

Se puede aplicar la 2.ª ley de Newton en la dirección del movimiento:

$$F_{neta} = m \cdot a \quad \Rightarrow \quad F - f_{roz} = m \cdot a \quad \Rightarrow \quad 10 - 3{,}4 = 0{,}5 \cdot a \quad \Rightarrow \quad a = 13 \text{ m/s}^2$$

Ten en cuenta

Los puntos de contacto reales entre dos superficies difieren mucho de la imagen macroscópica.

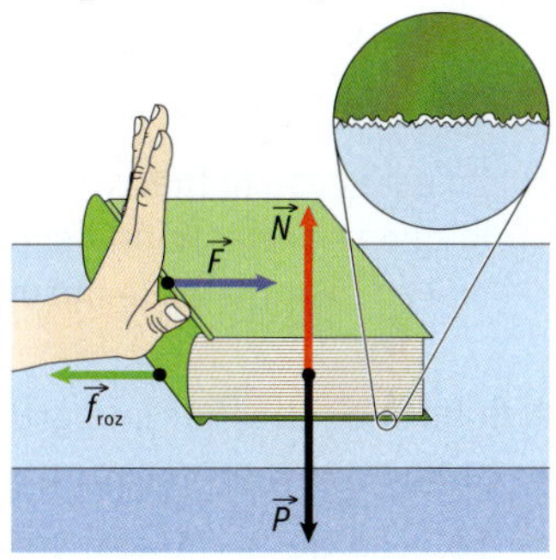

ACTIVIDADES

11. En el apartado ANALIZA, la caja que está siendo arrastrada tiene una masa de 80 kg y el coeficiente de rozamiento vale 0,5.

a) Dibuja y calcula todas las fuerzas que actúan sobre la caja si esta se mueve con MRU.

b) ¿Qué fuerza debe realizar el muchacho para que la caja se mueva con una aceleración de 2 m/s²?

6 Dinámica práctica. Ejemplos

La **mecánica clásica**, formada por las tres leyes de Newton más la ley de gravitación universal, constituye la base sobre la que se construyó gran parte de la ciencia hasta el siglo XX. Y no solo porque aportaba una nueva conceptualización del universo que nos rodea, sino porque permitía resolver numerosos problemas de la vida cotidiana.

Calcula fuerzas normales y tensiones en un movimiento vertical

8. **Una caja de 70 kg de masa se encuentra situada sobre el suelo de un montacargas. Identifica y dibuja las fuerzas que actúan sobre la caja. Para simplificar los cálculos, puedes suponer que g = 10 m/s².**

a) **Calcula la fuerza que el suelo del montacargas ejerce sobre la caja cuando se mueve a velocidad constante.**

b) **Calcula dicha fuerza cuando el montacargas arranca en la subida y cuando frena al llegar arriba, en ambos casos con una aceleración de 2 m/s².**

SOLUCIÓN

Se debe aislar la caja como objeto de estudio: es fácil identificar como únicas fuerzas el **peso**, que es la fuerza que hace la Tierra sobre la caja, y la **normal**, que es la fuerza que hace el suelo del montacargas para sostener la caja.

a) Si la velocidad es constante, la fuerza normal coincide con el peso, pues:

$$F_{neta} = 0 \Rightarrow N - mg = 0 \Rightarrow N = mg = (70\ \text{kg}) \cdot (10\ \text{m/s}^2) = 700\ \text{N}$$

b) Cuando el montacargas arranca, tomamos como positivo el sentido hacia arriba, y la aceleración es positiva:

$$F_{neta} = m \cdot a \Rightarrow N - mg = ma \Rightarrow N = m \cdot (g + a) = (70\ \text{kg}) \cdot (12\ \text{m/s}^2) = 840\ \text{N}$$

Es decir, la fuerza normal, hacia arriba, es superior al peso, hacia abajo, razón por la cual el cuerpo acelera hacia arriba.

Cuando el montacargas frena al llegar arriba, la aceleración es negativa:

$$F_{neta} = m \cdot (-a) \Rightarrow N - mg = -ma \Rightarrow N = m \cdot (g - a) = (70\ \text{kg}) \cdot (8\ \text{m/s}^2) = 560\ \text{N}$$

En este caso la fuerza normal, hacia arriba, es inferior al peso, hacia abajo, con lo que la aceleración del cuerpo apunta hacia abajo. Como se ve, la fuerza normal no siempre es la misma; "se adapta" al estado de la aceleración de la caja.

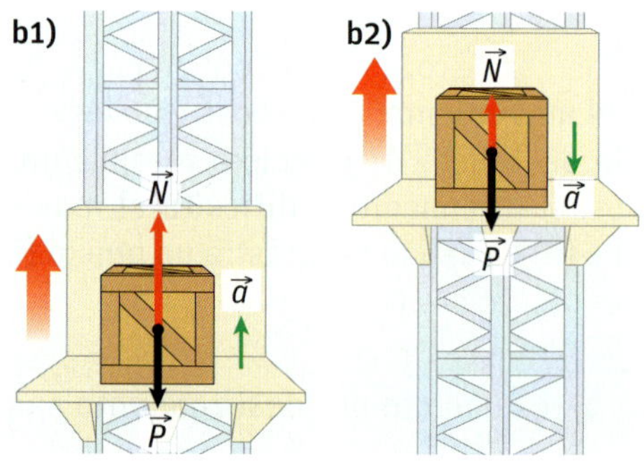

9. **A la hora de diseñar una grúa, es importante tener en cuenta que la tensión que soporta el cable puede ser mayor que el peso que tiene que levantar o bajar.**

a) **La grúa de la imagen sostiene un bloque de ladrillos de 700 kg. Identifica y dibuja todas las fuerzas que actúan sobre el bloque. ¿En qué situación la tensión del cable es mayor que el peso?**

b) **Calcula la tensión que soporta el cable cuando el bloque permanece en reposo a 12 m de altura, cuando arranca para bajar y cuando frena al llegar al suelo, en ambos casos con una aceleración de 1,5 m/s².**

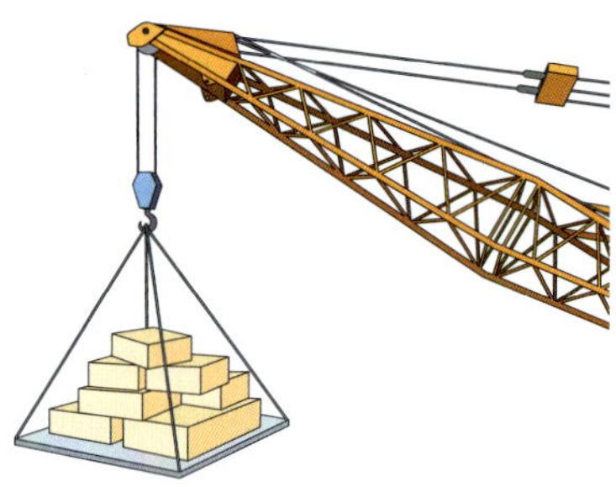

SOLUCIÓN

a) La tensión es mayor que el peso cuando el bloque arranca en la subida y también cuando frena al llegar al suelo, pues en estos casos debe vencer la fuerza peso y, además, imprimir cierta aceleración hacia arriba.

b) Se debe aplicar la segunda ley de Newton. Cuando el bloque permanece en reposo:

$$F_{neta} = 0 \Rightarrow T - mg = 0 \Rightarrow T = mg = (700\ \text{kg}) \cdot (10\ \text{m/s}^2) = 7000\ \text{N}$$

Cuando el bloque arranca para bajar, se toma el sentido positivo hacia abajo, que es el sentido de la aceleración:

$$F_{neta} = ma \Rightarrow mg - T = ma \Rightarrow T = m \cdot (g - a) = (700\ \text{kg}) \cdot (8{,}5\ \text{m/s}^2) = 5950\ \text{N}$$

Cuando el bloque frena al llegar al suelo, el sentido de la aceleración es hacia arriba, que se toma como positivo y es contrario al sentido de la velocidad:

$$F_{neta} = ma \Rightarrow T - mg = ma \Rightarrow T = m \cdot (g + a) = (700\ \text{kg}) \cdot (11{,}5\ \text{m/s}^2) = 8050\ \text{N}$$

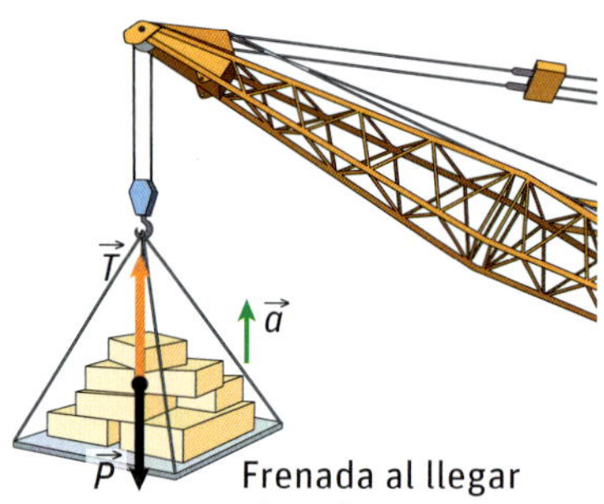

Frenada al llegar al suelo

Identifica y dibuja fuerzas

10. Un trabajador arrastra un baúl de 80 kg de masa sobre un suelo rugoso, tirando de él con una fuerza horizontal de 300 N. Identifica y dibuja todas las fuerzas que actúan sobre el baúl. Calcula el valor de la fuerza de rozamiento y la aceleración con que se desplaza el baúl sabiendo que el coeficiente de rozamiento entre el baúl y el suelo es $\mu = 0{,}3$.

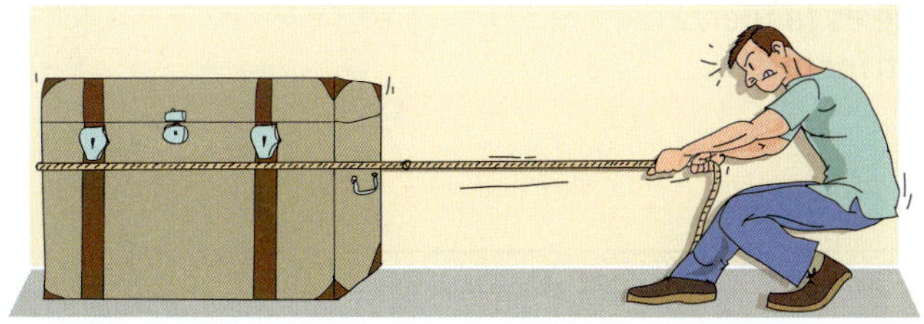

Nota: Se puede simplificar el valor de g a 10 m/s².

SOLUCIÓN

En primer lugar se aísla el baúl como objeto de estudio y se dibujan sobre él las fuerzas estudiadas: fuerza peso, fuerza normal, tensión y rozamiento. Como puede verse, las fuerzas actúan en dos direcciones mutuamente perpendiculares:

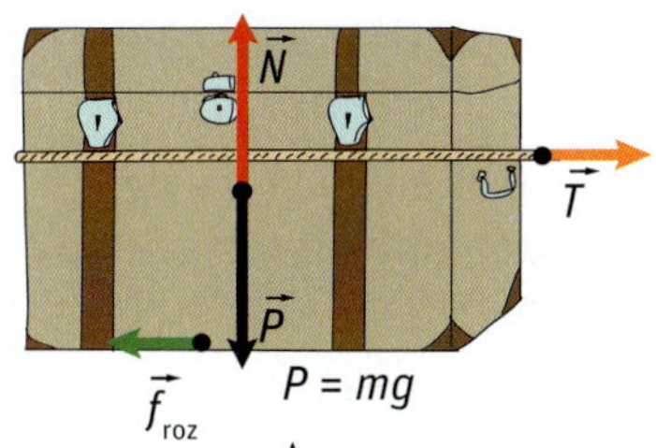

- La tensión, T, actúa horizontalmente hacia la derecha, y la fuerza de rozamiento, $f_{roz} = \mu \cdot N$, actúa en sentido contrario. Estas fuerzas producen el movimiento a lo largo del eje X.
- El peso, mg, y la normal que hace el suelo, N, actúan en el eje Y y se anulan mutuamente, ya que no hay movimiento en ese eje.

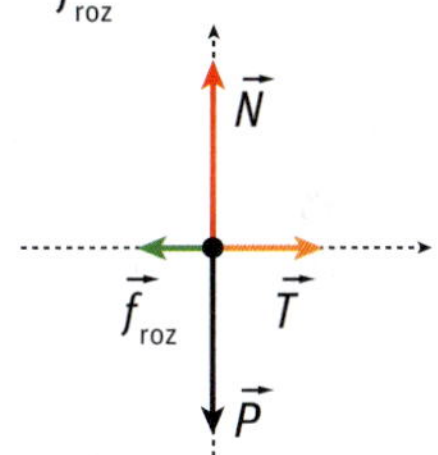

A efectos de cálculo, se pueden situar todas las fuerzas centradas en el origen de coordenadas y escribir la segunda ley de Newton para cada uno de los dos ejes:

Eje X: $F_{\text{neta }x} = m \cdot a \Rightarrow T - f_{roz} = m \cdot a \Rightarrow T - \mu \cdot N = m \cdot a$

Eje Y: $F_{\text{neta }y} = 0 \Rightarrow N - mg = 0 \Rightarrow N = mg$

La ecuación en Y permite conocer el valor de N. A partir de N se determina el valor de la fuerza de rozamiento, y a partir de esta se calcula la aceleración del movimiento en X:

$$N = mg = (80\text{ kg}) \cdot (10\text{ m/s}^2) = 800\text{ N} \Rightarrow f_{roz} = \mu \cdot N = 0{,}3 \cdot (800\text{ N}) = 240\text{ N}$$

$$T - f_{roz} = m \cdot a \Rightarrow 300\text{ N} - 240\text{ N} = (80\text{ kg}) \cdot a \Rightarrow a = 0{,}75\text{ m/s}^2$$

11. El baúl del ejercicio anterior es arrastrado ahora por una fuerza de 300 N que forma 30° con la dirección del movimiento. ¿Modifica esto el valor de la fuerza de rozamiento? Calcula la aceleración con que se moverá el baúl.

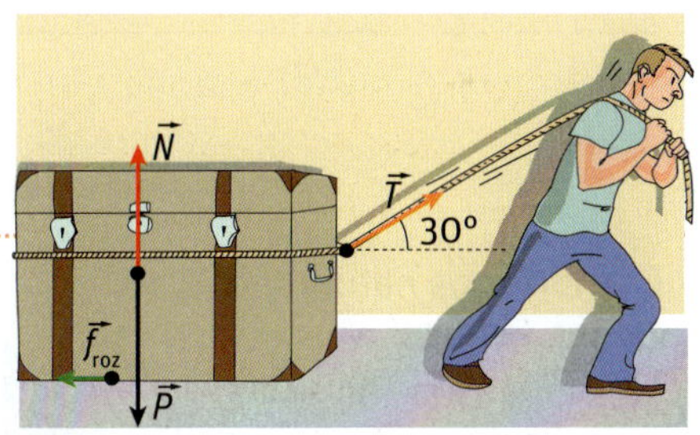

SOLUCIÓN

En primer lugar se debe descomponer T en sus componentes X e Y:

$$T_x = T \cdot \cos 30^\circ = 300 \cdot \frac{\sqrt{3}}{2} = 150\sqrt{3}\text{ N}; \qquad T_y = T \cdot \text{sen}30^\circ = 300 \cdot \frac{1}{2} = 150\text{ N}$$

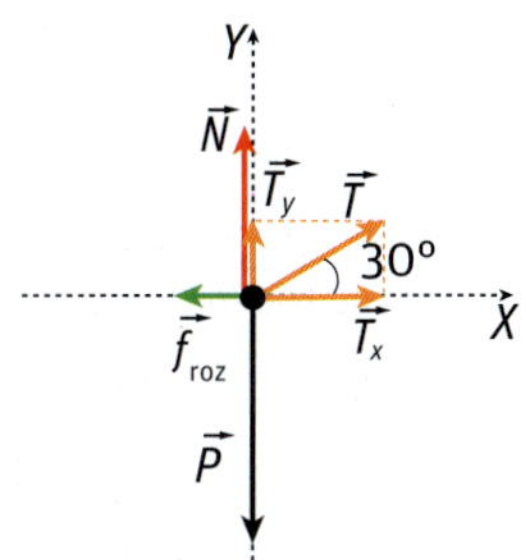

Las fuerzas en ambos ejes han cambiado, con lo que habrán cambiado, por un lado, N y la fuerza de rozamiento, y por otro, la aceleración del baúl:

Eje Y: $F_{\text{neta }y} = 0 \Rightarrow N + T_y - mg = 0 \Rightarrow N = mg - T_y = 800\text{ N} - 150\text{ N} = 650\text{ N}$

La fuerza de rozamiento será, por tanto, menor: $F_{roz} = \mu \cdot N = 0{,}3 \cdot (650\text{ N}) = 195\text{ N}$.

Eje X: $F_{\text{neta }x} = m \cdot a \Rightarrow T_x - f_{roz} = m \cdot a \Rightarrow 150\sqrt{3}\text{ N} - 195\text{ N} = (80\text{ kg}) \cdot a \Rightarrow a = 0{,}81\text{ m/s}^2$

ACTIVIDADES

12. En el ejercicio resuelto 10, ¿qué fuerza deberá realizar el hombre para que el baúl se mueva con velocidad constante? ¿Cambia esto el valor del coeficiente μ?

Repasa lo aprendido

1 ¿Qué es la fuerza centrípeta?

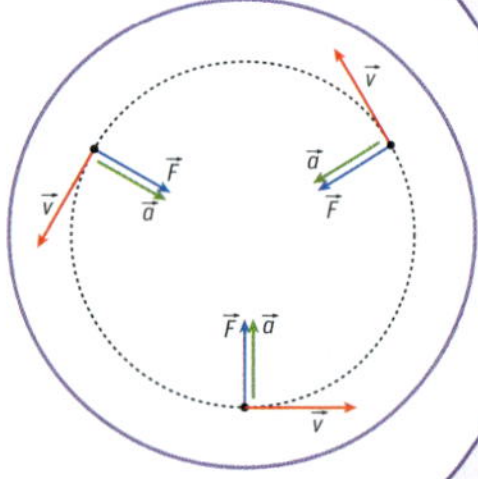

Para que un cuerpo se pueda mover en trayectoria circular y el módulo de velocidad constante, es necesario que exista una fuerza neta dirigida hacia el centro de la circunferencia, que se denomina **fuerza normal** o **centrípeta**.

$$F_n = m \cdot a_n \Rightarrow F_n = m \cdot \frac{v^2}{R}$$

2 ¿Cómo se enuncia la ley de gravitación universal?

Dos cuerpos separados una distancia r se atraen con una fuerza directamente proporcional al producto de sus masas e inversamente proporcional al cuadrado de la distancia r:

$$F = G \cdot \frac{m_1 \cdot m_2}{r^2}$$

El **peso** es la fuerza con que la Tierra atrae a los cuerpos y es proporcional a la masa de cada cuerpo:

$$F\,(\text{peso}) = G \cdot \frac{M_T \cdot m}{R_T^2} = m \cdot \frac{G \cdot M_T}{R_T^2} = m \cdot g$$

El valor de g en la superficie terrestre es de 9,8 m/s^2.

3 Si todos los objetos caen hacia la Tierra, ¿por qué no cae la Luna?

La **caída libre** es el movimiento de un cuerpo bajo la acción exclusiva de las fuerzas gravitatorias. Un cuerpo, como es el caso de la Luna, puede "caer" permanentemente (orbitar) en torno a la Tierra si mantiene una velocidad suficientemente grande en torno al planeta:

$$v_{\text{orbital}} = \sqrt{G \cdot \frac{M_{\text{Tierra}}}{r}}$$

4 ¿Qué fenómenos naturales se pueden explicar a través de las fuerzas gravitatorias?

Las fuerzas gravitatorias explican el movimiento de los planetas, el fenómeno de las mareas y el movimiento de los cometas. La ley de gravitación universal de Newton permite justificar las **leyes de Kepler** sobre el movimiento de los planetas:

1. Los planetas siguen trayectorias elípticas.
2. La línea imaginaria trazada desde el Sol al planeta barre áreas iguales en tiempos iguales.
3. El cuadrado del período de revolución del planeta en torno al Sol es proporcional al cubo de la distancia promedio planeta-Sol.

5 ¿Qué fuerzas intervienen sobre los objetos que se desplazan?

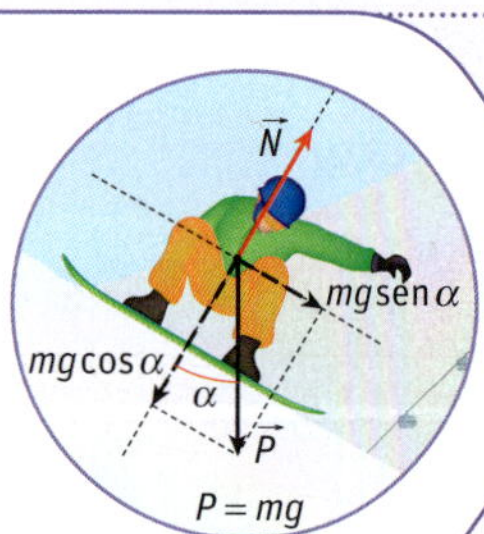

La **normal**, $\vec{N}$, es la fuerza que realiza una superficie sobre un cuerpo perpendicularmente a ella.

Se denomina **tensión**, $\vec{T}$, a la fuerza que ejerce un cable o cuerda sobre un cuerpo.

El **rozamiento por deslizamiento** aparece siempre que se desplaza una superficie material sobre otra. Su valor es proporcional al de la fuerza normal, $f_{roz} = \mu \cdot N$.

smSaviadigital.com VALORA LO APRENDIDO > Resumen de la unidad

Procedimientos de la ciencia

Resolución de un problema de dinámica

El **segundo principio de la dinámica** (o segunda ley de Newton) se aplica de modo diferente para cada caso concreto. De ahí la conveniencia de adoptar una estrategia de resolución, tal como se propone en el siguiente problema de dinámica:

Un bloque de 5 kg de masa es arrastrado hacia arriba con una cuerda por un plano inclinado 30°. La cuerda tira del bloque paralelamente al plano con una fuerza de 40 N y el rozamiento entre el bloque y el plano se puede considerar despreciable.

Calcula el valor de la fuerza normal y la aceleración con que ascenderá el bloque.

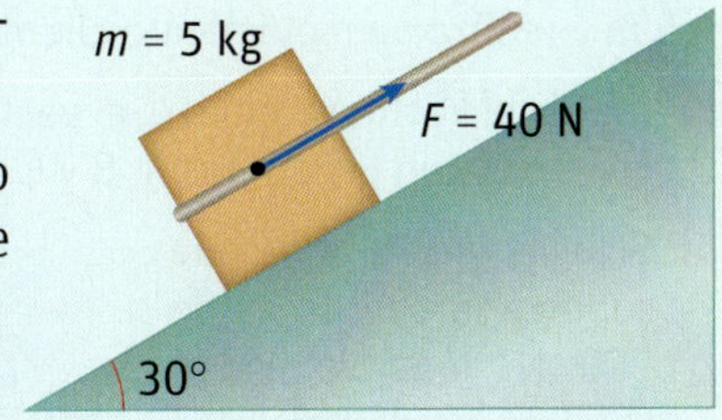

La estrategia de resolución consta de varios pasos:

1 LEER LOS DATOS Y DIBUJAR LAS FUERZAS

Se deben leer con detenimiento los datos y anotarlos en unidades del SI usando los símbolos estudiados. A continuación, se debe aislar el objeto de estudio y dibujar sobre él las posibles fuerzas:

- El **peso**, dirigido hacia el centro de la Tierra.
- La **fuerza normal**, perpendicular a la superficie por donde se desliza el bloque.
- La **tensión**, que tira del cuerpo y está aplicada sobre él.
- La **fuerza de rozamiento**, paralela a las superficies deslizantes.

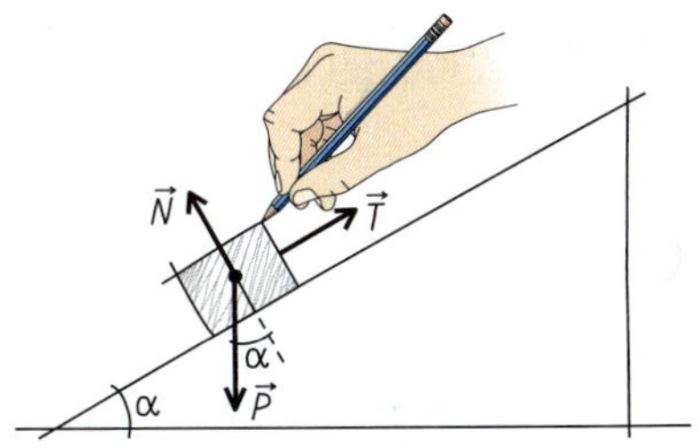

En este caso no hay rozamiento. Si lo hubiera, se debería dibujar paralelamente al plano y en sentido contrario al del movimiento.

2 REALIZAR UN DIAGRAMA DEL CUERPO AISLADO

Para ello, se deben tener en cuenta estos criterios:

- Se coloca el origen de unos ejes *X*-*Y* en el centro del cuerpo y se aplican en dicho punto todas las fuerzas.
- Se toma como eje principal (*X*) el que coincida con la dirección de la aceleración y se aplica la siguiente expresión:

$$\text{Eje } X\text{: } F_{\text{neta }x} = m \cdot a$$

- Perpendicularmente se coloca el otro eje (*Y*), donde se aplica la expresión:

$$\text{Eje } Y\text{: } F_{\text{neta }y} = 0$$

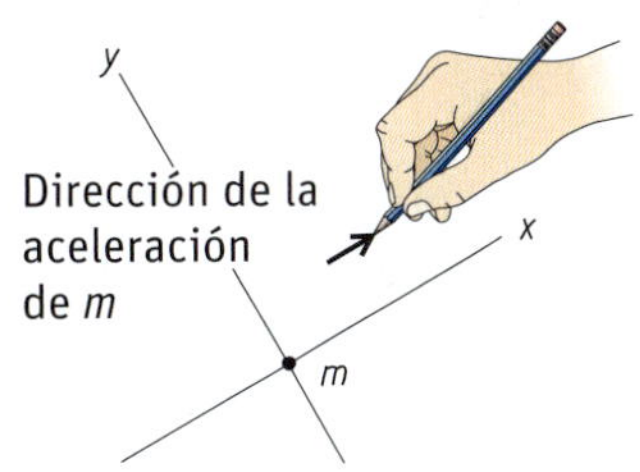

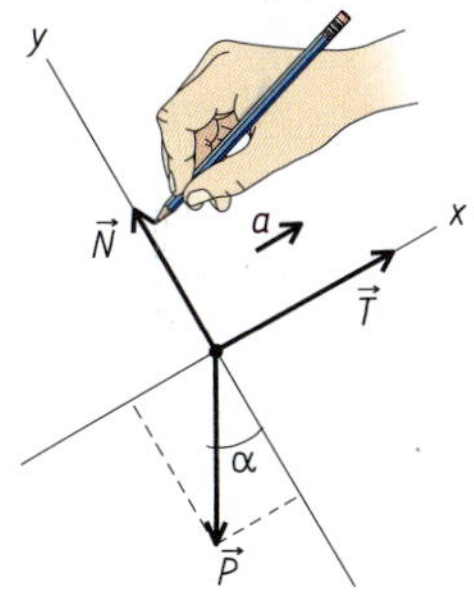

3 ESCRIBIR LAS ECUACIONES DEL MOVIMIENTO

Para ello se deben **descomponer** y llevar a los ejes las fuerzas que no coincidan con ellos, usando el dato del ángulo.

Se escriben dos **ecuaciones del movimiento**, una para cada eje. A continuación, si es preciso, se despeja la variable que se necesite de una ecuación (generalmente la del eje *Y*) y se sustituye en la otra. En este caso las ecuaciones quedan así:

Eje *X*: $F_{\text{neta }x} = T - mg \cdot \text{sen } \alpha = m \cdot a \Rightarrow 40 - 50 \cdot \text{sen } 30° = 5 \cdot a$

Despejando, resulta $a = 3\ \text{m/s}^2$.

Eje *Y*: $F_{\text{neta }y} = N - mg \cos 30° = 0 \Rightarrow \quad N = mg \cdot \cos 30° = 50 \cdot \frac{\sqrt{3}}{2} = 25\sqrt{3}\ \text{N}$

Operando, resulta $N = 43$ N.

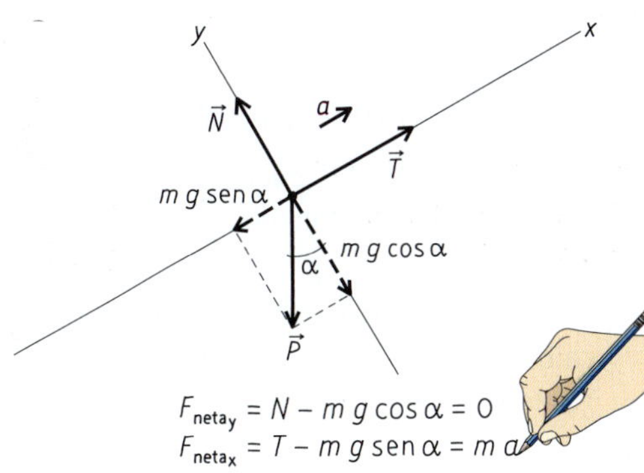

Actividades

Dinámica del movimiento circular

13. Un trineo de 12 kg está atado a una estaca con una cuerda de 1,5 m y realiza un movimiento circular uniforme.

a) Dibuja el vector velocidad, el vector aceleración y la fuerza centrípeta en los puntos A, B y C.

b) Si la máxima tensión que soporta la cuerda es de 200 N, ¿qué velocidad máxima puede adquirir?

c) Describe el movimiento que seguirá si la cuerda se rompe en B.

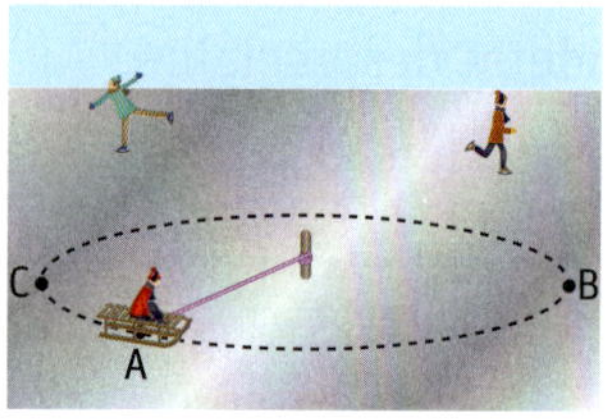

14. Un objeto de 200 g está atado a una cuerda y gira describiendo un círculo horizontal de radio 1,2 m a 3 rps. Halla la aceleración del objeto y la tensión de la cuerda.

SOLUCIÓN

Pasamos los datos al SI: $m = 0{,}2$ kg; $R = 1{,}2$ m;
$\omega = 3$ vueltas/s · 2π rad/vuelta = 6π rad/s

A partir de estos datos se calcula directamente a_n:

$$a_n = \frac{v^2}{R} = \omega^2 \cdot R = (6\pi \text{ rad/s})^2 \cdot 1{,}2 \text{ m} = 4{,}3 \cdot 10^2 \text{ m/s}^2$$

La tensión de la cuerda hace de fuerza centrípeta, de modo que podemos poner:

$$F_c = m \cdot a_n = (0{,}2 \text{ kg}) \cdot (4{,}3 \cdot 10^2 \text{ m/s}^2) = 86 \text{ N}$$

15. Un cuerpo de 2 kg de masa gira sobre una mesa, atado a una cuerda, describiendo una circunferencia de 0,5 m de radio. La velocidad de giro es constante e igual a 1 m/s. Determina:

a) La fuerza con que la cuerda tira de él.

b) La máxima velocidad que puede llevar el cuerpo si la cuerda soporta como máximo 20 N.

16. La máxima fuerza centrípeta que cierto asfalto puede ejercer sobre un coche que toma una curva de 20 m de radio es de 6400 N. Si el coche tiene una masa de 900 kg, calcula la máxima velocidad a la que puede circular sin salirse de la curva.

17. Según el modelo atómico de Bohr, se supone que el electrón del átomo de hidrógeno gira con velocidad constante a una distancia de $5{,}3 \cdot 10^{-11}$ m del núcleo.

a) Explica qué variable puede representar cada vector del dibujo.

b) Si suponemos que el electrón se mueve a velocidad $2{,}25 \cdot 10^6$ m/s, calcula la fuerza centrípeta. ¿Quién ejerce esta fuerza?

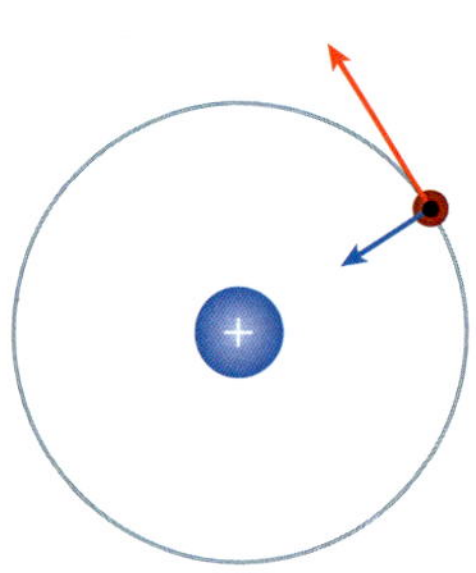

Dato: $m_e = 9{,}1 \cdot 10^{-31}$ kg

18. smSaviadigital.com PRACTICA

Entra en esta simulación, que representa el movimiento circular de un objeto sobre una plataforma giratoria. El objeto está unido a una cuerda que pasa por el eje de la plataforma y se encuentra unida a un dinamómetro que muestra la tensión a que está sometida.

a) En la siguiente imagen se representa el movimiento de una masa de 800 g que describe una circunferencia de 40 cm de radio. En el momento descrito, la tensión vale 31,4 N. A partir de ahí, calcula todas las variables del MCU que tiene lugar y explica el significado de los números 1,82 y 9,9.

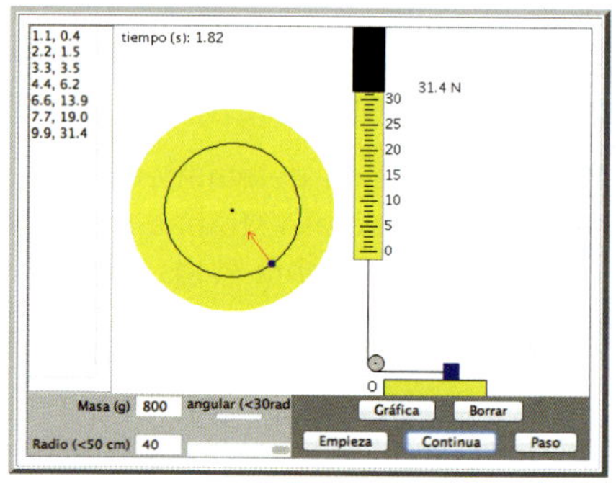

b) Realiza tu propia secuencia de valores y presiona "gráfica". ¿Cuánto vale la pendiente de la recta?

c) Realiza un informe de la experiencia comentando lo que ves: valores, vectores, etc.

Ley de gravitación universal. El peso

19. Estudia numéricamente el movimiento de la Tierra en torno al Sol a partir de estos datos: $G = 6{,}67 \cdot 10^{-11}$ N · m² · kg⁻²; $M_{Sol} = 2 \cdot 10^{30}$ kg; $M_T = 5{,}97 \cdot 10^{24}$ kg; $r_{Tierra\text{-}Sol} = 1{,}5 \cdot 10^{11}$ m.

a) Calcula la fuerza con que se atraen mutuamente.

b) Aceptando que su trayectoria es circular, dicha fuerza hace el papel de centrípeta. Deduce la velocidad de giro de la Tierra en torno al Sol.

SOLUCIÓN

a) Se aplica la ley de gravitación universal:

$$F = 6{,}67 \cdot 10^{-11} \frac{\text{N} \cdot \text{m}^2}{\text{kg}^2} \cdot \frac{(2 \cdot 10^{30} \text{ kg}) \cdot (5{,}97 \cdot 10^{24} \text{ kg})}{(1{,}5 \cdot 10^{11} \text{ m})^2} = 3{,}54 \cdot 10^{22} \text{ N}$$

b) Si dicha fuerza hace de centrípeta y mantiene la Tierra en MCU, se pueden aplicar las mismas ecuaciones que en los problemas anteriores:

$$F_{\text{Tierra-Sol}} = M_{\text{Tierra}} \cdot \frac{v^2}{r} \Rightarrow 3{,}54 \cdot 10^{22} \text{ N} = 5{,}97 \cdot 10^{24} \text{ kg} \cdot \frac{v^2}{1{,}5 \cdot 10^{11} \text{ m}}$$

De donde se obtiene una velocidad $v = 29\,823$ m/s ≅ 30 km/s.

20. Calcula tu peso en la superficie terrestre y en la posición del satélite *Meteosat*, a unos 36 000 km de altitud sobre la superficie de la Tierra.

21. El satélite de la figura tiene una masa de 500 kg y se encuentra a una distancia de $6{,}67 \cdot 10^6$ m del centro de la Tierra (concretamente, a 303 km de altura sobre la superficie).

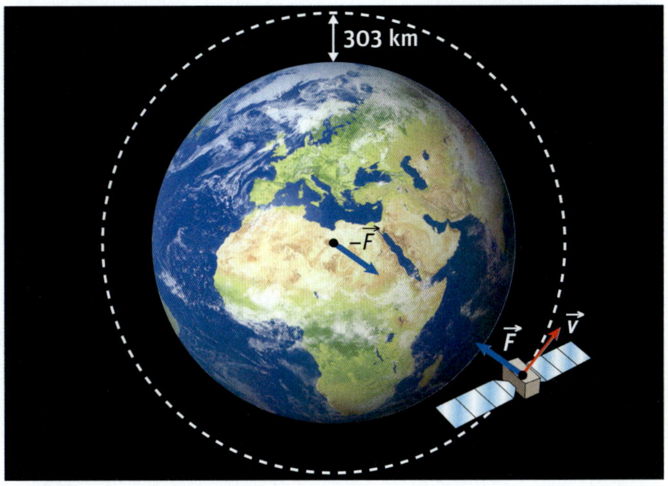

a) Calcula la fuerza con que la Tierra lo atrae y, a partir de ella, deduce la velocidad que lleva.

b) Suponiendo que la trayectoria es circular, halla también su período de revolución mediante la expresión $v = 2\pi r/T$.

c) Entra en el enlace www.e-sm.net/svfq4eso09_01 y haz una simulación de la situación descrita eligiendo la pareja de cuerpos Tierra-satélite. Obtén a partir de la simulación el período del satélite y compáralo con la respuesta anterior.

22. A partir de la expresión de g, deduce su valor en la posición en que se encuentra el satélite del problema 21. Calcula el peso del satélite a esa altura y compáralo con la fuerza obtenida en dicho problema.

SOLUCIÓN

Se utiliza la definición de $g = G \cdot \frac{M_T}{r^2} = G \cdot \frac{M_T}{(R_T + h)^2}$.

$$g = 6{,}67 \cdot 10^{-11}\ \frac{\text{N} \cdot \text{m}^2}{\text{kg}^2} \cdot \frac{5{,}97 \cdot 10^{24}\ \text{kg}}{\left(6{,}67 \cdot 10^6\ \text{m}\right)^2} = 8{,}95\ \text{m/s}^2$$

El peso del satélite allá arriba será:

$$mg = (500\ \text{kg}) \cdot (8{,}95\ \text{m/s}^2) = 4475\ \text{N}$$

Este valor debe coincidir con el obtenido en el problema 21.

23. Razona cuál sería tu peso si:

a) La masa del planeta Tierra se duplicara.

b) El radio del planeta se duplicara.

c) Tanto la masa como el radio se redujeran a la mitad.

d) Asciendes a una altura sobre la superficie igual al propio radio terrestre.

24. Júpiter es un planeta enorme comparado con la Tierra. Su radio es de $7 \cdot 10^7$ m, y su masa es de $1{,}9 \cdot 10^{27}$ kg. Halla:

a) El valor de g en su superficie. ¿Cuánto pesarías allí?

b) El valor de g a la distancia a la que se encuentra su satélite Europa: $6{,}71 \cdot 10^8$ m.

c) ¿Con qué fuerza se atraen Júpiter y Europa?

d) Deduce la velocidad orbital de Europa y su período de revolución. Compara la respuesta con los datos del problema 30.

25. Se ha medido el peso del objeto de la figura en la Luna con un dinamómetro y marca 1,62 N. ¿Cuánto marcaría en la superficie de la Tierra?

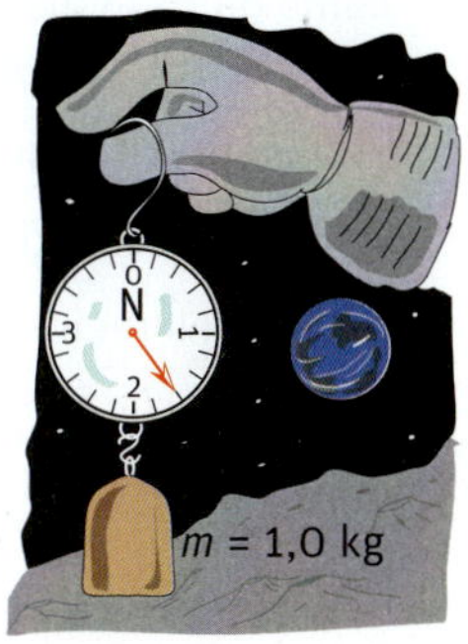

a) Deduce g en la Luna.

b) Sabiendo que el radio de la Luna es de 1740 km, halla la masa de la misma.

Dato: $G = 6{,}67 \cdot 10^{-11}\ \text{N} \cdot \text{m}^2 \cdot \text{kg}^{-2}$

Movimiento de planetas y satélites. Caída libre

26. Analiza los dibujos del REFLEXIONA de la página 192 y razona si las siguientes afirmaciones son verdaderas o falsas.

a) La estación espacial y el astronauta tienen un movimiento circular con aceleración cero.

b) El pasajero y el ascensor cuyo cable se ha roto caen libremente.

c) El astronauta dentro de la estación espacial se encuentra en situación de ingravidez.

d) Todos los objetos dentro de la estación espacial "caen" en torno al planeta con la misma velocidad orbital.

27. La distancia Tierra-Sol se conoce como *unidad astronómica* (UA) y vale $1{,}5 \cdot 10^{11}$ m. El período de Marte (su "año") es de 687 días terrestres. Calcula:

a) La distancia promedio de Marte al Sol usando la Tierra como referencia.

b) La velocidad de Marte en su giro alrededor del Sol suponiendo una trayectoria circular.

SOLUCIÓN

a) Se aplica la tercera ley de Kepler y se despeja el radio de la órbita de Marte:

$$\frac{T_{\text{Tierra}}^2}{r_{\text{Tierra}}^3} = \frac{T_{\text{Marte}}^2}{r_{\text{Marte}}^3} \Rightarrow \frac{(365\,\text{días})^2}{(1{,}5 \cdot 10^{11}\ \text{m})^3} = \frac{(687\,\text{días})^2}{r_{\text{Marte}}^3}$$

De donde se obtiene $r_{\text{Marte}} = 2{,}3 \cdot 10^{11}$ m.

b) Puesto que se conoce el radio de la trayectoria y el tiempo de una vuelta, resulta:

$$v = \frac{2\pi r}{T} = \frac{2\pi \cdot 2{,}3 \cdot 10^{11}\ \text{m}}{(687\,\text{días}) \cdot (24\text{h/día}) \cdot (3600\text{s/h})} = 2{,}4 \cdot 10^4\ \text{m/s}$$

Actividades

28. La aceleración de la gravedad en la superficie del planeta Marte es de $g_M = 3{,}7\ m/s^2$.

a) ¿Qué significa la expresión: "Un objeto se abandona en caída libre sobre la superficie de Marte"?

b) ¿Qué tiempo empleará ese objeto en alcanzar una velocidad de 100 km/h partiendo del reposo? ¿Será más o menos tiempo que si lo hiciera en la Tierra?

29. La distancia promedio Venus-Sol es de $1{,}08 \cdot 10^{11}$ m. Usando como datos la distancia Tierra-Sol y el período de la Tierra en torno al Sol, calcula:

a) La duración en días terrestres del año de Venus.

b) La velocidad de giro del planeta Venus en torno al Sol.

c) La aceleración normal de Venus en torno al Sol.

30. Los datos siguientes se refieren a las lunas o satélites del planeta Júpiter.

Satélite	Masa (kg)	Período (días terrestres)	Distancia media a Júpiter (km)
Ío	$8{,}9 \cdot 10^{22}$	1,77	422 000
Europa	$4{,}9 \cdot 10^{22}$	3,55	671 000
Ganímedes	$1{,}5 \cdot 10^{23}$	7,16	●●●
Calisto	$1{,}1 \cdot 10^{23}$	16,7	●●●

Si aceptamos que sus órbitas son circulares, calcula:

a) La distancia media a Júpiter de Ganímedes y Calisto, usando la tercera ley de Kepler y los datos de la tabla.

b) La velocidad del satélite Ío en su órbita alrededor de Júpiter, también llamada velocidad orbital.

31. La velocidad orbital puede calcularse también a partir de la expresión siguiente:

$$v_{orbital} = \sqrt{G \cdot \frac{M}{r}}$$

Si la referimos de nuevo a Ío, ¿qué afirmaciones de las siguientes son verdaderas y cuáles no?

a) La velocidad orbital es la velocidad de giro del satélite Ío sobre sí mismo.

b) $v_{orbital}$ es la velocidad de giro de Júpiter en torno a Ío.

c) La masa *M* es la masa de Júpiter, no la de Ío.

d) El valor *r* se refiere al radio de Ío.

32. Una bola de madera tiene 0,5 kg de masa y es de idéntico tamaño que otra bola de hierro de masa 5 kg.

a) Calcula sus pesos y deduce con qué aceleración cae cada una cuando se abandonan libremente en la Tierra. ¿Cuál llega antes al suelo?

b) Repite el problema si el rozamiento con el aire es de 1,5 N en ambos casos. ¿Cuál llega antes al suelo? ¿Qué velocidad llevará cada una a los 2 s de soltarla? Saca conclusiones.

Pesos, fuerzas normales, tensiones y fuerzas de rozamiento

33. Razona si las siguientes parejas son de acción-reacción.

a) El peso y la resistencia del aire para un cuerpo que cae a velocidad constante.

b) La fuerza de una mano que mantiene un muelle estirado y la fuerza recuperadora del muelle.

c) El peso y la tensión de la cuerda en una lámpara colgada del techo.

d) Las fuerzas de atracción mutua entre dos imanes.

e) El peso y la normal en un plano horizontal.

34. Una persona realiza una fuerza de 40 N para izar un cuerpo de 2 kg con una polea. Deduce el tipo de movimiento que tendrá lugar.

SOLUCIÓN

En este caso solo tenemos dos fuerzas: la tensión y el peso, que es menor. Por tanto, el cuerpo se mueve con MRUA hacia arriba. Escribiremos esta ecuación:

$$F_{neta} = T - mg = m \cdot a$$

$$40\ \text{N} - 2 \cdot 9{,}8\ \text{N} = (2\ \text{kg}) \cdot a$$

De donde se obtiene $a = 10{,}2\ m/s^2$.

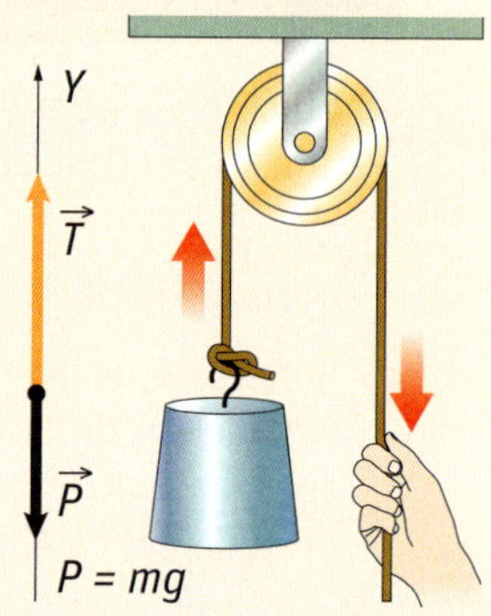

35. Una amiga tuya tiene una masa de 65 kg y quiere subir una pesa de 60 kg con una aceleración de $0{,}5\ m/s^2$, haciendo uso de una polea colgada del techo.

a) Identifica y dibuja las fuerzas que actúan sobre la pesa. ¿Qué tensión debe tener la cuerda?

b) Identifica y dibuja las fuerzas que actúan sobre tu amiga. ¿Conseguirá su objetivo?

36. Al tirar del bloque de la figura con el dinamómetro, se observa que se mueve con velocidad constante. Deduce el valor del coeficiente de rozamiento.

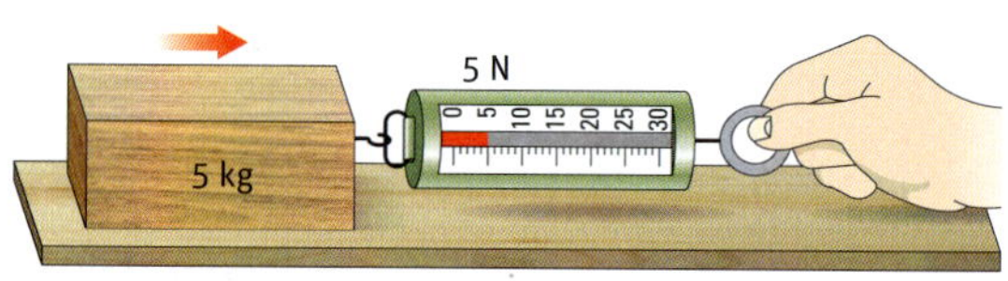

37. Calcula la aceleración con que se moverá el cuerpo de la figura si se tira de él hacia la derecha con una fuerza de 90 N.

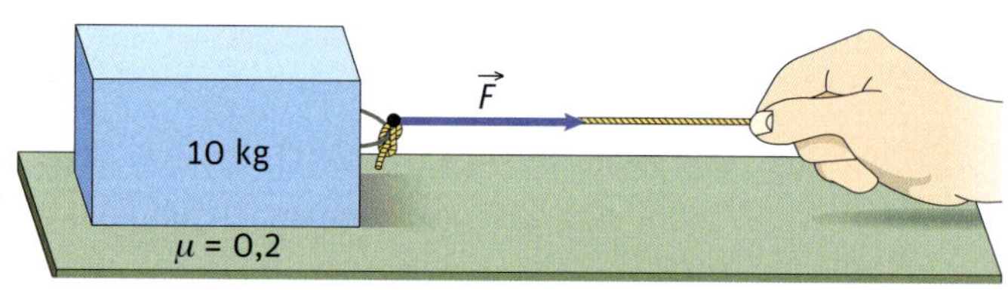

38. Deduce el valor de la fuerza normal en cada uno de los casos siguientes.

a) Un objeto de masa m se apoya en una mesa.

b) Sobre el objeto se hace una fuerza con un ángulo $-\alpha$.

c) Sobre el objeto se hace una fuerza con un ángulo α.

SOLUCIÓN

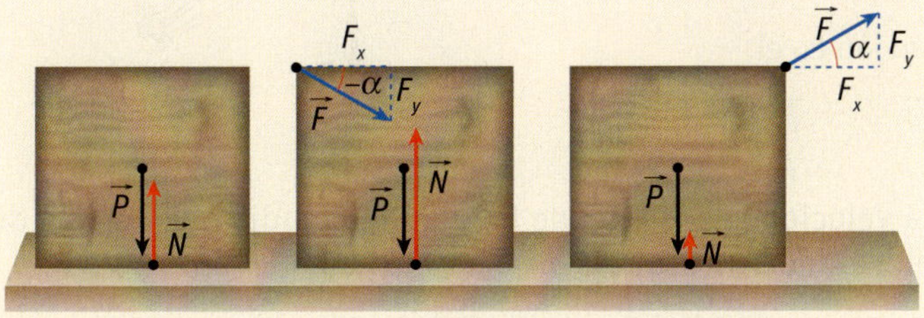

a) La ecuación de las fuerzas en el eje *Y* es:

$$F_{\text{neta } y} = 0 \Rightarrow N - mg = 0 \Rightarrow N = mg$$

b) En este caso la normal es mayor, ya que debe compensar también la componente F_y.

$$F_{\text{neta } y} = 0 \Rightarrow N - mg - F_y = 0 \Rightarrow N = mg + F \cdot \text{sen } \alpha$$

c) En este otro caso es al revés: la componente F_y va a favor de *N* y entre ambas compensan a *mg*.

$$F_{\text{neta } y} = 0 \Rightarrow N + F_y - mg = 0 \Rightarrow N = mg - F \cdot \text{sen } \alpha$$

39. Un padre empuja a su hijo sobre un trineo de las tres formas que se indican.

a) Considera el conjunto hijo-trineo como un solo objeto e identifica y dibuja las fuerzas que actúan sobre él.

b) Justifica razonando en qué situación habrá menor o mayor rozamiento.

c) Si el padre aplica una fuerza de 20 N y la masa del hijo con el trineo es de 40 kg, calcula el valor de la normal en cada caso.

40. Un disco de *hockey* que ha recibido un golpe sale disparado con una velocidad de 18 m/s y recorre 80 m antes de pararse. Dibuja las fuerzas que actúan sobre él mientras se mueve y explica por qué se para. A continuación, calcula la aceleración de frenado y deduce el coeficiente de rozamiento con el hielo.

41. Al coche de la figura se le ha estropeado el freno de mano y cae por la pendiente. Estudia el diagrama de cuerpo libre y justifica qué afirmaciones son verdaderas.

a) La fuerza normal que hace el plano sobre el coche es menor que el peso del coche.

b) La ecuación del movimiento es $N - mg \cos \alpha = m \cdot a$.

c) El coche cae por el plano con aceleración $a = g \text{ sen } \alpha$.

d) Después de recorrer una distancia *s*, adquiere una velocidad $v_f = 2gs \cdot \text{sen } \alpha$.

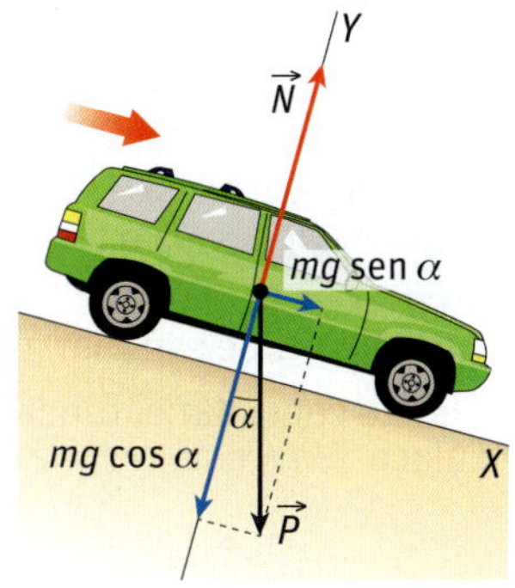

42. Un vehículo de 800 kg de masa describe una curva de 100 metros de radio. El coeficiente de rozamiento entre el vehículo y la carretera es de 0,4. Calcula la velocidad máxima a la que puede tomar dicha curva sin salirse de la carretera.

SOLUCIÓN

El pavimento ejerce sobre las ruedas una fuerza hacia el centro de la curva, debida al rozamiento con el suelo. Esta fuerza de rozamiento es, por tanto, la fuerza centrípeta.

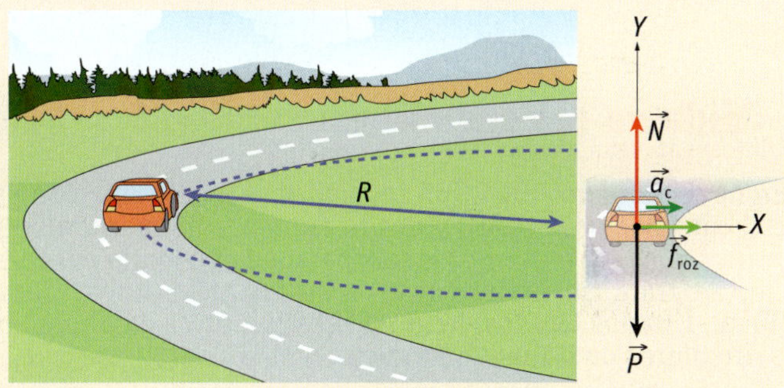

El eje *X* es el eje principal, ya que coincide con la dirección de la aceleración centrípeta. Las ecuaciones para ambos ejes son:

Eje *X*: $F_{\text{neta } x} = m \cdot a_n \Rightarrow f_{roz} = m \cdot \dfrac{v^2}{r} \Rightarrow \mu \cdot N = m \cdot \dfrac{v^2}{r}$

Eje *Y*: $F_{\text{neta } y} = 0 \Rightarrow N - mg = 0 \Rightarrow N = mg$

El valor de *N* se lleva a la primera ecuación:

$$\mu \cdot mg = m \cdot \frac{v^2}{r} \Rightarrow v = \sqrt{\mu \cdot g \cdot r} = 19{,}8 \text{ m/s}$$

Esta será la velocidad máxima con que el coche puede tomar la curva, ya que la fuerza de rozamiento no puede superar el valor de $\mu \cdot mg = 0{,}4 \cdot (800 \text{ kg}) \cdot (9{,}8 \text{ m/s}^2) = 3136$ N.

43. Un buitre negro de 10,25 kg de masa vuela en círculos de 18 m de radio a una velocidad de 45 km/h observando una oveja moribunda. Identifica, dibuja y calcula las fuerzas que actúan sobre el buitre. ¿Quién ejerce estas fuerzas?

Ponte a prueba

¿Cómo se mantiene en el aire un Boeing 747?

Hoy en día sigue resultando sorprendente ver volar una aeronave tan grande y pesada como un Boeing 747. ¿Te has planteado alguna vez qué fuerza lo sostiene?

La sustentación es una fuerza que ejerce el aire sobre el ala y el fuselaje de los aviones ($\vec{N}$, en el dibujo). Dicha fuerza no actúa cuando el avión está parado, pero durante el despegue llega a superar al peso, haciendo que el avión se eleve, y en pleno vuelo iguala a dicho peso, con lo que el avión se mantiene en en el aire.

A pesar de la complejidad de los fenómenos que tienen lugar, el movimiento del avión se puede estudiar a partir de las leyes vistas en este tema.

Puedes consultar el fundamento físico de la sustentación y vuelo de un avión en el enlace www.e-sm.net/svfq4eso09_02.

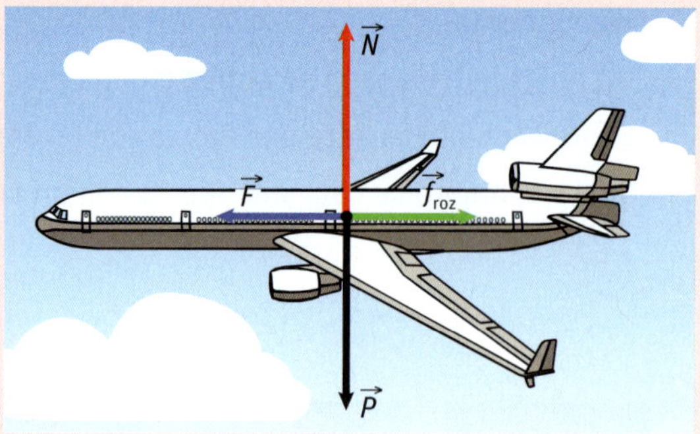

1. Un Boeing 747 tiene una masa de 350 000 kg y se desplaza a una velocidad constante de 850 km/h. Estudia el diagrama de fuerzas de la ilustración e indica si las afirmaciones siguientes son verdaderas o falsas:
   a) La fuerza de empuje, $\vec{F}$, es la reacción a la fuerza que hacen los gases que expulsan los motores.
   b) La fuerza neta que actúa sobre el avión es cero.
   c) $\vec{N}$ y $\vec{P}$ son fuerzas de acción y reacción; por eso se anulan.
   d) Tanto $\vec{N}$ como $\vec{f}_{roz}$ son realizadas por el aire.
2. Escribe la ecuación de fuerzas en ambos ejes y razona:
   a) ¿Qué fuerza habrá que modificar para lograr que el avión descienda?
   b) ¿Qué fuerza resultante puede hacer que el avión pase de 850 km/h a 950 km/h en un minuto?

Vida en el espacio

En noviembre del año 2000 se puso en órbita la Estación Espacial Internacional (EEI), y desde entonces ha mantenido permanentemente entre dos y seis personas viviendo en el espacio. Se trata de un proyecto conjunto de Europa, Canadá, Rusia, Estados Unidos, Japón y Brasil, junto a colaboraciones particulares de Italia y Australia.

La EEI tiene unas dimensiones algo mayores que un campo de fútbol y una masa de 420 toneladas. En este momento su espacio habitable es comparable al de una casa de cinco dormitorios con dos baños.

1. Sabiendo que la EEI se encuentra en órbita a 400 km de altura sobre la superficie terrestre, analiza los datos de la tabla de la derecha y justifica si las siguientes respuestas son verdaderas o falsas:
   a) El valor de la aceleración de la gravedad en la superficie de la Tierra es de 9,8 m/s², pero en la EEI hay gravedad cero.
   b) A partir de las expresiones de la tabla se concluye que el valor de g disminuye por encima de la superficie de la Tierra, pero no se hace cero en la posición de la EEI.
   c) El valor de g depende de la masa de la Tierra y de la masa de la EEI.
   d) Sustituyendo valores resulta que el valor de g en la EEI es de 8,7 m/s².

Aceleración de la gravedad, g	Expresión	Valor
Superficie de la Tierra	$g_{superficial} = G \cdot \frac{M_T}{R_T^2}$	9,8 m/s²
EEI	$g_{EEI} = G \cdot \frac{M_T}{(R_T + h)^2}$	¿?

2. Enumera las consecuencias positivas que puede tener un proyecto como este para la humanidad. ¿Crees que está justificado el abultado presupuesto necesario para mantenerlo (alrededor de diez mil millones de dólares)?

Meteosat

Los satélites Meteosat constituyen la contribución europea al sistema de observación mundial dedicado a la meteorología y la climatología. Con un período de 24 horas y una altitud de 35 800 km, abarcan Europa, África, Oriente Medio, la parte oriental de América del Sur, el Océano Atlántico y el Océano Índico occidental.

1. Completa en tu cuaderno la tabla de datos comparativa entre un satélite Meteosat y la EEI, en la que r es la distancia al centro de la Tierra. Haz uso de la tercera ley de Kepler para calcular el período de rotación de la EEI en horas.

	T (h)	T^2	r (km)	r^3
Meteosat	●●●	●●●	●●●	●●●
EEI	●●●	●●●	●●●	●●●

2. La Luna completa una vuelta en torno a la Tierra en 28 días. Deduce la distancia entre los centros de la Tierra y la Luna.

3. Calcula el cociente T^2/r^3 para los tres satélites mencionados e interpreta el resultado. ¿Obtendrías el mismo resultado con un satélite de Júpiter?

AUTOEVALUACIÓN

1. Un buen lanzador de martillo (cuya masa es de 7,26 kg) puede imprimir a la bola velocidades muy altas. Si un lanzador consigue una velocidad de 100 km/h en un giro de 1,85 m de radio, determina la fuerza centrípeta necesaria:

a) 109 N **b)** 3028,5 N **c)** 5602,7 N **d)** 201,7 N

2. El dibujo muestra el movimiento de un planeta en torno a su estrella.

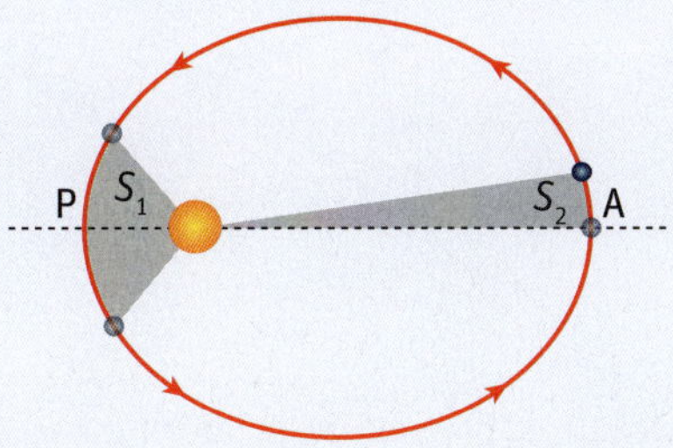

¿Cuál de las siguientes afirmaciones es falsa?

a) La igualdad $S_1 = S_2$ significa que ha recorrido el arco correspondiente en el mismo tiempo.

b) Una consecuencia de lo anterior es que el planeta se mueve más deprisa en el afelio (A) que en el perihelio (P).

c) La velocidad en A es perpendicular al radio vector que une el Sol con el planeta en ese punto.

d) La fuerza de atracción gravitatoria estrella-planeta es mayor en P que en A.

3. La aceleración de la gravedad es de 8,6 m/s² en la superficie de Venus y de 3,7 m/s² en la de Marte. Si el peso de un niño es de 222 N en Marte, su masa y su peso en Venus serán:

a) 60 kg y 516 N **c)** 60 kg y 60 N

b) 60 N y 1909 N **d)** 25,8 kg y 95,5 N

4. Un satélite de masa 2000 kg se encuentra a una altura sobre la superficie igual al radio terrestre. Por tanto:

a) Su peso es la mitad que en la superficie.

b) Dentro del satélite habrá ingravidez.

c) Su período de revolución será de dos días.

d) La fuerza con que lo atrae la Tierra es de unos 5000 N.

5. Una nadadora de masa 60 kg se lanza desde un acantilado a 27 m de altura. Si toca el agua 2,5 s después de saltar, la fuerza de rozamiento ejercida por el aire vale:

a) 58,8 N **b)** 600 N **c)** 518,4 N **d)** 69,6 N

6. Sobre el bloque de la figura actúan las fuerzas indicadas.

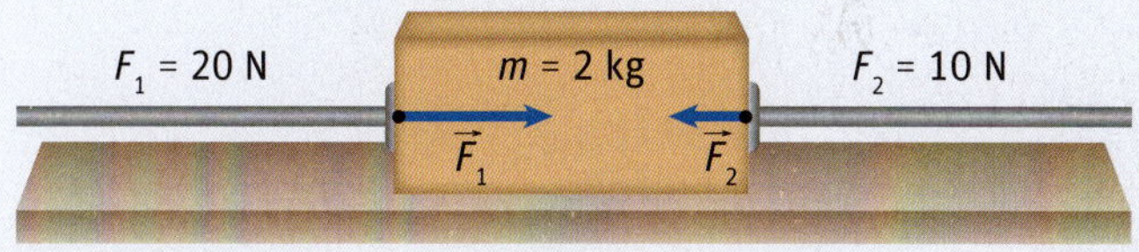

Si el coeficiente de rozamiento con el plano es $\mu = 0,3$, la aceleración que adquiere el bloque será:

a) 2 m/s² **b)** 5 m/s² **c)** –2 m/s² **d)** –5 m/s²

7. Se lanza un cuerpo hacia arriba por un plano inclinado. En ausencia de rozamiento y una vez que la mano deja de impulsarlo, el diagrama de fuerzas antes de su descomposición en ejes es:

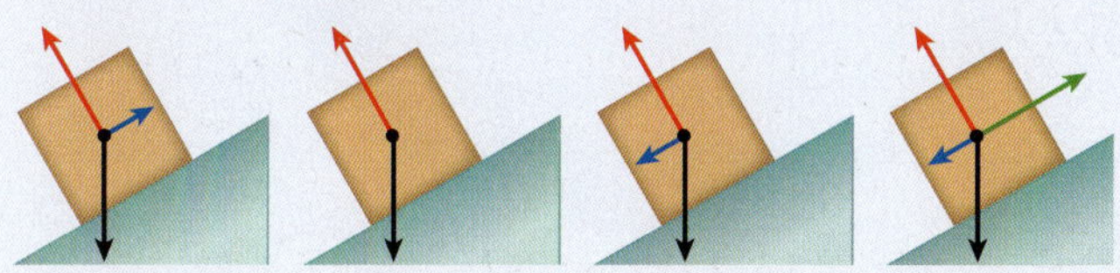

10 Hidrostática y física de la atmósfera

Abre tu mirada

Para que el agua potable llegue a nuestras casas y para que, después de su utilización, pueda ser devuelta a los ríos o al mar con la calidad adecuada, es decir, para llevar a cabo el ciclo integral del agua, se necesita una serie de infraestructuras. En todo el proceso deben tenerse en cuenta las leyes que rigen el comportamiento de los fluidos, como es el principio fundamental de la hidrostática, el principio de Pascal, etc.

- ¿Produce el mismo efecto una fuerza concentrada o repartida en una superficie?
- ¿De qué depende la presión ejercida por los fluidos?
- ¿Qué es la presión atmosférica y cómo se mide?
- ¿Por qué flotan los barcos en el agua y suben los globos en el aire?

Piensa y reflexiona

En todos los procesos del ciclo integral del agua se deben tener en cuenta, además de las leyes de la hidrostática, otros aspectos relevantes relacionados con la tecnología.

a ¿Por qué se emplean sifones en el transporte del agua por lugares irregulares?

b ¿Por qué los depósitos de agua en las ciudades se sitúan en lugares elevados?

c ¿En qué casos es preciso emplear bombas de agua?

Analiza y determina

¿Por qué crees que el grosor de la presa es mayor a medida que se acerca a la base?

a) Porque la presión del agua aumenta con la profundidad.

b) Porque es más difícil que se filtre el agua por ella.

c) Para ajustarse mejor a las irregularidades del terreno.

Y tú, ¿qué opinas?

En España, cerca del 50 % de la gestión del agua se encuentra en manos privadas. Este asunto plantea una gran controversia, pues el acceso al agua potable es un derecho universal y hay personas que piensan que su gestión debería ser pública. Plantea un debate en clase sobre este asunto: la gestión del agua, ¿debe ser pública o privada?

- ¿Qué dice el principio de Pascal y qué aplicaciones tiene?
- ¿Cómo se tienen en cuenta las leyes de los fluidos en el abastecimiento del agua?
- ¿Cómo se interpretan los mapas del tiempo?

1 Fuerzas concentradas o repartidas. Concepto de presión

Se pueden experimentar los distintos efectos que produce una misma fuerza repartida en superficies diferentes mediante una experiencia como la siguiente.

EXPERIMENTA

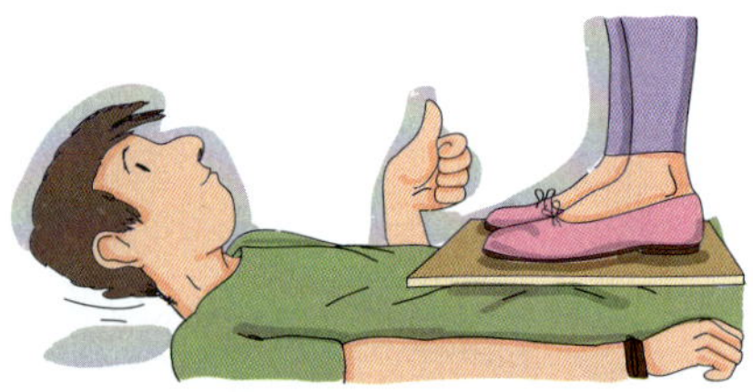

María, de 40 kg de masa, se ha puesto sobre una tabla de 30 cm × 40 cm encima de su amigo. Él está sorprendido de que no le hace daño.

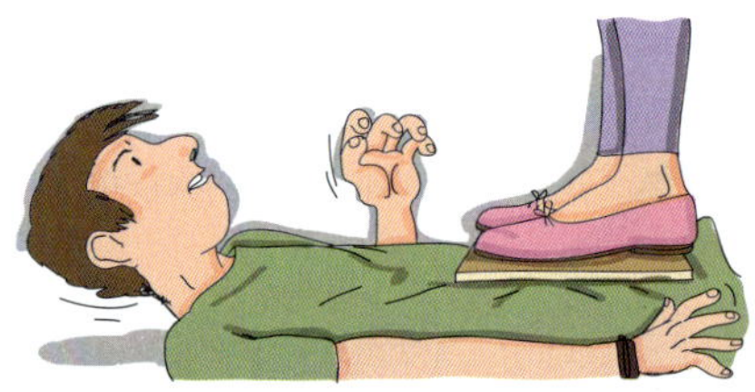

A continuación, María ha elegido una tabla de 20 cm × 30 cm y se ha vuelto a subir. Su amigo se queja, pues le empieza a molestar.

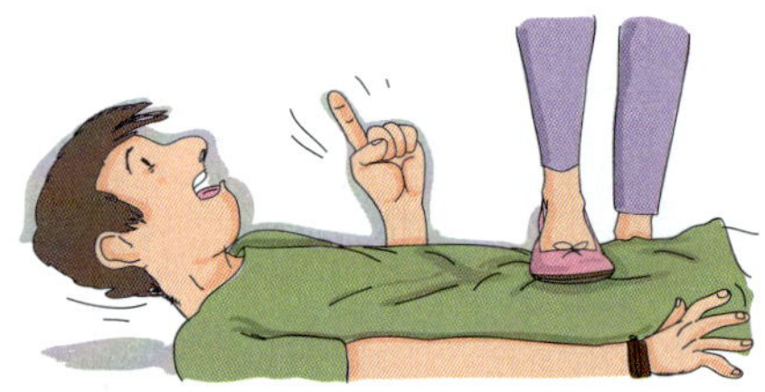

Cuando María trata de apoyarse en él con un pie directamente, su amigo no lo permite. En este caso, le podría hacer daño.

Para estudiar estos efectos se define una nueva magnitud, la *presión*.

Ten en cuenta

En los ejemplos estudiados se observa que la presión puede deberse a la fuerza que un cuerpo ejerce sobre otro, o bien al propio peso del cuerpo.

La **presión**, *p*, es la fuerza recibida por unidad de superficie. Si se aplica la misma fuerza, la presión es tanto mayor cuanto menor sea la superficie en que se aplica.

$$p = \frac{F}{S}$$

La unidad de la presión en el SI es el **pascal**, **Pa** (1 Pa = 1 N/m^2).

ACTIVIDADES

1. Calcula la presión que ejerce María sobre su amigo en los dos primeros casos. Haz una estimación de la presión en el tercer caso.
2. ¿Qué presión ejerce el peso de la caja sobre el suelo en cada una de las tres posiciones posibles? ¿Por qué aparece la advertencia?

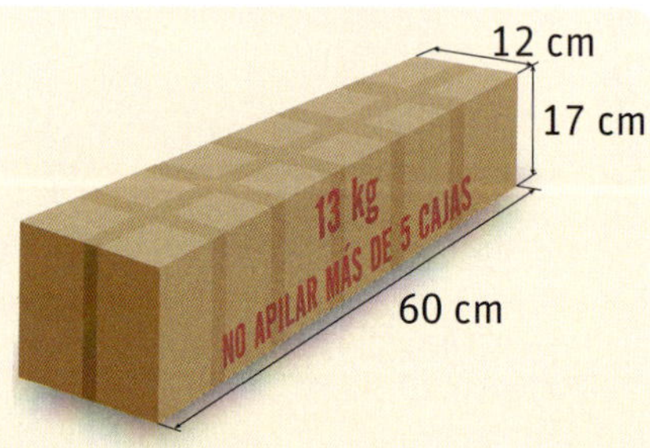

Presión ejercida por los fluidos: líquidos y gases

En los fluidos, esto es, en los líquidos y en los gases, igual que en los sólidos, también **su peso es el causante de la presión** que ejercen, pero ¿hacia dónde actúa esa fuerza? A diferencia de los sólidos, en el interior de los fluidos las fuerzas se ejercen **perpendicularmente** en todas las direcciones, sobre las paredes, o sobre los objetos que hay en ellos.

EXPERIMENTA

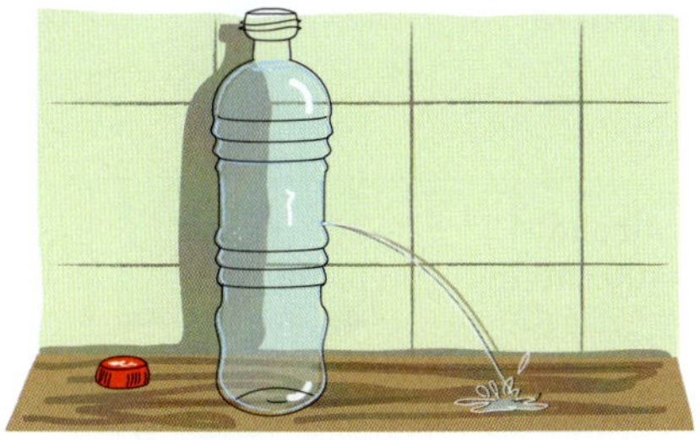

En la botella de agua con un pequeño agujero se comprueba que la presión actúa perpendicularmente a la pared.

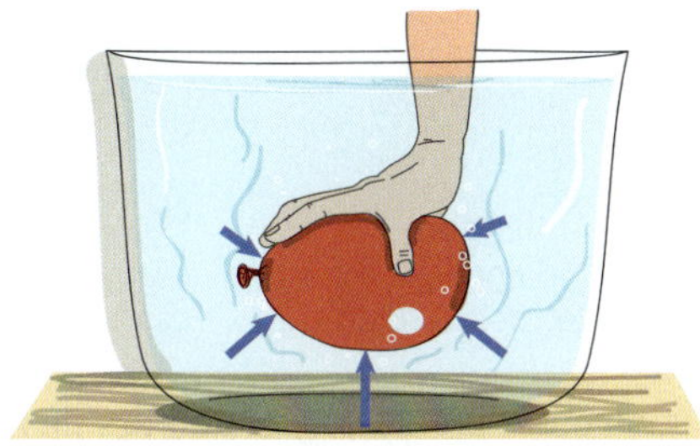

Infla un globo pequeño y mételo a la fuerza dentro del agua. Comprueba que su volumen disminuye.

Si en un balón de plástico inflado se hace un pequeño agujero, el aire sale perpendicularmente a la superficie.

Se denomina **hidrostática** la rama de la física que estudia el comportamiento de los fluidos en reposo.

Utiliza la fórmula de la presión

1. **Observa los vasos comunicantes de la imagen. ¿Qué sucederá al abrir la llave de paso?**

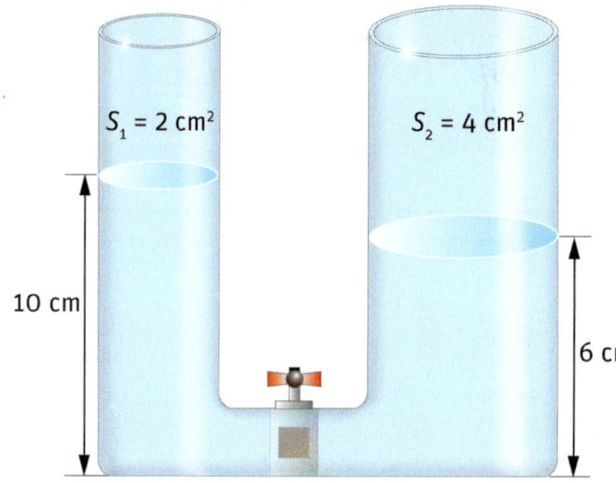

SOLUCIÓN

En el tubo de la izquierda, en la llave de paso la presión del agua es:

$$p_{izq} = \frac{\text{Peso agua}}{S_1} = \frac{V_1 \cdot d_{agua} \cdot g}{S_1} = \frac{S_1 \cdot h_1 \cdot d_{agua} \cdot g}{S_1} = 0{,}1 \cdot 1000 \cdot 9{,}8 = 980\,\text{Pa}$$

En el tubo de la derecha, al otro lado de la llave, su presión es:

$$p_{dcha} = \frac{\text{Peso agua}}{S_2} = \frac{V_2 \cdot d_{agua} \cdot g}{S_2} = \frac{S_2 \cdot h_2 \cdot d_{agua} \cdot g}{S_2} = 0{,}06 \cdot 1000 \cdot 9{,}8 = 588\,\text{Pa}$$

$$p_{izq} > p_{der} \Rightarrow F_{izq} = p_{izq} \cdot S_{\text{llave de paso}} > F_{der} = p_{der} \cdot S_{\text{llave de paso}}$$

En los líquidos, la fuerza es perpendicular a las superficies. Cuando se abra la llave de paso, empujará con más fuerza el tubo con mayor nivel del agua, aunque tenga menos peso encima. Por tanto, pasará agua del tubo de la izquierda al de la derecha hasta que se igualen los niveles, por ser mayor la presión que ejerce aquel en la llave de paso.

ACTIVIDADES

3. Imagina que tenemos unos vasos comunicantes como los del ejercicio resuelto 1, pero los diámetros de ambos vasos son iguales. En cada vaso hay el mismo volumen de dos líquidos, agua a un lado y aceite al otro. ¿Qué pasará al abrir la llave de paso sabiendo que la densidad del aceite es de 916 kg/m^3, y la del agua, 1000 kg/m^3?

2 Presión en el interior de los líquidos

¿De qué depende la presión en el interior de un líquido? Se planteará una **investigación** cuyo **objetivo** es responder a esta pregunta. Se necesita un aparato de medida de la presión, que será un tubo de plástico transparente con agua, dispuesto en forma de U. El tubo se coloca sobre un soporte con una regla. El extremo libre del tubo se introduce en un recipiente que contiene un líquido. Si cambia la presión en dicho extremo, varían los niveles del agua en la U.

ANALIZA

Hipótesis

Las hipótesis son en este caso los factores que se supone que pueden influir en la presión en el interior del líquido. Serán variables independientes o controladas, según el papel que jueguen al hacer el diseño de la experiencia.

Las **variables independientes** son la profundidad, la densidad del líquido y el volumen de líquido. La **variable dependiente** es la presión del líquido. Cambiará de valor cuando varíen los factores que influyen en ella.

Diseño de la experiencia

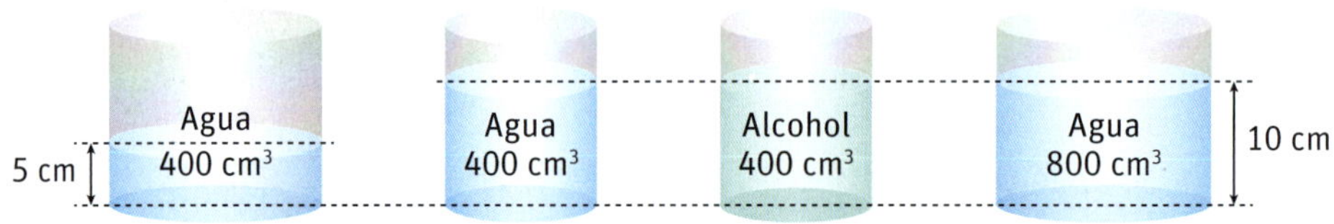

Con estos montajes y el aparato de medida se hacen las experiencias recogidas en el cuadro de valores y se comparan de dos en dos:

1) distinta profundidad (el mismo líquido e igual volumen);

2) distinto líquido (la misma profundidad y el mismo volumen), y

3) distinto volumen (la misma profundidad y el mismo líquido).

Realización de la experiencia

Se mide con cada vaso la diferencia de alturas en el tubo, Δl, para calcular la presión que ejerce el líquido.

Cuanto mayor sea Δl, mayor será la presión que ejerce el líquido.

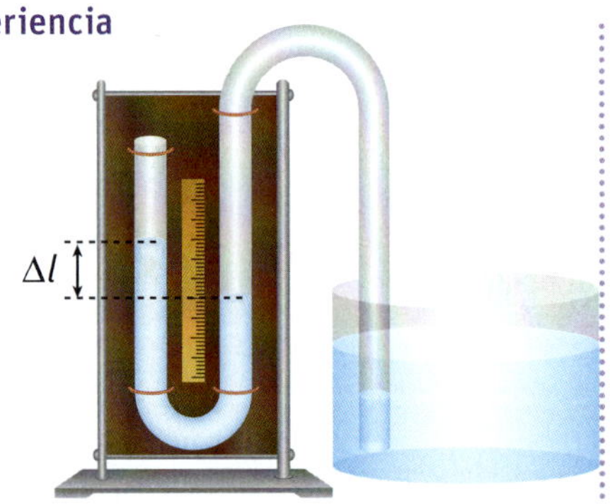

Tabla de valores

Experiencia	Profundidad (cm)	Densidad (kg/m³)	Volumen (cm³)	Presión (Pa)
1	5	1000	400	490
2	10	1000	400	980
3	10	789	400	773
4	10	1000	800	980

smSaviadigital.com PRACTICA

Para contrastar las hipótesis hay que comparar las experiencias adecuadas: comparando 1 y 2 se comprueba que la profundidad sí influye, pues al modificarla y mantener controladas las demás variables, la presión varía; comparando la 2 y la 3 se comprueba que influye la densidad, y comparando la 2 y la 4 se comprueba que el volumen no influye.

La **conclusión** de la investigación es que **la presión en el interior de un líquido depende de la profundidad y de la densidad**, pero no del volumen.

El **principio fundamental de la hidrostática** establece la relación entre la presión en el interior de los líquidos y los factores de que depende. Su ecuación es:

$$p = h \cdot d \cdot g$$

ACTIVIDADES

4. Sabiendo que la densidad del agua es de 1000 kg/m³, ¿cuál será el valor de la presión, debida al agua, en el fondo de una piscina de 3 m de profundidad y en una pared lateral a 1 m de la superficie?

Comprobación del principio fundamental de la hidrostática

Se puede comprobar teóricamente el principio fundamental de la hidrostática determinando la presión que ejerce un líquido en un recipiente cilíndrico de sección S a cierta profundidad, h. Dado que la presión que ejercen los fluidos se debe a su peso, hay que hallar el peso del líquido que queda por encima de cualquier punto de profundidad h:

$$\text{Peso} = m \cdot g = d_{\text{líquido}} \cdot V \cdot g = d_{\text{líquido}} \cdot S \cdot h \cdot g$$

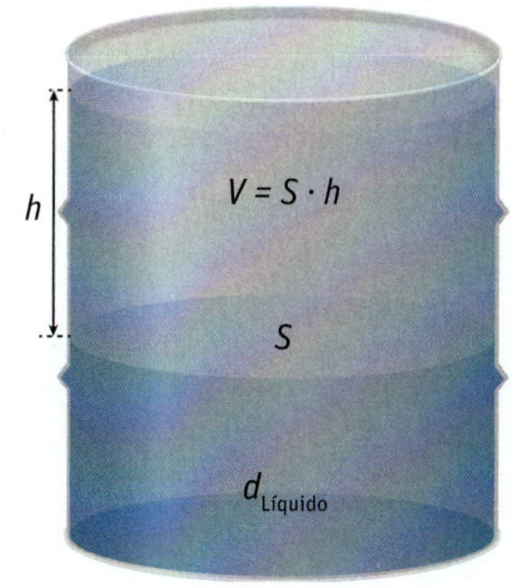

La presión, que es el peso dividido por la superficie donde se apoya, resulta ser:

$$p = \frac{d_{\text{líquido}} \cdot S \cdot h \cdot g}{S} = d_{\text{líquido}} \cdot h \cdot g$$

Para comprobar experimentalmente la relación de la presión con la profundidad, se puede hacer la siguiente experiencia.

EXPERIMENTA

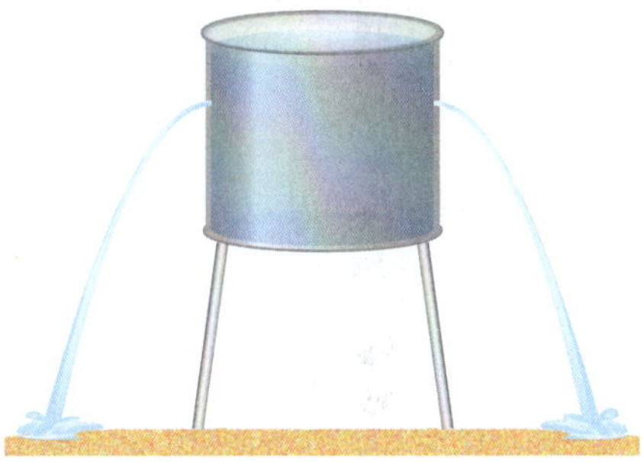

Al mismo nivel, el líquido tiene la misma presión. Se observa que el líquido sale con la misma velocidad por los dos orificios hechos a la misma altura.

Si se practican orificios de salida a más profundidad, el líquido recibe mayor presión, sale con más velocidad y llega más lejos.

Como se ha visto, para demostrar el principio de la hidrostática es preciso considerar que la densidad es constante en todo el líquido. Efectivamente, el agua, el aceite, el alcohol, etc., mantienen su densidad con la profundidad. En otras palabras, **los líquidos son incompresibles**. Sin embargo, los gases se comprimen por su peso, y su densidad varía con la altura. En consecuencia, **la ecuación del principio de la hidrostática no se cumple para los gases**. Sí se puede utilizar dicha ecuación para hallar el incremento de presión entre dos lugares a diferentes alturas cuando estas no son muy diferentes, pues no será apreciable la variación de la densidad.

$$\Delta p = d_{\text{gas}} \cdot g \cdot (h_2 - h_1)$$

Figura 10.1. En la cima de una montaña de 5000 m, el aire es menos denso que al nivel del mar.

ACTIVIDADES

5. Los tubos conectados como en la figura se llaman vasos comunicantes. El líquido es el mismo en todos ellos. ¿Por qué todos los tubos se quedan al mismo nivel?

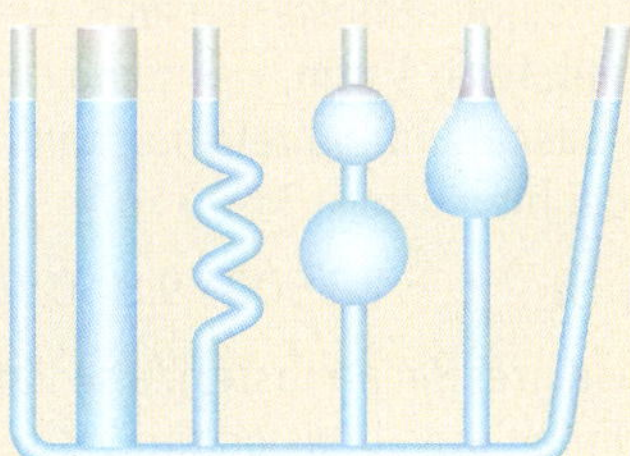

6. Las fuerzas que ejerce la presión del agua sobre la esfera no están bien dibujadas. ¿Por qué?

Repite el dibujo y corrige las flechas.

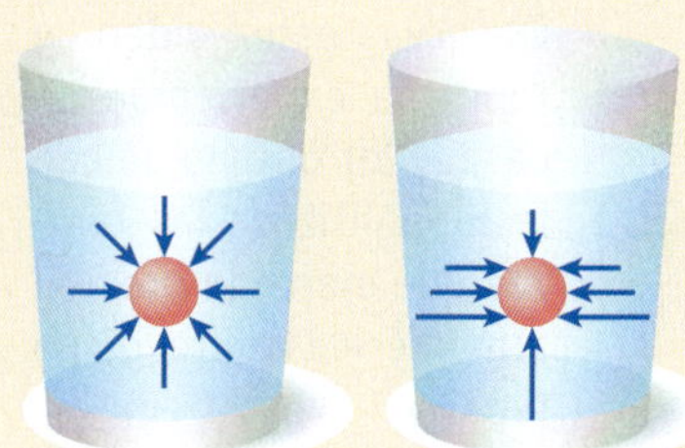

3 La presión atmosférica

Figura 10.2. La larguísima columna de aire equilibra la presión de la columna de mercurio de 0,76 m de altura.

La **presión atmosférica** es la que ejerce la atmósfera debido a su peso.

EXPERIMENTA

Echa un poco de agua en una lata de pintura vacía y ponla a hervir destapada. Cuando esté hirviendo, desenchufa el hornillo e, inmediatamente, tapa la lata con su tapón metálico para que no entre el aire.

Retírala con unos guantes aislantes y deja que se enfríe poco a poco. ¿Por qué cruje y se va arrugando?

Si la lata caliente se deja en agua fría, el efecto observado es mucho más rápido.

smSaviadigital.com OBSERVA

Al enfriarse, el vapor de agua del interior se condensa y queda un gran vacío dentro de la lata. La presión atmosférica del exterior es la que aplasta la lata.

Medida de la presión atmosférica

La atmósfera supera los 500 km de altura, pero su densidad disminuye con la altura, hasta llegar al vacío casi perfecto del espacio interestelar. Si bien no es posible calcular la presión atmosférica con el principio de la hidrostática, **Torricelli** (1608-1647) ideó un ingenioso sistema para hallar su valor.

OBSERVA

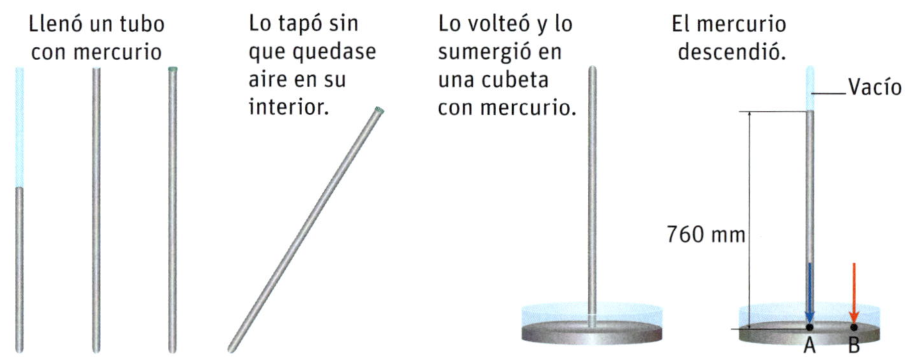

La columna de mercurio descendió hasta que la presión ejercida por dicha columna sobre A se igualó con la presión atmosférica en B. El valor hallado por Torricelli a nivel del mar se llamó **una atmósfera**, **1 atm**, y se tomó como unidad de presión. En el SI, la unidad de presión es el **pascal**, Pa. Su relación con la atmósfera se puede determinar a partir de la densidad del mercurio, 13 600 kg/m^3:

$$1 \text{ atm} = d_{\text{mercurio}} \cdot g \cdot h_{\text{mercurio}} = 13\,600 \cdot 9{,}8 \cdot 0{,}76 = 101\,293 \text{ Pa} = 1013 \text{ hPa}$$

Los aparatos que miden la presión atmosférica se llaman **barómetros**, como el ideado por Torricelli. Los que miden presiones en fluidos se denominan **manómetros**.

ACTIVIDADES

7. smSaviadigital.com APLICA

Observa este vídeo y repite la experiencia en casa. ¿Por qué no se cae la tapa? Dibuja las fuerzas que ejerce la presión atmosférica sobre dicha tapa.

Evolución histórica del concepto de vacío

En el siglo XVII evolucionaron drásticamente dos ideas fundamentales relacionadas con el concepto de presión: que **el vacío existe** y que **el aire pesa**.

Analiza la evolución de una teoría científica

2. Lee el texto siguiente.

Al aspirar con la bomba aspirante como si fuese una jeringuilla, el agua de un pozo sube. En el siglo XVII se pensaba que no podía existir el vacío. Se hablaba del "horror al vacío", que era el causante de que el agua subiera sola, para ocupar ese espacio vacío.

En 1638, Galileo hizo notar que las bombas aspirantes no podían subir el agua más de 10,34 m. ¿Qué había en el espacio de la bomba donde no llegaba el agua? ¡Era el vacío! En 1644, Torricelli, discípulo de Galileo, hizo el experimento descrito en la página anterior. ¿Qué había en la parte alta del tubo cuando el mercurio bajaba hasta quedarse a 76 cm de altura? ¡Era el vacío!

Científicos como Pascal y Descartes, junto a Torricelli, rompieron con las viejas ideas y las sustituyeron por otras con mayor poder explicativo. Consideraron que el peso del aire era la causa de los efectos que se habían atribuido al horror al vacío.

Para contrastar esta hipótesis, se repitió la experiencia de Torricelli al pie de una montaña y en la cima de esta. Según la nueva idea, la presión del aire en la cima, por tener menos peso de aire sobre ella, debería de ser menor que al pie de la montaña, por lo que al ascender tendría que bajar la altura de la columna de mercurio, como así ocurrió.

a) ¿Qué teoría inicial explicaba el hecho de que el agua subiese por la bomba aspirante? ¿Qué hechos hicieron poner en duda esta idea?

b) ¿Cuál fue la nueva hipótesis para explicar los fenómenos que la teoría anterior no explicaba?

c) ¿Cómo se contrastó la nueva hipótesis?

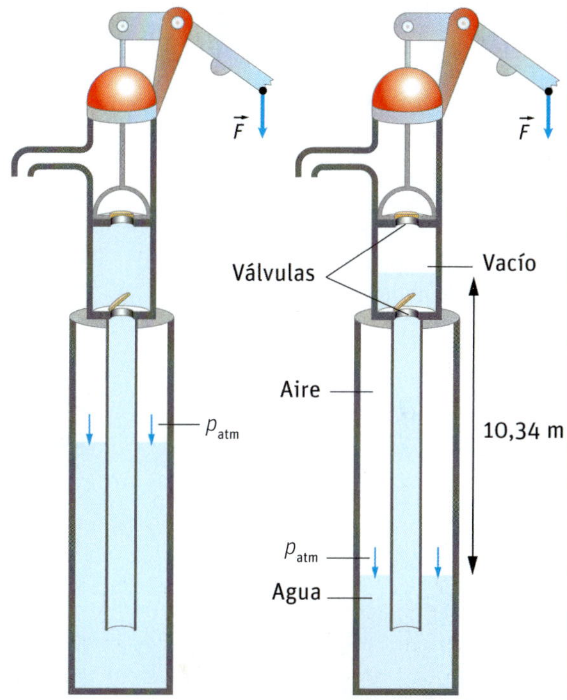

Figura 10.3. En una bomba de agua manual, al subir el émbolo, la presión atmosférica hace subir el agua.

SOLUCIÓN

a) La teoría de que no podía existir el vacío. Esta idea fue puesta en duda porque las bombas aspirantes solo subían el agua hasta una cierta altura y porque en el experimento de Torricelli quedaba un espacio vacío en la parte superior del tubo.

b) Que el peso del aire era la causa de los efectos que se habían atribuido al horror al vacío.

c) Con la repetición de la experiencia de Torricelli al pie y en la cima de una montaña, que dio los resultados predichos por la nueva hipótesis.

ACTIVIDADES

8. La bomba de la figura no es capaz de extraer agua si la profundidad de esta es superior a 10,34 m. Explica a qué puede deberse esto.

9. El barómetro A mide su presión al pie de la montaña, y el B, en la cima. Dibuja las fuerzas ejercidas por la atmósfera en la superficie libre del mercurio en los dos casos.

Si la altura del mercurio en el barómetro B es de 9 cm menos que en el A y la densidad del aire es de 1,29 kg/m^3, ¿qué desnivel hay entre la base y la cima de la montaña?

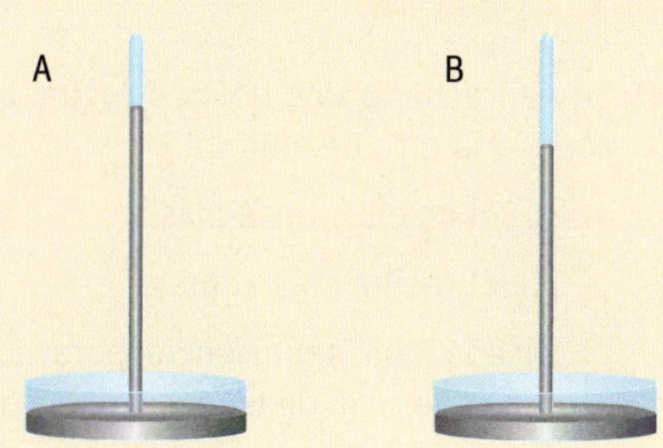

4 Empuje en los fluidos. Principio de Arquímedes

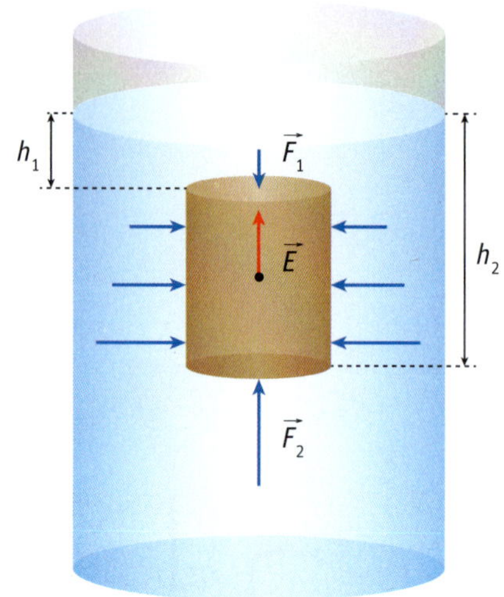

Figura 10.4. Cuando el cilindro está sumergido, el empuje es igual al peso de un cilindro de líquido.

Por experiencia, sabemos que al meternos en el agua sentimos que pesamos menos. De hecho, podemos "hacer el muerto" y flotar en ella aún sin saber nadar. La fuerza que el agua ejerce sobre nosotros, que se denomina **empuje**, es la que hace que nos sintamos tan ligeros en ella. ¿Cómo se puede calcular esta fuerza?

Dos de los conceptos estudiados en la unidad permiten calcularlo:

- El **principio fundamental de la hidrostática**, $p = d \cdot g \cdot h$, que establece que, a mayor profundidad en un líquido, mayor es la presión.
- Las **fuerzas que ejercen los fluidos son perpendiculares a las superficies** de los cuerpos que hay en su interior, y están dirigidas hacia ellos.

Observando la figura 10.4 puede calcularse el valor del empuje sobre el cilindro de sección S y altura $h_2 - h_1$. Las fuerzas que el líquido ejerce sobre el cuerpo son:

- Fuerza en la tapa de superficie S: $\downarrow F_1 = p_1 \cdot S = d_1 \cdot g \cdot h_1 \cdot S$
- Fuerza en la base de superficie S: $\uparrow F_2 = p_2 \cdot S = d_2 \cdot g \cdot h_2 \cdot S$

Las fuerzas laterales se anulan entre sí. Por tanto, la fuerza resultante sobre el cuerpo, que es el **empuje**, E, valdrá:

$$\uparrow E = F_2 - F_1 = d_{\text{líquido}} \cdot g \cdot S \cdot (h_2 - h_1) = d_{\text{líquido}} \cdot g \cdot V_{\text{cuerpo}}$$

Ahora bien, el producto $d_l \cdot V_{\text{cuerpo}}$ es **la masa de un volumen de líquido idéntico al volumen del cuerpo**, m_l. Al multiplicarla por g, resulta el peso de dicho volumen de líquido, es decir:

$$E = m_{\text{líquido}} \cdot g$$

El **principio de Arquímedes** establece que el empuje que recibe un cuerpo al introducirse en un fluido es una fuerza vertical y dirigida hacia arriba cuyo valor es el **peso de un volumen de fluido igual al del cuerpo sumergido.**

$$\uparrow E = d_{\text{fluido}} \cdot g \cdot V_{\text{cuerpo sumergido}}$$

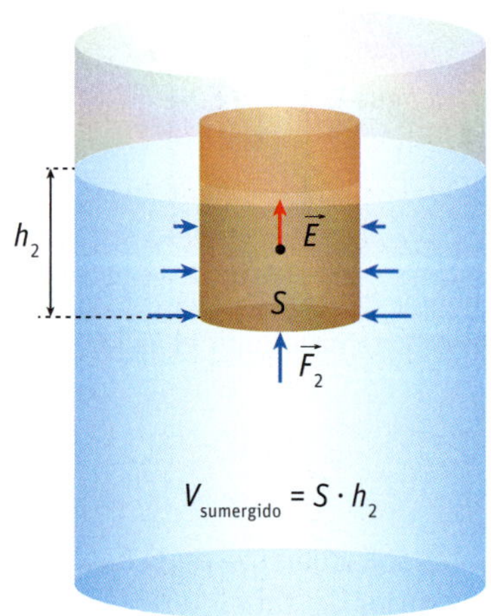

Figura 10.5. Cuando el cuerpo está flotando, el empuje es igual al peso de un cilindro de líquido equivalente a la parte sumergida del cuerpo.

Si el cilindro está flotando y h_2 es la altura del trozo sumergido (fig. 10.5), la fuerza debida al líquido en la tapa del cilindro, F_1, es 0. Por tanto, el valor del empuje es:

$$\uparrow E = \uparrow F_2 = d_{\text{líquido}} \cdot g \cdot S \cdot h_2 = d_{\text{líquido}} \cdot g \cdot V_{\text{sumergido del cuerpo}}$$

El principio de Arquímedes, descubierto en el siglo III a. C. por el filósofo griego Arquímedes, es igualmente válido para los gases. En tal caso, el empuje es:

$$\uparrow E = F_2 - F_1 = d_{\text{gas}} \cdot g \cdot S \cdot (h_2 - h_1) = d_{\text{gas}} \cdot g \cdot V_{\text{cuerpo}}$$

La densidad del gas se considera constante en ese tramo de alturas.

ACTIVIDADES

10. Se han echado dos bolas de igual tamaño al agua, una de acero y la otra de aluminio.

a) ¿Cuál de ellas pesa más?

b) ¿Cuál recibe más empuje?

c) Diseña una experiencia para comprobar si el empuje depende o no de la masa de las bolas.

11. Un globo aerostático asciende al encender los quemadores. ¿Por qué se eleva al encender el fuego?

Si el volumen de un globo es de unos 2200 m³ y la densidad del aire exterior es de 1,29 kg/m³, ¿qué empuje recibe?

Comportamiento de los cuerpos sumergidos en fluidos

Al abandonar un cuerpo en el interior de un líquido pueden ocurrir tres cosas: que se hunda, que se quede suspendido en su interior como un submarino, o que flote.

Cuerpo más denso que el agua	Cuerpo igual de denso que el agua	Cuerpo menos denso que el agua	
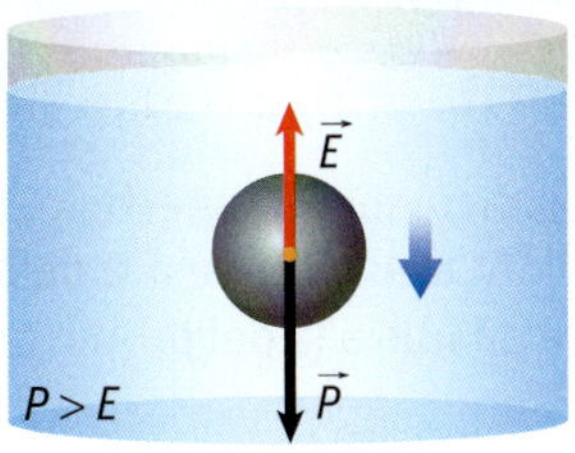	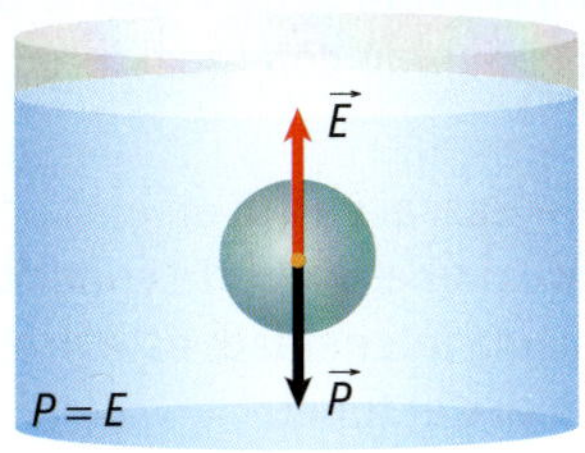	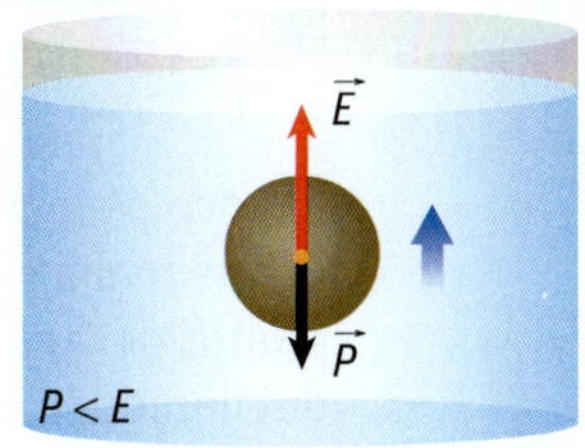	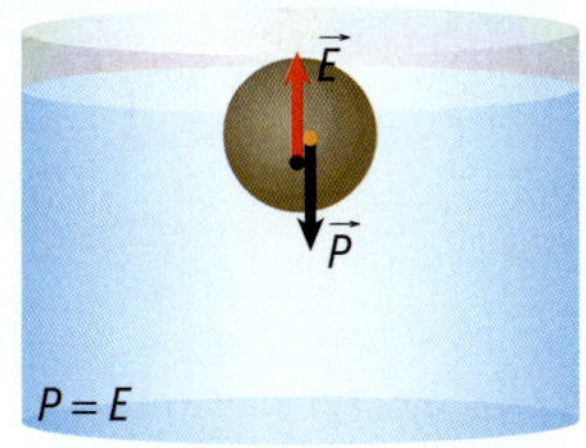
El cuerpo se hunde hasta llegar al fondo del líquido: $d_c > d_l \Rightarrow d_c \cdot V_c \cdot g > d_l \cdot V_c \cdot g$ $P > E$	El cuerpo se queda suspendido en el interior del líquido: $d_c = d_l \Rightarrow d_c \cdot V_c \cdot g = d_l \cdot V_c \cdot g$ $P = E$	El cuerpo sube hasta que sale a flote: $d_c < d_l \Rightarrow d_c \cdot V_c \cdot g < d_l \cdot V_c \cdot g$ $P < E$	Una vez que el cuerpo sale a flote, se alcanza el equilibrio: $P = E = d_{\text{líquido}} \cdot V_{\text{sumergido}} \cdot g$

smSaviadigital.com PRACTICA

Los cuerpos más densos que los fluidos se hunden hasta el fondo, los menos densos suben y quedan flotando, y los que tienen la misma densidad quedan sumergidos sin hundirse.

REFLEXIONA Y EXPERIMENTA

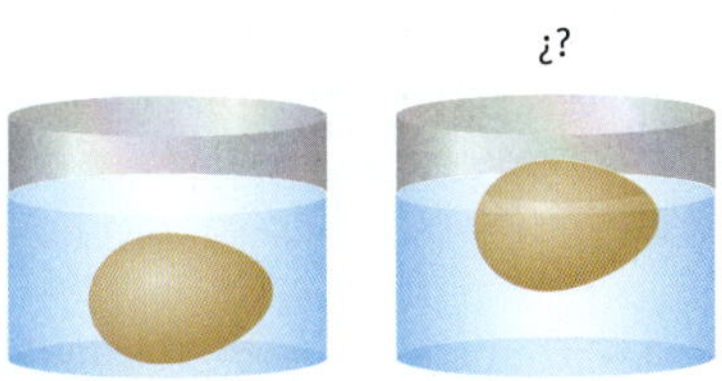

Un huevo se encuentra en el fondo de un recipiente lleno de agua.

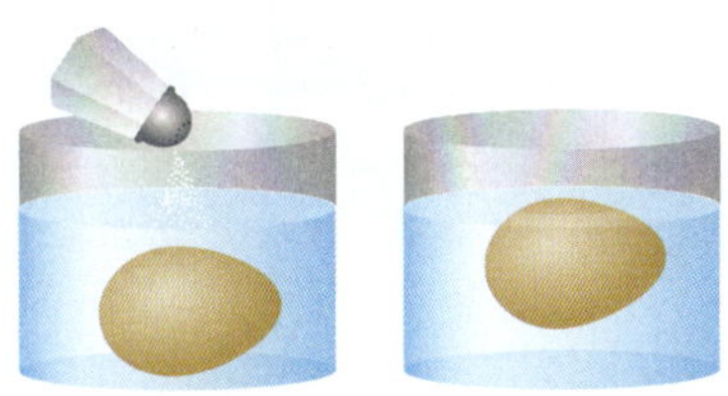

Queremos que el huevo salga a flote, para lo cual añadimos sal al líquido.

Cuando un cuerpo, como el huevo del ejemplo, está sumergido en un líquido, su peso es mayor que el empuje que experimenta. Si se va añadiendo sal, aumenta la densidad del líquido, con lo que va aumentando también el empuje, hasta que el huevo flota.

¿Qué volumen queda sumergido cuando flota un corcho?

3. Un corcho de 80 cm³ se echa al agua. La densidad del corcho es de 0,25 g/cm³, y la del agua, de 1 g/cm³. ¿Qué volumen de corcho queda sumergido en el agua?

SOLUCIÓN

Cuando el corcho flota, su peso es igual al empuje que experimenta, $P_{\text{corcho}} = E$.

$$d_{\text{corcho}} \cdot V_{\text{corcho}} \cdot g = d_{\text{agua}} \cdot V_{\text{corcho sumergido}} \cdot g$$

$$\frac{V_{\text{corcho}}}{V_{\text{corcho sumergido}}} = \frac{d_{\text{agua}}}{d_{\text{corcho}}} \Rightarrow V_{\text{corcho sumergido}} = V_{\text{corcho}} \cdot \frac{d_{\text{corcho}}}{d_{\text{agua}}} = 80 \cdot \frac{0{,}25}{1} = 20\ \text{cm}^3$$

Te interesa saber

Si los grandes cargueros están fabricados en hierro, un material mucho más denso que el agua, y mucha de la carga que transportan tiene también una gran densidad, ¿cómo pueden flotar en el agua?

En el barco hay grandes espacios de aire cuya densidad es muy pequeña, de modo que la densidad promedio del barco es menor que la del agua, y por ello flota.

5 La transmisión de presiones. El principio de Pascal

Figura 10.6. Experimento de Pascal.

Se dice que el científico francés **Blaise Pascal** (1623-1662) realizó ante el público el experimento que se ve en la figura. En un tonel de vino lleno de agua cuyas uniones estaban bien selladas introdujo un tubo delgado de gran longitud. Logró reventar el tonel echando tan solo una jarra de agua al tubo. Esta experiencia fue una constatación del principio enunciado por él, denominado **principio de Pascal**:

> Cuando se ejerce una presión externa sobre un líquido en equilibrio, dicha presión se transmite a todo el líquido con igual intensidad y en todas las direcciones.

El poco peso del agua que Pascal vertió en el tubo actuó en una pequeña superficie, con lo que realizó una gran presión en la parte superior del tonel. Al transmitirse a todos los puntos del agua con la misma intensidad, esta presión, que se añadió a la del propio peso del líquido, consiguió romper el tonel.

En los gases, que no son incompresibles, la presión no se transmite íntegramente y una parte de ella se emplea en comprimirlos.

Aplicaciones prácticas del principio de Pascal

La aplicación más conocida del principio de Pascal es la **prensa hidráulica**. Al ejercer una fuerza F_1 sobre una superficie pequeña S_1 se realiza una presión $p_1 = F_1/S_1$. Esta presión, que se transmite a todo el líquido, se aplica a la superficie S_2, que es mayor que S_1, con lo que la fuerza F_2 hacia arriba también será mayor:

$$F_2 = p_1 \cdot S_2 = \frac{F_1}{S_1} \cdot S_2 \quad \Rightarrow \quad \boxed{\frac{F_2}{F_1} = \frac{S_2}{S_1}}$$

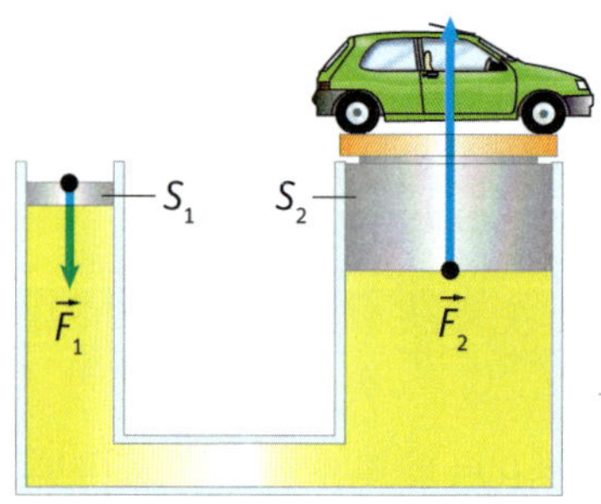

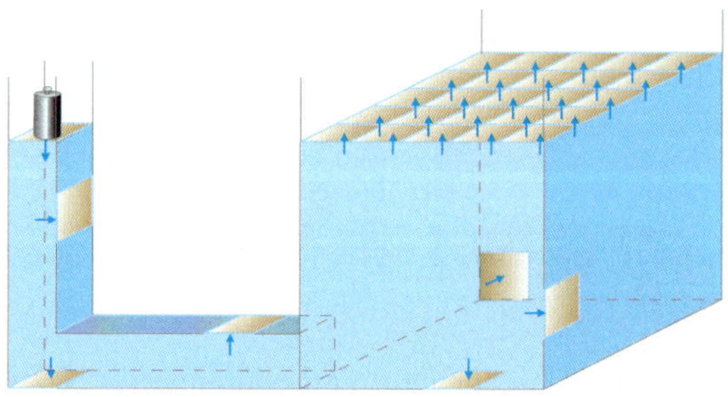

Así, si la superficie donde se apoya el coche es 25 veces mayor que la superficie donde se aplica la fuerza, la fuerza que se consigue hacer para elevarlo es también 25 veces mayor, como se ve en el esquema de la derecha. Es decir, **las prensas hidráulicas multiplican las fuerzas**. Al mismo tiempo, el coche subirá una altura 25 veces menor que la que baja el émbolo pequeño, ya que el volumen de agua que baja en el émbolo pequeño es el mismo que el que sube en el grande.

Otra aplicación del principio de Pascal donde se transmite la presión en un líquido tiene lugar en las excavadoras. En smSaviadigital.com **OBSERVA** se puede ver un montaje de sistemas hidráulicos en pequeñas máquinas construidas en el taller.

Figura 10.7. Muchas obras de ingeniería, como el famoso puente de la Torre de Londres, incorporan sistemas hidráulicos basados en el principio de Pascal.

ACTIVIDADES

12. Se va a subir con una prensa hidráulica un coche de 1500 kg de masa. Si la supercie del émbolo grande es 50 veces mayor que la del pequeño, ¿qué fuerza hay que hacer en el émbolo pequeño? Dibuja las fuerzas sobre cada uno de los émbolos.

13. Si Pascal hubiese utilizado un tubo 10 veces más grueso en su experimento, habría vertido mucha más cantidad de agua sobre el tonel. ¿Se hubiese reventado antes de alcanzar la altura a la que él lo llenó para romperlo? Razona la respuesta.

Algunas aplicaciones de la hidrostática

El **sifón** es un dispositivo que permite a los líquidos salvar algún obstáculo. Tiene forma de U en unos casos y de U invertida en otros.

IDENTIFICA

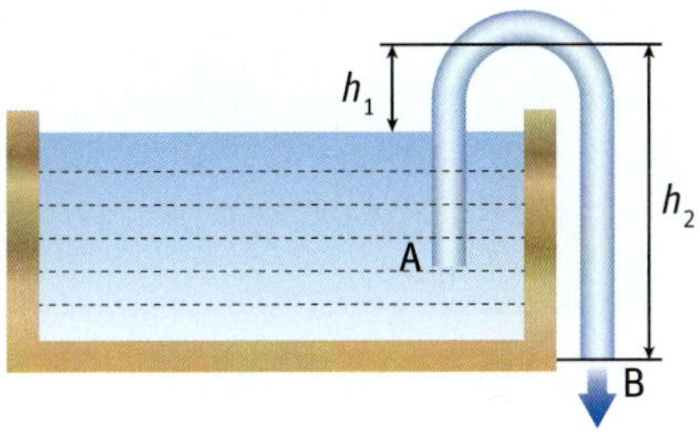

Para que funcione, el sifón debe estar lleno de líquido. La diferencia de presión que hace fluir el agua será entonces $\Delta p = d_{\text{líquido}} \cdot g \cdot (h_2 - h_1)$. En consecuencia, el agua saldrá por B.

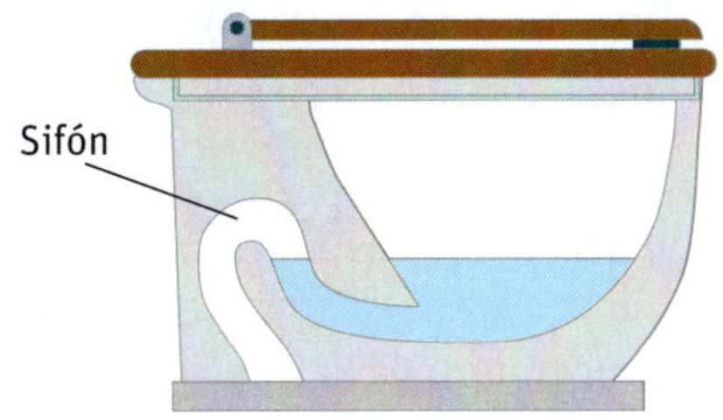

El desagüe de muchos inodoros tiene un doble sifón en U que facilita la evacuación de las aguas fecales cada vez que se utiliza, además de taponar los olores que podrían venir de la cañería.

En el transporte del agua por un canal que sortea distintas alturas, el sifón en U funciona como los vasos comunicantes, pero con el agua en movimiento. El agua va del canal más alto al más bajo.

smSaviadigital.com OBSERVA

Como se ve, gracias al sifón, se puede vaciar una pecera sin volcarla, mientras que el canal de agua puede pasar por debajo de la tierra y dejar libre un camino o carretera.

Medida de la presión en los fluidos. Manómetros

Manómetro de tubo abierto

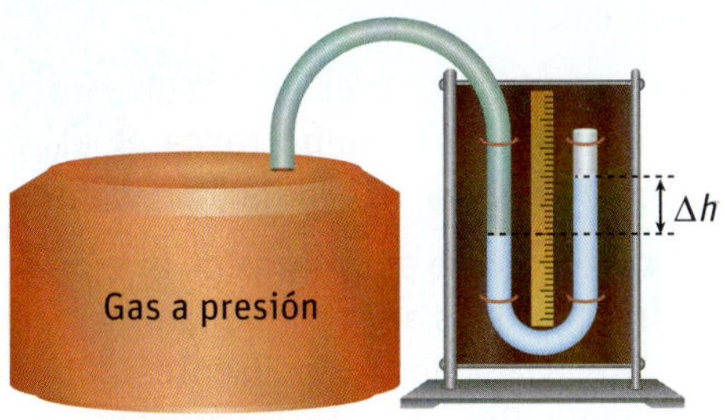

El **manómetro simple** consta de una goma transparente en forma de U. A partir de la presión atmosférica y de Δh se determina la presión, $p_{\text{gas}} = p_{\text{atmosférica}} + d_{\text{líquido}} \cdot g \cdot \Delta h$.

Manómetro metálico

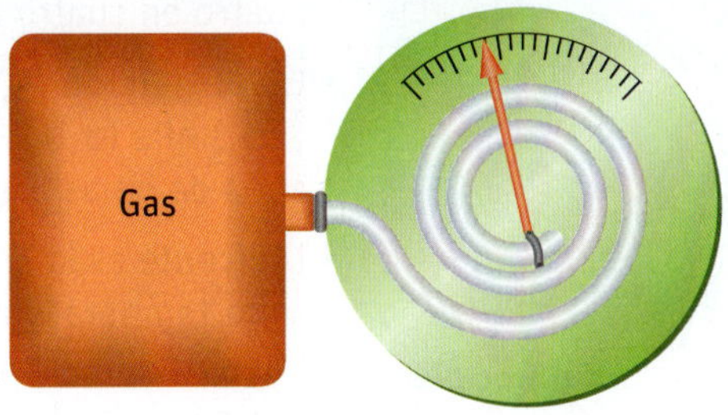

El **manómetro metálico** se basa en la elasticidad de los metales: al entrar el fluido a presión por el tubo, lo deforma y hace girar la aguja, que indica la presión.

Nombre de la unidad	Equivalencia en pascales
Atmósfera (atm)	1 atm = 101 325 Pa 1 atm = 1013 hPa
Bar (bar)	1 bar = 10^5 Pa 1 mbar = 1 hPa
Milímetro de mercurio (mmHg)	1 mmHg = 133,3 Pa

Utilizan manómetros las calderas de agua caliente, los buceadores para saber el aire que les queda, los frigoríficos para controlar la presión del líquido refrigerante, etc.

Mide la altura con la ayuda de un manómetro

4. **Un barómetro mide 760 mmHg en el portal de un bloque de pisos y 757 mmHg en su azotea. ¿A qué altura está la azotea respecto del portal? La densidad del aire es de 1,29 kg/m³.**

SOLUCIÓN

La disminución de la presión es de 3 mmHg = 400 Pa. La densidad del aire se considera constante en la altura del edificio, luego:

$\Delta p = 400\,\text{Pa} = d_{\text{aire}} \cdot g \cdot \Delta h \Rightarrow \Delta h = 31{,}6$ m será la altura a la que está la azotea por encima del portal.

6 El tiempo atmosférico

Para interpretar un mapa es preciso conocer algunos conceptos previos.

OBSERVA

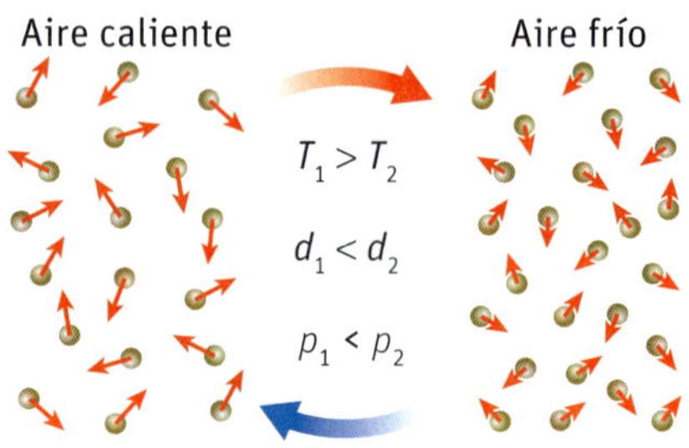

El aire caliente se eleva en el aire frío

Al calentarse, el aire se hace menos denso y asciende. El aire frío, más denso, se mueve por debajo para ocupar su lugar. Entre ellos se originan corrientes de convección.

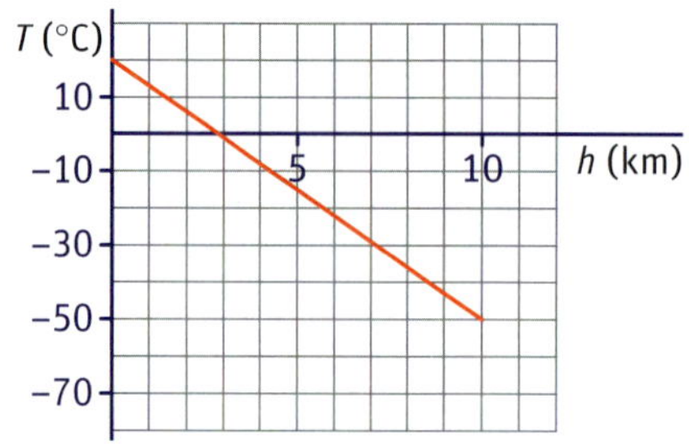

La temperatura de la troposfera disminuye con la altura

Como se observa en la gráfica, en la **troposfera**, que es donde se desarrollan los fenómenos meteorológicos, la temperatura disminuye con la altura.

A mayor temperatura, mayor es la *HS*

La **humedad de saturación**, *HS*, es la cantidad máxima de vapor de agua que puede contener 1 m³ de aire sin condensarse y, por tanto, sin formar gotas de agua. Si *T* aumenta, *HS* aumenta.

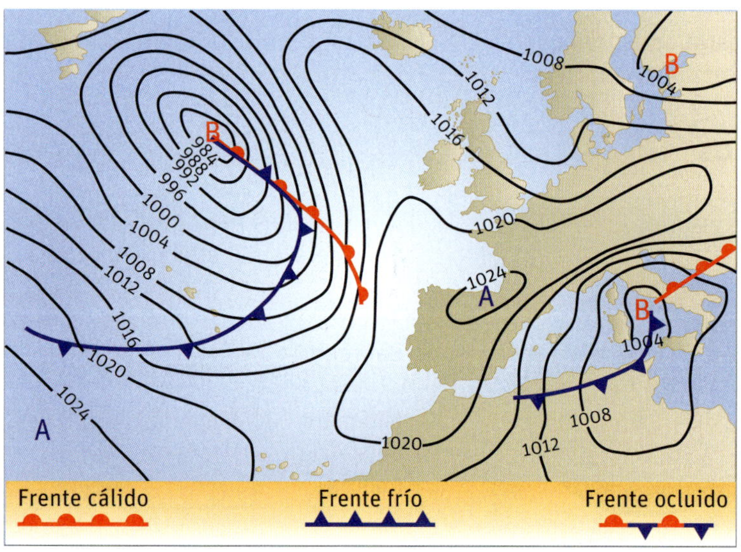

Las corrientes de convección crean zonas de altas y de bajas presiones, por lo que la presión atmosférica en un lugar puede cambiar no solo en función de la altura. El **mapa del tiempo** indica la situación de la atmósfera en un momento dado.

- Las **isobaras** son líneas imaginarias que unen los puntos de la atmósfera que tienen **la misma presión atmosférica**. Esta se expresa en hPa (o mbar). Las isobaras se dibujan separadas de cuatro en cuatro hectopascales.
- Un **anticiclón**, **A**, es una zona de altas presiones, superiores a 1013 hPa (o 1013 mb), mientras que una **borrasca**, **B**, es una zona de bajas presiones, inferiores a 1013 hPa (o 1013 mb).
- Un **frente** es la línea de choque entre dos masas de aire de distinta temperatura. Los **frentes fríos** se representan mediante líneas azules con pequeños triángulos, y los **frentes cálidos**, con semicírculos de color rojo. Por su parte, los **frentes ocluidos** se forman cuando un frente frío alcanza a uno caliente.

Frente frío	Frente cálido

Las masas frías empujan a las calientes, y estas, de menor densidad, se elevan. A medida que ascienden, baja la temperatura, la *HS* es menor y el vapor de agua se condensa, con lo que se forman nubes. Los frentes fríos suelen dar lugar a lluvias cortas e intensas.	Las masas cálidas empujan a las frías, ascienden suavemente sobre las mismas y dan lugar a nubes que pueden generar lluvias, menos intensas pero de mayor duración que las de un frente frío.

OBSERVA

Dirección y sentido del viento

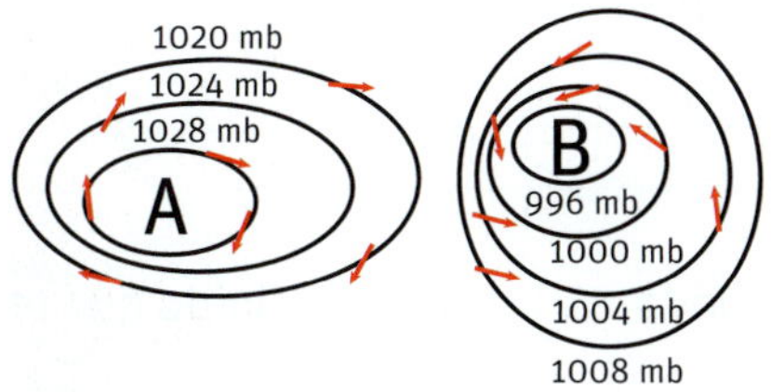

Los **vientos** van de mayores a menores presiones. En los anticiclones, de dentro hacia fuera, y en las borrascas, al revés. Además, en el hemisferio norte, debido a la rotación de la Tierra, giran en el sentido de las agujas del reloj en los anticiclones y al contrario en las borrascas.

Velocidad del viento

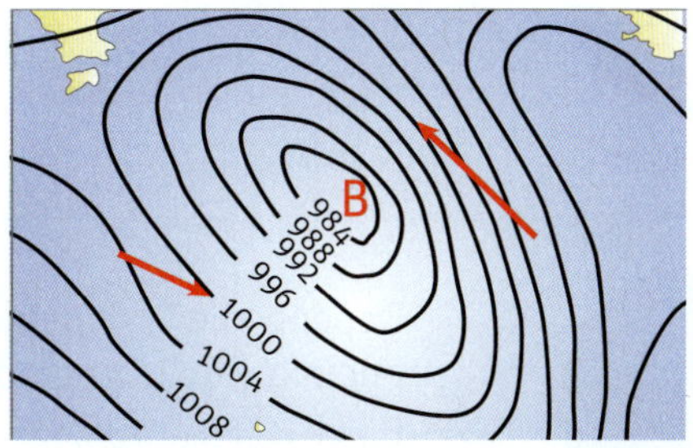

La **velocidad del viento** está relacionada con lo juntas que estén las isobaras entre sí. Cuanto más próximas estén, más rápidamente está variando la presión y mayor será la velocidad. La separación entre las isobaras se denomina **gradiente de presión**.

Comportamiento de los frentes

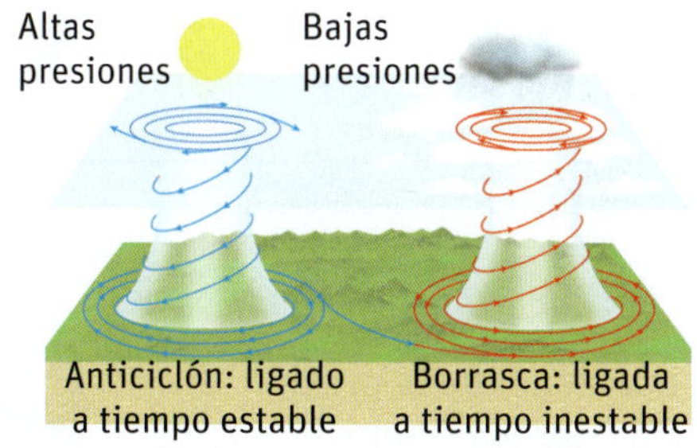

- Los frentes están asociados a las borrascas.
- Los anticiclones desvían a las borrascas y a sus frentes asociados.
- Tanto las borrascas como los anticiclones se desplazan de oeste a este en el hemisferio Norte.

Interpreta un mapa del tiempo

5. La meteorología es una profesión con mucho futuro. Uno de sus cometidos es predecir el tiempo, y para ello estudia e interpreta los mapas del tiempo.

Observa el mapa del tiempo de la derecha y contesta a las preguntas.

a) Marca en el mapa el anticiclón y la borrasca, un frente frío y un frente cálido.

b) En el anticiclón, ¿qué dirección tendrá el viento? ¿Serán vientos fuertes? Razona las respuestas.

c) En la borrasca, ¿qué dirección tendrá el viento?

d) ¿En qué zonas de la borrasca será más fuerte el viento?

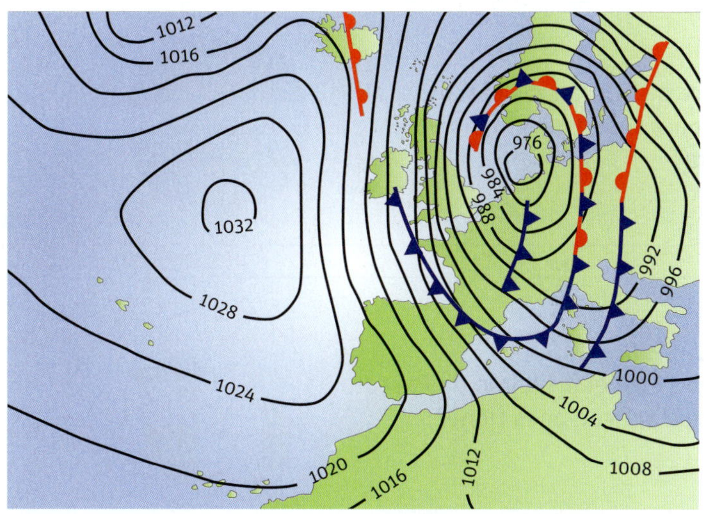

SOLUCIÓN

b) La dirección del viento va de mayores a menores presiones. Por tanto, en el anticiclón irá del interior hacia el exterior. De1bido al giro de la Tierra, a la vez va girando en el sentido de las agujas del reloj en el hemisferio norte. Los vientos no serán muy fuertes, pues las isobaras no están muy juntas, pero serán más fuertes en la parte este del anticiclón que en la parte oeste, donde las isobaras están más separadas.

c) En las borrascas, el viento se dirige hacia su interior y, además, con sentido de giro contrario a las agujas del reloj por estar en el hemisferio norte.

d) Los vientos más fuertes estarán en Gran Bretaña, por estar ahí situado el mayor gradiente de presión, es decir, donde las isobaras están más juntas.

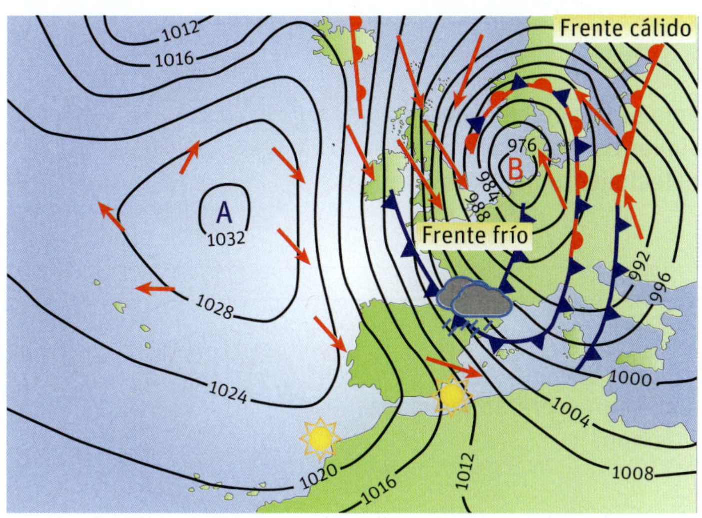

Repasa lo aprendido

1 ¿Produce el mismo efecto una fuerza concentrada o repartida en una superficie?

El efecto que tiene una fuerza depende de la superficie en que se aplique. Se amplifica si se aplica en superficies pequeñas y se hace menor en las grandes. Su efecto lo determina la **presión**:

$$p = \frac{F}{S}$$

2 ¿De qué depende la presión ejercida por los fluidos?

Depende de la **densidad del fluido**, de la **altura de fluido que tenga encima** y de la **gravedad**.

Su expresión para los líquidos es:

$$p = d_{\text{líquido}} \cdot h \cdot g$$

3 ¿Qué es la presión atmosférica y cómo se mide?

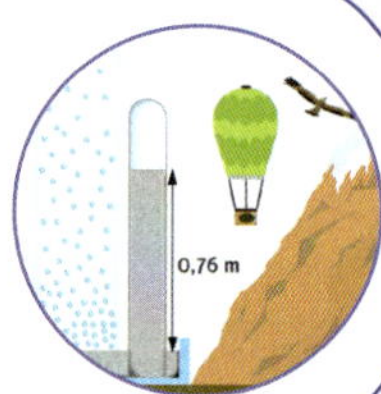

La presión atmosférica es la presión que ejerce la atmósfera debido a su peso. Se mide con el barómetro.

La presión atmosférica disminuye con la altura.

4 ¿Por qué flotan los barcos en el agua y suben los globos en el aire?

Los barcos y los globos aerostáticos flotan debido al empuje que los fluidos hacen sobre ellos.

$$E = d_{\text{líquido}} \cdot g \cdot V_{\text{sumergido}}$$

El barco flota porque tiene menos densidad que el agua.

El globo sube porque tiene una densidad menor que el aire, aunque puede variarla para subir y bajar.

5 ¿Qué dice el principio de Pascal y qué aplicaciones tiene?

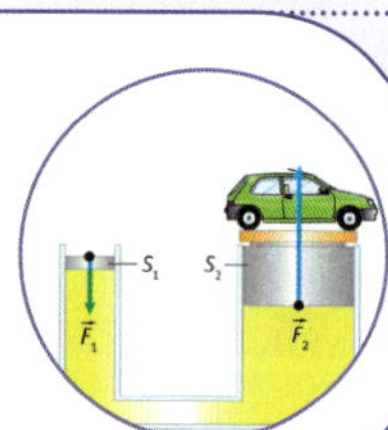

El **principio de Pascal** dice que una presión ejercida sobre un líquido se transmite a todos sus puntos con la misma intensidad.

$$\frac{F_2}{S_2} = \frac{F_1}{S_1}$$

Este principio es el fundamento de muchas máquinas, como la prensa hidráulica, que multiplican la fuerza aplicada.

6 ¿Cómo se tienen en cuenta las leyes de los fluidos en el abastecimiento del agua?

- El grosor de las **presas** aumenta con la profundidad.
- Los **sifones** se construyen para que las canalizaciones de agua puedan superar desniveles de terreno.
- Los **depósitos** de distribución de agua se sitúan en lugares altos.
- Las **bombas** se emplean para elevar el agua, etc.

7 ¿Cómo se interpretan los mapas del tiempo?

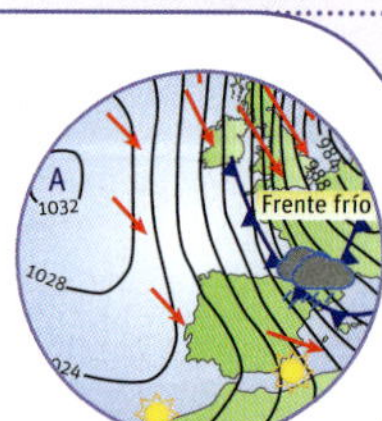

Para interpretar un mapa del tiempo hay que saber identificar los elementos del mapa que influyen en el comportamiento del tiempo atmosférico, como los **anticiclones**, las **borrascas**, los **frentes**, los **gradientes de presión**... y, a partir de ellos, hacer una predicción del tiempo esperado.

smSaviadigital.com VALORA LO APRENDIDO > Resumen de la unidad

Medida experimental de densidades aplicando la hidrostática

La **densidad** de un cuerpo es la masa por unidad de volumen del mismo, **densidad = masa/volumen**. Por tanto, si se mide su masa y su volumen experimentalmente, se puede calcular su densidad, como ya se ha hecho en los cursos anteriores.

Ahora bien, ¿es posible calcular la densidad de otra manera?

En este apartado vamos a calcular la densidad de distintos cuerpos aplicando las leyes que rigen la hidrostática.

1 DENSIDAD DE UN SÓLIDO QUE SE HUNDE EN UN LÍQUIDO DE DENSIDAD CONOCIDA

Haz el montaje de la figura y aplica el teorema de Arquímedes.

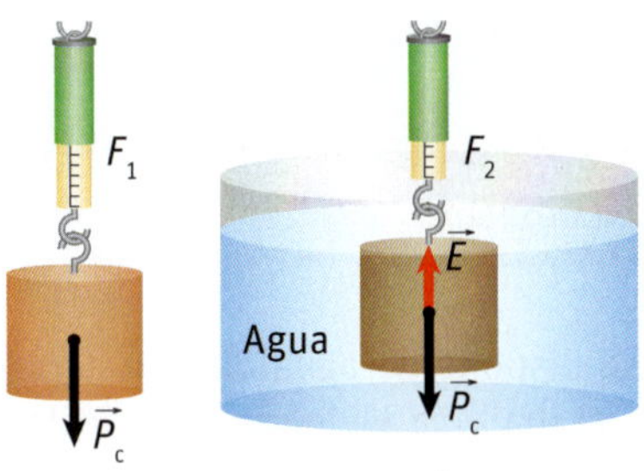

El peso del cuerpo es $P_c = F_1$, y su masa es $m_c = P_c/g$. El empuje medido experimentalmente es $E = P_c - F_2 = F_1 - F_2$. Por otro lado, el empuje es $E = d_{agua} \cdot g \cdot V_c$, luego:

$$V_c = \frac{E}{d_{agua} \cdot g}$$

A partir del valor experimental del empuje y de la densidad del agua se puede calcular el volumen del cuerpo. La densidad de este será:

$$d_c = \frac{m_c}{V_c} = \frac{P_c/g}{E/(d_{agua} \cdot g)} = \frac{F_1 \cdot d_{agua}}{F_1 - F_2}$$

2 DENSIDAD DE UN LÍQUIDO CONOCIDO EL VOLUMEN DEL SÓLIDO QUE SE HUNDE EN ÉL

Haz el montaje de la figura y aplica el teorema de Arquímedes.

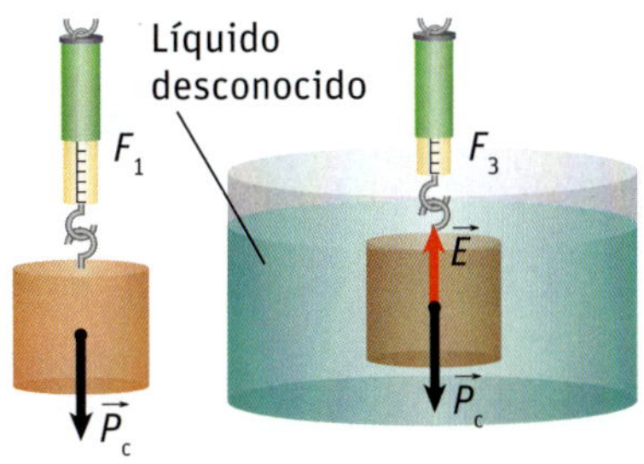

El peso del cuerpo es $P_c = F_1$. El empuje medido experimentalmente es:

$$E = F_1 - F_3 = d_{líquido} \cdot g \cdot V_c$$

En este caso, sí se conoce el volumen del cuerpo. Por tanto, la densidad del líquido en función de los datos que se pueden medir o que se conocen es:

$$d_{líquido} = \frac{E}{g \cdot V_c} = \frac{F_1 - F_3}{g \cdot V_c}$$

3 DENSIDAD DE UN LÍQUIDO CONOCIDA LA DE OTRO LÍQUIDO INMISCIBLE EN ÉL

Aplica el principio fundamental de la hidrostática en este montaje.

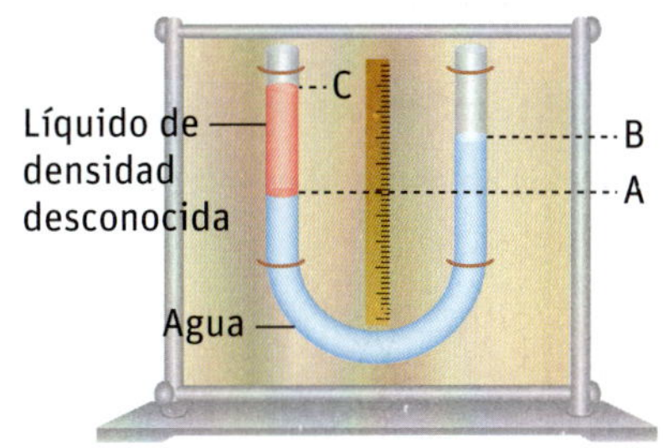

La presión en A es igual a ambos lados del tubo en U. En la rama izquierda, la presión ejercida por la columna de líquido de densidad desconocida, $d_{líquido}$, vale:

$$p_{l\,A\,izq} = d_{líquido} \cdot g \cdot (h_C - h_A) = d_{líquido} \cdot g \cdot h_{líquido}$$

En la rama derecha, la presión de la columna de agua vale:

$$p_{l\,A\,dcha} = d_{agua} \cdot g \cdot (h_B - h_A) = d_{agua} \cdot g \cdot h_{agua}$$

Ambas presiones son iguales, luego:

$$d_{líquido} \cdot g \cdot h_{líquido} = d_{agua} \cdot g \cdot h_{agua}$$

$$d_{líquido} = \frac{d_{agua} \cdot h_{agua}}{h_{líquido}}$$

ACTIVIDADES

14. Observa los resultados de la experiencia que ilustra la figura y responde a las preguntas.

a) ¿Qué volumen tiene el cuerpo?

b) Calcula la densidad del líquido desconocido.

c) ¿Cuál es la densidad del cuerpo?

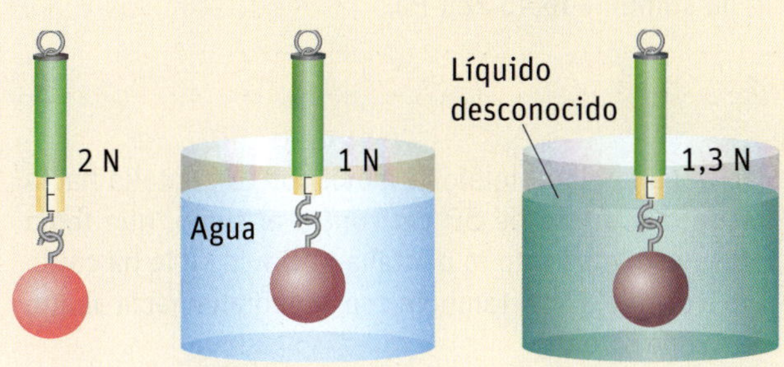

Actividades

La presión y los factores de que depende

15. Calcula la presión que se ejerce sobre una tabla con un clavo de 0,1 mm^2 de superficie en la punta, cuando se ejerce sobre él una fuerza de 4 N.

16. ¿Qué presión recibe una persona que está buceando a 4 m de profundidad en una piscina?

Sus pulmones, ¿tendrán un volumen mayor o menor que en la superficie?

17. Completa la siguiente tabla:

Fuerza (N)	5	●●●	●●●	50
Superficie (m^2)	0,0005	0,001	0,005	●●●
Presión (Pa)	●●●	10 000	5000	5000

18. smSaviadigital.com OBSERVA

En este vídeo se ve a una persona acostada en una cama de faquir.

a) ¿Por qué no se pincha?

b) ¿Por qué se acuesta primero la persona con mucho cuidado?

c) Divide el peso entre el número de pinchos. ¿Qué peso soporta cada uno?

19. ¿Qué presión ejerce una mujer de 53 kg sobre el suelo cuando va con zapatos planos si la superficie de estos es de 150 cm^2?

Cuando va con tacones, la superficie de contacto pasa a ser de 65 cm^2. ¿Cuánto aumenta en este caso su presión?

SOLUCIÓN

La presión que ejerce la mujer al usar zapatos planos es:

$$p = \frac{53 \cdot g}{0{,}015} = 34627\,\text{Pa}$$

Cuando utiliza zapatos de tacón, la presión es:

$$p = \frac{53 \cdot g}{0{,}0065} = 79908\,\text{Pa}$$

Es decir, ha aumentado 45 281 Pa.

20. A Paco se le ha caído el teléfono móvil con la pantalla hacia abajo desde una altura de 50 cm contra el suelo, que tenía piedrecitas, y se le ha roto la pantalla. A David se le ha caído desde 1 m a un suelo liso, también con la pantalla hacia abajo, pero no se le ha roto.

Indica una posible razón que justifique los hechos descritos.

21. Para administrar por vía intravenosa un suero a un enfermo, se cuelga una bolsa de un soporte a una cierta altura. Si la densidad de la disolución es de 1030 kg/m^3 y la presión sanguínea en las venas es de 20 mmHg, ¿a qué altura mínima tiene que estar colgada la bolsa?

22. Con esta experiencia se quiere medir la densidad de un líquido desconocido inmiscible en agua.

a) Deduce si es más o menos denso que el agua

b) Calcula su densidad sabiendo la del agua.

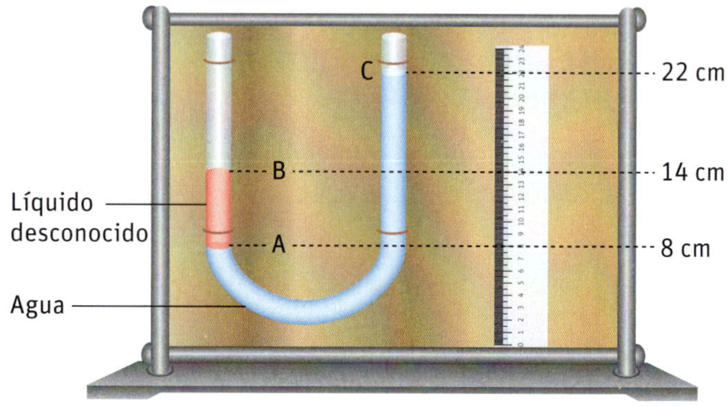

23. En una ciudad solo se dispone de agua durante unas horas. Para tener agua todo el día, una vivienda tiene instalado un depósito donde se recoge el agua cuando llega a la misma. ¿Cómo se puede utilizar una goma transparente para saber el agua que queda en el depósito?

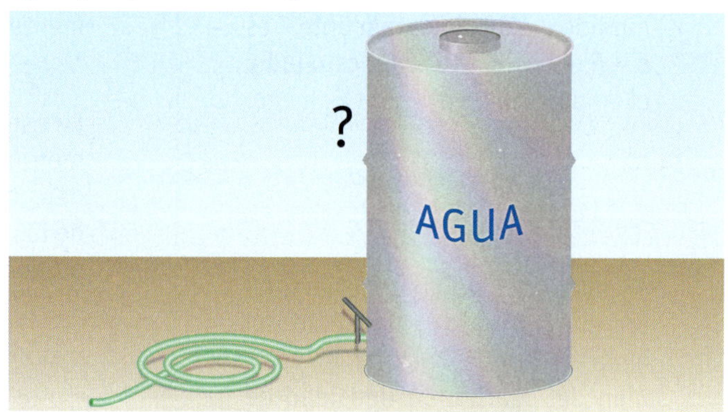

24. A los pocos años de admitir la existencia del vacío se hizo la siguiente experiencia. Con una bomba de vacío se fue sacando poco a poco el aire de la campana donde estaba el barómetro de Torricelli.

a) ¿Qué le pasó a la columna de mercurio?

b) ¿Qué se pretendía probar con esta experiencia?

25. Calcula la longitud que habría tenido la columna del experimento de Torricelli si hubiese hecho el experimento con agua. Recuerda que la densidad del agua es de 1000 kg/m³.

26. Se han tomado medidas de presión con un barómetro de Torricelli: en Valencia al nivel del mar, en Palencia a 750 m de altura, en la cima del Aneto a 3404 m de altura y en la cima del Mont Blanc a 4810 m de altura.

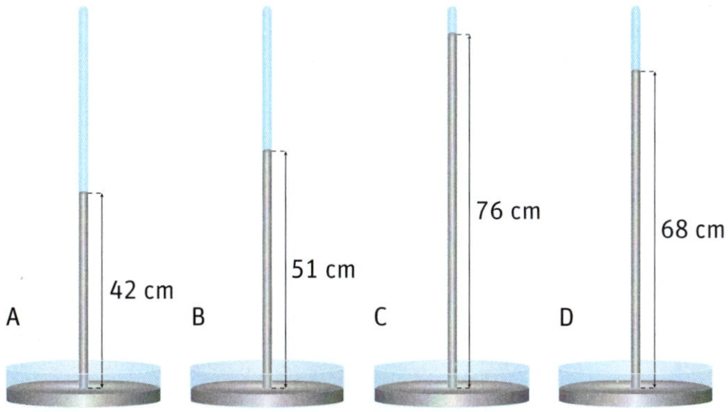

a) Indica a qué lugar corresponden cada una de las cuatro medidas realizadas, razonando la respuesta.

b) ¿Qué presión marcaba cada barómetro?

27. Juan escala una montaña y quiere saber qué desnivel ha subido. No tiene altímetro, pero sí un barómetro manejable que ha indicado 760 mmHg en el lugar de donde salió y 700 mmHg en la cima de la montaña.

¿Qué altura ha subido Juan si la densidad del aire es constante y vale 1,29 kg/m³?

SOLUCIÓN

La presión en el lugar de salida, p_0, ha sido:

$$p_{abajo} = 0{,}76 \cdot 13\,600 \cdot 9{,}8 = 101\,293 \text{ Pa}$$

La presión en el punto más alto es de 700 mmHg, es decir:

$$p_f = 0{,}7 \cdot 13\,600 \cdot 9{,}8 = 93\,296 \text{ Pa}$$

La presión ha disminuido en 101 293 − 93 296 = 7997 Pa. La diferencia de presión se debe a la diferencia de altura, ya que en lo alto de la montaña el peso del aire que hay por encima es menor.

$$7997 = d_{aire} \cdot g \cdot h_{montaña}$$

Por lo que se puede calcular el desnivel que ha subido Juan, que resulta ser: $h_{montaña} = 633$ m.

28. Un montañero sube al pico de una montaña de 1000 m de altura desde la base. Si en la base el barómetro marcaba 760 mmHg, ¿qué presión marcará en la cima?

29. En un avión se ha producido una brecha en la bodega donde van las maletas. La presión exterior es de 280 hPa. Cuando se cerró herméticamente el avión, su presión atmosférica era de 1 atm. Compara las presiones en el interior y el exterior y predice qué puede suceder.

30. El 8 de mayo de 1654 tuvo lugar en la ciudad alemana de Magdeburgo una exhibición conocida como "Los hemisferios de Magdeburgo", que se reproduce en este grabado histórico.

En la experiencia se trataba de separar dos semiesferas metálicas de unos 50 cm de diámetro unidas entre sí por simple contacto y que formaban una esfera como la del dibujo. El aire de la esfera se extrajo con una bomba de vacío.

Se necesitaron dos grupos de ocho caballos a cada lado para lograr separar las dos semiesferas. Sin embargo, cuando se dejaba entrar de nuevo el aire, las semiesferas se separaban sin ninguna dificultad.

a) ¿Qué impedía separar las semiesferas si en su interior solo había vacío?

b) Si la presión atmosférica ese día en Magdeburgo era de 1 atm, ¿qué fuerza unía las semiesferas o hemisferios?

31. Un bañista está sentado en el borde de una piscina con los pies en el agua. Para simplificar los cálculos se supone un esquema de pie como el de la figura. Dibuja las fuerzas que recibe el bañista en una pierna y calcula la fuerza resultante que ejerce el agua sobre ella.

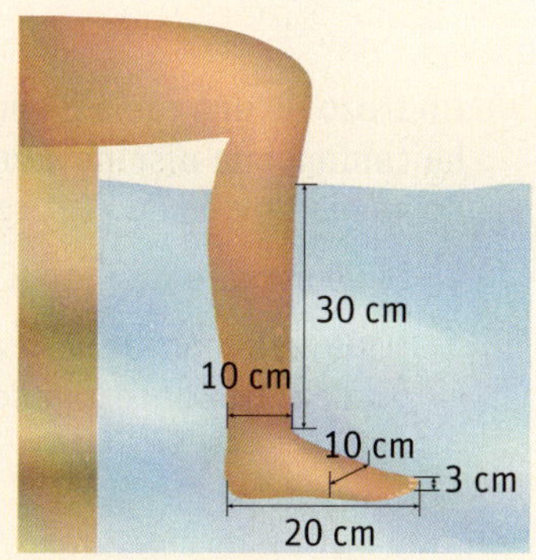

SOLUCIÓN

Las fuerzas laterales se anulan entre sí al ser iguales y de sentido contrario. La fuerza hacia arriba en la planta inferior es:

$$\uparrow F = p \cdot S = d_{agua} \cdot g \cdot h \cdot S$$

Del mismo modo se puede determinar la fuerza que ejerce el agua hacia abajo en el empeine del pie. Sustituyendo los términos, resulta lo siguiente:

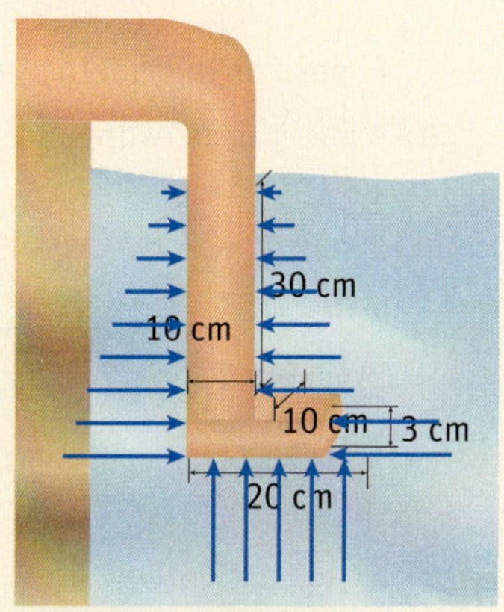

$$\uparrow F = 1000 \cdot 9{,}8 \cdot 0{,}33 \cdot 0{,}02 = 64{,}7 \text{ N}$$

$$\downarrow F = 1000 \cdot 9{,}8 \cdot 0{,}3 \cdot 0{,}01 = 29{,}4 \text{ N}$$

La fuerza resultante será de 35,3 N y dirigida hacia arriba.

Actividades

El empuje y los factores de que depende

32. ¿Qué presión hay en los puntos A, B y C? ¿Y en los puntos D, E y F? La presión atmosférica en ese lugar tiene el valor de 1 atm.

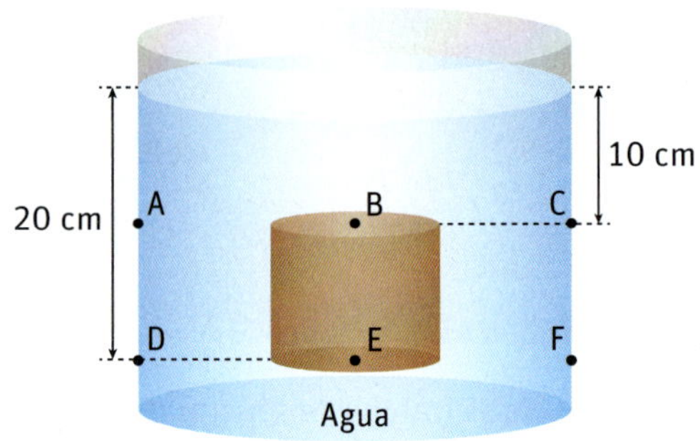

33. Dibuja las fuerzas que ejerce el líquido sobre la superficie de estas figuras sumergidas.

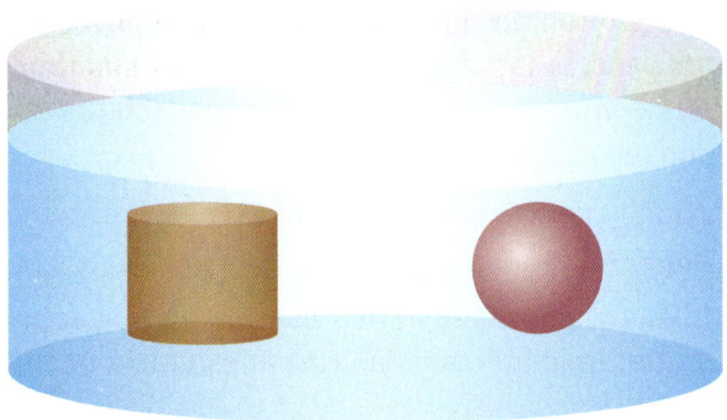

34. Un trozo de una rama de árbol de 0,0160 m^3 de volumen se ha caído a una piscina y ha quedado flotando. La densidad de su madera es de 700 kg/m^3.

a) ¿Qué empuje recibe? ¿Cuál es el peso de la madera?

b) ¿Qué volumen de la madera sobresale del agua? ¿Qué porcentaje sobresale de su volumen total?

SOLUCIÓN

a) Si está flotando, está en equilibrio, el empuje que recibe es igual al peso de la rama:

$$E = P_{rama} = V \cdot d \cdot g = 0{,}0160 \cdot 700 \cdot 9{,}8 = 109{,}8 \text{ N}$$

El peso de la madera es de 109,8 N.

b) A partir de la expresión del empuje se puede determinar el volumen sumergido:

$$E = d_{agua} \cdot g \cdot V_{sumergido\ del\ cuerpo} = 109{,}8 \text{ N}$$

$$V_{sumergido\ del\ cuerpo} = 0{,}0112 \text{ m}^3$$

El volumen que sobresale es, por tanto, de 0,0048 m^3, luego:

$$\text{porc. de vol. que sobresale} = \frac{0{,}0048}{0{,}016} \cdot 100 = 30\ \%$$

35. Para hacer un dique se suelta en el mar un bloque de hormigón de 2,5 m^3 de volumen, cuya densidad es d = 2300 kg/m^3. Calcula el empuje que recibe el bloque si la densidad del agua marina es de 1028 kg/m^3 y la fuerza total que actúa sobre el mismo cuando está sumergido.

36. Un bañista está nadando y después bucea a 2 m y a 4 m de profundidad. ¿Cuándo recibe mayor empuje del agua? Razona la respuesta.

37. Un objeto que tiene un volumen de 50 cm^3 se introduce completamente en glicerina, de densidad 1260 kg/m^3. ¿Qué empuje recibe?

38. Un niño está flotando con corchos. Pesa 20 kg y tiene un volumen de 22 L, incluyendo los corchos.

a) ¿Qué empuje recibe?

b) ¿Qué volumen tiene sumergido?

c) ¿Qué porcentaje de volumen sobresale del agua?

39. La vejiga natatoria de los peces les permite subir y bajar dentro del agua al poder variar su volumen.

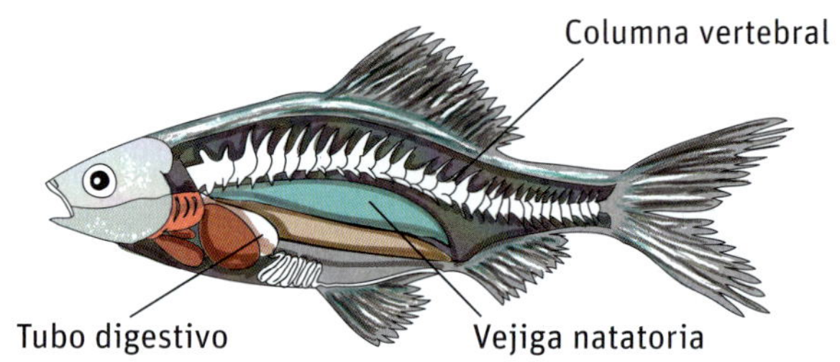

a) ¿Qué hacen los peces cuando quieren hundirse a mayor profundidad? Razona la respuesta.

b) ¿Qué hacen cuando quieren subir? Razona la respuesta.

40. Un cilindro colgado de un dinamómetro se mete en el agua poco a poco. Mientras se introduce se van tomando las medidas que se recogen en el cuadro.

Altura sumergida (cm)	0	10	20	30	40	50	60
Fuerza (N)	57	46	41	36	32	32	32

a) ¿Qué volumen y qué densidad tiene el cilindro?

b) Con los datos de la tabla, razona si el empuje aumenta o disminuye a medida que se sumerge el cilindro.

c) ¿En cuál de los tramos, que van de 10 en 10 cm, está la altura del cilindro?

41. Un barco tiene una masa de 2000 toneladas.

a) ¿Cómo puede flotar si está formado por materiales muy pesados y además lleva carga?

b) ¿Cuál es su empuje?

c) ¿Cuál es el volumen sumergido sabiendo que el agua del mar tiene una densidad de 1028 kg/m^3?

42. Jose tiene un volumen de 70 dm^3 y una masa de 69,5 kg. Halla:

a) El empuje que el aire atmosférico (d = 1,29 kg/m^3) ejerce sobre él.

b) Su peso real (en el vacío).

c) Su peso aparente (en el aire).

43. Un **densímetro** es un aparato que permite medir la densidad de los líquidos. Para construir uno, introduce unas cuantas piedrecitas en el interior de un tubo de ensayo y sumérgelo en varios líquidos de densidad conocida para marcar la escala de densidades graduada.

Si la densidad de la leche de vaca es de 1032 kg/m³ y se le echa agua, ¿se hundirá o se elevará más el densímetro?

44. smSaviadigital.com PRACTICA

El montaje de la figura se denomina "ludión". Se echa agua en una botella de plástico sin llenarla y, después, se mete un globo muy poco hinchado con arena en su interior para que quede flotando, pero con muy poco volumen sobresaliendo, es decir, con una densidad muy parecida a la del agua, como nuestro cuerpo. Cuando se cierra la botella y se aprieta con las manos, el globo baja. Cuando se suelta, el globo sube. ¿A qué crees que se debe esto?

SOLUCIÓN

Sobre el peso del globo no se puede influir, pero sí sobre el empuje. Al comprimir la botella con las manos, el globo se comprime, es decir, se reduce su volumen; en consecuencia, disminuye su empuje y se hunde. Al soltar la botella, disminuye la presión, se recupera el volumen original y el globo sube.

45. ¿Qué ocurriría si en la botella del ejercicio anterior, en vez del globo, se pone un botecito de cristal cerrado, con arena suficiente para que quede flotando, pero sobresaliendo muy poco? ¿Se hundirá también al apretar la botella? Razona la respuesta.

Aplicaciones de la hidrostática

46. En un elevador de coches, la fuerza máxima que puede realizarse es de 600 N. Las superficies de los émbolos son de 2 cm² y 100 cm², respectivamente.

a) ¿En cuál de los émbolos hay que hacer la fuerza para poder levantar un coche?

b) ¿Qué peso máximo puede tener el coche para poder levantarlo?

47. Cuando una persona se queda sin gasolina, otra puede darle de su depósito con una goma haciendo uso del efecto sifón. Observa las figuras y explica este fenómeno.

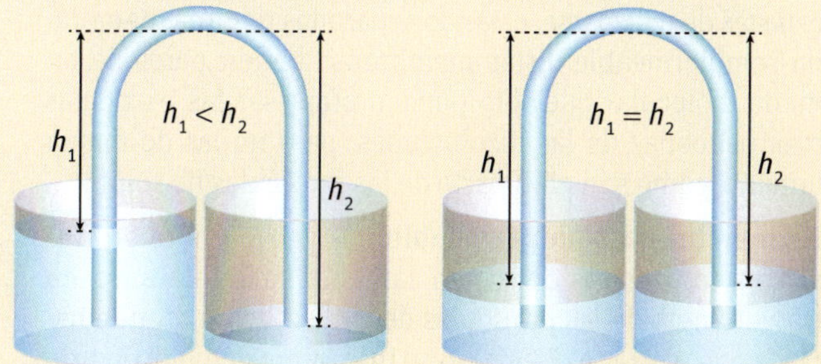

Depósito A Depósito B
Pasa líquido de A a B

Depósito A Depósito B
Equilibrio (deja de pasar líquido)

SOLUCIÓN

En la primera figura se consigue trasvasar el líquido del depósito A al depósito B porque hay una diferencia de presión:

$$\Delta p = d_{\text{gasolina}} \cdot g \cdot (h_2 - h_1)$$

Para que esto ocurra, la goma debe estar llena de gasolina, lo cual se consigue absorbiéndola del depósito lleno con un aparato adecuado. La gasolina deja de pasar cuando se igualan las presiones, es decir, cuando $h_2 = h_1$.

48. Observa de nuevo la figura del ejercicio anterior y contesta estas preguntas:

a) ¿Qué pasaría si el depósito B estuviese a mayor altura que el depósito A?

b) ¿Y si estuviese a menor altura?

49. Identifica en este mapa los siguientes elementos.

a) Las zonas de actividad atmosférica, los anticiclones y borrascas, y pon en ellos sus símbolos.

b) Un frente frío, uno caliente y uno ocluido.

c) Las zonas donde se originarán los vientos más fuertes, así como su dirección y sentido.

d) Haz una estimación del tiempo que hará en Gran Bretaña e Irlanda y en España.

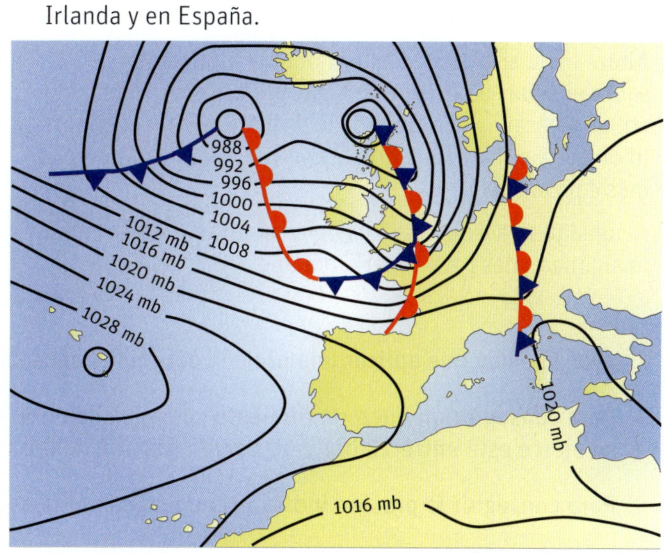

Ponte a prueba

Ósmosis directa

Se denomina **ósmosis** el paso que tiene lugar entre dos líquidos o gases, que tienen distinta concentración y que son capaces de mezclarse, estando separados por una membrana semipermeable. Estas membranas tienen poros de tamaño molecular que solo pueden atravesar las partículas más pequeñas de las disoluciones, pero no las de mayor tamaño, como son gran parte de las moléculas de soluto.

La **membrana semipermeable**, que no permite atravesarla a los solutos de mayor tamaño, hace que haya un tránsito neto de las partículas de la disolución diluida hacia la concentrada. Este paso se interrumpe cuando la presión en la disolución concentrada, llamada **presión osmótica**, lo impide, alcanzando así el **equilibrio**.

La ósmosis se realiza en diversos procesos naturales; por ejemplo, el que permite a las células vivas extraer el agua que necesitan de la sangre o a las raíces absorber el agua de la tierra húmeda.

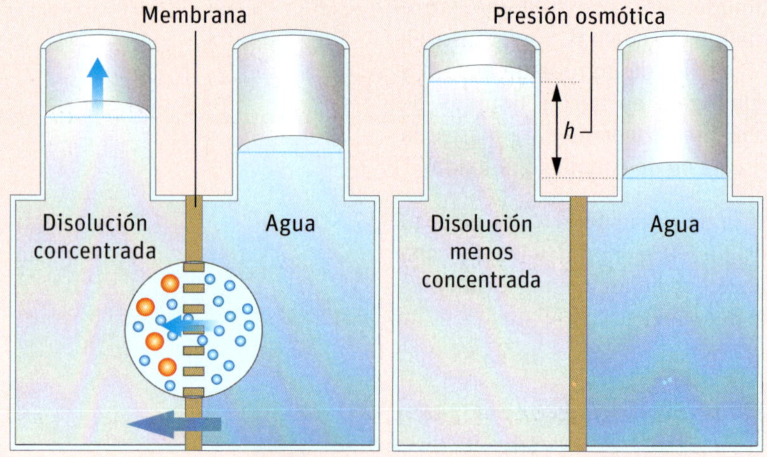

El agua fluye hacia donde hay una alta concentración salina

Equilibrio

En el enlace www.e-sm.net/svfq4eso10_01 puedes obtener más información sobre el concepto de presión osmótica.

1. Los náufragos, cuando acaban con el agua dulce, pueden morir de sed aun estando rodeados de agua. Si beben el agua del mar, se deshidratan más. ¿A qué se debe esto?

2. En las excursiones de alta montaña, los montañeros suelen llevar sales para añadirlas al agua de nieve que van a beber, pues, si no lo hacen, pueden sufrir descomposición de vientre. El agua destilada tampoco es conveniente para la salud. ¿Qué ocurre en las células si se ingiere?

Ósmosis inversa

La **ósmosis inversa** está presente en la purificación que se hace en las potabilizadoras cuando el agua proviene de aguas salobres, así como en las plantas potabilizadoras de agua de mar.

En el proceso se separan el agua salobre y el agua pura con la membrana semipermeable adecuada, que solo permite el paso de las moléculas de agua. Como hemos visto, de manera natural tendría lugar un proceso de ósmosis hasta alcanzar el equilibrio.

Ahora bien, si se aplica externamente una presión mayor sobre el agua salobre, tiene lugar la ósmosis inversa, que obliga a pasar agua del depósito de agua salobre al depósito de agua pura, con lo que el agua salobre queda mucho más concentrada.

Al agua pura así obtenida hay que añadirle posteriormente algunas sales para hacerla potable.

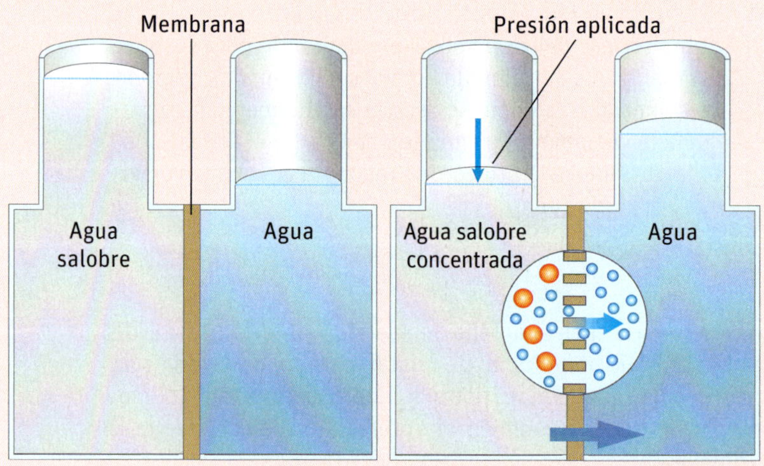

Al aplicar una presión suficiente, el flujo de agua se invierte.

1. ¿Por qué hay que aplicar una presión externa al agua salobre?

2. Para conseguir un buen rendimiento con agua salobre, en el que se puede aprovechar hasta el 80 % del agua, la presión que se ejerce está entre 10 bar y 40 bar, en función de la salinidad. Expresa este valor en atmósferas y en pascales.

3. Para conseguir la presión indicada con una columna de agua salobre de densidad 1010 kg/m^3, ¿qué altura tendría que tener?

Botellas aplastadas

Al llegar a casa de una excursión a Peñalara, que tiene 2428 m de altura, Raquel ha encontrado aplastada la botella de agua que había abierto en la cima para beber. Se supone que la temperatura en casa y en la cima son similares y que el tapón estaba bien cerrado.

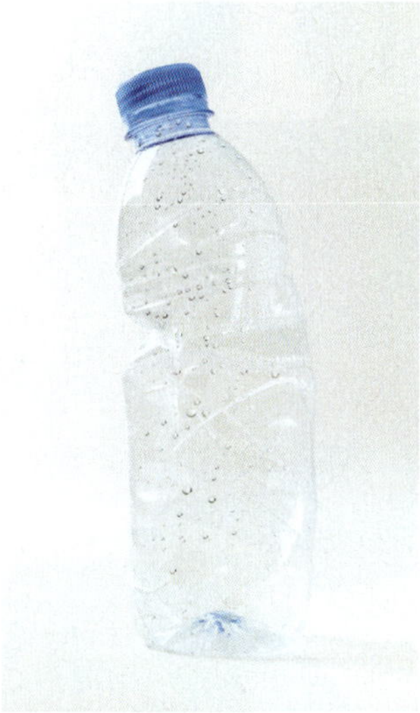

1. La razón de que la botella se haya deformado es...

a) Se ha aplastado en el macuto con los demás bultos.

b) Hay más presión en su casa que en Peñalara.

c) El aire es menos agradable en la casa que en Peñalara.

d) La temperatura en casa es menor que en Peñalara.

2. De las respuestas dadas, ¿cuál no es científica? Razona la respuesta.

AUTOEVALUACIÓN

1. Una chica de 52 kg, ¿qué presión ejerce sobre el suelo cuando va con zapato plano y con cada uno de los zapatos que aparecen en la imagen? La superficie de su planta es de 200 cm^2.

Porcentaje de superficie sobre el total:

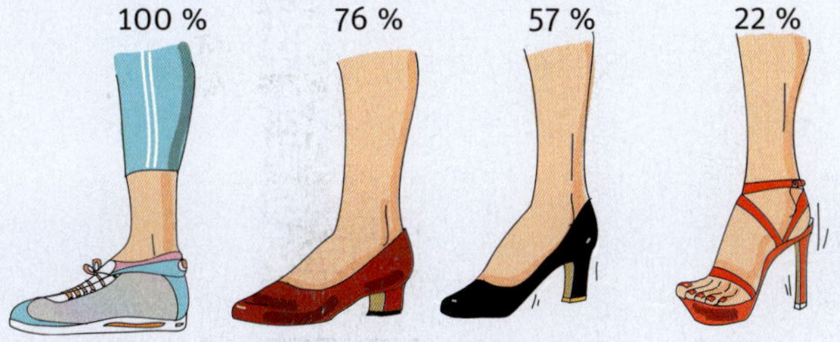

a) 255 hPa; 194 hPa; 145 hPa; 56 hPa

b) 26 hPa; 20 hPa; 15 hPa; 6 hPa

c) 255 hPa; 336 hPa; 447 hPa; 1158 hPa

d) 26 hPa; 34 hPa; 46 hPa; 118 hPa

2. ¿Cuál es la presión del gas encerrado respecto a la presión atmosférica del lugar?

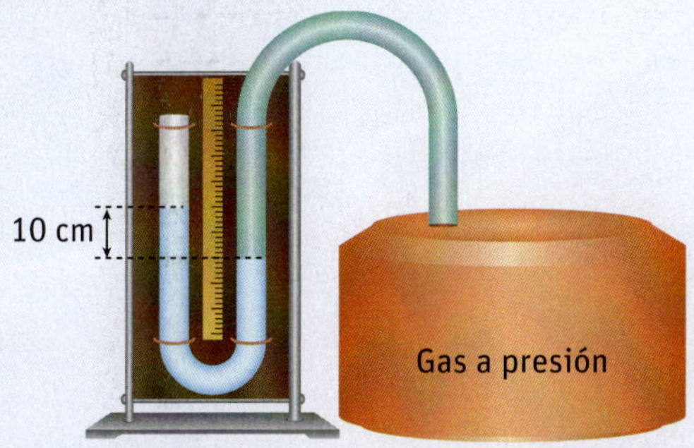

a) Es mayor en 980 Pa.

b) Es mayor en 1 atm + 980 Pa.

c) Es menor en 980 Pa.

d) Es menor en 1 atm – 980 Pa.

3. En la experiencia de la ilustración, dos bolas iguales de aluminio y plomo se pesan fuera y dentro del agua. ¿Qué se pretende comprobar? ¿Qué se ha comprobado con los resultados de la experiencia?

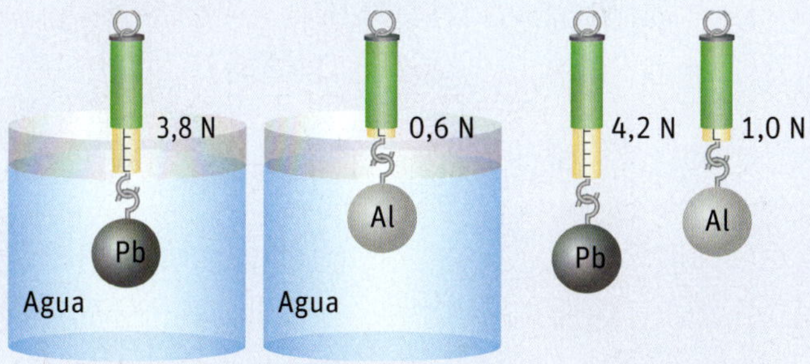

a) Si el empuje del agua depende del volumen del cuerpo. Se comprueba que sí depende.

b) Si el empuje del agua depende del volumen del cuerpo. Se comprueba que no depende.

c) Si el empuje del agua depende del peso del cuerpo. Se comprueba que sí depende.

d) Si el empuje del agua depende del peso del cuerpo Se comprueba que no depende.

4. En una experiencia real, el dinamómetro de la ilustración no indicará lo mismo en los tres casos. Ordena las fuerzas que marcará de mayor a menor.

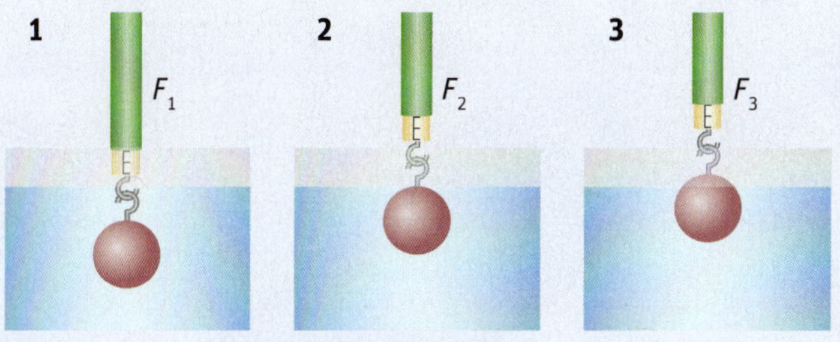

a) $F_1 > F_2 > F_3$

b) $F_3 > F_2 > F_1$

c) $F_3 > F_2 = F_1$

d) $F_1 = F_2 > F_3$

smSaviadigital.com VALORA LO APRENDIDO > Autoevaluación con sus soluciones

11 Energía mecánica y trabajo

Abre tu mirada

El 26 de abril de 1960, la señora Maxwell Rogers, de Tampa (Florida), fue capaz de levantar a pulso un coche a pulso para liberar a su hijo, que había quedado atrapado al ceder el gato mientras lo reparaba. El hijo logró salir con algunos rasguños, pero la madre tuvo que ser hospitalizada con fractura de varias vértebras.

- **¿Qué se entiende por energía y en qué formas se presenta?**
- **¿Cuáles son los procesos de transferencia de energía?**
- **¿Cómo se calcula la energía transferida mediante trabajo?**
- **¿Qué es la energía mecánica? ¿En qué condiciones se conserva?**

Piensa y reflexiona

Mientras la señora Maxwell levantaba el coche y lo sostenía, estaba haciendo un terrible esfuerzo. Sin embargo, no todo el rato estaba realizando trabajo. La idea común que se tiene de trabajo, asociado al esfuerzo, no coincide con su concepto científico.

a ¿Realizaba trabajo la señora Maxwell mientras levantaba el coche, mientras lo sostenía en lo alto o mientras lo soltaba?

b ¿Se realiza trabajo sobre un coche que va por una carretera horizontal con movimiento uniforme?

c ¿Realizamos trabajo al efectuar una tarea intelectual, como estudiar?

Analiza y determina

La señora Maxwell logró levantar a pulso el coche, pero, si hacemos uso de ciertas máquinas, podemos conseguir el mismo efecto aplicando un esfuerzo mucho menor. Por ejemplo, el gato del coche permite levantarlo sin riesgo para nuestra salud. ¿En cuáles de las siguientes máquinas se aplica menos fuerza que la que realiza la propia máquina?

a) Una bicicleta.

b) Una polea simple.

c) Una pinza de coger pasteles.

d) El mango de una cuchara cuando hace de palanca.

Y tú, ¿qué opinas?

El teléfono móvil es una máquina muy útil si se hace un buen uso del mismo, como cuando un ciclista accidentado logra pedir ayuda gracias a él; sin embargo, en otros casos puede llegar a dificultar la comunicación directa entre amigos. Actualmente hay muchas personas que están "enganchadas al móvil". Debate sobre el tema con tus compañeros y expresa por escrito tus conclusiones.

- **¿Cómo se mide la eficacia del trabajo? ¿Qué es la potencia?**
- **¿Qué son las máquinas? ¿Ahorran energía?**
- **¿Cómo se mide el rendimiento de las máquinas?**

1 ¿Qué es la energía y en qué formas se presenta?

En la Web

En este enlace puedes repasar los conceptos de energía cinética y energía potencial.

www.e-sm.net/svfq4eso11_01

La energía se encuentra a nuestro alrededor y en nosotros mismos. Tienen energía los alimentos que tomamos para reponer la que perdemos durante las actividades, el aire que difunde la luz creando un ambiente luminoso o que en su movimiento puede mover las aspas de un molino, una persona dormida que calienta la cama, etc.

La **energía** es la propiedad que tienen los cuerpos o sistemas materiales que les permite producir cambios en ellos mismos o en su entorno.

Esa capacidad de producir cambios que poseen los sistemas materiales proviene de distintas causas, y por eso recibe diferentes nombres. Se habla así de **energía cinética**, **potencial**, **eléctrica**, **química**, **térmica**, **interna**...

La unidad de la energía en el SI es el **julio**, **J**. Un julio es igual a: 1 J = 1 N · m.

OBSERVA

Energía cinética, E_c

Es la energía debida al **movimiento**. Depende de la masa y de la velocidad. La energía cinética del coche es superior a la de la bicicleta. Si chocasen a la misma velocidad contra otro cuerpo, el coche realizaría mucho más trabajo.

Su fórmula es: $E_c = \frac{mv^2}{2}$

Energía potencial gravitatoria, E_{pg}

Es la energía que tiene un cuerpo por su **posición en el campo gravitatorio**, el terrestre en este caso. Depende de su peso, *mg*, y de la altura respecto del nivel que se tome como referencia, *h*.

Su fórmula es: $E_{pg} = m \cdot g \cdot h$

Energía potencial elástica, E_{pe}

Es la energía que tiene un cuerpo por su **posición en un medio elástico**, como una goma estirada, de modo que, al quedar libre, el cuerpo sale disparado. Depende de la constante elástica de la goma, *k*, y del estiramiento, *x*.

Su fórmula es: $E_{pe} = \frac{kx^2}{2}$

Energía eléctrica. El concepto de **energía potencial** es muy amplio y se aplica también a la que poseen las cargas por su **posición en un campo eléctrico**.

Energía térmica. Está relacionada con la temperatura de los sistemas y es debida a la energía cinética de las partículas que los forman.

Energía química. Está ligada a la energía potencial de las partículas en la estructura atómica del material del sistema.

Energía interna. Es la suma de la energía química y térmica y depende de la naturaleza de los materiales, de su masa y de su temperatura.

En las fórmulas de las energías cinética y potencial, sea esta gravitatoria, eléctrica..., se considera el sistema como un todo. Sin embargo, las energías interna, térmica y química son las que tiene el sistema considerado como el conjunto de partículas que lo forman.

ACTIVIDADES

1. Representa la energía cinética de un ciclista con su bicicleta (masa total = 100 kg) frente a su velocidad, desde el reposo hasta que alcanza 10 m/s. Calcula la energía de cada 2 m/s.

2. Un nadador de 60 kg está en un trampolín a 3 m sobre el agua. Calcula su energía potencial cuando está arriba, cuando ha caído 2 m y cuando llega al agua.

Clasificación de los tipos de energía

> Todos los tipos de energía pueden englobarse dentro de la energía cinética o la potencial, o de una combinación de ambas.

En el esquema siguiente se clasifican **los tipos de energía por la causa que los origina**. Se indican en color azul las energías referidas al sistema como un todo, y en color rojo las energías debidas al conjunto de las partículas.

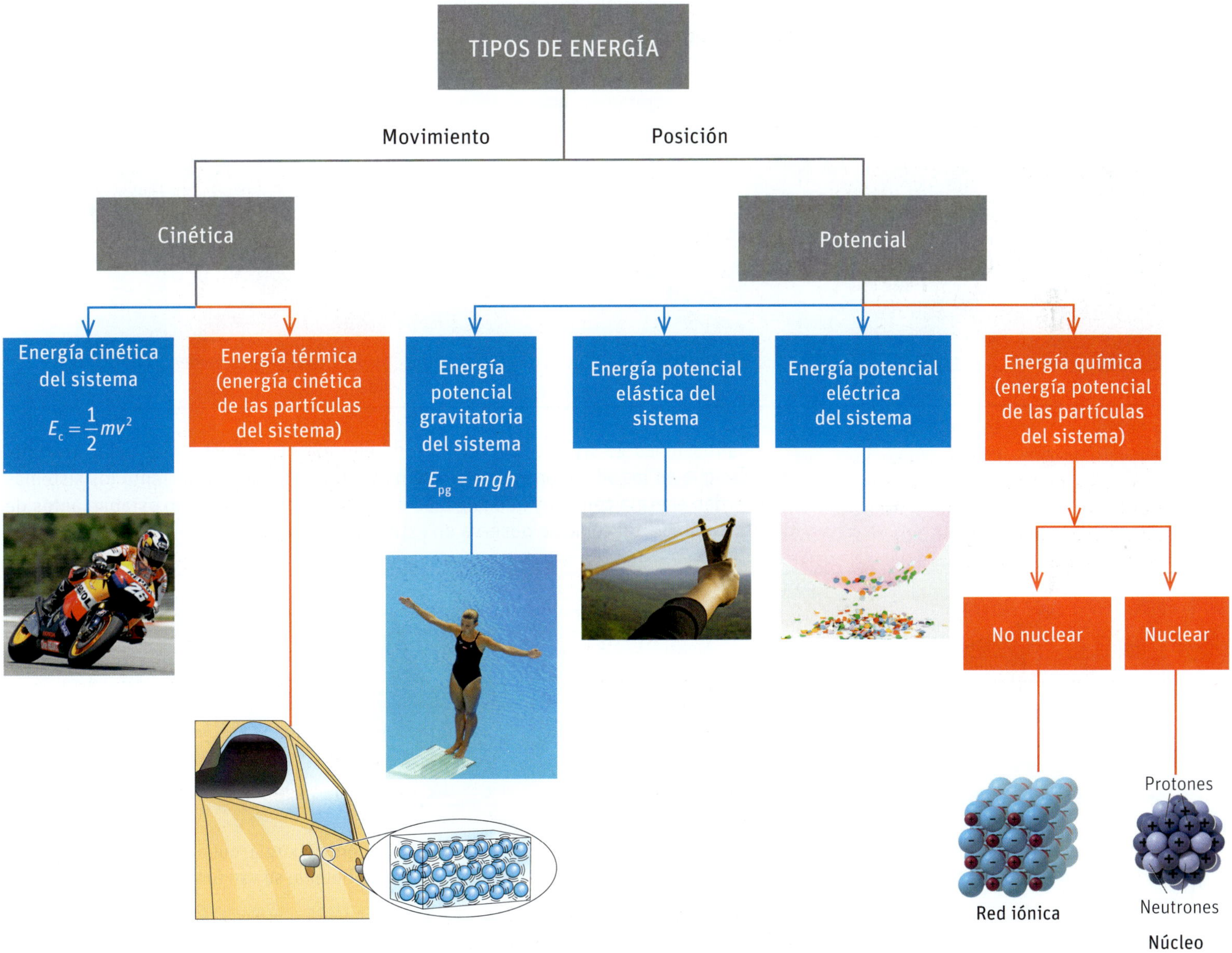

También se suele clasificar la energía por las fuentes de las que proviene, por lo que es importante diferenciar claramente entre fuentes y tipos de energía.

ACTIVIDADES

3. Haz un esquema con la clasificación de fuentes de energías según sean renovables o no renovables. En cada una de ellas, indica el tipo de energía que contienen.

4. Indica qué tipo de energía, cinética o potencial, se aprovecha en las siguientes fuentes de energía: eólica, hidráulica y mareomotriz. Razona la respuesta.

2 ¿Cómo se intercambia la energía entre distintos sistemas?

Los deportistas que se van a lanzar de lo alto de un risco (pág. 232) tienen $E_c = 0$ y $E_p = mgh$. Al dejarse caer van perdiendo energía potencial y ganando energía cinética.

La **energía** de un sistema se puede transformar de unas formas en otras.

Además de poder transformarse, en la relación de unos sistemas con otros, continuamente se están produciendo intercambios de energía, como se observa en las siguientes situaciones, aunque la **energía total se mantiene siempre constante en los procesos**.

IDENTIFICA

Identifica las situaciones en que el intercambio energético se ha realizado mientras un sistema hace fuerza sobre otro cuando se desplazan, y aquellas en que el intercambio ha sido consecuencia de tener distinta temperatura.

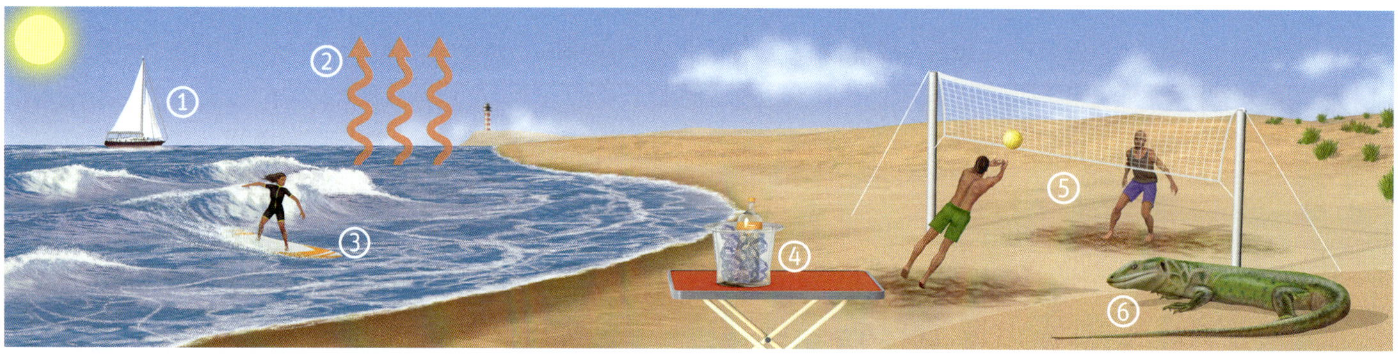

En las situaciones 1, 3 y 5 el intercambio de energía se ha hecho realizando **trabajo**, mientras que en las situaciones 2, 4 y 6 se ha hecho mediante **calor**. Tanto los sistemas que pierden energía como los que la ganan cambian respecto de cómo estaban antes de los intercambios, tal como se observa en estas dos situaciones.

ANALIZA

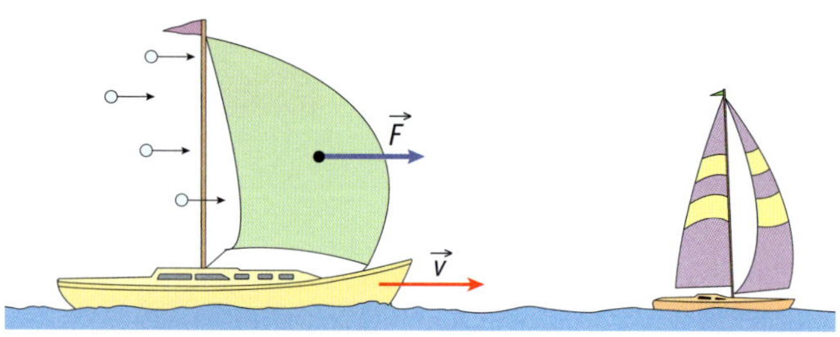

Las velas reciben energía del viento; el barco aumenta su velocidad. El viento pierde energía; se frena.

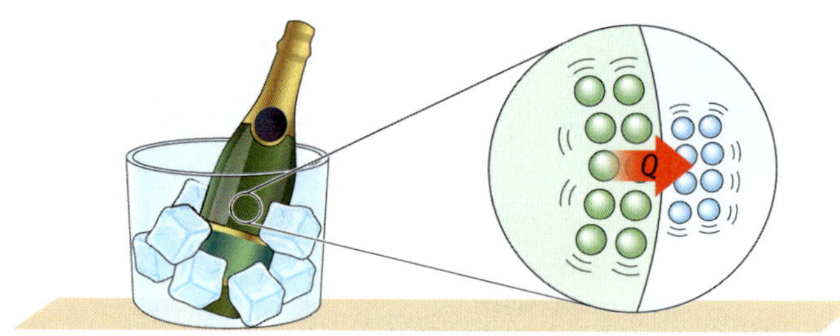

La botella de champán pierde energía; queda más fría. Los hielos reciben energía de la botella; se van fundiendo.

Los cuerpos, o sistemas, intercambian energía mediante dos métodos:

- Mediante **trabajo**, si un cuerpo recibe de otro una fuerza mientras lo desplaza.
- Mediante **calor**, si intercambian energía por tener distinta temperatura.

ACTIVIDADES

5. Describe otras dos de las situaciones del dibujo, indicando los intercambios de energía y los cambios observados.

3 El trabajo

Acabamos de ver que una forma de transferir energía de un sistema a otro es mediante **trabajo**, pero ¿cómo podemos calcularlo?

La fuerza resultante $\vec{F}$ provoca en el cuerpo un desplazamiento $\vec{d}$ y, por tanto, ejerce un trabajo sobre el mismo. En el proceso intervienen varios factores: la fuerza resultante que actúa sobre el cuerpo, $\vec{F}$; el desplazamiento recorrido mientras actúa la fuerza, $\vec{d}$, y el ángulo α que forman $\vec{F}$ y $\vec{d}$.

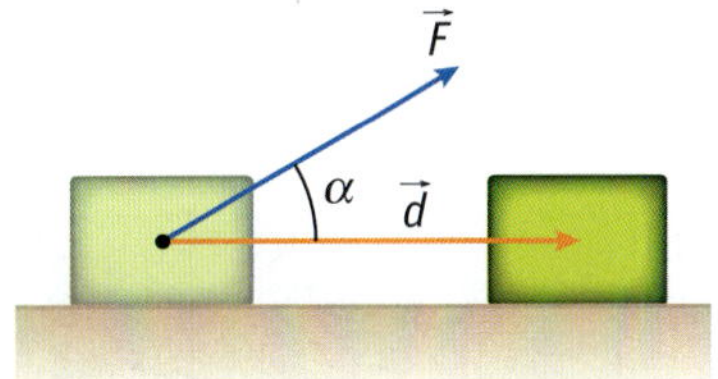

Si la fuerza es constante y también lo es el ángulo que forman $\vec{F}$ y $\vec{d}$, la expresión del trabajo es:

$$W = F \cdot d \cdot \cos \alpha$$

$F_d = F \cdot \cos\alpha$ es la proyección de F sobre d. Solo realiza trabajo dicha proyección de la fuerza sobre el desplazamiento, es decir, $W = F_d \cdot d$.

smSaviadigital.com ANALIZA

En esta animación puedes ver cómo varía el trabajo en función de los vectores fuerza y desplazamiento.

Te interesa saber

- Aunque la fuerza y el desplazamiento son vectores, el trabajo es un escalar.
- La unidad de trabajo, al igual que la de la energía, es el julio (J).

El signo del trabajo		
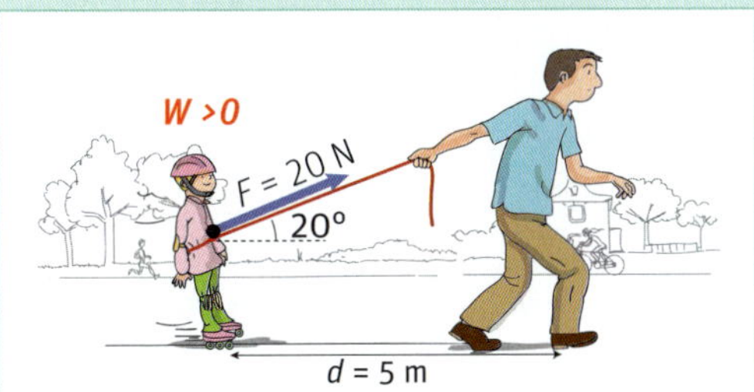	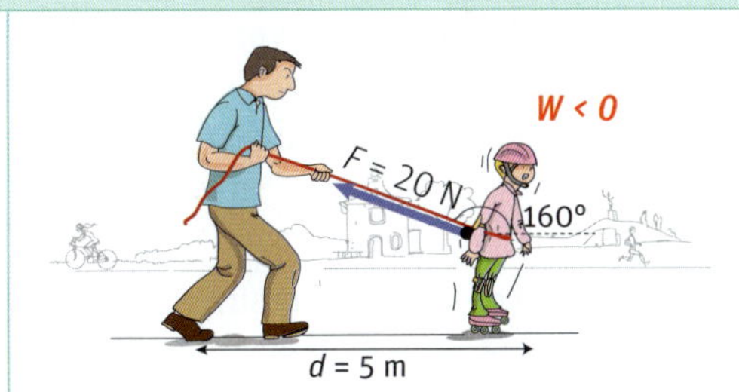	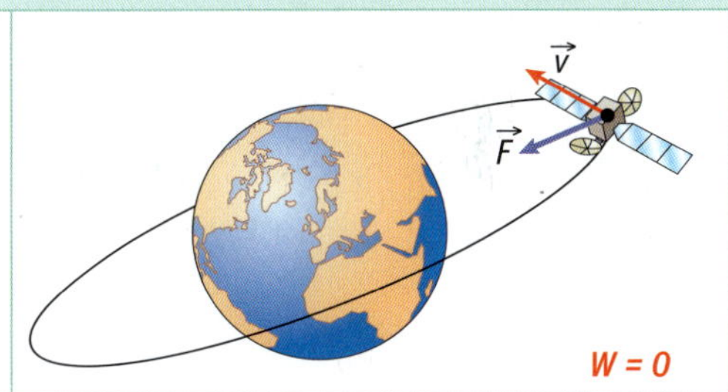
$W = 20 \cdot 5 \cdot \cos 20° = 94$ J	$W = 20 \cdot 5 \cdot \cos 160° = -94$ J	$W = F \cdot d \cdot \cos 90° = 0$ J
El padre acelera al niño y hace un trabajo positivo de 94 J. La proyección F_d es $20 \cdot \cos 20° = 18{,}8$ N. El trabajo es $W = 18{,}8 \cdot 5 = 94$ J.	El padre frena al niño haciendo un trabajo negativo. La proyección F_d es $20 \cdot \cos 160° = -18{,}8$ N. Su trabajo es $W = -18{,}8 \cdot 5 = -94$ J.	El satélite va siempre igual de rápido, solo cambia la dirección de la velocidad, que es tangente a la trayectoria. Lleva un movimiento circular uniforme.

Trabajo de varias fuerzas que actúan sobre un cuerpo

Cuando actúan varias fuerzas sobre un sistema, el trabajo total es la suma de los trabajos que realiza cada una de ellas, como se muestra en el siguiente ejemplo:

Calcula el trabajo total

1. ¡Comienza la carrera! El trabajo realizado por cada una de las cuatro fuerzas al desplazarse 6 m es:

Datos:
$f_{roz} = 15$ N
$F_{perros} = 120$ N

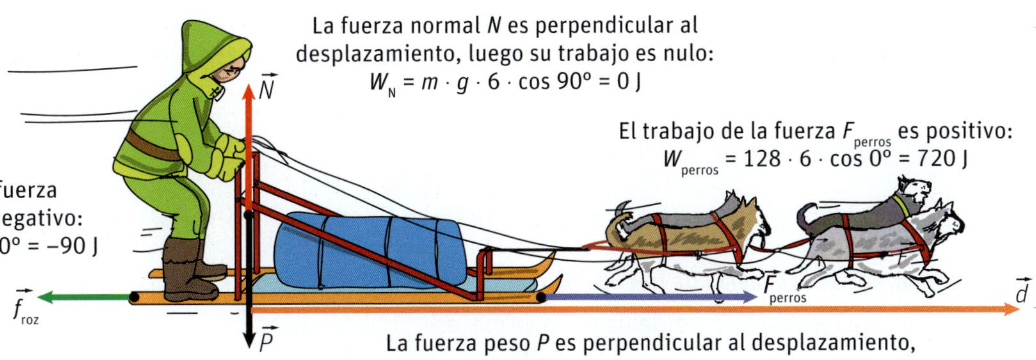

La fuerza normal N es perpendicular al desplazamiento, luego su trabajo es nulo: $W_N = m \cdot g \cdot 6 \cdot \cos 90° = 0$ J

El trabajo de la fuerza F_{perros} es positivo: $W_{perros} = 128 \cdot 6 \cdot \cos 0° = 720$ J

El trabajo de la fuerza de rozamiento es negativo: $W_{roz} = 15 \cdot 6 \cdot \cos 180° = -90$ J

La fuerza peso P es perpendicular al desplazamiento, luego su trabajo es nulo: $W_P = m \cdot g \cdot 6 \cdot \cos 90° = 0$

$W_{total} = 630$ J

También puede hallarse la fuerza resultante y calcular su trabajo: $F_{resultante} = 105$ N $\Rightarrow$ $W_{total} = 105 \cdot 6 \cdot \cos 0° = 630$ J

Amplía

Existe una forma gráfica de calcular el trabajo. Observa la gráfica:

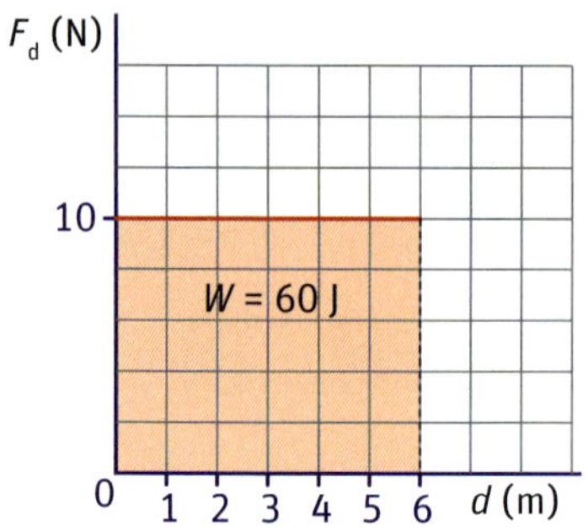

Comprueba que el área rayada es el trabajo que hace una fuerza F, cuya proyección en d vale F_d, actuando a lo largo de una distancia d. Calcula el valor del trabajo realizado por una fuerza F_d de 10 N al actuar durante 6 m.

El trabajo modifica la energía cinética

Cuando se realiza trabajo sobre un cuerpo, su energía cinética varía.

OBSERVA

Al arrancar el coche, el trabajo es positivo, con lo cual aumenta su velocidad y, por tanto, su energía cinética.

Al frenar, el trabajo es negativo, con lo cual disminuye la energía cinética del coche, hasta pararlo.

Cuando el coche cambia su velocidad de v_0 a v_f, su energía cinética varía:

$$E_{cf} - E_{c0} = \frac{mv_f^2}{2} - \frac{mv_0^2}{2} = \frac{m}{2}(v_f^2 - v_0^2)$$

El trabajo de la fuerza resultante sobre un cuerpo es igual a la variación de su energía cinética, $\boldsymbol{W = E_{cf} - E_{c0}}$.

Podemos comprobar esta igualdad en el caso de un movimiento rectilíneo uniformemente acelerado, donde se cumple que $v_f^2 - v_0^2 = 2 \cdot d \cdot a$, siendo a la aceleración. Por tanto:

$$E_{cf} - E_{c0} = \frac{m}{2} \cdot 2 \cdot d \cdot a = m \cdot a \cdot d = F \cdot d = W$$

La muerte de Gwen Stacy

2. **Cuando el Duende Verde empuja a Gwen Stacy, la novia de Spiderman, de 55 kg, desde lo alto de la torre del puente George Washington, a 184 m sobre el agua, Spiderman consigue, en el último momento, atraparla en su red elástica evitando el golpe con el río. Sin embargo, al subirla comprueba que ha muerto.**

a) **En ausencia de rozamiento, ¿qué energía cinética y qué velocidad llevaba Gwen si Spiderman la alcanzó cuando ya había caído 150 m?**

b) **¿Qué trabajo se realiza sobre Gwen desde que Spiderman la atrapa con la red elástica hasta que consigue pararla frenando en 30 m? ¿Qué fuerza recibió Gwen de la red de Spiderman al detener su caída, y que dio lugar a su muerte?**

SOLUCIÓN

a) Durante la caída, la fuerza peso ha realizado un trabajo:

$$W_{peso} = (55\ \text{kg}) \cdot (9{,}8\ \text{m/s}^2) \cdot (150\ \text{m}) = 80\,850\ \text{J} = E_{cf} - E_{c0} = \frac{1}{2} \cdot 55 \cdot v_f^2 - 0 \quad \Rightarrow \quad v_f = 54{,}2\ \text{m/s}$$

b) El trabajo realizado por la fuerza de frenado es $W_{frenado} = E_{cf} - E_{c0} = 0 - 80\,850\ \text{J} = -80\,850\ \text{J}$.

Por tanto, la fuerza resultante, F_R, dirigida hacia arriba, es:

$$-80\,850\ \text{J} = F_R \cdot 30 \cdot \cos 180° \Rightarrow F_R = 2695\ \text{N}$$

Al ser el peso de Gwen de 539 N hacia abajo, la red ejerció una fuerza hacia arriba de 2695 N + 539 N = 3234 N. Esta fuerza que ejerció la red fue tan grande que la mató.

Trabajo realizado por el peso

Cuando subimos o bajamos, la Tierra siempre nos atrae, y esa fuerza, el peso, realiza un trabajo sobre nosotros, que puede ser positivo o negativo.

OBSERVA

El peso de cada kilo de agua que cae desde lo alto de la cascada de Maletsunyane (Lesotho), cuya altura es h = 190 m, realiza un trabajo, W:

$$W = F \cdot h \cdot \cos 0° = m \cdot g \cdot h$$

$$W = 1 \cdot 9{,}8 \cdot 190 = 1862 \text{ J}$$

El trabajo, W, que hace el peso de 60 kg en la subida del salto en la cama elástica, hasta que llega al punto más alto, h = 4 m, en el que se para, es:

$$W = m \cdot g \cdot h \cdot \cos 180°$$

$$W = 60 \cdot 9{,}8 \cdot 4 \cdot (-1) = -2352 \text{ J}$$

El trabajo del peso del agua al caer desde lo alto de la cascada hasta la base coincide con el valor de su energía potencial arriba (mgh), tomando como referencia la base, donde la energía potencial es nula. Se puede decir que el trabajo realizado por el peso ha sido $W = mgh = E_{p0} - E_{pf}$. Al ser el peso la única fuerza que actúa, su trabajo será igual al incremento de la energía cinética, $W = E_{p0} - E_{pf} = E_{cf} - E_{c0} > 0$. El trabajo del peso es positivo y el agua aumenta su energía cinética.

Lo mismo ocurre con el trabajo realizado por el peso del saltador de la cama elástica. En el punto inicial, el más bajo, E_{p0} = 0 y el trabajo realizado puede expresarse así: $W = -mgh = 0 - mgh = E_{p0} - E_{pf}$. En la subida del atleta, al ser el trabajo de la fuerza peso negativo, esta frena al atleta y su energía cinética disminuye, $W = E_{p0} - E_{pf} = E_{cf} - E_{c0} < 0$.

CALCULA

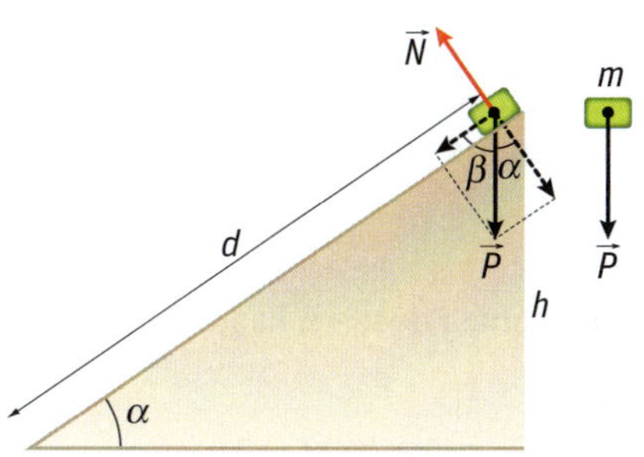

Si el bloque cae directamente, el trabajo que hace el peso es $W = mgh$. Si cae por el plano inclinado de recorrido d y sin rozamiento, $W_p = P \cdot d \cdot \cos \beta$.

$$\cos \beta = \text{sen } \alpha \Rightarrow W_p = mgd \cdot \text{sen } \alpha$$

Al ser $d \cdot \text{sen } \alpha = h$, el trabajo del peso vuelve a ser $W_p = mgh = E_{p0} - E_{pf}$, independientemente del camino seguido.

El trabajo que realiza el peso sobre un cuerpo se expresa como $W_p = E_{p0} - E_{pf}$, y es independiente del camino que sigue el cuerpo.

Ten en cuenta

El trabajo que hará el atleta al elevar las pesas, ¿es positivo, negativo o cero?

$$W_{atleta} = F \cdot h = mgh$$

El trabajo que ha hecho el atleta es positivo y ha servido para aumentar la energía potencial de las pesas. Sin embargo, el trabajo que ha hecho la fuerza peso es negativo:

$$W_{peso} = mgh \cdot \cos 180° = -mgh$$

Como el trabajo total de ambas fuerzas es nulo, W_{total} = 0, no hay variación de la energía cinética.

ACTIVIDADES

6. Un atleta eleva una pesa de 100 kg una altura de 1 m. ¿Qué trabajo hace mientras sube la pesa? ¿Y mientras la sostiene arriba? ¿Y cuando la baja? ¿Qué trabajo realiza en total sobre la pesa?

4 Energía mecánica. Principio de conservación

Ten en cuenta

La saltadora de pértiga empieza adquiriendo energía cinética; una parte de esta energía se convierte en energía elástica de la pértiga. Durante el salto, la energía es devuelta al corredor, que aumenta así su energía potencial gravitatoria hasta que llega al punto más alto. Desde allí se transforma en cinética al caer sobre la colchoneta. Despreciando rozamientos:

$E_{c0} = E_{pg} + E_{pe} + E_c$ durante la subida =
= E_{pg} arriba = E_c al llegar a la colchoneta

Se llama **energía mecánica**, E_m, de un sistema a la suma de las energías cinética y potencial, $E_m = E_c + E_p$.

La **energía mecánica** de un sistema es la que posee debido a su movimiento y a su posición, es decir, es la **energía cinética más la potencial**. Esta energía se transfiere de unos sistemas a otros cuando se realiza un trabajo.

Principio de conservación de la energía mecánica

Si sobre un cuerpo la fuerza resultante que actúa produciendo trabajo es solo su peso, sabemos que $W = E_{p0} - E_{pf} = E_{cf} - E_{c0}$, de lo que se deduce que $E_{p0} + E_{c0} = E_{cf} + E_{pf}$, o lo que es lo mismo, $E_{m0} = E_{mf}$. La energía mecánica del sistema se mantiene constante.

La energía mecánica de un sistema se conserva cuando sobre él solo actúan fuerzas, como es el peso, cuyo trabajo se puede expresar como $E_{p0} - E_{pf}$, independientemente del camino seguido. En estos casos, $E_{m0} = E_{mf}$.

OBSERVA

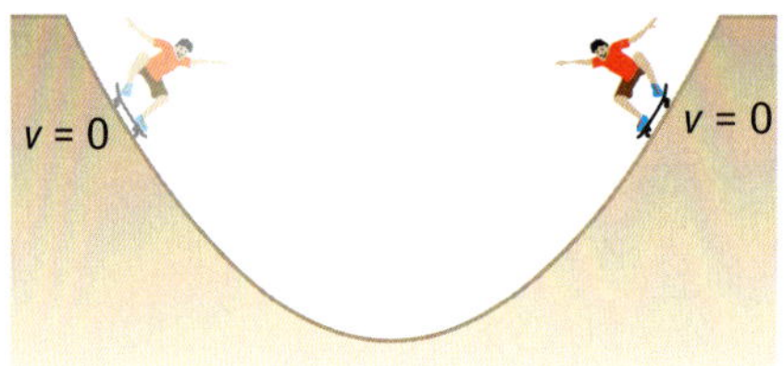

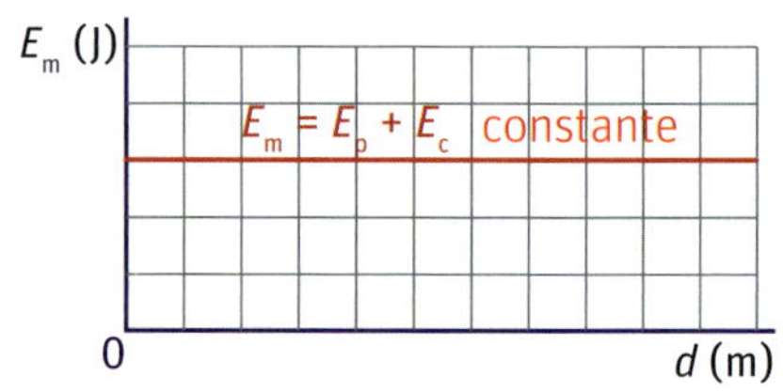

Durante el movimiento del *skate* se intercambian continuamente la energía cinética y la potencial; en ausencia de rozamiento, la energía mecánica se mantiene constante.

Conservación de la energía mecánica

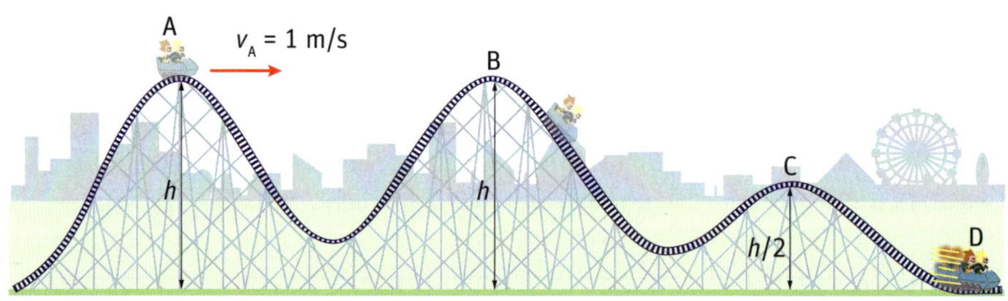

3. En una montaña rusa, un carrito de 200 kg cae sin rozamiento desde el punto A con una velocidad inicial de 1 m/s y siempre en contacto con la vía, hasta D. La altura *h* es de 10 m. ¿Qué velocidad tendrá en los puntos B, C y D?

SOLUCIÓN

Al actuar solo el peso, se conserva la energía mecánica desde A hasta D:

$$E_{pA} + E_{cA} = E_{pB} + E_{cB} = E_{pC} + E_{cC} = E_{pD} + E_{cD}$$

$$E_{pA} + E_{cA} = 200 \cdot 9{,}8 \cdot 10 + 200 \cdot (1^2/2) = E_{mA} = 19\,700 \text{ J} = E_{pB} + E_{cB}$$

Como la E_{pB} es la misma que en A, también lo será su energía cinética. La velocidad en B será, por tanto, $v_B = 1$ m/s. Por otro lado, $E_{mA} = 19\,700 \text{ J} = E_{pC} + E_{cC}$. Como $E_{pC} = E_{pA}/2$, la energía cinética en C será $E_{cC} = 19\,700 - 9\,800 = 9\,900$ J, de donde se calcula $v_C = 9{,}95$ m/s. Por último, como $E_{pD} = 0$ J, $E_{cD} = 19\,700$ J y $v_D = 14{,}04$ m/s.

No siempre se conserva la energía mecánica

Si en un péndulo no hubiese rozamiento, estaría moviéndose eternamente, siempre con la misma energía mecánica. Los relojes de péndulo necesitan que se les dé cuerda, con lo que acumulan energía elástica en un muelle, que va liberándola poco a poco para que sus oscilaciones no vayan disminuyendo hasta pararse. Es decir, el reloj de péndulo real no mantiene su energía mecánica.

En la bajada de muchos puertos, se pueden observar carriles de frenada de emergencia. El suelo de dichos carriles presenta un rozamiento mayor que el pavimento de la carretera, lo que facilita una frenada rápida en casos de necesidad. En ellos no se cumple el principio de conservación de la energía mecánica, pero sí se conserva la energía total. La energía cinética del vehículo se transforma en **energía térmica**: se calientan las ruedas, el suelo y el aire, con lo que aumenta la energía interna de cada uno.

Figura 11.1. Los carriles de frenada se emplean para asegurar una frenada segura en situaciones de emergencia.

La energía mecánica de un sistema no se conserva cuando realizan trabajo las fuerzas de rozamiento. En estos casos, $E_{m0} = E_{mf} + W_{rozamiento}$

OBSERVA

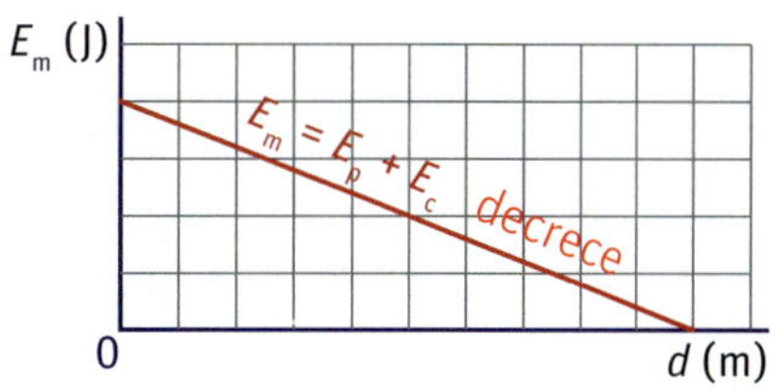

En este caso también se intercambian la energía cinética y la potencial; sin embargo, al haber rozamiento, la energía mecánica va disminuyendo progresivamente.

No siempre se conserva la energía mecánica

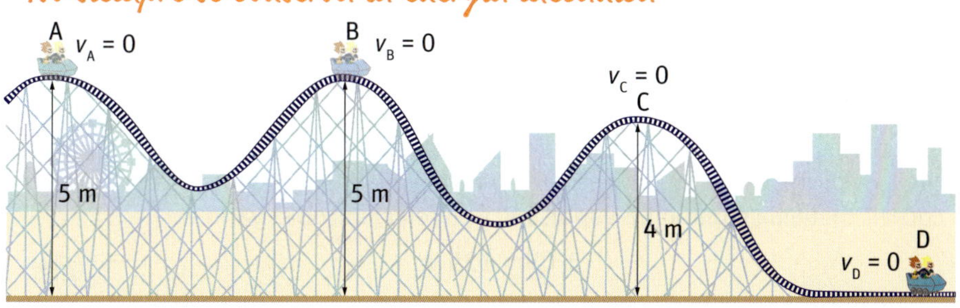

4. **El carrito de 200 kg de la montaña rusa cae desde A hasta que se para en D. ¿Qué tiene que ocurrir para que llegue al punto B? ¿Qué trabajo han hecho las fuerzas de rozamiento entre B y C? ¿Y entre C y D?**

SOLUCIÓN

Para que llegue hasta B es preciso que no haya rozamiento. De ese modo la energía mecánica se conserva en todo el trayecto. Si el carrito llega a C con velocidad nula, sí ha habido rozamiento en ese tramo, y ese rozamiento habrá realizado un trabajo:

$E_{mC} - E_{mB} = W_{rozamiento\,B\rightarrow C}$ $\qquad W_{rozamiento\,B\rightarrow C} = 200 \cdot g \cdot 4 - 200 \cdot g \cdot 5 = -1960\text{ J}$

Lo mismo habrá sucedido en el tramo que va de C a D:

$E_{mD} - E_{mC} = W_{rozamiento\,C\rightarrow D}$ $\qquad W_{rozamiento\,C\rightarrow D} = 0 - 200 \cdot g \cdot 4 = -7840\text{ J}$

En la Web

En la siguiente dirección puedes acceder a una animación de una pista de patinaje. Puedes elegir mover al patinador con o sin rozamiento. Observa el movimiento en los dos casos y justifica cuándo se conserva la E_m y cuándo no se conserva. ¿Crees que es bueno que se conserve la E_m?

• www.e-sm.net/svfq4eso11_02

ACTIVIDADES

7. Un aficionado al *skate* acaba de comprar un monopatín. Le han asegurado que es un nuevo modelo que ofrece mucha menos resistencia. ¿Cómo puede comprobarlo?

5 La eficacia del trabajo. Concepto de potencia

Figura 11.2. Las grúas mecánicas desarrollan una potencia muy superior a la que puede desarrollar una persona.

Las grúas para mudanzas consiguen realizar los traslados mucho más rápidamente que si los hacen manualmente unos operarios. El trabajo realizado es el mismo, pero la grúa emplea mucho menos tiempo. Se dice que posee más **potencia**.

Se define **potencia** como la energía transferida en la unidad de tiempo.

$$\text{Potencia} = \frac{\text{Energía transferida}}{\text{tiempo que dura el intercambio}} \Rightarrow P = \frac{E_{\text{transferida}}}{t}$$

Si la energía se aporta realizando un trabajo, se llama **potencia mecánica** y su expresión es $P = W/t$. La unidad de potencia en el SI es el vatio, **W** (1 W = 1 J/s).

EXPERIMENTA

¿Quién desarrolla una mayor potencia?

Mide y anota la altura de unas escaleras y anota también tu masa. A continuación, sube las escaleras lo más rápido que puedas. Tus compañeros medirán el tiempo que tardas en subir haciendo uso de un cronómetro.

El trabajo que has hecho es igual al que hace tu peso en sentido contrario. Por tanto, $W = mgh = E_{pf} - E_{p0}$, de valor positivo. La potencia que has desarrollado será $P = mgh/t$. Compárala con los valores obtenidos por tus compañeros.

Al mirar las características de cualquier electrodoméstico, uno de los datos más relevantes es el valor de su potencia, que se reconoce fácilmente por su unidad, el W. La potencia de un aparato indica la energía que aporta por unidad de tiempo de funcionamiento.

REFLEXIONA

Raquel quiere comprar un coche que no gaste mucho. En una revista especializada encuentra que, para un utilitario, la potencia ideal es de unos 100 CV. Esta unidad de potencia no pertenece al SI, pero es una forma muy habitual de indicar la potencia de los coches. Se llama **caballo de vapor, CV**, y su relación con el vatio es:

1 CV = 735 W

¿Es el **kilovatio-hora, kW h**, una unidad de potencia? La unidad de potencia, el kW, aparece multiplicada por una unidad de tiempo, la hora. El kWh es, por tanto, una **unidad de energía**. En los recibos de la electricidad, la energía consumida en el intervalo de tiempo especificado viene expresada en kilovatios-hora (kWh); si se expresase en julios, las cifras serían altísimas. El kWh no es una unidad del SI. Su equivalencia en julios es 1 kWh = 1000 W · h = 1000 J/s · 3600 s = $3{,}6 \cdot 10^6$ J.

¿Sabías qué?

Cuando las máquinas de vapor sustituyeron a los coches de caballos para viajar, se definió la unidad de potencia, el **caballo de vapor** o **CV**, que equivale aproximadamente a la potencia de tracción de un caballo.

Unidades de energía		Unidades de potencia
julio (J)	1 kJ = 10^3 J 1 MJ = 10^6 J	vatio (W) 1 kW = 10^3 W 1 MW = 10^6 W
caloría (cal) = 4,18 J	1 kcal = 10^3 cal = 4180 J	caballo de vapor (CV) = 735 W
1 kilovatio-hora (kW h) = $3{,}6 \cdot 10^6$ J		---

Potencia mecánica y velocidad

Cuando un coche que tiene un motor de potencia P va por la carretera con una velocidad v, la fuerza hacia delante con que el motor impulsa el automóvil se calcula más fácilmente cuando la potencia se expresa en función de la velocidad.

Si un coche lleva un movimiento uniforme con velocidad $\vec{v}$, la fuerza que realiza el motor sobre él tiene el sentido del movimiento. Puesto que $v = \Delta s/\Delta t$, la potencia mecánica se puede expresar así:

$$P = \frac{W}{\Delta t} = \frac{F \cdot \Delta s}{\Delta t} = F \cdot v$$

Aunque el movimiento no fuese uniforme, para tramos muy pequeños esa velocidad sería la instantánea y se puede establecer lo siguiente:

La **potencia mecánica** instantánea es el producto de la fuerza recibida, en la dirección de la velocidad, por la velocidad instantánea, $P = F \cdot v$.

Cálculos con el motor de un coche

5. **El motor de un coche desarrolla una potencia de 100 CV cuando va a 90 km/h en carretera con movimiento uniforme.**

a) **¿Qué fuerza recibe el coche hacia delante?**

b) **¿Cuál es la fuerza de rozamiento sobre el coche durante ese trayecto?**

c) **¿Qué trabajo ha aportado el motor del coche en media hora de funcionamiento a esa velocidad?**

SOLUCIÓN

a) Primero pasamos los CV a julios y los km/h a m/s:

$$100 \text{ CV} = 100 \cdot 735 = 73\,500 \text{ W}$$
$$90 \text{ km/h} = 90\,000 \text{ m}/3600 \text{ s} = 25 \text{ m/s}$$

La potencia es $P = F \cdot v$, luego:

$$F = \frac{P}{v} = \frac{73\,500}{25} = 2940 \text{ N}$$

b) Al tener movimiento uniforme, la fuerza resultante sobre el coche es cero, por lo que la fuerza de rozamiento tiene que ser igual y de sentido contrario a la que ejerce el motor, o sea, 2940 N.

c) El trabajo total sobre el coche es cero por ir con movimiento uniforme. El motor aporta un trabajo positivo:

$$W = P \cdot t = (73\,500 \text{ W}) \cdot (1800 \text{ s}) = 132\,300 \text{ kJ}$$

El rozamiento realiza un trabajo igual, pero negativo.

Trabajo y potencia de un motor

6. **El motor de un coche tiene menos potencia que el de un camión de transporte. ¿Cuál de los dos realiza más trabajo?**

SOLUCIÓN

No se puede contestar a esta pregunta, pues el trabajo depende del tiempo que estén funcionando los motores: $W = P \cdot t$.

ACTIVIDADES

8. A continuación se muestra un detalle de la etiqueta de un televisor. ¿Cuál es su potencia?

a) ¿Qué energía eléctrica utiliza en 5 h de funcionamiento?

b) Si el kWh vale 0,12 €, ¿qué dinero ha costado la energía gastada en las 5 h?

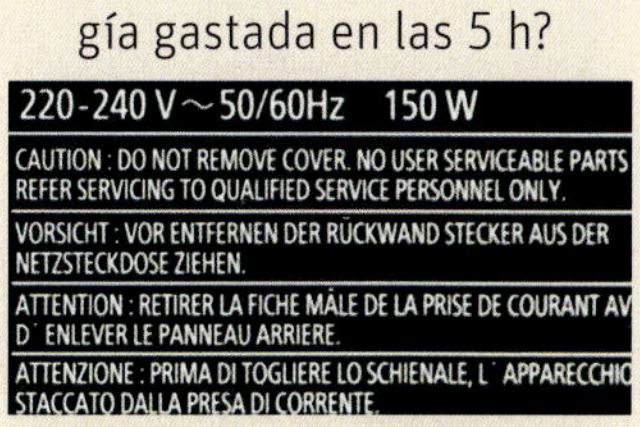

9. El motor de un camión desarrolla durante dos horas una potencia de 200 CV.

a) ¿Qué trabajo realiza expresado en kJ y en kWh?

b) ¿Qué fuerza hace cuando va a 90 km/h?

6 Las máquinas

Los pequeños artilugios con los que convivimos, como el cascanueces, el gato del coche, las pinzas, el abrebotellas, el rodillo, el cuchillo, etc., facilitan enormemente el trabajo cotidiano. Todos ellos son máquinas.

Las máquinas transmiten fuerzas y, al hacerlo, las amplifican, las reducen, modifican su dirección o sentido, etc., con lo cual facilitan las tareas.

Las máquinas más elementales, que realizan su trabajo en un solo paso, se llaman **máquinas simples**. La mayoría fueron inventadas en la Antigüedad, y han ido evolucionando continuamente en su forma y en los materiales con que se fabrican. Otras realizan pasos encadenados para funcionar, y se denominan **máquinas compuestas**.

REFLEXIONA

Las máquinas simples se pueden agrupar en **tres grandes grupos**, de acuerdo con el principal mecanismo del que derivan: **palanca**, **plano inclinado** o **rueda**.

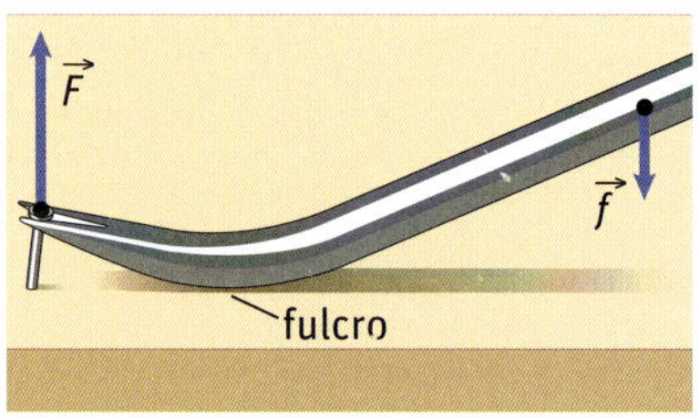

Palanca. Barra que gira en torno a un punto o un eje fijo, denominado fulcro.

Plano inclinado. Superficie plana que forma un ángulo con la horizontal. El tornillo es un plano inclinado alrededor de un cilindro.

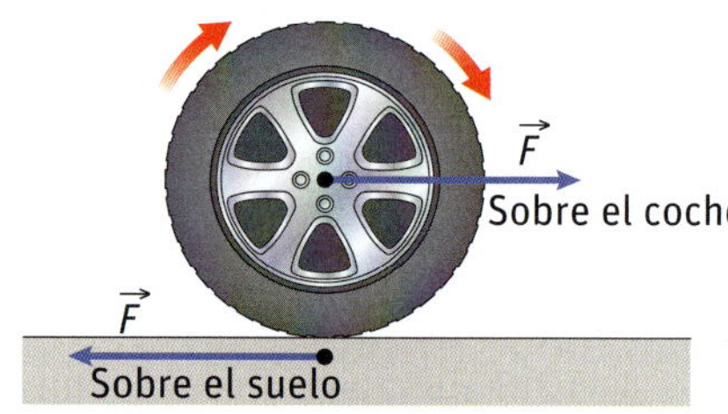

Rueda. Pieza circular que gira alrededor de un eje. Generalmente, este guía el movimiento de la rueda.

Hay máquinas, como la lavadora, la aspiradora, el micrófono, etc., más complejas que las mencionadas, en las que, además de la energía mecánica, intervienen la energía eléctrica, la energía sonora, etc. Ahora bien, ¿pueden las máquinas ahorrar energía?

OBSERVA

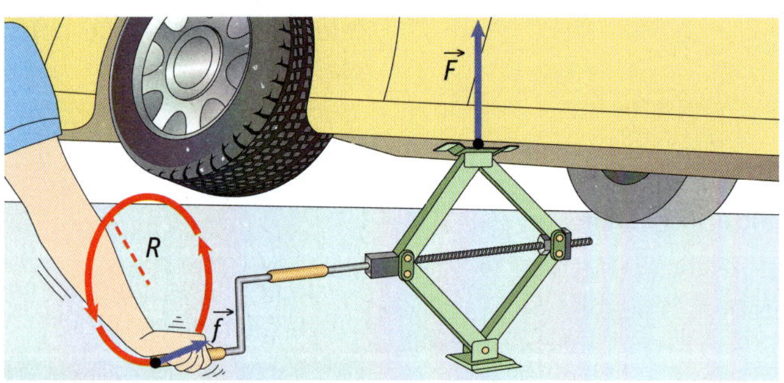

Con el pequeño esfuerzo aplicado en la manivela, *f*, se consigue un enorme esfuerzo capaz de subir el coche, *F*. A medida que gira la manivela, el tornillo va saliendo por la derecha, se estrecha el espacio del gato mecánico y, por tanto, se eleva.

Se ha ahorrado fuerza. El espacio recorrido por la fuerza *f* es mucho mayor que la altura levantada, mientras que la fuerza que levanta el coche, *F*, es mucho mayor que *f*. Con el gato **se hace el mismo trabajo con mucha menos fuerza.**

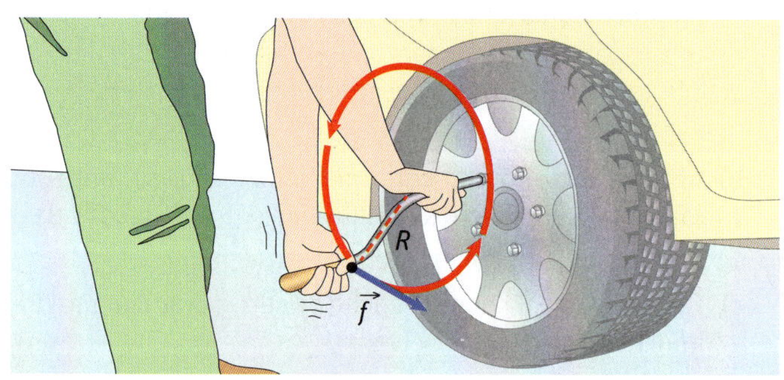

Antes de subir el coche con el gato, hay que desatornillar la rueda. Si se quiere hacer directamente, se tendría que aplicar una fuerza enorme, *F*, sobre el tornillo de radio *r*. Con el brazo de la llave, *R*, **se hace mucha menos fuerza**, *f*.

El valor de la fuerza que transmite la máquina, *F*, es *R*/*r* veces mayor que la fuerza que se debe aplicar para cambiar la rueda, *f*. Es decir, **se ha hecho el mismo trabajo con una fuerza mucho menor**.

smSaviadigital.com OBSERVA

Las máquinas no ahorran energía, pero pueden hacer variar sensiblemente las fuerzas, con lo que facilitan mucho el trabajo.

Rendimiento de las máquinas

Al utilizar una batidora, se comprueba que, al igual que sucede con otras máquinas, se calienta. Es decir, una parte de la energía utilizada se pierde en energía térmica, que tiene menos "calidad" que la energía aportada. Por ello se habla de **energía degradada**.

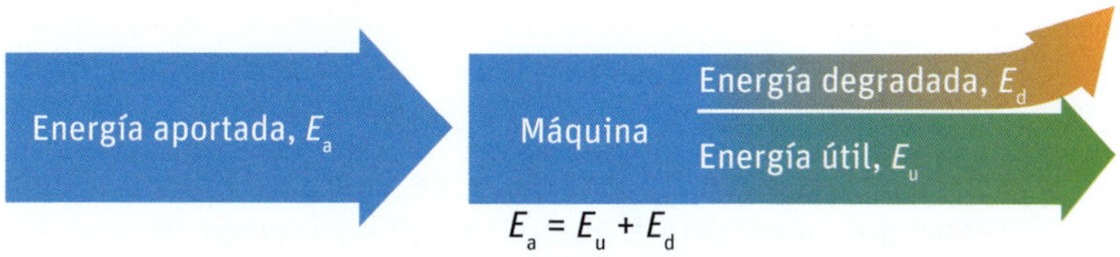

$E_a = E_u + E_d$

Las máquinas tienen una limitación en su aprovechamiento. Para indicar dicho aprovechamiento, se define el rendimiento de la máquina, que suele expresarse en tanto por ciento como:

$$\text{Rendimiento } \mu = \frac{\text{Energía útil}}{\text{Energía aportada}} \cdot 100$$

Además puede hablarse de otro rendimiento, relacionado con la utilización poco rentable de la máquina. Por ejemplo, el trabajo que hace un autobús para transportar a una sola persona, aunque sea necesario, no es rentable, ya que, además de la energía empleada en transportar a la persona, el autobús debe transportarse también a sí mismo.

Figura 11.3. La energía aportada es la energía eléctrica, la energía útil es la energía mecánica (rotación de las cuchillas) y la energía degradada es la energía térmica que se desprende.

Calcula trabajos y potencias

7. Una persona de 50 kg sube andando de la planta baja al 5.º piso, que está a 17 m de altura, en dos minutos.

a) ¿Qué trabajo ha realizado y cuál es su potencia? En otra ocasión sube en el ascensor y tarda 15 segundos. ¿Qué trabajo le ha aportado el ascensor y cuál ha sido la potencia que ha desarrollado para ello?

b) Si la potencia desarrollada por el ascensor ha sido de 3 kW, ¿qué energía utiliza en la subida?

c) Teniendo en cuenta que la energía gastada para subir el propio ascensor y la desperdiciada por los rozamientos no constituyen trabajo útil, ¿qué rendimiento ha tenido el ascensor al subir a la persona?

SOLUCIÓN

a) $W = mgh = (50\text{ m}) \cdot (9{,}8\text{ m/s}^2) \cdot (17\text{ m}) = 8330\text{ J}$; $P = (8330\text{ J}) / (120\text{ s}) = 69{,}4\text{ W}$

$W_{\text{aportado por el ascensor}} = 8330\text{ J}$; $P_{\text{desarrollada}} = (8330\text{ J}) / (15\text{ s}) = 555\text{ W}$

b) $E_{\text{utilizada}} = (3000\text{ W}) \cdot (15\text{ s}) = 4{,}5 \cdot 10^4\text{ J}$

c) $\mu = \frac{\text{Energía útil}}{\text{Energía aportada}} \cdot 100 = \frac{8330}{4{,}5 \cdot 10^4} \cdot 100 = 18{,}5\ \%$

En la Web

Los vehículos a motor experimentan continuamente mejoras en cuanto a eficiencia energética, con el fin de reducir el consumo de combustible por kilómetro recorrido. Esto tiene dos importantes ventajas: la económica y la medioambiental.

En el siguiente enlace puedes ver cómo ha evolucionado la eficiencia energética de los vehículos a lo largo del tiempo.

www.e-sm.net/svfq4eso11_03

ACTIVIDADES

10. La adherencia de los neumáticos con el suelo no solo es importante por razones de seguridad.

a) ¿Podría arrancar un vehículo si no hay rozamiento con el suelo?

b) ¿Qué ocurre cuando se dice de un coche que patina?

11. Con una polea que tiene rozamiento se sube un peso 20 N tirando con un dinamómetro del otro lado, que marca 22 N.

a) ¿Qué trabajo hace el peso al subir 1,5 m? ¿Y la persona que lo sube?

b) ¿Cuál es el rendimiento de la polea?

Repasa lo aprendido

1 ¿Qué se entiende por energía y en qué formas se presenta?

La energía es una **propiedad** de los sistemas que les permite **producir cambios** en ellos mismos o en su entorno.

Se presenta en diferentes formas y **se transforma** de unas en otras.

2 ¿Cuáles son los procesos de transferencia de energía?

Los procesos de transferencia de energía de unos sistemas a otros son dos: mediante **trabajo**, si actúan fuerzas de uno sobre el otro durante un recorrido, y mediante **calor**, cuando la transferencia energética se produce por existir una diferencia de temperatura.

3 ¿Cómo se calcula la energía transferida mediante trabajo?

Si la fuerza es constante y también lo es el ángulo α que forman la fuerza y el desplazamiento, la **expresión del trabajo** es:

$$W = F \cdot d \cdot \cos \alpha$$

$$1\ \text{J} = 1\ \text{N} \cdot 1\ \text{m}$$

Si sobre un sistema el trabajo es positivo, aumenta su energía cinética; si es negativo, la energía cinética disminuye.

4 ¿Qué es la energía mecánica? ¿En qué condiciones se conserva?

La **energía mecánica** de un sistema es la que se debe a su movimiento y posición, $E_m = E_c + E_p$. Se transfiere de unos sistemas a otros mediante la realización de un trabajo.

Cuando los trabajos sobre el sistema se pueden expresar como $E_{p0} - E_{pf}$ independientemente del camino, la energía mecánica se conserva.

5 ¿Cómo se mide la eficacia del trabajo? ¿Qué es la potencia?

La eficacia del trabajo se mide con la **potencia**, que es la energía transferida en la unidad de tiempo.

$$P = \frac{\text{Energía transferida}}{\text{tiempo empleado}}$$

$$1\ \text{W} = 1\ \text{J}/1\ \text{s}$$

6 ¿Qué son las máquinas? ¿Ahorran energía?

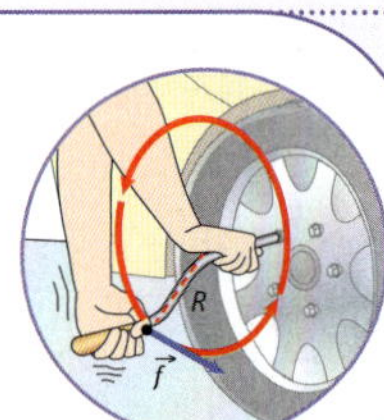

Las **máquinas** son inventos humanos que facilitan muchas tareas. Pueden modificar las fuerzas, pero no ahorran energía.

7 ¿Cómo se mide el rendimiento de las máquinas?

El **rendimiento** de una máquina mide su aprovechamiento en tanto por ciento, %.

$$\text{Rendimiento } \mu = \frac{\text{Energía útil}}{\text{Energía aportada}} \cdot 100$$

smSaviadigital.com VALORA LO APRENDIDO > Resumen de la unidad

Procedimientos de la ciencia

Clasificación de una serie de elementos

Clasificar un conjunto de elementos consiste en organizarlos en grupos a partir de un criterio determinado, de modo que ningún elemento pertenezca a dos grupos distintos de la clasificación.

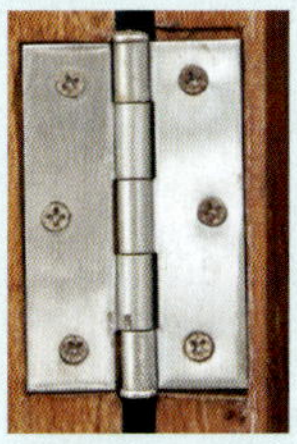

A la vista de la gran cantidad de máquinas diferentes que hay, una primera clasificación podría ser por el **número de pasos** encadenados que tiene que realizar la máquina para hacer su trabajo. Serían **máquinas simples** aquellas cuyo funcionamiento consta de un solo paso, y **máquinas compuestas** si su funcionamiento consta de más pasos.

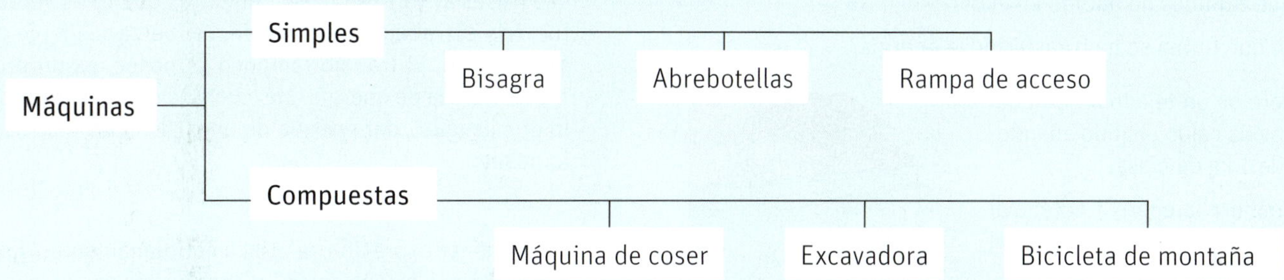

1 HAZ UNA CLASIFICACIÓN AJUSTÁNDOTE A UN CRITERIO

Clasifica las máquinas simples según cuál sea el principal mecanismo del que derivan: la palanca, el plano inclinado o la rueda.

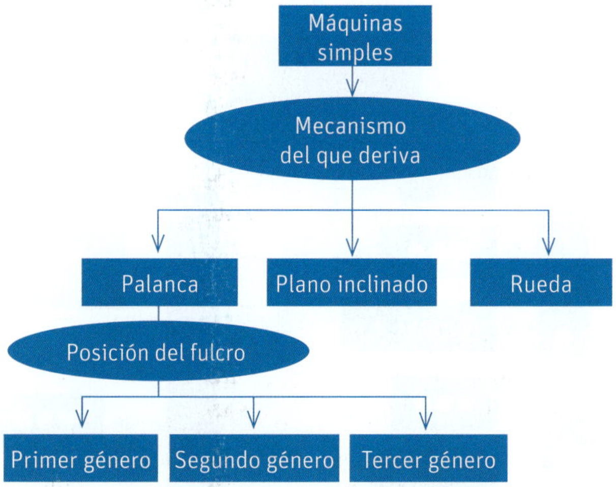

2 DADA UNA CLASIFICACIÓN, IDENTIFICA EL CRITERIO EMPLEADO EN LA MISMA

Observa los dos grupos siguientes e identifica el **criterio que se ha seguido** para clasificarlos así:

Grupo 1	Grupo 2
Pelos cargados de electricidad repeliéndose.	Atleta corriendo en una pista horizontal.
Pájaro posado en una rama.	Bola rodando por el suelo en el juego de la petanca.
Arquero preparado para lanzar una flecha.	Viento moviendo un aspa en una central eólica.

En la tabla aparecen seis hechos o actividades en que se manifiestan distintos tipos de energía. El criterio para clasificarlos ha sido el **tipo de energía del sistema** que puede observarse. En el primer grupo se muestran tres ejemplos de **energía potencial** (eléctrica en el primer caso, gravitatoria en el segundo y elástica en el tercero), mientras que en el segundo grupo aparecen otros tres ejemplos de **energía cinética**.

ACTIVIDADES

12. Dadas las siguientes máquinas: ventilador, martillo, sacacorchos y batidora, clasifícalas en dos grupos según el siguiente criterio: máquinas que utilizan una sola tecnología (solo elementos mecánicos, solo eléctricos, solo electrónicos, etc.) y máquinas que utilizan más de una tecnología.

13. Se tienen dos grupos de palancas:

- Balancín para niños, abrelatas, balanza de platos.
- Carretilla, cascanueces.

Identifica el criterio de clasificación que se ha utilizado.

Actividades

La energía. Transformaciones y transferencias

14. Observa la siguiente imagen e identifica:

a) ¿Qué tipo de energía pierde el librero y cuál gana el libro?

b) ¿Qué cambios ha habido en ellos?

c) ¿En qué forma se ha transferido la energía?

15. Del alero de un tejado a 20 m del suelo se ha caído un nido abandonado de 1 kg de masa.

a) ¿Cuál era la energía potencial del nido cuando estaba en el alero?

b) ¿Qué transformación de energía tiene lugar en la caída?

c) ¿Con qué velocidad se estrella el nido contra el suelo?

d) Representa gráficamente sus energías potencial y cinética en función de su distancia al suelo.

16. Un esquiador de 70 kg baja una pendiente y llega a la parte llana con una velocidad de 36 km/h.

a) ¿Cuál es su energía cinética cuando llega al llano?

b) ¿Cuál sería la energía cinética de otro esquiador que llegase con la misma velocidad si su masa fuese el doble? ¿Y la de un tercer esquiador, de igual masa que el primero, si llegase con el doble de velocidad?

Trata de resolver este apartado sin aplicar la fórmula de la energía cinética.

17. Si se quema 1 kg de gasolina y 1 kg de alcohol, ¿darán la misma energía? Razona la respuesta.

18. ¿Quién tiene más energía interna, un coche que está en el garaje en el sótano, o el mismo cuando está aparcado en la calle al sol? Razona la respuesta.

19. En el lenguaje cotidiano se emplean expresiones incorrectas cuando se tratan ciertos conceptos científicos. Indica cuáles de estas frases son verdaderas y cuáles son falsas desde una perspectiva científica:

a) Un coche tiene más fuerza cuando está en movimiento que cuando está parado.

b) Un coche tiene más energía cuando está en movimiento que cuando está parado.

c) Un coche tiene más trabajo cuando está en movimiento que cuando está parado.

SOLUCIÓN

Las frases **a)** y **c)** son falsas, mientras que **b)** es verdadera. La fuerza y el trabajo no se poseen. La fuerza se ejerce de un sistema a otro. El trabajo tampoco se posee, es un proceso de transferencia de energía. Los cuerpos pueden hacer trabajo o, lo que es igual, dar energía de unos sistemas a otros, pero no lo poseen.

20. La siguiente expresión se utiliza cotidianamente: "Esta noche he tenido muchísimo calor." ¿Crees que es correcta o incorrecta desde una perspectiva científica? Si es incorrecta, escribe la correcta.

21. Piensa en dos situaciones cotidianas de intercambio de energía que tienen lugar mediante trabajo y mediante calor.

22. Observa el siguiente cuadro de clasificación de las fuentes de energía. Complétalo e indica qué criterio de clasificación se ha utilizado. A continuación, busca información y describe brevemente cada una de las fuentes de energía.

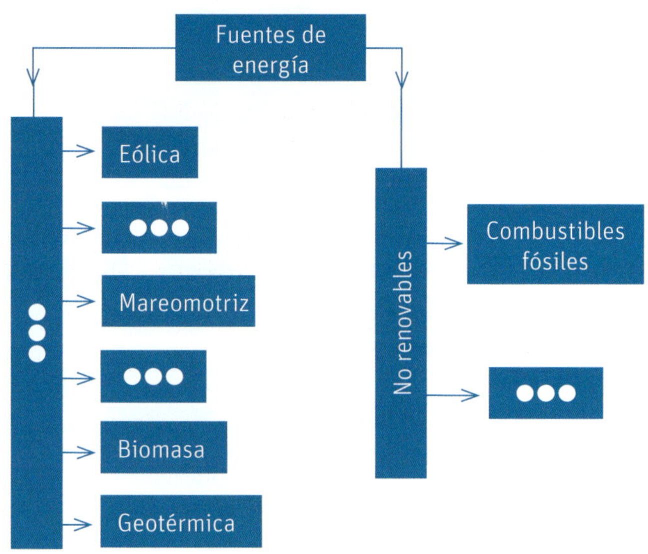

23. En un saque de tenis, la pelota de 58 g sale de la raqueta con una velocidad de 200 km/h.

a) ¿Qué energía cinética lleva?

b) ¿De dónde procede esa energía cinética?

c) En el contacto con la raqueta, la pelota ha ido adquiriendo velocidad. ¿Qué trabajo se ha hecho sobre ella?

24. Las personas perdemos energía interna en las actividades al transmitirla a otros sistemas; por eso necesitamos reponerla con la alimentación. Vamos a hacer una estimación de la energía que necesita una persona sana para su alimentación, empleando las ecuaciones propuestas por la Organización Mundial de la Salud (OMS) en 1985. Se llama *GER* al gasto energético por día en reposo, y *GET* al gasto energético total por día.

Dato: 1 kcal = 4180 J

Edad (años)	*GER* (kcal/día)	Factor de actividad (F_a)
Hombres		
10-18	17,5 · *m* + 651	Ligera: 1,5 Moderada: 1,78 Alta: 2,1
30-60	11,6 · *m* + 879	
Mujeres		
10-18	12,2 · *m* + 746	Ligera: 1,56 Moderada: 1,64 Alta: 1,82
30-60	8,7 · *m* + 829	

Además, sabemos que *GET* (kcal/día) = *GER* × F_a.

Si una mujer de 60 kg tiene 50 años y hace una actividad moderada, su *GER* y su *GET* serán:

$$GER = 8{,}7 \cdot 60 + 829 = 1351 \text{ kcal/día}$$
$$GET = 1351 \cdot 1{,}64 = 2216 \text{ kcal/día}$$

Sería razonable que esa mujer repusiese mediante la alimentación 2216 kcal cada día, o sea, 9 262 880 J.

Calcula tu *GER* y tu *GET*, así como los de dos personas que conozcas. Exprésalos en kcal/día y en J/día.

25. En el diario ABC del día 4 de agosto de 2015 se puede leer la noticia que se resume a continuación:

Pulmón de oro

El ilicitano Francisco Tomás Gómez, con un registro de 36,2 m, ha ganado este año en Elche la cuarta edición del concurso internacional de lanzamiento combinado de hueso de dátil y oliva con la boca. Con el hueso de aceituna en la boca, prepara los pulmones, toma carrerilla y lo lanza, con cuidado de no sobrepasar la línea que convertiría el lanzamiento en nulo. De la misma forma se repite el lanzamiento con el hueso del dátil, un fruto con el que las marcas son más discretas.

a) ¿Por qué llaman al ganador de ese concurso "pulmón de oro"? ¿Cómo adquiere el hueso su energía?

b) En su mejor lanzamiento, la energía cinética inicial del hueso fue aproximadamente de E_c = 1,5 J. Si la masa del hueso es de 0,7 g, ¿con qué velocidad salió disparado?

c) ¿A qué altura habría subido el hueso si en su mejor lanzamiento lo hubiese dirigido hacia arriba?

d) Justifica que las marcas del concurso al lanzar los huesos de dátiles sean menores.

Cálculo del trabajo y conservación de la energía mecánica de un sistema

26. La persona de la ilustración está empujando un carro de la compra cargado sobre una superficie horizontal. ¿Qué trabajo realiza si recorre con él 5 m hasta llegar a la caja?

27. Una madre hace una fuerza de 100 N para arrastrar a su hijo en su bici. La masa total de la bicicleta más el niño es de 25 kg. La fuerza forma 30° con la horizontal.

a) ¿Qué trabajo hace la madre sobre la bici cuando ha recorrido 100 m?

b) Cuando van a una velocidad de 3 m/s, ¿qué energía cinética tiene el niño con su bici?

c) En este momento, la madre frena hasta que se paran. ¿Qué trabajo ha realizado la madre sobre el niño con su bici?

28. Raquel está subiendo a su amigo David por una rampa:

a) ¿Cuánto vale la proyección sobre el plano del peso del amigo con su silla de ruedas?

b) ¿Qué trabajo hace Raquel, teniendo en cuenta que tiene que subirse también a sí misma?

c) Si la fuerza de rozamiento es de 17 N, ¿qué trabajo realiza Raquel en la subida?

d) Calcula el trabajo total que se ha hecho sobre David.

29. Un camión cargado, de masa 3000 kg, ha adquirido en la bajada de un puerto una velocidad excesiva de 108 km/h. Al ver una curva cerca, aprovecha un carril de frenada sin pendiente y se mete en él. El carril tiene una longitud de 100 m.

a) ¿Qué energía cinética tiene el camión cuando entra en el carril de frenada?

b) ¿Qué trabajo realizan las fuerzas de rozamiento con el suelo para lograr pararlo?

c) ¿Qué fuerza se ha hecho sobre el camión para llegar a pararlo a un metro del final del carril?

d) Representa la gráfica F_R-*d* y comprueba que el área coincide con el trabajo realizado y que este es negativo.

30. Un coche de 800 kg va por una carretera recta durante 20 km con una velocidad constante de 72 km/h.

a) ¿Qué energía cinética tiene?

b) ¿Cuál es el trabajo total sobre el coche durante ese tramo?

c) ¿Cuál habría sido el trabajo total si el trayecto del coche hubiese tenido curvas?

d) El coche gasta combustible en ese tramo debido al rozamiento. ¿Cuál es el valor de la fuerza de rozamiento si con la combustión de la gasolina se ha conseguido hacer un trabajo de $3 \cdot 10^7$ J?

SOLUCIÓN

a) $E_c = \frac{1}{2} \cdot 800 \cdot 20^2 = 160\,000$ J, ya que 72 km/h = 20 m/s.

b) $W = 0$ J, ya que no ha variado su energía cinética. La fuerza resultante sobre el coche ha sido de 0 N, ya que no ha variado su velocidad.

c) $W = 0$ J, ya que no habría variado su energía cinética. En las curvas del recorrido, la fuerza es perpendicular al desplazamiento y no realiza trabajo, pues cos 90° = 0. La fuerza resultante que realiza trabajo es la proyección sobre el desplazamiento, que en este caso es 0 N, ya que el coche no cambia de velocidad.

d) Las fuerzas de rozamiento frenan el coche, por lo que hay que quemar combustible para realizar un trabajo que compense al que hace el rozamiento. Si el trabajo que aporta el combustible es de $3 \cdot 10^7$ J, el del rozamiento tiene que ser de $-3 \cdot 10^7$ J para que el trabajo total sea nulo:

$$W_{roz} = R \cdot d \cdot \cos \alpha = R \cdot 2 \cdot 10^4 \cdot \cos 180° = -3 \cdot 10^7 \text{ J}$$

La fuerza de rozamiento que se obtiene vale $R = 1500$ N y actúa en sentido contrario al movimiento.

31. Durante una caída, un paracaidista pasa por varias fases. En la primera empieza a caer en caída libre, pero, a medida que aumenta su velocidad, la resistencia con el aire se va haciendo mayor hasta que llega a adquirir una velocidad constante durante un tramo importante de su recorrido, que es la segunda fase. Después, en una tercera fase, a la altura adecuada de la superficie de la Tierra, abre el paracaídas hasta llegar al suelo. Cuando se encuentra en la segunda fase:

a) ¿Cuál es el trabajo neto sobre el paracaidista?

b) ¿Qué fuerzas actúan sobre él?

c) ¿Cuánto vale la fuerza de rozamiento?

32. Una patinadora de 50 kg se deja caer de una altura de 5 m por un plano inclinado de 45°, como se ve en la figura.

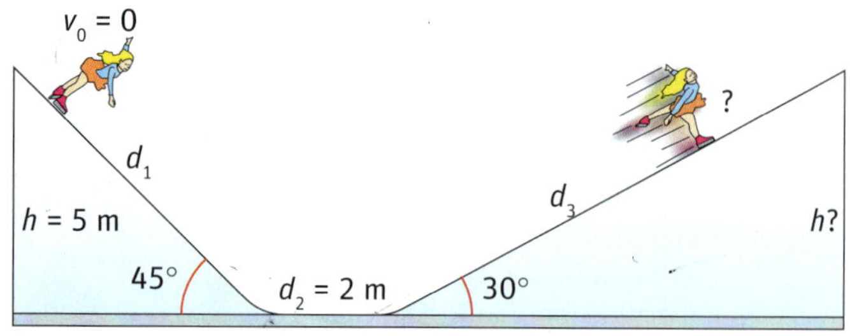

Cuando llega abajo sube por la otra rampa, de 30° de inclinación. Se supone que no hay rozamiento. Calcula:

a) La E_c, E_p y E_m en el punto inicial.

b) El trabajo que hace el peso mientras baja.

c) La energía cinética con la que llega abajo y su velocidad.

d) El trabajo que se realiza sobre la patinadora en los 2 m que recorre en el tramo horizontal.

e) El espacio, d_3, que recorre hasta que se para en la subida.

f) El trabajo que realiza el peso durante la subida hasta que se para.

g) Representa las gráficas E_m-d de todo el movimiento.

h) Describe el movimiento si hubiese rozamiento. ¿Se conserva en tal caso la energía mecánica del sistema? ¿Y la energía total? ¿Qué tipo de energía aparece y en qué se nota?

33. La fotografía estroboscópica permite observar la posición de un cuerpo, en este caso una bola que rebota, a intervalos de tiempo iguales.

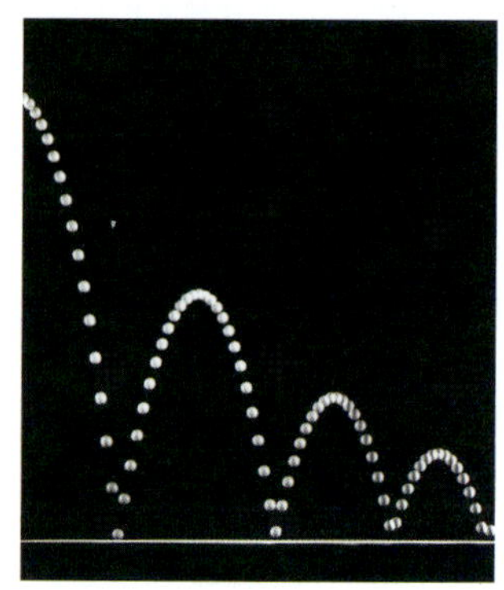

a) ¿Conserva la pelota su energía mecánica?

b) Describe cómo evolucionan los distintos tipos de energía de la pelota e indica sus transformaciones.

c) Si la altura máxima después del primer rebote es de 1 m, ¿cuál será la altura máxima después del segundo rebote si en cada uno de ellos pierde el 50 % de energía?

34. Sobre una persona de 50 kg que está en reposo actúan fuerzas cuyas proyecciones sobre la trayectoria, F_d, se indican en la figura.

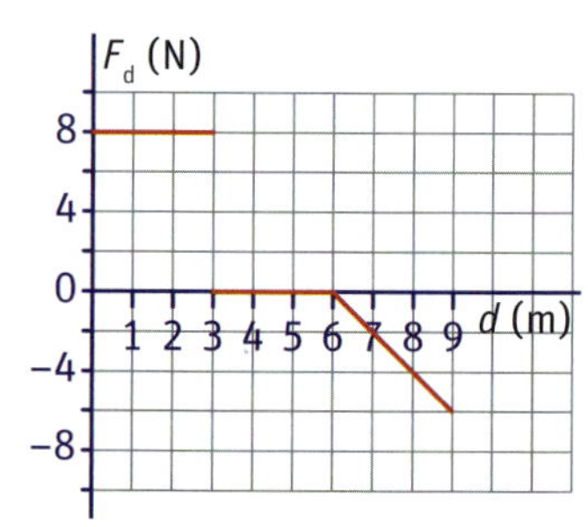

a) Qué trabajo se ha hecho sobre la persona en cada uno de los tres tramos. ¿Y en total?

b) ¿Cuánto ha variado su energía cinética y qué velocidad lleva al final del recorrido marcado?

c) Describe el movimiento de la persona durante el trayecto.

Máquinas, potencia y rendimiento

35. Imagina que has utilizado un exprimidor eléctrico de 20 W durante 5 min para hacer zumo de naranja.

a) ¿Qué cantidad de energía eléctrica se ha gastado?

b) Calcula el valor de la energía cinética de giro aprovechada para exprimir las naranjas si el rendimiento del motor es del 80 %.

c) ¿Dónde se ha ido la energía desaprovechada?

36. El teleférico de Fuente Dé, en los Picos de Europa, tiene un motor principal eléctrico de 140 CV. El desnivel que sube es de 754 m y la masa de la cabina en plena carga es de 2140 kg.

a) ¿Qué energía aporta el motor del teleférico para subir con la cabina en plena carga, sabiendo que lo hace en 3 min?

b) ¿Qué trabajo útil realiza?

c) ¿Qué rendimiento tiene el motor al subir la cabina cargada?

d) ¿Qué pasa con la energía que no se aprovecha?

37. En la balanza romana de la figura se miden masas con una sola pesa de 1 kg, que puede cambiar de posición.

Se supone que el peso de la barra desde el fulcro hasta el extremo es igual al peso del plato vacío que cuelga al otro lado. Si no se pusiese nada en el plato y se quitase la pesa de 1 kg, al coger la balanza por el fulcro, quedaría horizontal.

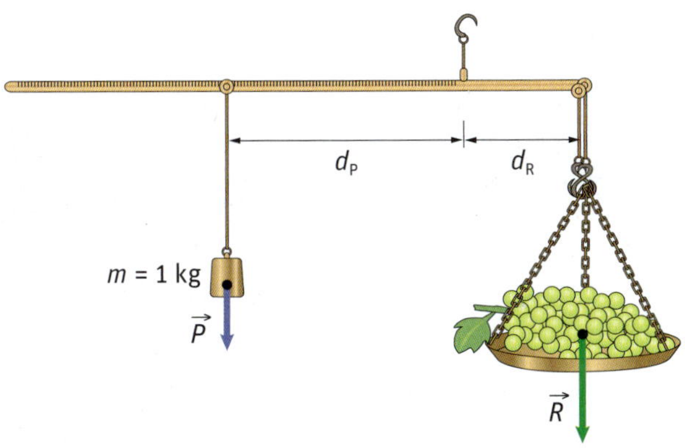

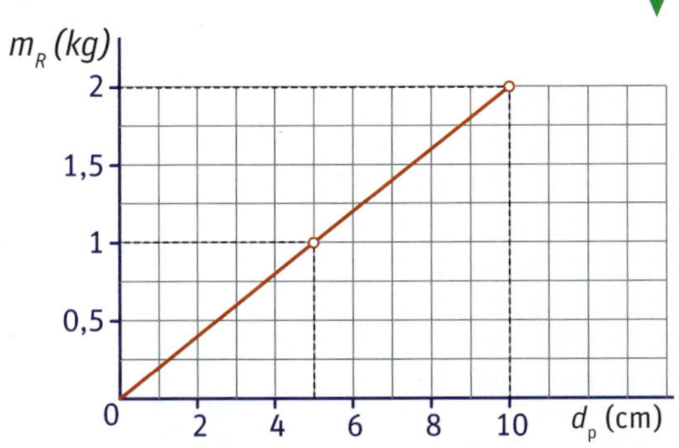

a) ¿Qué tipo de máquina es la balanza romana?

b) ¿Cuánto mide d_p cuando se colocan 2 kg de uvas en la balanza?

c) Dada la gráfica de las masas colocadas en el plato, calcula las distancias d_p cuando se coloquen en el plato 3 kg y 4 kg, respectivamente.

d) ¿Qué masa de fruta se ha pesado cuando d_p marca 30 cm?

38. Con la polea múltiple o **polipasto** de la figura se quiere subir del mar a la cubierta del barco, situada a 4 m de altura, una red cargada cuya masa es de 300 kg. La polea con dos ranuras de abajo pesa 20 kg. Si se desprecia el peso de las cuerdas y los rozamientos:

a) ¿Qué trabajo habría que realizar para subir la red?

b) Si hay que recoger 8 m de cuerda para subir 2 m la red con los peces, ¿qué fuerza se hace? Ten en cuenta que el trabajo realizado por la fuerza externa debe ser igual al trabajo realizado por el polipasto.

c) Si la subida se realiza en un minuto, ¿qué potencia desarrolla la máquina?

d) Teniendo en cuenta que el trabajo para subir la polea baja no es útil, ¿cuál es el rendimiento?

39. Una lavadora de 2 kW de potencia está funcionando durante hora y media. Su rendimiento es del 70 %. ¿Qué energía ha consumido? ¿Cuál ha sido su energía útil?

40. Realiza un trabajo en grupo sobre las máquinas que se utilizan en un taller mecánico.

a) Distribuid las tareas que hay que realizar: buscar un garaje donde permitan hacerlo, pensar las fotografías que se van a tomar, etc.

b) Analizad las distintas máquinas y buscad cuál es el fundamento en que se basan y qué tarea realizan.

c) Realizad un informe y preparad una presentación en clase utilizando medios informáticos.

41. En la bicicleta de la figura, de una sola marcha, la cadena transmite el movimiento de rotación desde la rueda motora hasta la rueda de engranaje trasera, que a su vez hace mover la rueda trasera de la bicicleta. El radio del pedal es de 18 cm, el doble del de la rueda motora. El ciclista aplica en el pedal una fuerza de 20 N. ¿Qué trabajo hace cada vez que da una vuelta con los pedales?

a) Cada vez que los pedales dan una vuelta, la rueda motora también la da. ¿Qué trabajo hace la fuerza que actúa sobre la rueda motora y cuál es el valor de dicha fuerza?

b) Realiza un trabajo sobre la ventaja de las bicicletas eléctricas y sobre la importancia de la generalización de las bicicletas como medio de transporte en las ciudades.

Ponte a prueba

Juega con ventaja

Los polipastos, que son poleas con varias vueltas de cuerda, cable o cadena, son una parte esencial de las grúas que levantan grandes masas. Las grúas con sus polipastos hacen posible la construcción de grandes edificios y facilitan la carga y descarga de mercancías pesadas. Constituyen una parte esencial de muchas máquinas empleadas en construcción y en otras ramas de la ingeniería.

Su fundamento es muy sencillo y puede comprenderse bien con un juego que puedes hacer fácilmente en clase o con amigos. Con un par de palos de escoba y una cuerda fuerte, una sola persona puede hacer que se acerquen entre sí dos forzudos jugadores que no quieren hacerlo, de igual manera que un polipasto puede elevar un gran peso aplicando una fuerza mucho menor.

1. Si la chica tira de la cuerda 1 m, ¿cuánto se acercarán los chicos que pretenden no moverse? Pista: La cuerda da tres vueltas en los palos.
2. Si la chica tira de la cuerda con una fuerza de 100 N, ¿qué trabajo hace al recorrer 1 m?
3. ¿Qué trabajo realiza la máquina? ¿Qué fuerza, *R*, ha transmitido?

La potencia de un polipasto

A continuación se estudia la potencia de los polipastos. Es importante observar que en el estudio de las máquinas se emplean los términos "potencia" y "resistencia" para referirse a la fuerza aplicada y a la fuerza resistente:

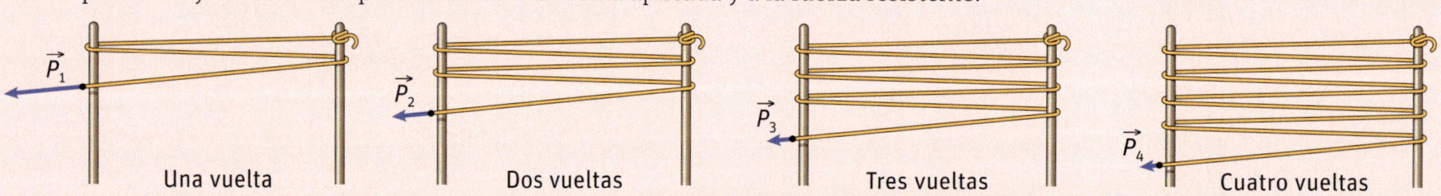

Los recorridos de la potencia *P* y de la resistencia *R* cuando los palos se acercan una distancia *d* serán:

$s_{R1} = d; s_{P1} = 2d$ $s_{R2} = d; s_{P2} = 4d$ $s_{R3} = d; s_{P3} = 6d$ $s_{R4} = d; s_{P4} = 8d$

El trabajo para acercar los palos una distancia *d* es el mismo en todas las máquinas:

$P_1 \cdot 2d = R_1 \cdot d; P_1 = R_1/2$ $P_2 \cdot 4d = R_2 \cdot d; P_2 = R_2/4$ $P_3 \cdot 6d = R_3 \cdot d; P_3 = R_3/6$ $P_4 \cdot 8d = R_4 \cdot d; P_4 = R_4/8$

Si la fuerza aplicada sobre los palos es $R = 100$ N, las potencias aplicadas serán:

$P_1 = 50$ N $P_2 = 25$ N $P_3 = 16{,}7$ N $P_4 = 12{,}5$ N

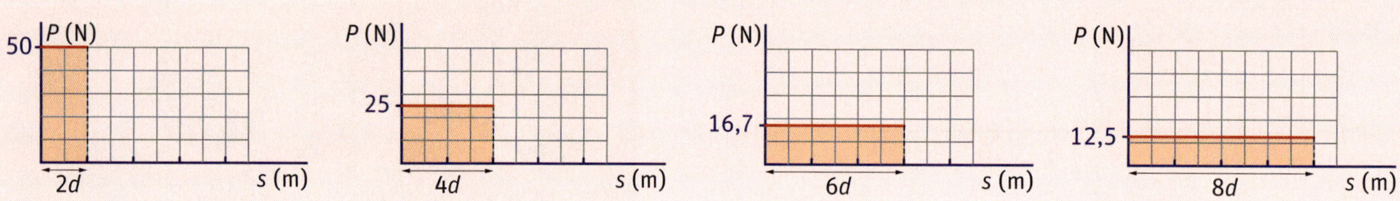

1. Comprueba gráficamente que el trabajo para lograr el mismo resultado es igual en los cuatro casos.
2. Observa las expresiones de la potencia y halla la expresión general de la fuerza *P*, en función de la resistencia *R*, que hay que aplicar para un número *n* de vueltas de la polea.
3. Repite los esquemas en tu cuaderno y señala en ellos las fuerzas de resistencia, *R*, que se ejercen sobre los palos.

Intercambios de energía en una central hidroeléctrica

Observa el siguiente esquema de una central hidroeléctrica:

En el camino del agua, en color azul, puede verse cómo se recoge el agua del embalse; al pasar el agua por la turbina, la hace girar, y luego sigue su camino por el río. El movimiento de la turbina obliga al eje a girar, con lo cual gira también el alternador y se genera la corriente eléctrica que se envía al transformador. Desde ahí sale por los cables de alta tensión. Puedes ver un vídeo del proceso en el enlace www.e-sm.net/svfq4eso11_04.

1. ¿Por qué no se recoge el agua en lo alto del embalse para tener más desnivel? ¿Qué ocurriría si se hiciese así?
2. ¿Qué transformación de energía se ha producido en la caída hasta llegar a la turbina? ¿Con qué velocidad llega el agua a la turbina si h = 8 m?
3. Razona qué tipo de transferencia de energía se produce entre la turbina y el alternador: trabajo o calor.
4. ¿Qué transformación de energía se produce en el alternador?
5. De los distintos tipos de centrales, el rendimiento de las hidroeléctricas es el más elevado. La central de Mequinenza del río Ebro tiene una potencia de 324 MW y un rendimiento del 80 %. Cuando está funcionando 12 h con esa potencia, ¿cuánta energía aporta a la red?

AUTOEVALUACIÓN

1. En relación a las siguientes situaciones, ¿cuáles de las frases que aparecen después son correctas?

Una persona jugando al voleibol que recibe la pelota; un coche en movimiento; sardinas asándose en la barbacoa; una persona frotándose las manos para calentárselas.

- **a)** En los cuatro casos se ha transferido la energía mediante trabajo.
- **b)** En el segundo caso no se sabe si se ha producido trabajo sobre el coche.
- **c)** En el primero y último caso se ha transferido energía mediante trabajo, y en el tercero, mediante calor.
- **d)** En los dos primeros casos se ha transferido energía mediante trabajo, y en los dos últimos, mediante calor.

2. Una chica arrastra su trineo tirando de la cuerda con una fuerza de 50 N que forma un ángulo de 30° con el camino. Así recorre 100 m. ¿Qué trabajo realiza?

- **a)** 5000 J
- **b)** 4330 J
- **c)** 2500 J
- **d)** 0 J (en la nieve no hay rozamiento)

3. Un montañero de 60 kg y su perro de 30 kg suben por el monte. El montañero ha subido un desnivel de 50 m en 5 min, y el perro, que va delante, lo ha realizado en solo 4 min. ¿Cuál ha hecho la subida con más potencia?

- **a)** El perro, porque ha recorrido el camino en menos tiempo.
- **b)** El hombre, porque ha realizado más trabajo y su potencia ha sido mayor.
- **c)** El perro, porque el trabajo realizado por unidad de tiempo es mayor en su caso.
- **d)** Los dos igual, porque han subido a la misma altura.

4. Una persona lanza un diábolo de 0,3 kg hacia arriba desde 1 m de altura. Se para cuando ha alcanzado 5 m de altura. ¿Con qué energía mecánica y cinética salió?

- **a)** E_m = 11,76 J, E_c = 11,76 J
- **b)** E_m = 14,70 J, E_c = 11,76 J
- **c)** E_m = 11,76 J, E_c = 2,94 J
- **d)** E_m = 3,00 J, E_c = 15 J

5. Observa la gráfica, que se refiere a un cuerpo que cae sin rozamiento.

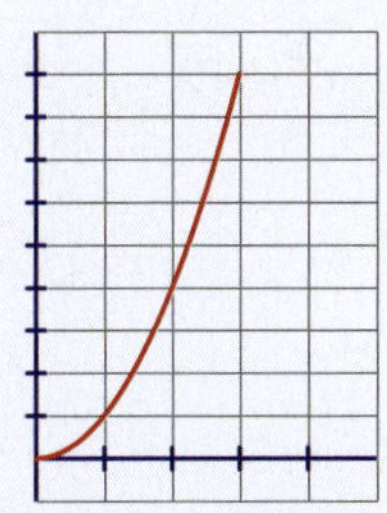

¿Cuál de las siguientes magnitudes puede estar representada en esa gráfica?

- **a)** Su energía cinética frente a su velocidad.
- **b)** Su energía mecánica frente a la velocidad.
- **c)** Su energía potencial frente a la altura.
- **d)** Su energía cinética frente a la altura.

6. Una taladradora tiene una potencia de 300 CV y su rendimiento es del 70 %. ¿Qué trabajo útil realiza en media hora de funcionamiento?

- **a)** $W_{útil}$ = 540 kJ
- **b)** $W_{útil}$ = 396 900 kJ
- **c)** $W_{útil}$ = 277 830 kJ
- **d)** $W_{útil}$ = 378 kJ

smSaviadigital.com VALORA LO APRENDIDO > Autoevaluación con sus soluciones

12 Energía térmica y calor

Abre tu mirada

El fuego ha sido uno de los principales motores del progreso de la humanidad. Gracias a él se obtuvieron los metales a partir de minerales (Edad de los Metales) y hoy día se sigue utilizando en la metalurgia con el mismo fin mediante procedimientos más eficaces. Se utilizó también en las máquinas de vapor, protagonistas indiscutibles de la Primera Revolución Industrial. En las centrales térmicas se emplea para obtener electricidad, etc. Pero el fuego también puede ser devastador, como ocurre en los grandes incendios. Así pues, el control del fuego sigue siendo uno de los grandes retos del ser humano.

- **¿Tienen calor los cuerpos calientes?**
- **¿Qué relación hay entre la energía térmica y la temperatura?**
- **¿Qué efectos produce el calor sobre los sistemas materiales?**
- **¿Cuáles son los mecanismos de transferencia de energía mediante calor?**

física y química

4 ESO

Entrar en Saviadigital es fácil:

1. Escribe en internet la siguiente dirección: **smsaviadigital.com**
2. Regístrate e introduce el número de licencia que encontrarás en la página anterior.
3. Como solo debes registrarte una vez, anota tu **identificador** y **contraseña**.

CONOCE TU LIBRO

Entrada de la unidad

Empieza la unidad disfrutando de un texto relacionado con los contenidos que contextualiza la imagen y... **Abre tu mirada**.

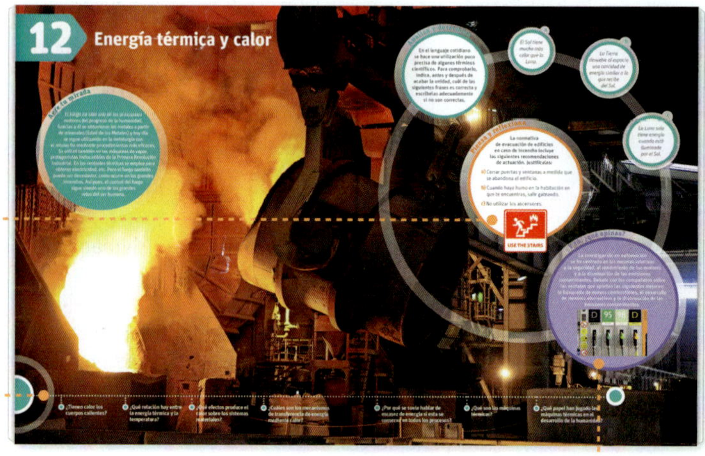

Propuestas de actividades
Sirven para motivar, detectar lagunas, dificultades y conocimientos previos.

Ruta de aprendizaje
Cuestiones que te indican qué vas a aprender en la unidad.

Y tú, ¿qué opinas?
Cuestiones para promover tu opinión, el pensamiento crítico o la conciencia social.

Epígrafes

Los contenidos se exponen de manera ordenada y concisa, partiendo de un **contexto inicial** con situaciones reales y cercanas, para concluir con las ideas principales en un cuadro de color.

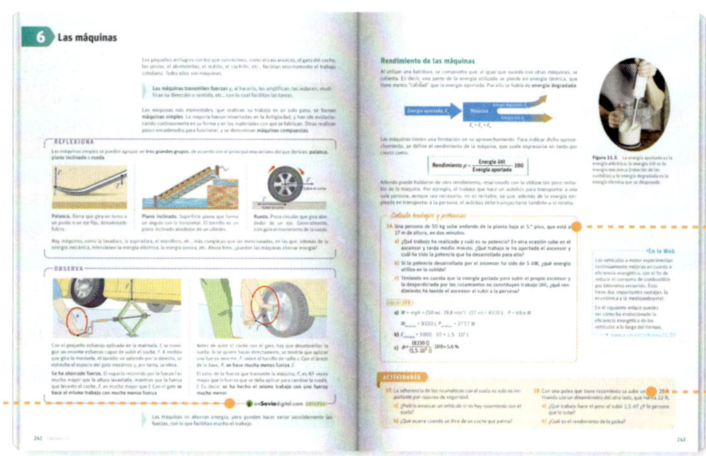

Mediante el icono **Savia**digital.com podrás acceder a vídeos, animaciones, actividades interactivas y enlaces web que te facilitarán la comprensión de los contenidos.

Dispones de **ejercicios resueltos** contextualizados que facilitan tu comprensión de los contenidos.

Actividades propuestas al final de cada epígrafe para que afiances los contenidos.

Repasa lo aprendido

Aquí encontrarás las respuestas a las cuestiones planteadas en la **ruta de aprendizaje** de la entrada.

Procedimientos de la ciencia

Explicación, paso a paso, de las técnicas más habituales de **trabajo en el laboratorio**.

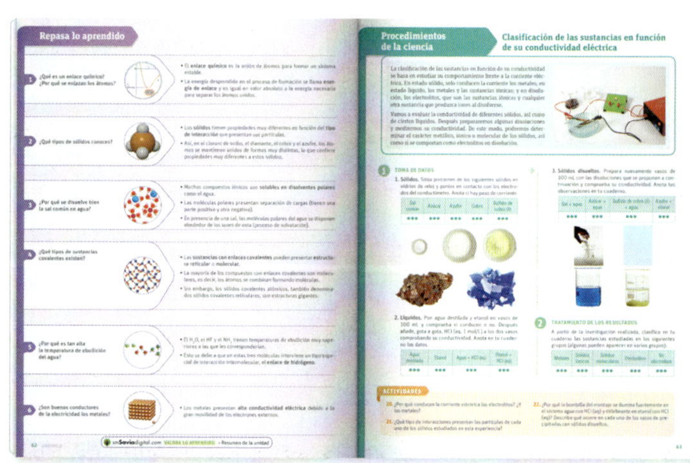

Actividades finales

Para terminar la unidad cuentas con cuatro páginas de **ejercicios y problemas contextualizados** para profundizar y trabajar lo aprendido.

Se intercalan **ejercicios resueltos** que te facilitarán la resolución de las actividades.

Los ejercicios están organizados por los **contenidos** desarrollados y clasificados por **nivel de dificultad**.

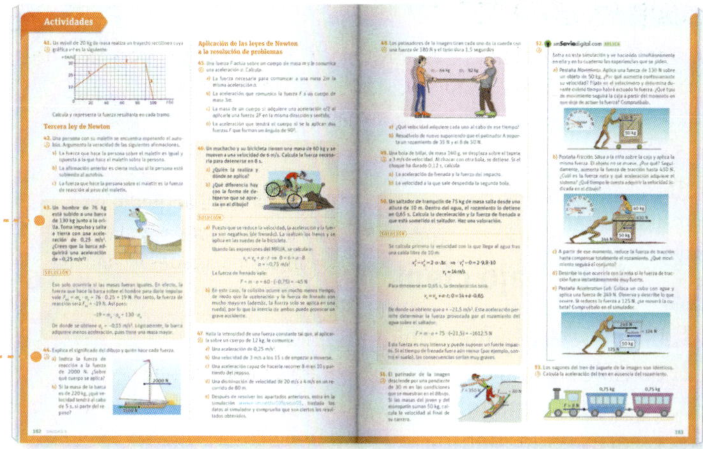

Ponte a prueba

Problemas y actividades PISA

Problemas presentados desde un contexto, extraídos de las pruebas PISA o inspirados en ellas.

Autoevaluación

Cuestiones para que evalúes los conocimientos adquiridos al finalizar la unidad. Dispones de las soluciones en las páginas finales del libro.

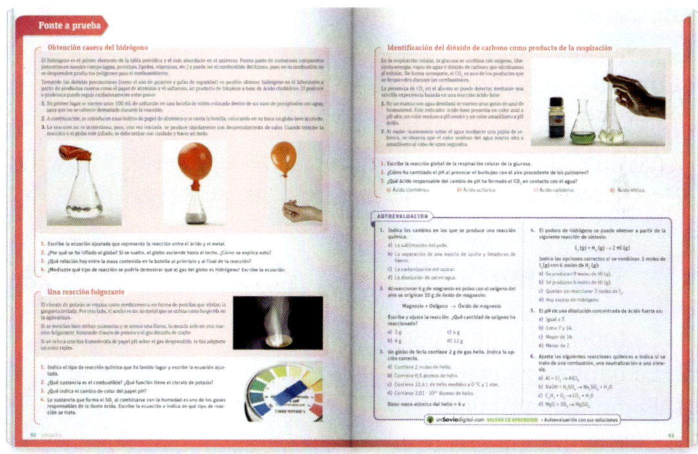

CONOCE **Savia**digital   www.sm**Savia**digital.com

Saviadigital te ofrece más recursos y actividades para aprender y profundizar en los contenidos.

OBSERVA	Vídeos y animaciones para facilitarte la comprensión de los contenidos.
PRACTICA	Animaciones que te ayudan a entender el significado de algunas leyes o teorías.
APLICA	Actividades interactivas con las que resolverás ejercicios de una manera diferente.
INVESTIGA	Enlaces externos en los que ampliarás la información.
VALORA LO APRENDIDO	Resumen y autoevaluación de la unidad.

En tu libro aparecen llamadas para que sepas qué recursos hay en **Savia**digital.

sm**Savia**digital.com
APLICA Ajusta las ecuaciones químicas que se proponen

Para acceder a **Savia**digital, sigue los pasos que encontrarás al abrir este libro.

ÍNDICE

5 Aspectos energéticos y cinéticos de las reacciones químicas

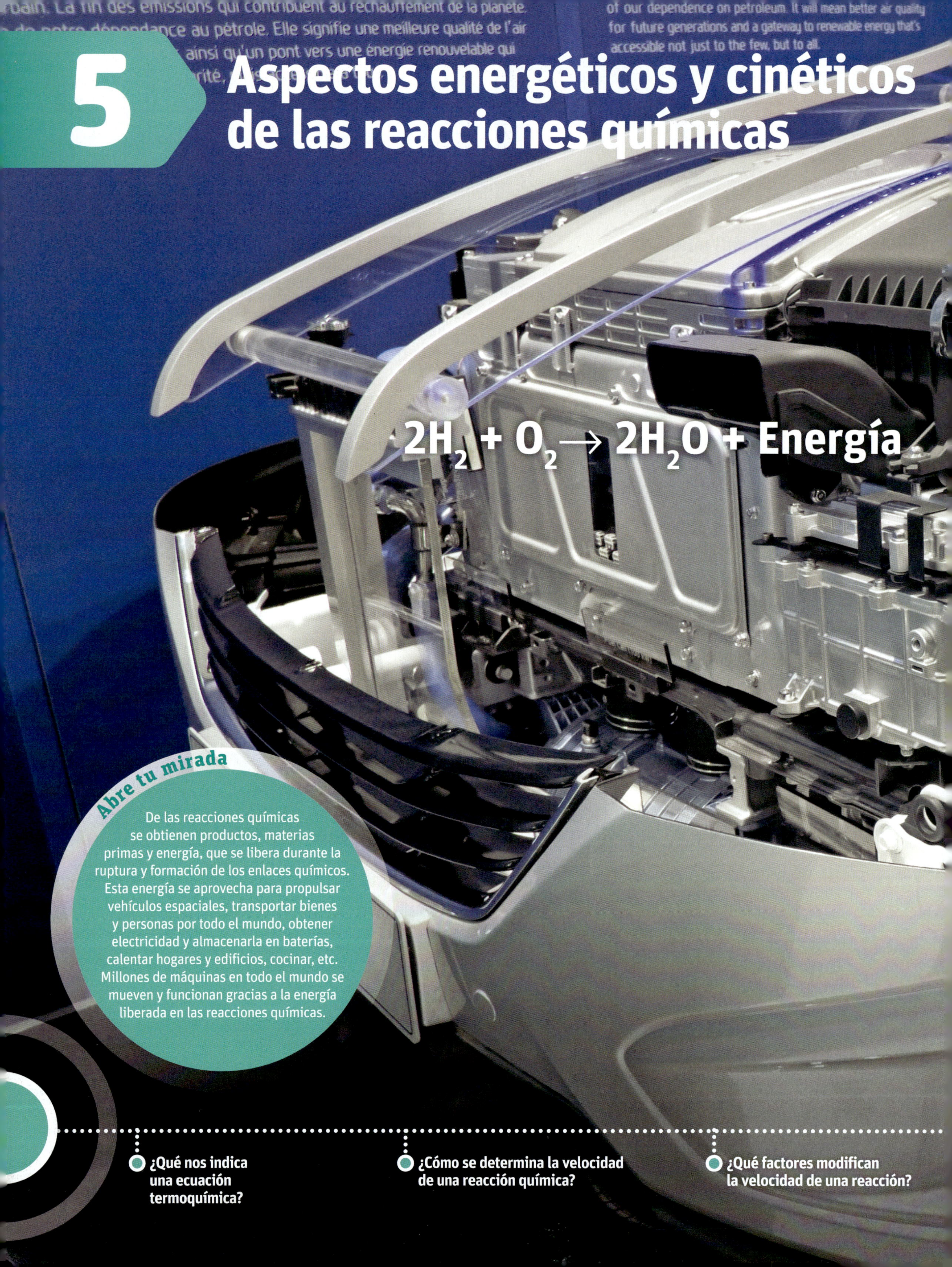

$$2H_2 + O_2 \rightarrow 2H_2O + \text{Energía}$$

Abre tu mirada

De las reacciones químicas se obtienen productos, materias primas y energía, que se libera durante la ruptura y formación de los enlaces químicos. Esta energía se aprovecha para propulsar vehículos espaciales, transportar bienes y personas por todo el mundo, obtener electricidad y almacenarla en baterías, calentar hogares y edificios, cocinar, etc. Millones de máquinas en todo el mundo se mueven y funcionan gracias a la energía liberada en las reacciones químicas.

- **¿Qué nos indica una ecuación termoquímica?**
- **¿Cómo se determina la velocidad de una reacción química?**
- **¿Qué factores modifican la velocidad de una reacción?**

a

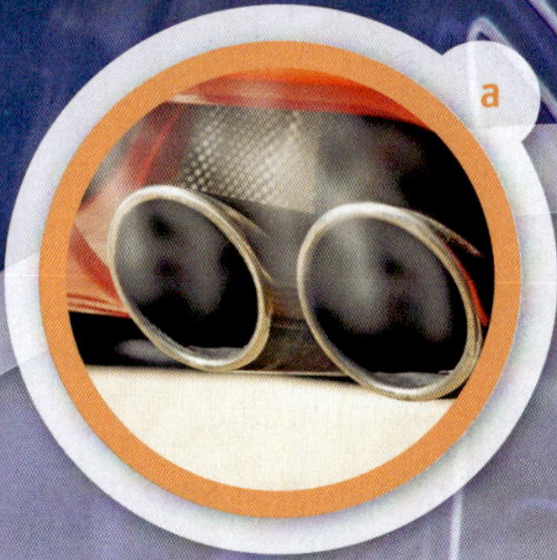

b

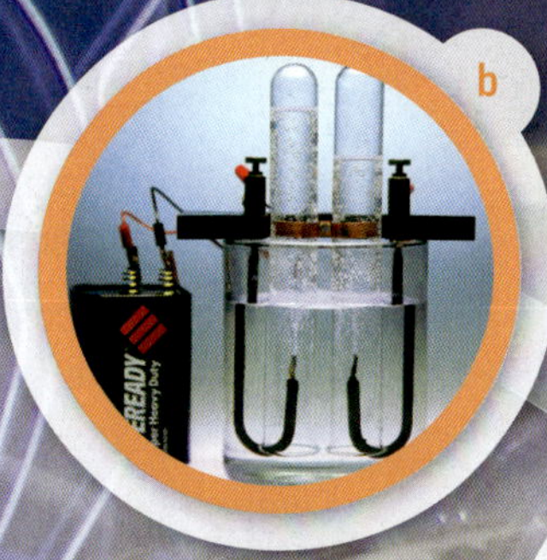

c

Analiza y determina

Todas las reacciones químicas liberan o absorben energía. ¿Cuáles de las siguientes reacciones desprenden energía?

a) Combustión de la gasolina.

b) Electrólisis del agua.

c) Fotosíntesis de las plantas.

d) Metabolismo de un alimento.

Observa y decide

Algunas reacciones se producen muy lentamente, como la formación del carbón; otras liberan gran cantidad de energía y muy rápido, de forma explosiva, como ocurre con la nitroglicerina.

a) ¿Qué factores influyen para que una reacción sea explosiva?

b) ¿Cómo se explica el peligro explosivo de la nitroglicerina?

c) ¿Por qué en las minas de carbón pueden producirse grandes explosiones?

d) ¿Cómo medirías la velocidad de combustión de una vela?

d

Y tú, ¿qué opinas?

Los automóviles que emplean combustibles fósiles son responsables de gran parte de la contaminación urbana y del efecto invernadero. Las tecnologías alternativas, como los vehículos eléctricos, ofrecen propuestas para mejorar el medioambiente.

a) Compara la eficacia energética y la contaminación de un motor eléctrico y de un motor de combustión.

b) Infórmate sobre los inconvenientes que presentan los coches eléctricos.

c) Teniendo en cuenta sus ventajas e inconvenientes, ¿comprarías un coche eléctrico?

- **¿Cómo influyen la concentración, el grado de división y la temperatura en la velocidad de reacción?**
- **¿Cómo actúan los catalizadores e inhibidores en la velocidad de una reacción?**
- **¿Qué problemas medioambientales originan algunas reacciones químicas?**

1 La energía de las reacciones

En las reacciones químicas cambia la naturaleza de las sustancias y la cantidad de energía contenida en ellas, que será diferente para los reactivos y los productos.

En muchos casos, la principal aplicación de las reacciones no está relacionada con los productos que se obtienen, sino con la producción de energía, problema de candente actualidad y origen de conflictos mundiales.

Comprueba algunas de las formas en que se pone de manifiesto la liberación de la energía química almacenada en las sustancias:

Ten en cuenta

Todas las reacciones químicas obedecen dos leyes fundamentales: la ley de conservación de la masa y la ley de conservación de la energía.

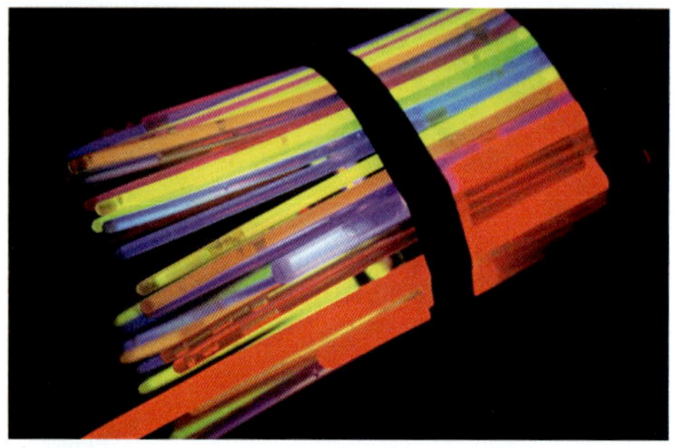	Al activar una barrita de *luz fría* se genera una intensa luz que brilla en la oscuridad durante horas. Ello se debe a que la barrita contiene dos reactivos químicos separados que, al mezclarse, producen una reacción química con emisión de luz fluorescente que no calienta. Este fenómeno se conoce como ***quimioluminiscencia***.
	Si disuelves óxido de calcio en un poco de agua dentro de un vaso de precipitados e introduces un termómetro, comprobarás cómo sube la temperatura. Lo que ocurre es que el óxido de calcio reacciona con el agua formando hidróxido de calcio, a la vez que se desprende calor. El proceso se llama ***apagado de la cal***.
	Tras frotar la cabeza de una cerilla contra el raspador de la caja, se forma una pequeña llama que ilumina y calienta. La madera de la cerilla se combina con el oxígeno del aire, formándose dióxido de carbono y agua. Esta reacción de ***combustión*** emite luz y calor.
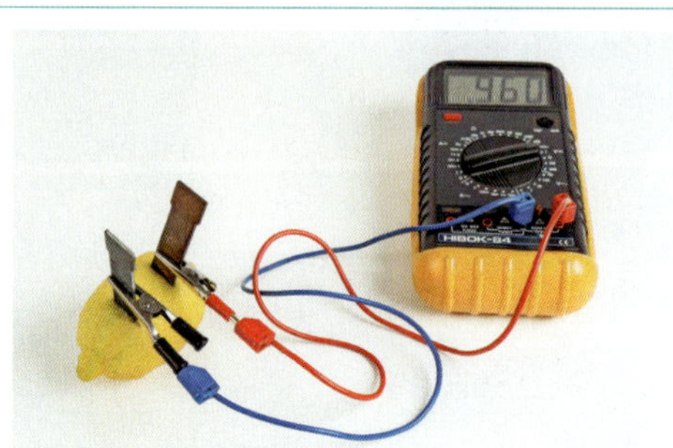	Clava un electrodo de cobre y otro de zinc en un limón y conéctalos mediante dos cables a un polímetro. Detectarás el paso de una corriente eléctrica de bajo voltaje causada por la transferencia de electrones entre el zinc y el cobre. Se trata de una reacción de ***oxidación-reducción***.

smSaviadigital.com OBSERVA

En este vídeo te mostramos reacciones químicas sorprendentes.

Las sustancias químicas almacenan energía, que puede liberarse de diferentes formas: luminosa, térmica, eléctrica, mecánica, etc.

De todas las reacciones químicas, aquellas en las que se desprende energía resultan imprescindibles para el desarrollo social e industrial de un país.

Origen de la variación de energía de una reacción

En el transcurso de una reacción química se rompen unos enlaces y se forman otros diferentes. Cada enlace contiene una determinada cantidad de energía llamada energía de enlace, tanto mayor cuanto más fuerte es el enlace.

Para calcular la variación total de energía en una reacción, ten en cuenta que:

- Para romper los enlaces de los reactivos hay que aportar energía.
- Al formarse nuevos enlaces en los productos se libera energía.

> La **energía de una reacción** es igual a la suma de las energías de los enlaces que se rompen menos la suma de las energías de los enlaces que se forman:
>
> $$E_{total} = E_{enlaces\ rotos} - E_{enlaces\ formados}$$

Ten en cuenta

Combustibles y alimentos almacenan energía química que puede desprenderse en las reacciones, al igual que un muelle comprimido almacena energía potencial elástica que se libera al estirarse.

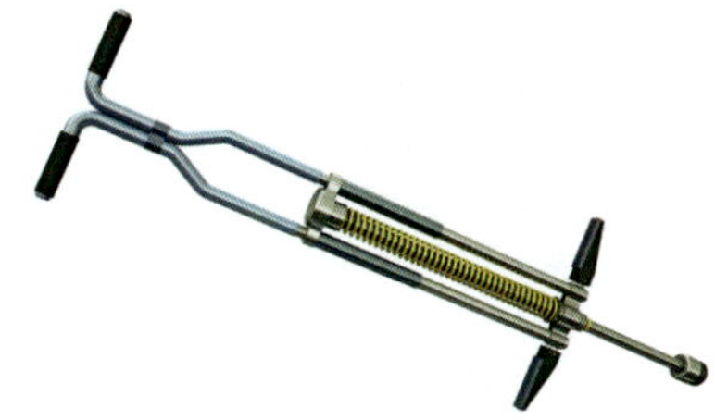

La energía de una reacción puede ser positiva o negativa:

Combustión del hidrógeno

$$2\ H_2\ (g) + O_2\ (g) \rightarrow 2H_2O\ (g)$$

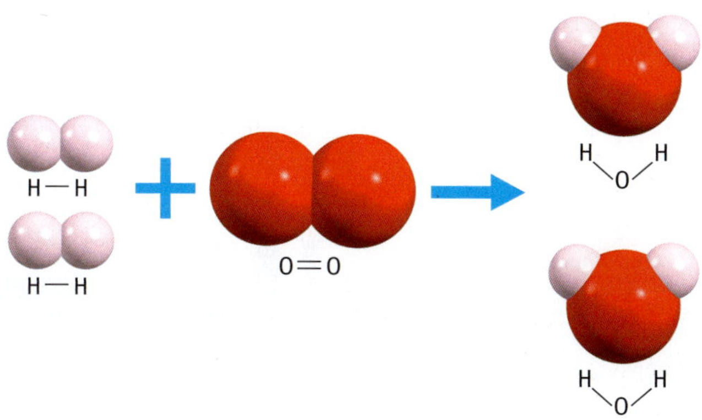

- En los reactivos se rompen dos enlaces sencillos entre los átomos de hidrógeno (H–H) y un enlace doble entre los átomos de oxígeno (O=O), cuyas energías son:

  $$E_{H-H} = 436\ kJ/mol \qquad E_{O=O} = 494\ kJ/mol$$

  La energía consumida en romper estos enlaces es:

  $$E_{enlaces\ rotos} = (2\ mol) \cdot (436\ kJ/mol) + (1\ mol) \cdot (494\ kJ/mol) = $$
  $$= 1366\ kJ$$

- En los productos se forman dos enlaces entre el oxígeno y el hidrógeno (O–H) por cada molécula de agua, cuya energía es:

  $$E_{O-H} = 463\ kJ/mol$$

  La energía liberada al formar estos enlaces es:

  $$E_{enlaces\ formados} = (2\ enlaces) \cdot (2\ mol) \cdot (463\ kJ/mol) = 1852\ kJ$$

  Por tanto, la variación de energía en esta reacción es:

  $$\Delta E = 1366\ kJ - 1852\ kJ = -486\ kJ$$

- La diferencia de energía se desprende al entorno.

Se **desprende energía** en aquellas reacciones que liberan más energía al formar nuevos enlaces de la que consumen al romper los enlaces existentes:

$$E_{enlaces\ formados} > E_{enlaces\ rotos} \quad \Rightarrow \quad \Delta E < 0$$

Formación del óxido de nitrógeno (II)

$$N_2\ (g) + O_2\ (g) \rightarrow 2\ NO\ (g)$$

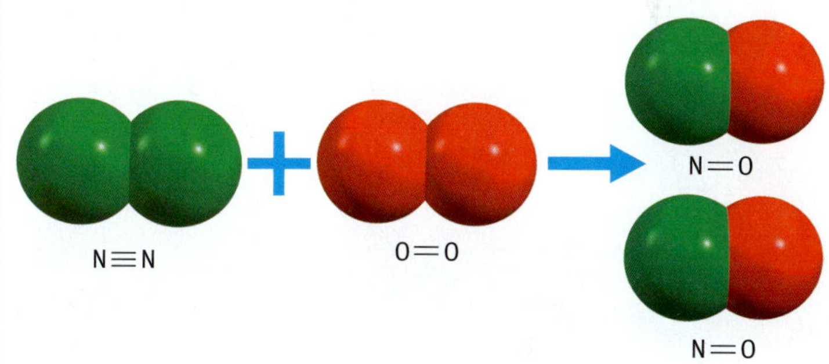

- En los reactivos se rompen un enlace doble entre los átomos de oxígeno (O=O) y un enlace triple entre los átomos de nitrógeno (N≡ N), cuyas energías son:

  $$E_{O=O} = 494\ kJ/mol \qquad E_{N\equiv N} = 946\ kJ/mol$$

  La energía consumida en romper estos enlaces es:

  $$E_{enlaces\ rotos} = (1\ mol) \cdot (494\ kJ/mol) + (1\ mol) \cdot (946\ kJ/mol) = $$
  $$= 1440\ kJ$$

- En los productos se forma un enlace doble entre el nitrógeno y el oxígeno (N=O) por cada molécula de NO, cuya energía es:

  $$E_{N=O} = 630\ kJ/mol$$

  La energía liberada al formar estos enlaces es:

  $$E_{enlaces\ formados} = (2\ mol) \cdot (630\ kJ/mol) = 1260\ kJ$$

  Por tanto, la variación de energía en esta reacción es:

  $$\Delta E = 1440\ kJ - 1260\ kJ = 180\ kJ$$

- La diferencia de energía se toma del entorno.

Se **absorbe energía** en aquellas reacciones que liberan menos energía al formar nuevos enlaces de la que consumen al romper los enlaces existentes:

$$E_{enlaces\ formados} < E_{enlaces\ rotos} \quad \Rightarrow \quad \Delta E > 0$$

2 Reacciones endotérmicas y exotérmicas

Aunque la energía transferida en un proceso químico puede darse en forma de luz, electricidad o energía mecánica, lo habitual es que se manifieste como energía térmica.

> Se llama **calor de reacción** a la cantidad de energía intercambiada con el exterior durante un proceso químico.

Una **ecuación termoquímica** es una ecuación química ajustada que incluye la cantidad de energía transferida durante el proceso químico.

El hidrógeno podría resolver los problemas energéticos y de polución. Se trata de un combustible limpio que proporciona energía sin desprender contaminantes, ya que su combustión genera vapor de agua como único producto.

Al reaccionar 2 moles de hidrógeno con 1 mol de oxígeno para formar 2 moles de agua se desprenden 486 kJ:

$$2\,H_2\,(g) + O_2\,(g) \rightarrow 2H_2O\,(g) + 486\ kJ$$

Esta ecuación termoquímica indica que por cada mol de agua formado se desprenden 243 kJ.

El óxido de nitrógeno (II) se forma en los motores, diésel o gasolina, y en las centrales térmicas. Es un gas contaminante peligroso para la salud y el medioambiente, por lo que es necesario reducir su emisión.

Al reaccionar 1 mol de nitrógeno con 1 mol de oxígeno para formar 2 moles de óxido de nitrógeno (II) se absorben 180 kJ:

$$N_2\,(g) + O_2\,(g) + 180\ kJ \rightarrow 2\,NO\,(g)$$

Esta ecuación termoquímica indica que por cada mol de óxido de nitrógeno (II) formado se absorben 90 kJ.

En una **reacción exotérmica** se desprende energía:	En una **reacción endotérmica** se absorbe energía:
Reactivos → Productos + Energía	Reactivos + Energía → Productos

ACTIVIDADES

1. Interpreta estas ecuaciones termoquímicas y clasifícalas como exotérmicas o endotérmicas:

a) $C\,(s) + O_2\,(g) \rightarrow CO_2\,(g) + 393\ kJ$

b) $6\,CO_2\,(g) + 6\,H_2O + 2800\ kJ \rightarrow C_6H_{12}O_6\,(s) + 6O_2\,(g)$

2. A partir del ejercicio anterior:

a) Calcula la cantidad de energía que se desprenderá durante la combustión de cinco moles de carbono.

b) Calcula la cantidad de glucosa que podrá formarse en la fotosíntesis al absorber 140 kJ de energía.

smSaviadigital.com OBSERVA

Vídeo de la descomposición térmica del dicromato de amonio, $(NH_4)_2Cr_2O_7$, y de la combustión del hidrógeno.

Diagramas energéticos

Como la energía se conserva en las reacciones químicas, lo que esta varíe entre dos estados indicará la cantidad de energía absorbida o cedida en el proceso.

> La **variación de energía**, ΔE, de una reacción química se obtiene de la diferencia entre la energía final de los productos y la energía inicial de los reactivos:
>
> $$\Delta E = E_{productos} - E_{reactivos}$$

Los **diagramas de niveles de energía** o diagramas energéticos son una forma gráfica de representar la variación de energía que se produce en el transcurso de una reacción:

Proceso exotérmico	Proceso endotérmico
En los procesos exotérmicos se desprende energía. Por tanto, la energía de los productos tiene que ser menor que la de los reactivos. $E_{productos} < E_{reactivos}$ $\Delta E < 0$ Es decir, los **productos** son **más estables** que los reactivos.	En los procesos endotérmicos se absorbe energía. Por tanto, la energía de los productos tiene que ser mayor que la de los reactivos. $E_{productos} > E_{reactivos}$ $\Delta E > 0$ Es decir, los **reactivos** son **más estables** que los productos.
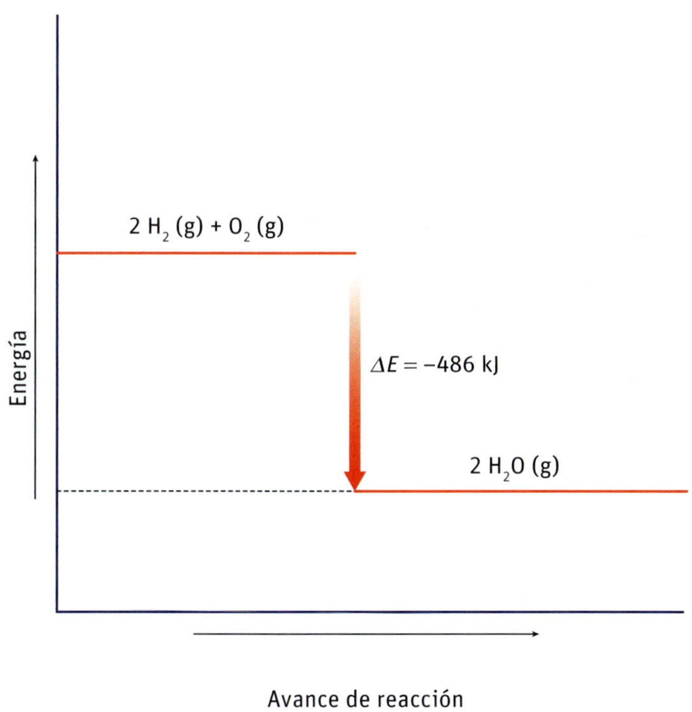	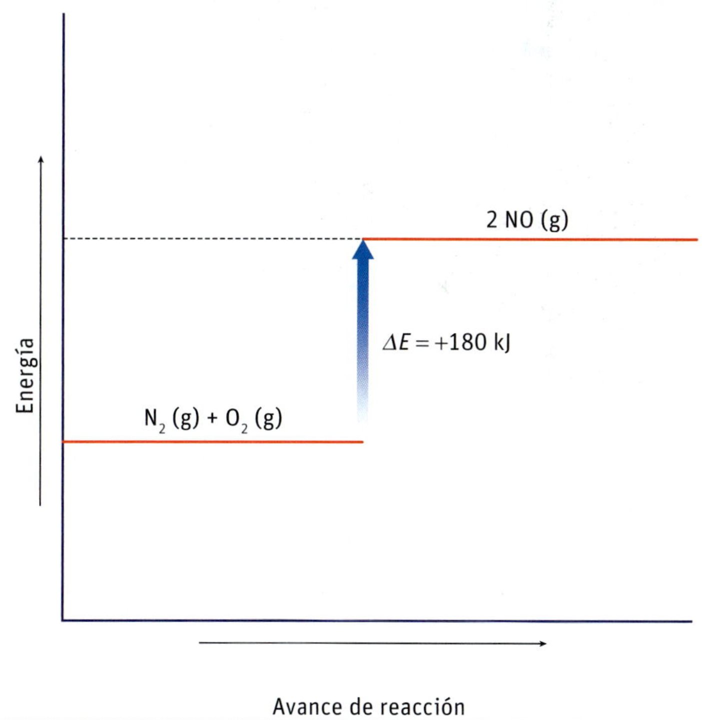

ACTIVIDADES

3. En la combustión de un mol de metano, CH_4, se desprenden 890 kJ.

a) Escribe la ecuación termoquímica correspondiente.

b) Dibuja el diagrama energético de esta reacción.

c) ¿Cuántos moles de CH_4 se deben quemar para obtener 100 kJ?

4. A partir de la ecuación termoquímica:

$$2\ CO_2 + 1132\ kJ \rightarrow 2\ CO + O_2$$

a) Indica si la reacción es exotérmica o endotérmica.

b) Dibuja el diagrama energético .

c) Calcula la energía necesaria para formar 10 g de CO.

3 Velocidad de reacción

En la Web

Explosión de la nitroglicerina.

www.e-sm.net/svfq4eso05_01

Además de conocer la cantidad de sustancias que intervienen en una reacción química y la energía intercambiada, es necesario saber también la velocidad con la que transcurre todo el proceso.

Descomposición de la nitroglicerina

$$4\ C_3H_5(NO_3)_3\ (l) \rightarrow 12\ CO_2\ (g) + 10\ H_2O\ (g) + 6\ N_2\ (g) + O_2\ (g)$$

El peligro de los explosivos se debe a la elevada rapidez de su descomposición: a temperatura ambiente, la nitroglicerina puede explotar con un pequeño golpe.

Transformación del grafito en diamante

$$C\ (\text{grafito}) \rightarrow C\ (\text{diamante})$$

Presión y temperatura

Para que el grafito se transforme en diamante son necesarios millones de años bajo condiciones extremas de presión y temperatura: el valor de un diamante proviene de su lenta formación.

En el transcurso de una reacción, los reactivos se van consumiendo para formar los productos. Es posible seguir el progreso de una reacción química si medimos la variación de la cantidad de reactivos o de productos con el tiempo.

EXPERIMENTA

Las pastillas efervescentes de vitamina C contienen bicarbonato de sodio y ácidos orgánicos, como el ascórbico y el cítrico, que en estado sólido no reaccionan entre sí.

Al disolverlos en agua, el bicarbonato genera aniones HCO_3^- (hidrogenocarbonato), y los ácidos, cationes H^+. Estos iones se combinan entre sí y originan burbujas de CO_2:

$$HCO_3^-\ (aq) + H+\ (aq) \rightarrow CO_2\ (g) + H_2O\ (l)$$

Mide con un cronómetro el tiempo que transcurre desde que se introduce la pastilla hasta que se disuelve totalmente y deja de burbujear.

Si, por ejemplo, la pastilla contiene 2 g de bicarbonato y emplea medio minuto en disolverse, la reacción habrá transcurrido a una velocidad media de 4 g/min.

La **velocidad de reacción** determina la rapidez de una reacción. Se define como la cantidad o concentración de reactivo que se consume, o de producto que se forma, en la unidad de tiempo. Puede expresarse en mol/s, mol/(L s) o g/s.

ACTIVIDADES

5. Calcula en mol/s y en mol/L·s la velocidad media de la descomposición del bicarbonato de sodio (84 g/mol) del experimento anterior en un volumen de disolución de 500 mL.

6. Calcula la velocidad media de la descomposición del agua oxigenada, en oxígeno y agua, sabiendo que en 5 min se desprenden 0,1 moles de oxígeno.

La importancia de la velocidad de reacción

En una sencilla reacción del tipo A → B, la velocidad de reacción, v_r, expresada como una **variación de la concentración respecto al tiempo**, se puede referir al aumento de la concentración de B o a la disminución de concentración de A:

$$v_r = -\frac{\Delta[A]}{\Delta t} = \frac{\Delta[B]}{\Delta t}$$

donde Δ[A] y Δ[B] son los cambios en las concentraciones ocurridos durante el intervalo de tiempo Δt. Es, por tanto, una **velocidad media**.

Con frecuencia, en la industria es más importante modificar la velocidad de una reacción que mejorar su rendimiento:

OBSERVA

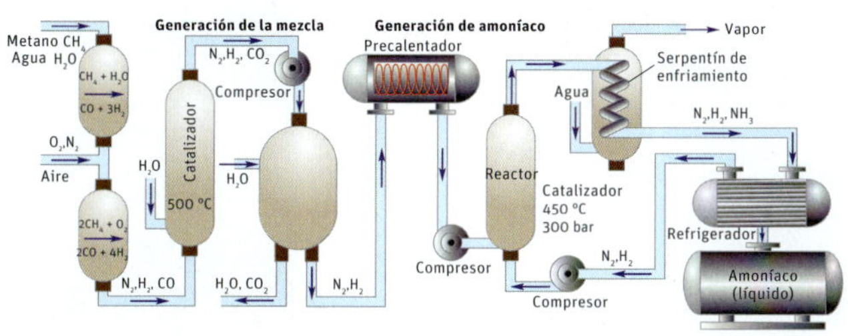

Obtener materias primas en el menor tiempo posible, reduciendo así el consumo energético y los costes de producción.

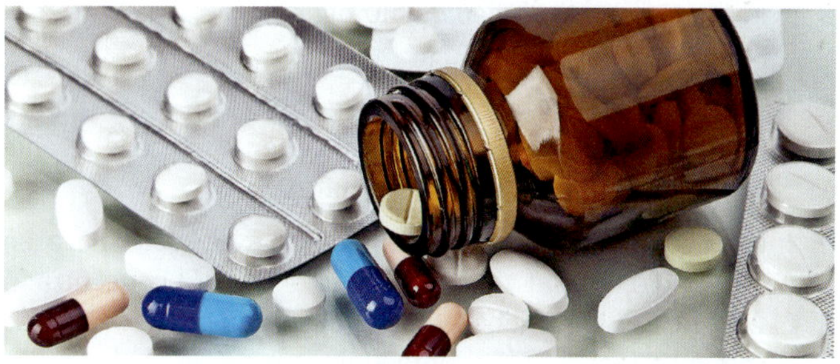

Elaborar fármacos que, según los casos, o bien se metabolicen con lentitud o bien se absorban muy rápido.

Conservar los alimentos durante el mayor tiempo posible sin que pierdan sus propiedades nutritivas.

Disminuir la producción de gases contaminantes procedentes de los combustibles fósiles.

Calcula la velocidad de una reacción

1. En la imagen se indican las variaciones de concentración, respecto al tiempo, del reactivo A y del producto B para una reacción del tipo A → B. Calcula, a través de las concentraciones de A y de B, la velocidad de reacción:

a) Durante el primer minuto.

b) Durante los dos últimos minutos.

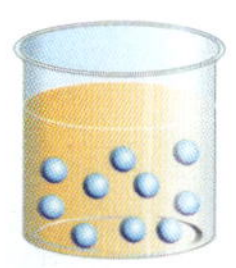

t_0 = 0 min
$[A]_0$ = 10 mol/L
$[B]_0$ = 0 mol/L

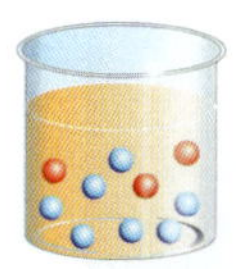

t_1 = 1 min
$[A]_1$ = 7 mol/L
$[B]_1$ = 3 mol/L

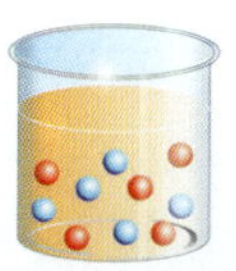

t_2 = 3 min
$[A]_2$ = 5 mol/L
$[B]_2$ = 5 mol/L

SOLUCIÓN

a) $v_r = \frac{-\Delta[A]}{\Delta t} = \frac{-(7-10)(\text{mol/L})}{(60\ \text{s})} = 5 \cdot 10^{-2}$ mol/(Ls), o bien $v_r = \frac{\Delta[B]}{\Delta t} = \frac{(3-0)(\text{mol/L})}{(60\ \text{s})} = 5 \cdot 10^{-2}$ mol/(Ls)

b) $v_r = \frac{-\Delta[A]}{\Delta t} = \frac{-(5-7)(\text{mol/L})}{(120\ \text{s})} = 1{,}6 \cdot 10^{-2}$ mol/(Ls), o bien $v_r = \frac{\Delta[B]}{\Delta t} = \frac{(5-3)(\text{mol/L})}{(120\ \text{s})} = 1{,}6 \cdot 10^{-2}$ mol/(Ls)

4 Factores que influyen en la velocidad de reacción

smSaviadigital.com OBSERVA

¿Conoces los factores que influyen en la velocidad de una reacción?

La velocidad de una reacción es directamente proporcional al número de **colisiones** moleculares que se producen en la unidad de tiempo. En consecuencia, la velocidad de reacción se verá afectada por cualquier factor que lo modifique.

Concentración

Veamos cómo afecta la concentración de los reactivos a la velocidad de una reacción química.

EXPERIMENTA

$$Zn\ (s) + 2\ HCl\ (aq) \rightarrow H_2\ (g) + ZnCl_2\ (aq)$$

Haz reaccionar la misma cantidad de zinc con dos concentraciones diferentes de ácido clorhídrico y anota, en cada caso, el tiempo que tarda el zinc en consumirse por completo (lo notarás porque cesa el burbujeo de hidrógeno):

- Introduce un trozo de granalla de zinc en un tubo de ensayo con 10 mL de una disolución de ácido clorhídrico diluido (1 mol/L). El hidrógeno se desprende lentamente y la reacción finaliza al cabo de varios minutos.
- Introduce otro trozo de granalla de zinc de igual masa en otro tubo con 10 mL de una disolución de HCl concentrado (12 mol/L). El burbujeo es muy intenso y en pocos segundos el metal ha reaccionado completamente con el ácido.

Al aumentar la concentración de los reactivos incrementamos el número de partículas contenidas en un volumen determinado. En consecuencia, se producen más choques eficaces por segundo y la velocidad de reacción crece.

La velocidad de una reacción química aumenta con la concentración de losreactivos.

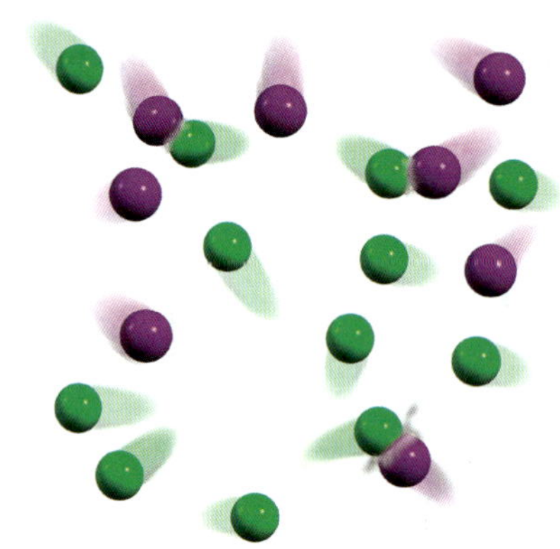

Baja concentración → Pocas colisiones

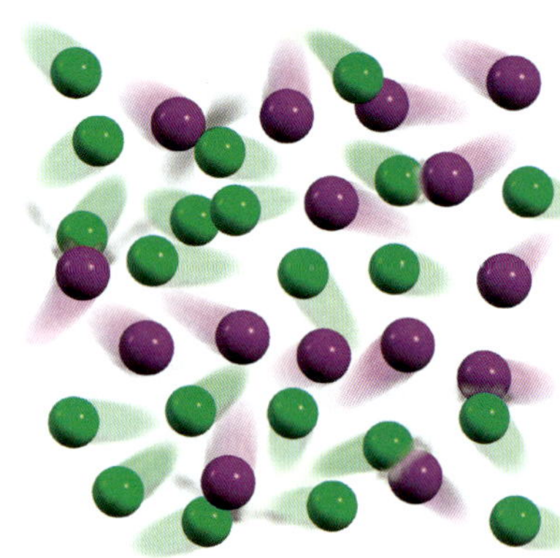

Alta concentración → Muchas colisiones

Ten en cuenta

La naturaleza de los reactivos determina también la velocidad de reacción.

Los metales, por ejemplo, aunque tienen propiedades semejantes, reaccionan de forma muy diferente con el agua: el sodio explota en contacto con el agua; el oro, en cambio, ni siquiera se oxida, permanece inalterable.

ACTIVIDADES

7. ¿Qué importancia puede tener para la industria química aumentar la velocidad de una reacción?

Grado de división

Algunas sustancias aparentemente inocuas, como la harina o el azúcar, pulverizadas en el aire pueden reaccionar de forma rápida y explosiva en presencia de una llama.

Analicemos la relación que existe entre el grado de división de los reactivos y la velocidad de reacción.

EXPERIMENTA

$$CaCO_3\ (s) + 2\ HCl\ (aq) \rightarrow CaCl_2\ (aq) + H_2O\ (l) + CO_2\ (g)$$

Haz reaccionar una disolución de ácido clorhídrico con la misma cantidad de carbonato de calcio en dos formas diferentes: pulverizado y sin pulverizar. Anota, en cada caso, el tiempo que tarda el carbonato de calcio en consumirse por completo (lo notarás porque cesa el burbujeo de CO_2):

- Introduce **un trozo** de unos 3 g de $CaCO_3$ en 50 mL de disolución de HCl concentrado. El burbujeo de CO_2 es lento y se prolonga durante unos minutos.
- Introduce 3 g de $CaCO_3$ **pulverizado** en otros 50 mL de disolución de HCl concentrado. En pocos segundos, todo el CO_2 se ha desprendido y la reacción finaliza.

Al aumentar el grado de división de los reactivos, la superficie de contacto entre estos es mayor. Por tanto, hay más choques eficaces entre las moléculas y la velocidad de reacción aumenta.

> La velocidad de una reacción química aumenta con el grado de división de los reactivos.

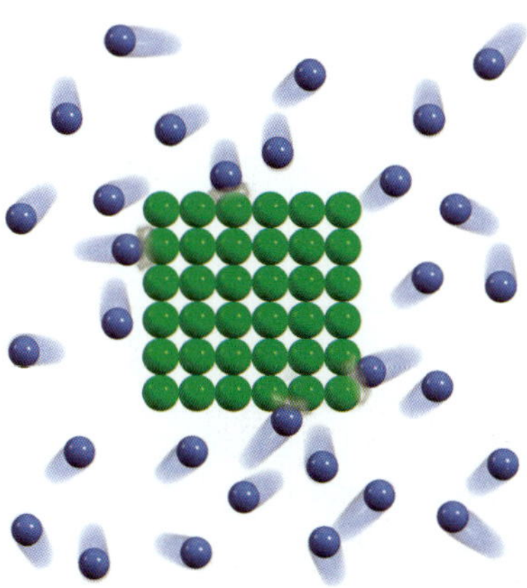

Bajo grado de división → Pocas colisiones

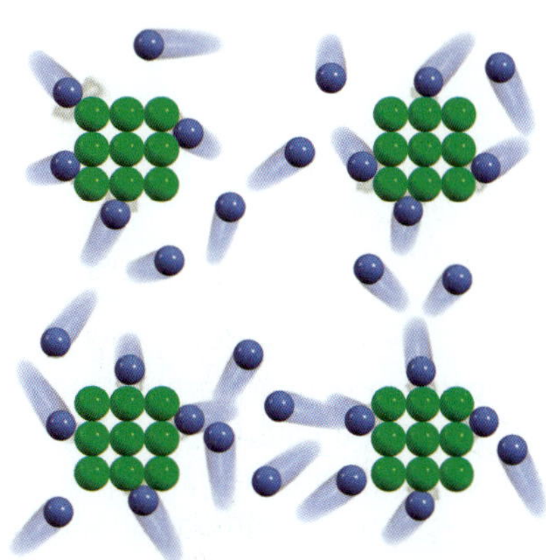

Alto grado de división → Muchas colisiones

Cuando los reactivos se encuentran en estado gaseoso o en disolución, su "grado de división" es máximo y las reacciones transcurren más rápido.

ACTIVIDADES

8. Razona en qué caso se producirá a mayor velocidad una reacción: cuando los reactivos están en estado sólido o cuando se encuentran en disolución.

¿Sabías que...?

Los componentes de un artefacto pirotécnico (carbón, azufre, sales metálicas...) están pulverizados.

Así, la superficie de contacto es mucho mayor y la reacción es tan rápida que resulta explosiva.

Temperatura

Cuando queremos conservar alimentos, como la carne y el pescado, durante mucho tiempo, los congelamos. De esta forma, se ralentizan las reacciones químicas que causan su descomposición. Así pues, parece que modificar la temperatura influye en la velocidad con la que transcurre una reacción.

OBSERVA

Corta una manzana por la mitad, deja una parte de ella a temperatura ambiente y la otra en el interior del frigorífico.

Al cabo de cierto tiempo, podrás comprobar cómo la disminución de temperatura ha ralentizado el proceso de oxidación.

EXPERIMENTA

Comprueba cómo varía la velocidad de una reacción con la temperatura: coge un vaso de agua, un termómetro, un cronómetro y tres pastillas efervescentes con una cantidad de bicarbonato de sodio conocida.

Para cada una de las siguientes experiencias, anota la temperatura del agua y mide el tiempo que tarda la pastilla en disolverse por completo. Después, calcula la velocidad de la reacción.

Introduce la pastilla en un vaso con agua tibia; el burbujeo es normal y la reacción transcurre al ritmo habitual.

Introduce la pastilla en un vaso con agua muy fría; el burbujeo es menos intenso y aquella se disuelve despacio.

Introduce la pastilla en un vaso con agua caliente; el burbujeo es más intenso y aquella se disuelve muy rápido.

Al aumentar la temperatura, se incrementa la velocidad media de las moléculas y, por tanto, su energía cinética. En consecuencia, la frecuencia de las colisiones eficaces es mayor, ya que habrá más moléculas con la energía suficiente para que los choques tengan efecto. Como resultado, la reacción química es más rápida.

La velocidad de una reacción química aumenta con la temperatura.

La velocidad de reacción suele duplicarse cada 10 °C de aumento en la temperatura.

ACTIVIDADES

9. ¿En qué zonas crecerá más rápido la vegetación, en las cálidas tropicales o en las frías de la tundra?

Catalizadores e inhibidores

En nuestro cuerpo existen reacciones bioquímicas que, aunque son muy lentas, son aceleradas por ciertas proteínas: las enzimas.

Por el contrario, para ralentizar la oxidación de los alimentos y conservarlos durante más tiempo se añaden algunos aditivos alimentarios: los antioxidantes.

> La sustancia que, en pequeñas cantidades, es capaz de alterar la velocidad de cierta reacción, sin transformarse ni consumirse durante el proceso, se denomina **catalizador** (si la acelera) o **inhibidor** (si la ralentiza).

En la Web

Observa el efecto de los catalizadores sobre la descomposición del agua oxigenada.

www.e-sm.net/svfq4eso05_02

Por ejemplo, al verter agua oxigenada en una herida, la catalasa presente en la sangre acelera su descomposición en agua y oxígeno, que actúa como antiséptico.

EXPERIMENTA

$$H_2O_2\ (l) \rightarrow H_2O\ (l) + \frac{1}{2}\ O_2\ (g) + 196\ kJ$$

Vierte 2 mL de lavavajillas en una probeta con 50 mL de agua oxigenada concentrada (110 volúmenes o 30 % masa).

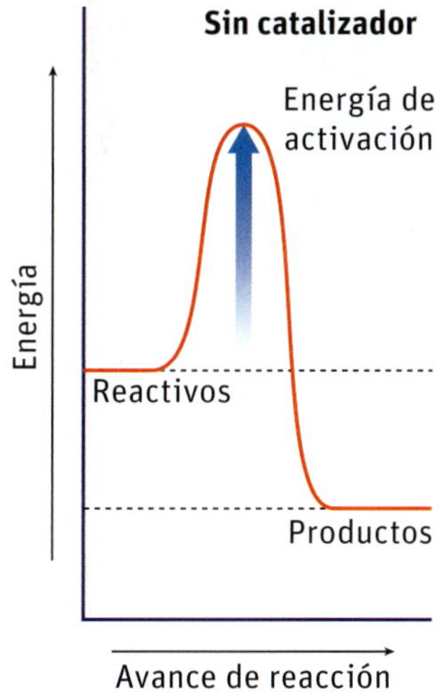

Tras varios minutos, no se aprecia la formación de burbujas de oxígeno: la reacción es muy lenta o ya no se produce.

Haz lo mismo que antes, pero añade esta vez 10 mL de disolución de yoduro de potasio (catalizador).

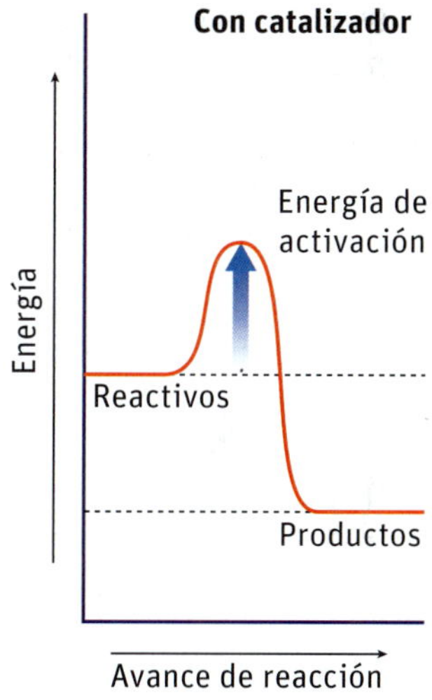

El agua oxigenada se descompone muy rápido en presencia del catalizador y el oxígeno liberado genera mucha espuma.

Para que se produzca una reacción, las moléculas deben chocar con una energía cinética por encima de cierta barrera mínima de energía, llamada **energía de activación**.

Superada tal barrera, se debilitan los enlaces de los reactivos y se forman los enlaces de los productos. Los catalizadores disminuyen la energía de activación, aumentando así el número de choques eficaces; por el contrario, los inhibidores incrementan dicha energía.

Por ejemplo, la energía de activación en la descomposición del agua oxigenada es de 75 kJ/mol sin catalizador; sin embargo, en presencia del catalizador disminuye hasta 23 kJ/mol, lo cual facilita que se formen los productos con mayor celeridad.

> En presencia del catalizador adecuado, la reacción transcurre mucho más rápido, ya que este disminuye la energía de activación de la reacción y, de esta forma, aumenta el número de choques eficaces.

5 Repercusiones medioambientales de las reacciones químicas

Las reacciones químicas nos proporcionan energía y materias primas. Pero la actividad industrial, los medios de transporte y las centrales energéticas originan residuos y gases contaminantes, lo cual constituye uno de los principales problemas medioambientales del planeta.

Aumento del efecto invernadero

El dióxido de carbono, CO_2, es un gas presente de manera natural en la atmósfera que genera un efecto invernadero moderado sin el cual la Tierra se congelaría.

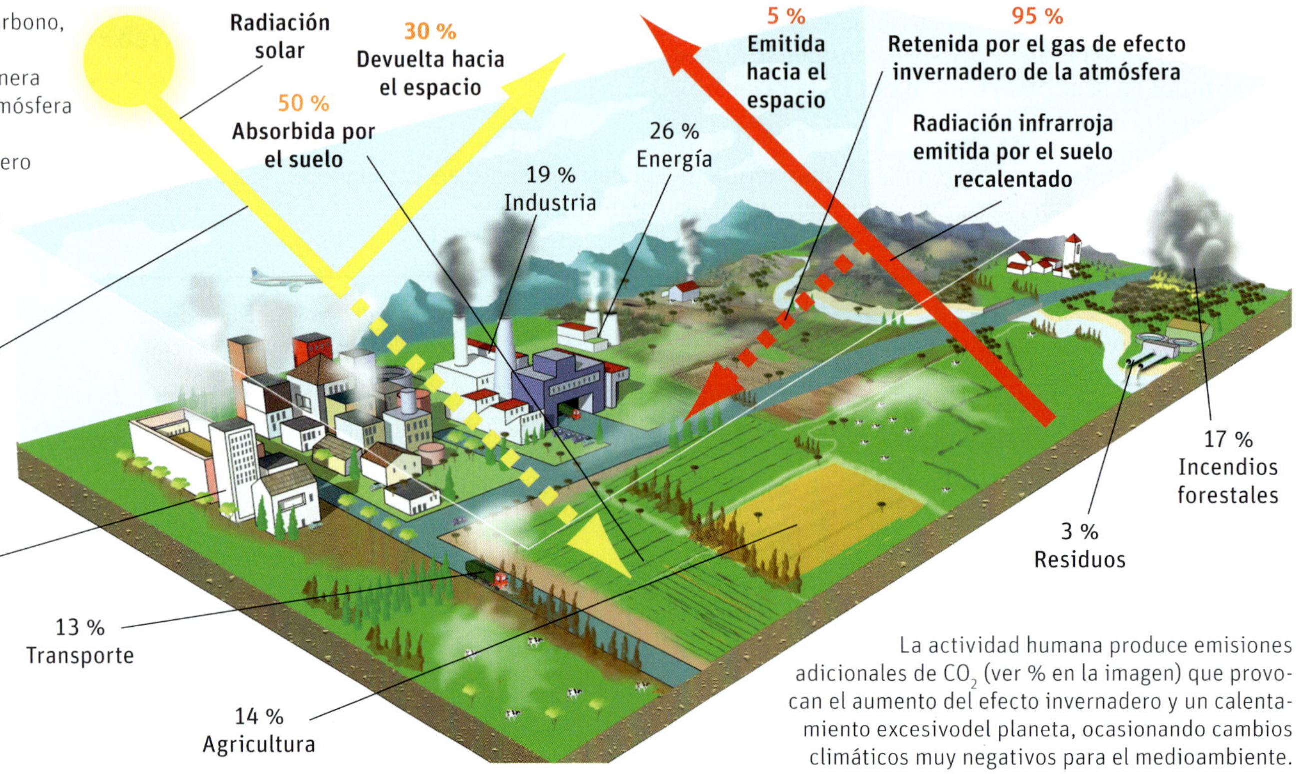

La actividad humana produce emisiones adicionales de CO_2 (ver % en la imagen) que provocan el aumento del efecto invernadero y un calentamiento excesivodel planeta, ocasionando cambios climáticos muy negativos para el medioambiente.

Lluvia ácida

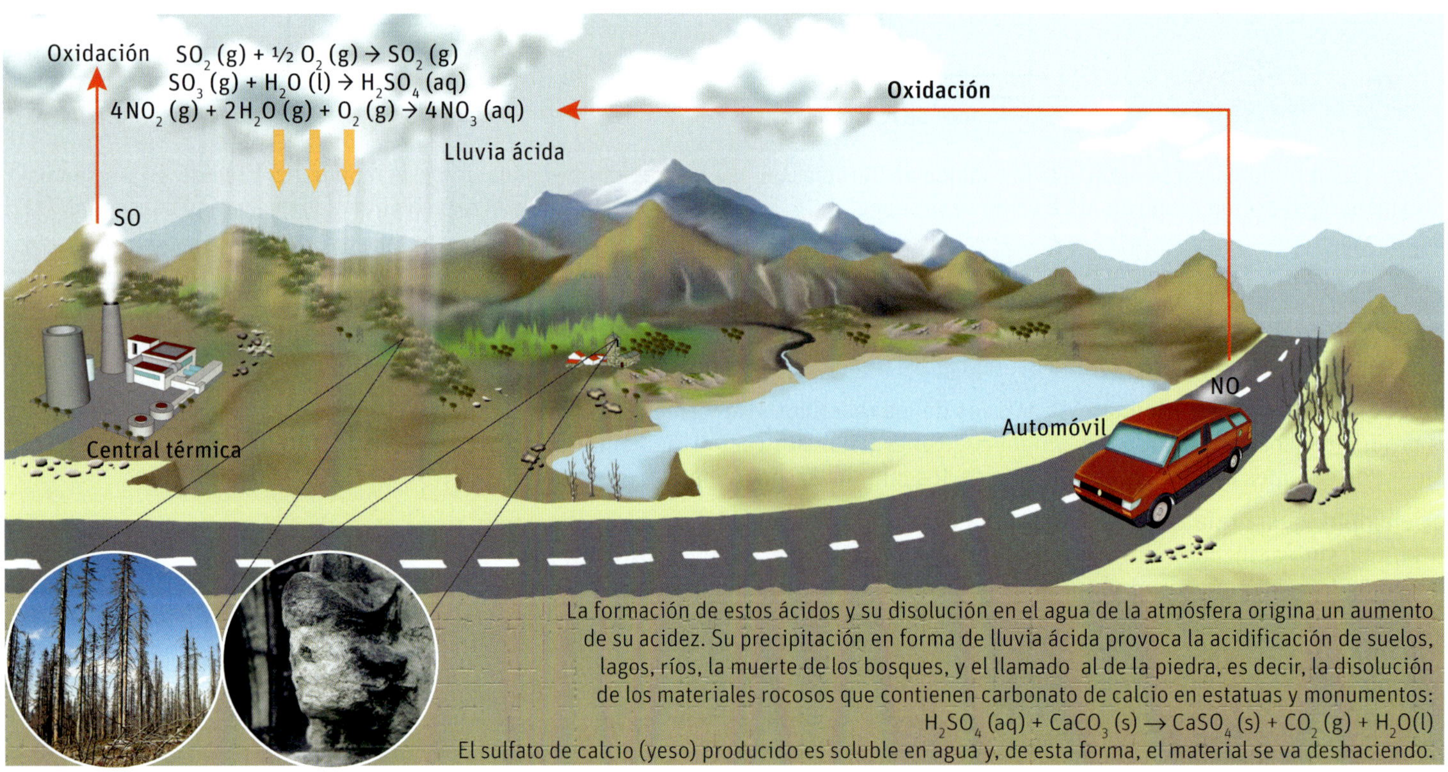

La formación de estos ácidos y su disolución en el agua de la atmósfera origina un aumento de su acidez. Su precipitación en forma de lluvia ácida provoca la acidificación de suelos, lagos, ríos, la muerte de los bosques, y el llamado al de la piedra, es decir, la disolución de los materiales rocosos que contienen carbonato de calcio en estatuas y monumentos:

$$H_2SO_4\ (aq) + CaCO_3\ (s) \rightarrow CaSO_4\ (s) + CO_2\ (g) + H_2O(l)$$

El sulfato de calcio (yeso) producido es soluble en agua y, de esta forma, el material se va deshaciendo.

Reducir el impacto

Para solucionar los graves problemas de contaminación que sufre nuestro planeta se requieren medidas globales como, por ejemplo:

- Emplear sistemas que reduzcan y depuren las emisiones contaminantes producidas por industrias, máquinas y vehículos.
- Invertir en la investigación y el desarrollo de energías alternativas limpias y eficientes.

Fábricas menos contaminantes

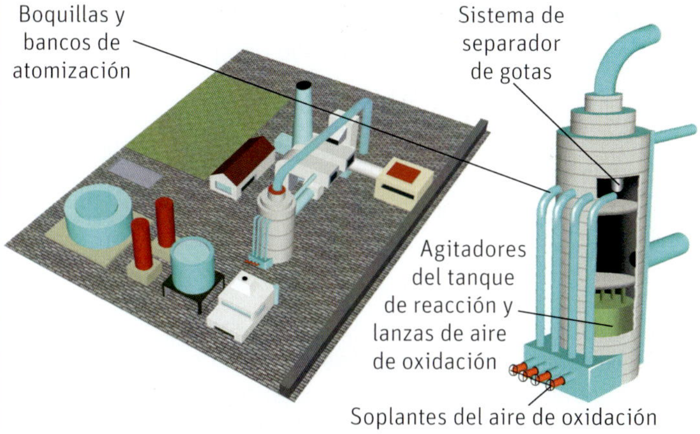

Las industrias reducen su contaminación con depuradores de gases, instalados en las chimeneas, en los que el gas contaminante se transforma en un producto no contaminante.

Por ejemplo, para retirar el dióxido de azufre se coloca óxido de calcio en el filtro, sustancia que al reaccionar con aquel gas produce sulfato de calcio (yeso) en dos etapas:

$$CaO + SO_2 \rightarrow CaSO_3$$

$$2\ CaSO_3 + O_2 \rightarrow 2\ CaSO_4$$

Vehículos más limpios

Los catalizadores disminuyen las emisiones de los vehículos al favorecer la transformación de los gases contaminantes en productos menos nocivos.

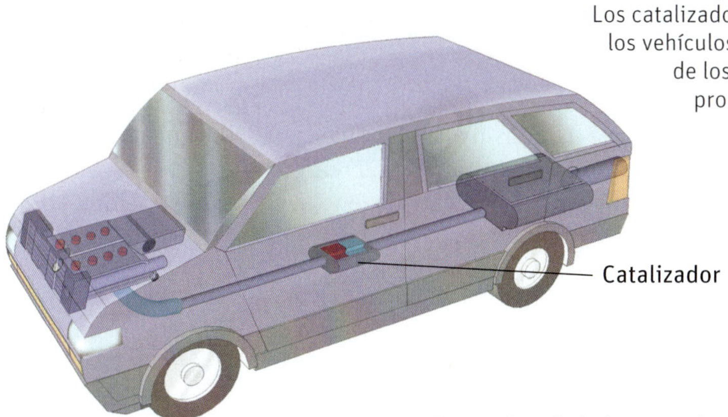

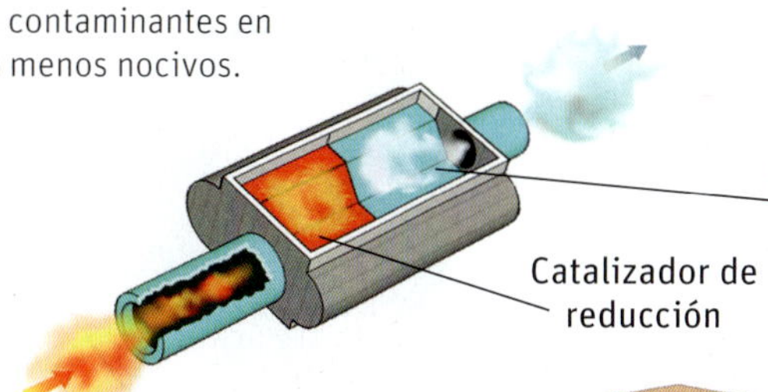

Los coches de hidrógeno obtienen energía eléctrica en una pila de combustible:
$2\ H_2 + O_2 \rightarrow 2\ H_2O$ + Energía

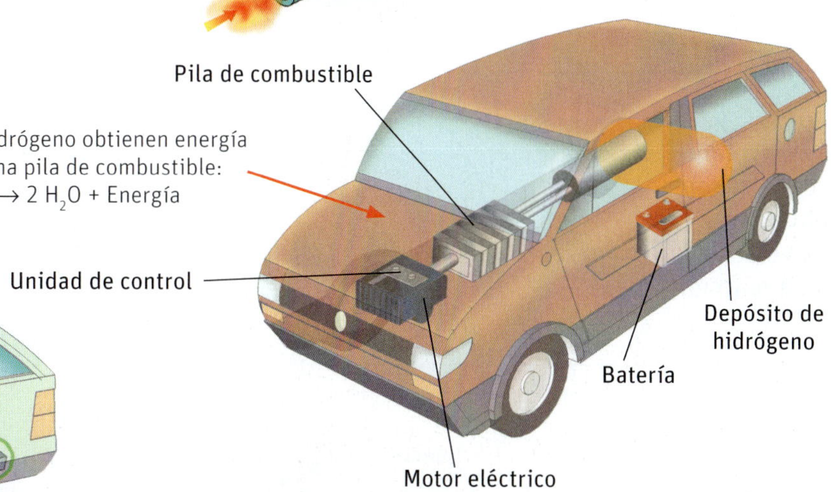

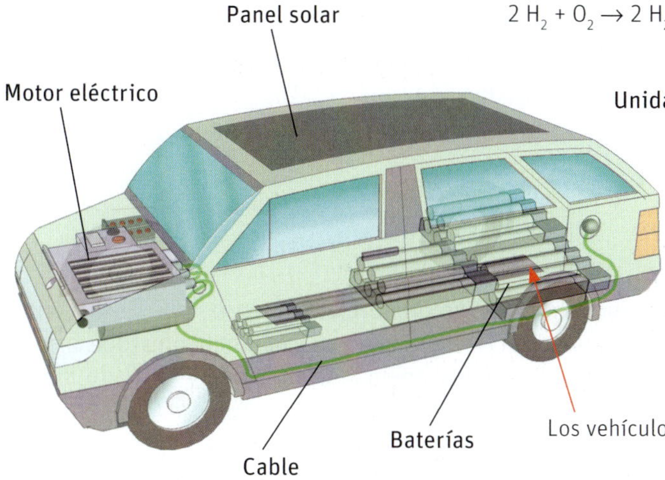

Los vehículos eléctricos funcionan con motores que se mueven mediante electricidad acumulada en las baterías.

Repasa lo aprendido

1 ¿Qué nos indica una ecuación termoquímica?

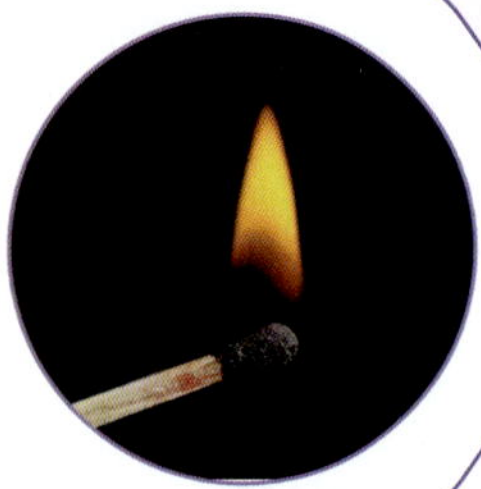

Una ecuación termoquímica señala, además de la cantidad de reactivos, A, y productos, B, que intervienen en una reacción química, la energía, *E*, absorbida o cedida durante el proceso:

Reacción exotérmica: A $\longrightarrow$ B + *E*

Reacción endotérmica: A + *E* $\longrightarrow$ B

2 ¿Cómo se determina la velocidad de una reacción química?

La velocidad, v_r, de una sencilla reacción del tipo A $\longrightarrow$ B es la variación en la concentración del producto que se forma, Δ[B], o del reactivo que se consume, Δ[A], en un intervalo de tiempo, Δ*t*:

$$v_r = -\frac{\Delta[A]}{\Delta t} = \frac{\Delta[B]}{\Delta t}$$

3 ¿Qué factores modifican la velocidad de una reacción?

La velocidad de una reacción depende de la naturaleza, concentración y grado de división de los reactivos, así como de la temperatura y de la presencia de catalizadores o de inhibidores.

4 ¿Cómo influyen la concentración, el grado de división y la temperatura en la velocidad de reacción?

Según la teoría de colisiones, al aumentar la concentración, el grado de división o la temperatura de los reactivos, el número de choques eficaces es mayor y, como consecuencia, aumenta la velocidad de la reacción.

5 ¿Cómo actúan los catalizadores e inhibidores en la velocidad de una reacción?

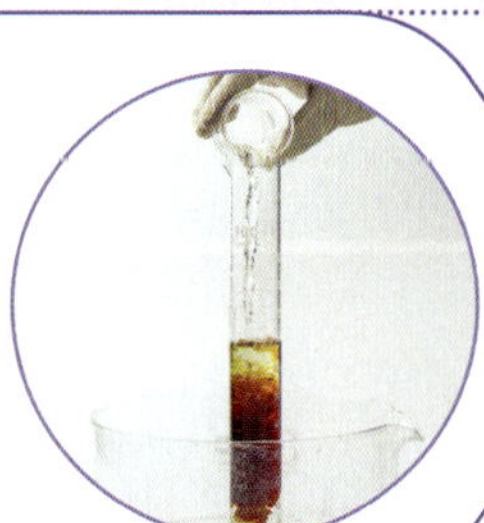

Un catalizador es una sustancia que acelera la velocidad de una reacción química, al disminuir la energía de activación de esta.

Por el contrario, un inhibidor ralentiza la velocidad de reacción, al elevar su energía de activación.

6 ¿Qué problemas medioambientales originan algunas reacciones químicas?

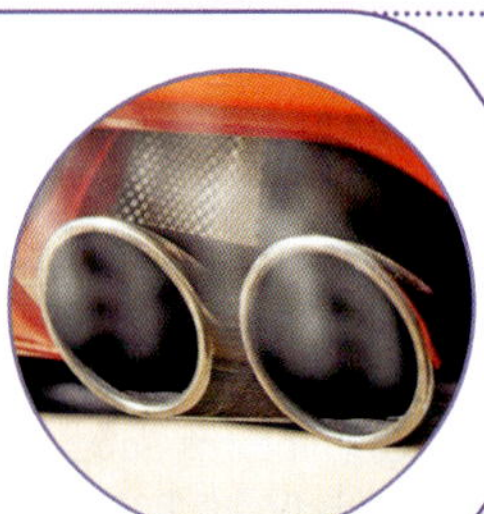

Quemar combustibles fósiles proporciona energía, pero al hacerlo se desprenden algunos productos gaseosos contaminantes que originan problemas medioambientales, como la lluvia ácida y el efecto invernadero.

smSaviadigital.com VALORA LO APRENDIDO > Resumen de la unidad

Procedimientos de la ciencia

Análisis de los factores que influyen en la velocidad de una reacción

La cinética química se ocupa del estudio de la velocidad de reacción y de los factores que pueden alterarla, acelerando o ralentizando las reacciones químicas.

Para investigar cómo varía la velocidad de reacción al modificar factores como la concentración de los reactivos, su grado de división o la temperatura, haremos reaccionar una misma masa de magnesio con ácido clorhídrico:

$$Mg\ (s) + 2\ HCl\ (aq) \rightarrow MgCl_2\ (aq) + H_2\ (g)$$

Como en la reacción se desprende hidrógeno en estado gaseoso, el tiempo de burbujeo del gas servirá para estimar la velocidad con la que ha transcurrido la reacción.

smSaviadigital.com PRACTICA

1 DISEÑO DE LA INVESTIGACIÓN

Las variables independientes son la concentración, el grado de división y la temperatura; la variable dependiente es la velocidad de reacción.

En cada experiencia modificaremos una sola de las variables independientes y mantendremos fijas las demás, para examinar su efecto sobre la velocidad de reacción:

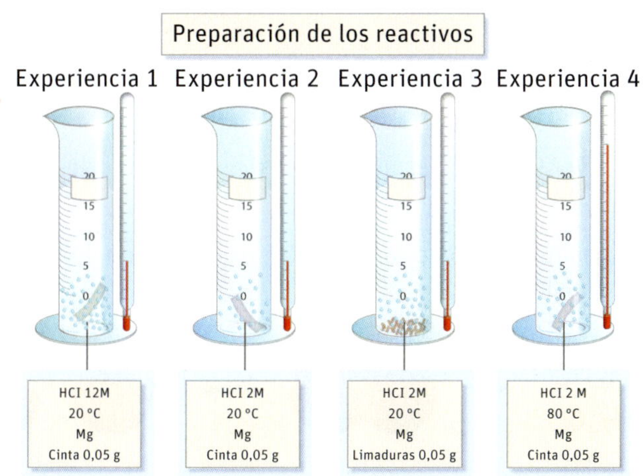

Experiencia	[HCl] (15 mL)	Mg (0,05 g)	Temperatura (°C)
1	12 M	Cinta	20
2	2 M	Cinta	20
3	2 M	Limaduras	20
4	2 M	Cinta	80

2 OBTENCIÓN DE RESULTADOS

Medimos con un cronómetro el tiempo que tarda el magnesio en reaccionar totalmente en cada caso, de donde podemos obtener la velocidad de cada reacción, que indicamos en una tabla:

Experiencia	Tiempo (s)	Velocidad (g/s)
1	5	●●●
2	70	●●●
3	10	●●●
4	35	●●●

3 ANÁLISIS DE RESULTADOS

El control de variables permite examinar la influencia de cada factor en la velocidad de reacción, pues para cada una de las experiencias hemos mantenido el resto de factores constantes:

- **Experiencias 1 y 2:** al mantener constantes el grado de división del magnesio y la temperatura, analizamos la influencia de la concentración del ácido clorhídrico.
- **Experiencias 2 y 3:** al mantener constantes la concentración del ácido clorhídrico y la temperatura, analizamos la influencia del grado de división del magnesio.
- **Experiencias 2 y 4:** al mantener constantes la concentración del ácido clorhídrico y el grado de división del magnesio, analizamos la influencia de la temperatura.

ACTIVIDADES

10. Determina la velocidad de reacción del magnesio (g/s) para cada experiencia.

11. Escribe las conclusiones sobre la influencia de cada factor en la velocidad de reacción al comparar las experiencias:

a) 1 y 2 **b)** 2 y 3 **c)** 2 y 4

12. Explica las conclusiones obtenidas a partir de la teoría de colisiones.

Actividades

Energía de las reacciones químicas

13. Clasifica las siguientes reacciones como exotérmicas o endotérmicas.

a) C_2H_2 (g) + 5/2 O_2 (g) → 2 CO_2 (g) + H_2O (l) + 1300 kJ

b) ½ N_2 (g) + O_2 (g) + 33 kJ → NO_2 (g)

c) CH_3OH (l) + 3/2 O_2 (g) → CO_2 (g) + 2 H_2O (l) + 726 J

d) 2 NH_3 (g)+ 92 kJ → N_2 (g) + 3 H_2 (g)

14. Interpreta el siguiente diagrama energético de una reacción química.

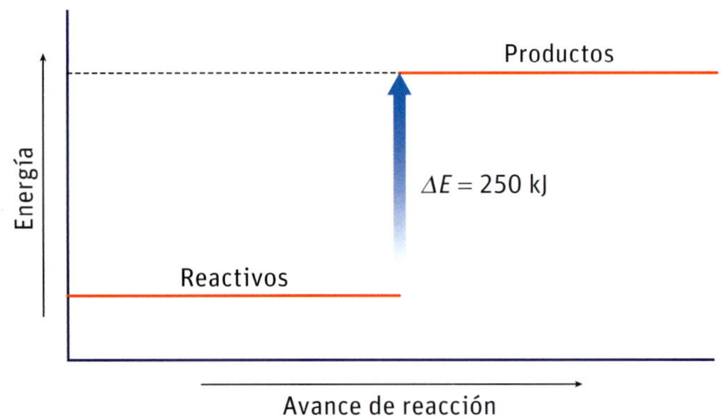

a) ¿Representa una reacción exotérmica o endotérmica?

b) ¿Qué variación de energía se produce en la reacción?

c) Dibuja el diagrama energético de la reacción inversa.

15. Dibuja el diagrama energético de cada una de las reacciones indicadas.

a) SO_3 (g) + 99 kJ → SO_2 (g) + ½ O_2 (g)

b) N_2 (g) + 3 H_2 (g) → 2 NH_3 (g) + 92 kJ

c) $CaCO_3$ (s) + 1207 kJ → CaO (s) + CO_2 (g)

d) P_4 (s) + 5 O_2 (g) → P_4O_{10} (s) + 3013 kJ

16. Observa el diagrama energético de la formación del cloruro de hidrógeno a partir de sus elementos.

a) Escribe la ecuación representada y clasifica la reacción.

b) Indica la variación de energía producida al formarse un mol de HCl.

c) Calcula la energía necesaria para que se formen 146 g de HCl.

d) Si se liberan 23 kJ, ¿cuántos moles de HCl se habrán formado?

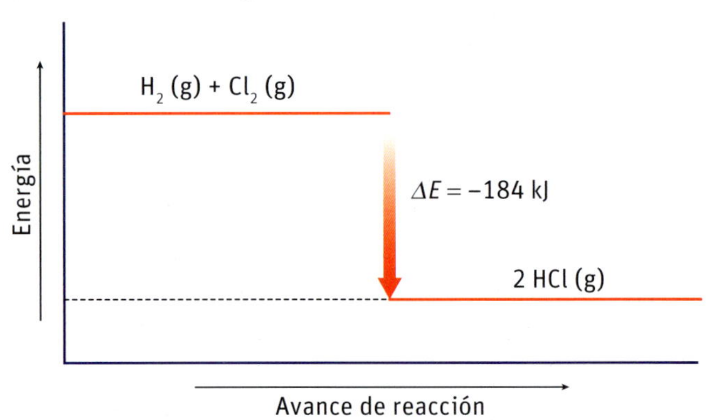

17. El cloruro de hidrógeno se puede sintetizar a partir de las moléculas de cloro e hidrógeno:

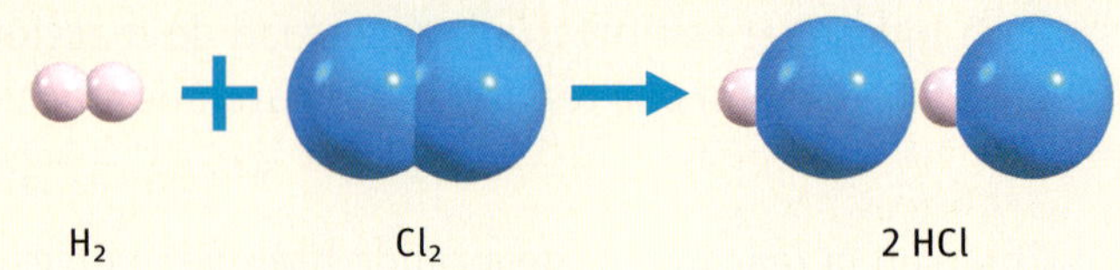

a) Indica qué enlaces se rompen y cuáles se forman.

b) Calcula la variación de energía que se produce en la reacción a partir de las energías de los enlaces.

Datos: las energías de los enlaces Cl–Cl, H–H y H–Cl son, respectivamente, 242, 436 y 431 kJ/mol.

SOLUCIÓN

a) Se rompe un enlace entre los átomos de hidrógeno (H–H) y otro enlace entre los átomos de cloro (Cl–Cl). Se forman dos enlaces entre el cloro y el hidrógeno (H–Cl).

b) De las energías de enlace y los coeficientes estequiométricos obtenemos:

$\Delta E = E_{\text{enlaces rotos}} - E_{\text{enlaces formados}} = E_{\text{H-H}} + E_{\text{Cl-Cl}} - 2\,E_{\text{H-Cl}} =$

$= (1\text{ mol}) \cdot (436\text{ kJ/mol}) + (1\text{ mol}) \cdot (242\text{ kJ/mol}) -$

$- (2\text{ mol}) \cdot (431\text{ kJ/mol}) = -184\text{ kJ}$

Por tanto, se desprenden 92 kJ por cada mol de HCl.

18. El hidrógeno reacciona con el oxígeno para formar agua, según la reacción:

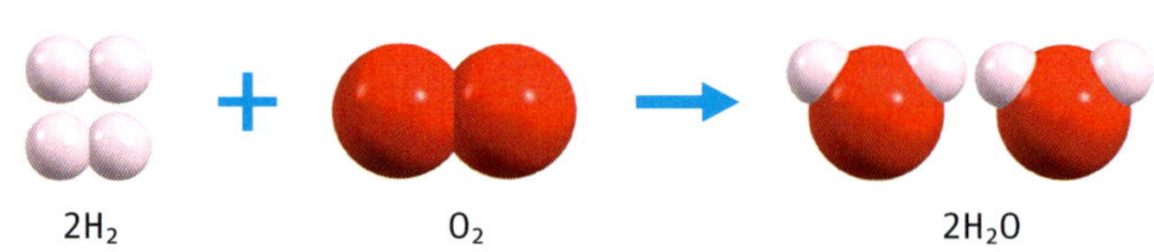

a) Indica qué enlaces se rompen y cuáles se forman.

b) Calcula la energía de la reacción.

Datos: las energías de los enlaces H–H, O=O y O–H son, respectivamente, 436, 498 y 463 kJ/mol.

19. En la formación de dos moles de amoniaco a partir de sus elementos se liberan 86 kJ.

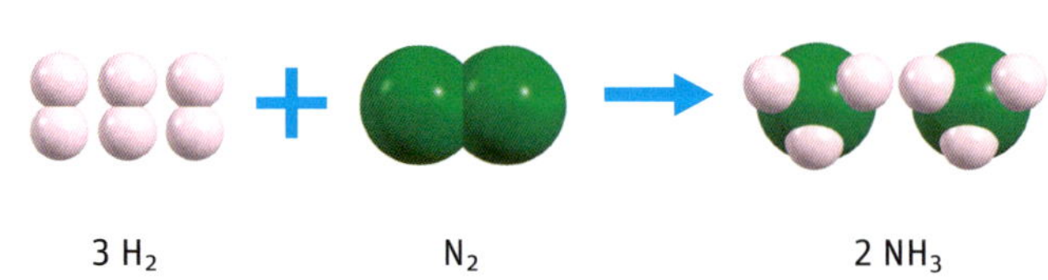

a) Indica qué enlaces se rompen y cuáles se forman.

b) Calcula el valor de la energía del enlace N–H.

Datos: las energías de los enlaces H–H y N≡N son, respectivamente, 436 y 944 kJ/mol.

20. **El carbón es la fuente de energía más utilizada en el mundo para obtener electricidad. En un futuro podría ser remplazado por otros combustibles, como el hidrógeno. El carbono desprende en su combustión 394 kJ/mol; el hidrógeno, 286 kJ/mol.**

a) **Escribe y ajusta las ecuaciones termoquímicas de ambos combustibles.**

b) **Calcula la energía liberada por cada gramo de combustible quemado.**

c) **¿Qué combustible libera más dióxido de carbono por gramo quemado?**

SOLUCIÓN

a) $C\ (s) + O_2\ (g) \rightarrow CO_2\ (g) + 394\ kJ$

$H_2\ (g) + \frac{1}{2}\ O_2\ (g) \rightarrow H_2O\ (l) + 286\ kJ$

b) Primero se calculan los moles contenidos en 1 g de cada combustible:

$$\text{n.° de moles de C} = \frac{1\ g}{12\ g/mol} = 0{,}083\ mol$$

$$\text{n.° de moles de } H_2 = \frac{1\ g}{2\ g/mol} = 0{,}5\ mol$$

A continuación, hallamos la energía desprendida por gramo de combustible quemado en ambos casos:

$$\Delta E_C\text{:}\quad 0{,}083\ mol\ \frac{394\ kJ}{mol} = 32{,}8\ kJ$$

$$\Delta E_{H_2}\text{:}\quad 0{,}5\ mol\ \frac{286\ kJ}{mol} = 143\ kJ$$

c) A partir de 0,083 moles de C se liberan 0,083 moles de CO_2.

En la combustión del hidrógeno no se genera dióxido de carbono, tan solo se forma agua.

21. El etanol ($CH_3{-}CH_2OH$) es un combustible alternativo a los combustibles fósiles. La energía que se desprende en la combustión de un mol de etanol es de 1367 kJ.

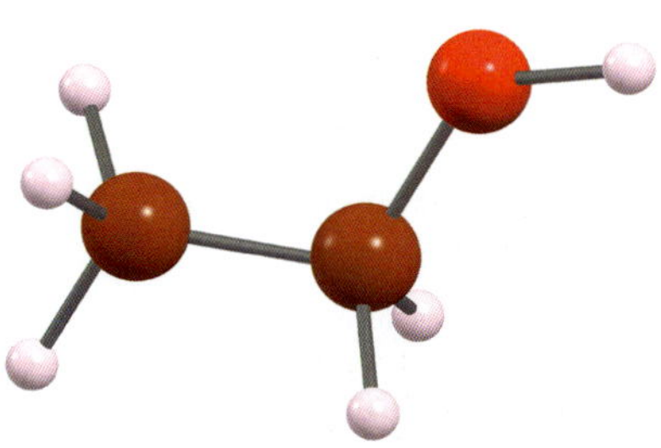

a) Calcula la energía liberada en la combustión de 1 L de etanol. (Dato: densidad del etanol = 791 kg/m^3)

b) ¿Qué volumen de dióxido de carbono se genera en la combustión de 1 L de etanol a 27 °C y 0,9 atm?

c) ¿A qué se llama "bioetanol" y cómo se obtiene?

d) ¿Qué ventajas tiene el etanol frente a los combustibles fósiles?

22. La energía que proporciona una golosina de glucosa ($C_6H_{12}O_6$) es la misma si la digerimos en nuestro cuerpo que si la quemamos en el aire; la única diferencia está en lo rápido que se libera la energía y, en consecuencia, la temperatura que se alcanza.

a) Escribe la ecuación termoquímica de la combustión de un mol de glucosa si en esta se liberan 2800 kJ.

b) Calcula la energía que proporciona una golosina que contiene 18 g de glucosa.

c) ¿Por qué los médicos recomiendan evitar un consumo excesivo de golosinas?

23. La hidrazina (N_2H_4) es un líquido que se emplea para propulsar cohetes espaciales. Dicho propelente reacciona en la cámara de combustión con el comburente, tetraóxido de dinitrógeno en estado líquido, produciendo hidrógeno, nitrógeno y agua. Estos gases, expulsados a elevada presión y temperatura, producen el empuje necesario para acelerar el cohete.

a) Escribe la ecuación termoquímica ajustada sabiendo que por cada mol de combustible se desprenden 525 kJ.

b) Calcula la energía liberada al reaccionar 140 g de hidrazina.

c) Calcula el volumen de nitrógeno que se desprende a 1000 °C de temperatura y 5 atm de presión.

24. La dinamita es un explosivo inventado en 1867 por Alfred Nobel, al empapar nitroglicerina (1,2,3-trinitroxipropano) líquida en un material absorbente. Cuando explota, se libera una gran cantidad de energía, según la ecuación:

$$4\ C_3H_5(NO_3)_3\ (l) \rightarrow 12\ CO_2\ (g) + 10\ H_2O\ (g) + 6\ N_2\ (g) + O_2\ (g) + 5700\ kJ$$

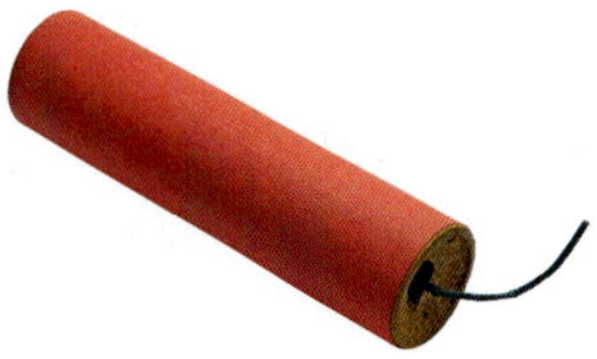

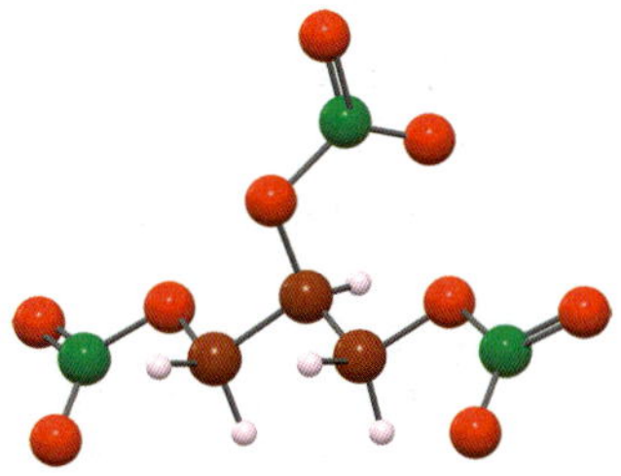

a) Clasifica la reacción química e indica la energía que se desprende por cada mol de nitroglicerina.

b) Calcula la energía que se desprende al explotar un cartucho que contiene 100 g de nitroglicerina.

c) Determina la cantidad emitida de dióxido de carbono a la atmósfera en condiciones estándar.

d) Averigua otras aplicaciones de la nitroglicerina.

Actividades

Velocidad de reacción

25. El carburo de calcio, CaC_2, es un sólido que al reaccionar con el agua produce acetileno (un combustible gaseoso) e hidróxido de calcio.

a) Escribe la ecuación ajustada.

b) ¿Qué procedimiento seguirías en el laboratorio para medir la velocidad media de esta reacción?

26. Una cinta de magnesio de 0,15 g tarda 10 s en arder con oxígeno. Escribe la ecuación y calcula la velocidad media de la reacción expresada en g/s y en mol/s.

27. Al añadir un trozo de 10 g de carbonato de calcio en ácido clorhídrico se observa que al cabo de quince minutos su masa se ha reducido a la cuarta parte. Calcula la velocidad media, en mol/s y g/min, de:

a) La descomposición del carbonato de calcio.

b) La formación del dióxido de carbono.

28. Considera los coeficientes estequiométricos de la ecuación de síntesis del amoniaco:

$$N_2 + 3\,H_2 \rightarrow 2\,NH_3$$

¿Qué relación entre las siguientes velocidades es la correcta?

a) La velocidad de descomposición del nitrógeno es el triple que la velocidad de descomposición del hidrógeno.

b) La velocidad de descomposición del nitrógeno es el doble que la velocidad de formación del amoniaco.

c) La velocidad de descomposición del hidrógeno es mayor que la velocidad de formación del amoniaco.

29. Los datos de la tabla muestran la variación de la concentración de un reactivo respecto al tiempo.

Tiempo (s)	0	40	80	120
Concentración (mol/L)	3	2	1,5	1,2

a) Calcula la velocidad de reacción media para cada intervalo de tiempo.

b) ¿Por qué no son iguales los valores medios obtenidos?

c) Si se disminuye la temperatura a la que se produce la reacción, ¿ocasionará algún cambio en la velocidad?

30. En la tabla se muestran los datos de la variación en el número de moles y el tiempo transcurrido para dos reacciones distintas.

Reacción	Variación en los moles	Tiempo (s)
$AB \rightarrow A + B$	Se descomponen 5 moles de reactivo	10
$C + D \rightarrow CD$	Se forman 8 moles de producto	32

a) Halla la velocidad media para cada reacción, expresada en mol/s.

b) En la primera reacción, ¿qué cantidad de AB se habrá descompuesto en 2,5 s?

c) En la segunda reacción, ¿cuánto tiempo habrá transcurrido al formarse 6 moles de CD?

SOLUCIÓN

a) La velocidad de reacción se calcula a partir del cociente entre la variación en los moles y el tiempo que ha transcurrido. Para las dos reacciones propuestas, consideramos la cantidad de reactivo, AB, descompuesto, y la cantidad de producto, CD, formado, respectivamente:

$$v_{AB} = \frac{\text{cantidad de AB descompuesto}}{\text{tiempo de reacción}} = \frac{5\text{ mol}}{10\text{ s}} = 0{,}5\text{ mol/s}$$

$$v_{CD} = \frac{\text{cantidad de CD formado}}{\text{tiempo de reacción}} = \frac{8\text{ mol}}{32\text{ s}} = 0{,}25\text{ mol/s}$$

b) Si suponemos que la velocidad de reacción media calculada para la descomposición del reactivo AB, que es de 0,5 mol/s, se mantiene constante a lo largo de todo el proceso, podemos hallar, despejando, la cantidad de este reactivo que se ha descompuesto en 2,5 s:

$$v_{AB} = \frac{\text{cantidad de AB descompuesto}}{\text{tiempo de reacción}} \Rightarrow$$

$$\text{cantidad de AB descompuesto} = v_{AB} \cdot \text{tiempo de reacción} = 0{,}5\,\frac{\text{mol}}{\text{s}} \cdot 2{,}5\text{ s} = 1{,}25\text{ mol}$$

c) Como en el apartado anterior, si suponemos que la velocidad de reacción media calculada para la formación del producto CD, que es de 0,25 mol/s, se mantiene constante, podemos calcular, despejando, cuánto tiempo es necesario para obtener seis moles de dicho producto:

$$v_{CD} = \frac{\text{cantidad de CD formado}}{\text{tiempo de reacción}} \Rightarrow \text{tiempo de reacción} = \frac{\text{cantidad de CD formado}}{v_{CD}} = \frac{6\text{ mol}}{0{,}25\text{ mol/s}} = 24\text{ s}$$

31. **Indica, de manera razonada, el efecto general que sobre la velocidad de una reacción tiene:**

a) Aumentar la concentración de los reactivos.

b) Disminuir la temperatura.

c) Pulverizar un reactivo.

d) Añadir un inhibidor.

SOLUCIÓN

a) Aumentar la concentración supone incrementar el número de partículas por unidad de volumen y, con ello, el número de choques por unidad de tiempo. En consecuencia, la velocidad de reacción crece.

b) Disminuir la temperatura produce una reducción en la velocidad media de las partículas y, por tanto, en el número de choques. Como resultado, la velocidad de reacción desciende.

c) Pulverizar un reactivo aumenta su grado de división y su área superficial, favoreciendo los choques entre partículas. Así pues, la velocidad de reacción crece.

d) Añadir un inhibidor eleva la energía de activación de la reacción. Por consiguiente, la velocidad de la reacción disminuye.

32. ¿Cómo podrías acelerar el proceso de disolución de una pastilla de vitamina C efervescente en agua?

33. Razona de qué formas podrías aumentar la velocidad de reacción entre un metal, como el zinc, y el ácido sulfúrico.

34. El yoduro de potasio y el nitrato de plomo reaccionan muy rápido cuando se encuentran en disolución. ¿Cómo crees que lo harían si los mezcláramos pulverizados en estado sólido? ¿Por qué?

35. Infórmate sobre el trabajo que realizan los entomólogos forenses y su relación con la velocidad de reacción.

36. Señala las opciones correctas relativas a los catalizadores.

a) Aceleran las reacciones químicas.

b) Reaccionan con los reactivos para formar los productos.

c) No se consumen durante la reacción.

d) Actúan aumentando la energía desprendida en la reacción.

e) Sirven para todas las reacciones en general.

Repercusiones medioambientales

37. La normativa establece un control de la emisión de gases contaminantes en todos los vehículos.

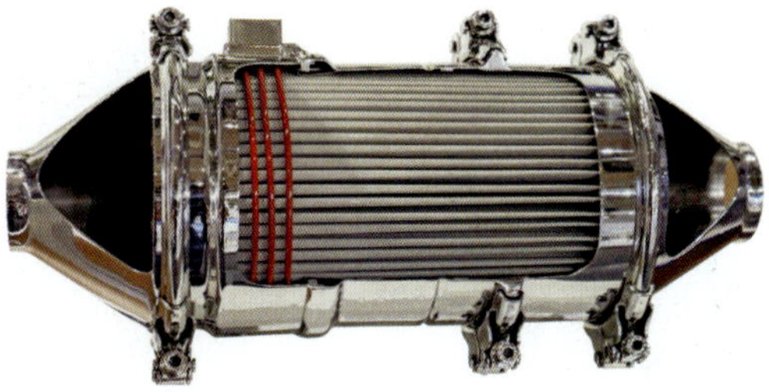

a) ¿Qué productos se originan en la combustión completa de los hidrocarburos de la gasolina?

b) ¿Qué gases tóxicos formados en el motor se emiten por los tubos de escape?

c) ¿Qué función tienen los catalizadores de los vehículos?

d) ¿Por qué el catalizador está extendido sobre un soporte en forma de panal?

38. Infórmate sobre el peligro del monóxido de carbono en la salud de las personas y en el medioambiente.

39. El dióxido de azufre y el dióxido de nitrógeno son dos gases responsables de la lluvia ácida.

a) ¿En qué tipo de reacciones se generan?

b) ¿Qué ácidos se forman al disolverse en la lluvia?

c) Calcula los moles que se producen de dichos ácidos a partir de 10 g de cada uno de los óxidos.

d) Indaga acerca de los problemas medioambientales que origina la lluvia ácida y exponlos en clase.

40. El ozono (O_3) se produce en las capas altas de la atmósfera por reacción entre el oxígeno molecular y el oxígeno atómico, gracias a la acción catalítica de la radiación ultravioleta. Por cada mol de ozono formado se desprenden 106 kJ.

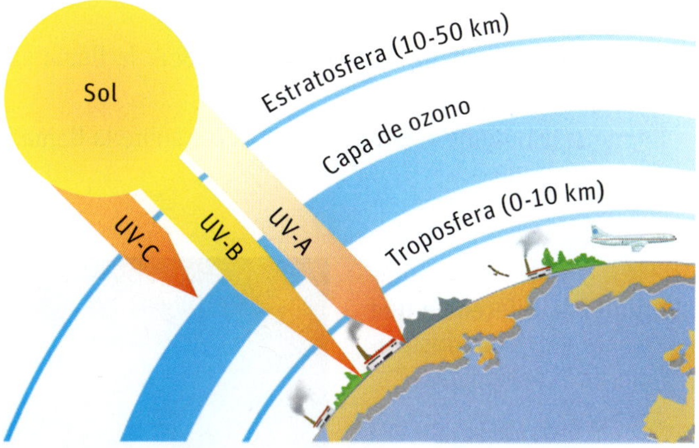

a) Realiza el diagrama energético e indica las sustancias que intervienen.

b) ¿Qué efecto protector tiene la capa de ozono para la salud de las personas?

c) Busca información sobre el agujero en la capa de ozono y haz una pequeña presentación en clase.

Ponte a prueba

Deshidratación del azúcar de mesa

El azúcar común, o de mesa, se obtiene de la caña de azúcar y de la remolacha azucarera. Está compuesto por sacarosa, $C_{12}H_{22}O_{11}$, un glúcido, o carbohidrato, presente en numerosos alimentos. Con ayuda de tu profesor:

- Introduce 100 mL de ácido sulfúrico, H_2SO_4, concentrado en un vaso de precipitados de 250 mL.
- Deposita 50 g de sacarosa en otro vaso de precipitados alargado.
- Vierte con cuidado el ácido sulfúrico en el vaso que contiene la sacarosa.

1. **Esta reacción se denomina de "carbonización" o "deshidratación".**
   a) ¿Qué elemento químico es el sólido negro que se forma?
   b) ¿Qué otros productos crees que se desprenden en los vapores blancos que observas?
2. **Toca el exterior del vaso donde tiene lugar la reacción.**
   a) ¿Se desprende o se absorbe energía?
   b) Indica si la reacción es exotérmica o endotérmica.

¿El hierro arde?

Todos los metales se oxidan en presencia de oxígeno y forman óxidos metálicos, excepto los metales nobles, como el oro o el platino, que lo hacen tan lentamente que, a efectos prácticos, puede considerarse que no se oxidan.

El hierro expuesto al aire reacciona con el oxígeno y se oxida al cabo del tiempo; además, en determinadas condiciones, es posible que el hierro se oxide tan rápidamente que origine una reacción de combustión.

Investigación 1

- Enciende un mechero Bunsen y coloca sobre la llama algún objeto de hierro por unos segundos.
- Repite la experiencia, pero arroja esta vez sobre la llama hierro pulverizado.

Investigación 2

- Acerca la llama de una cerilla, o una pila de 9 V, a un estropajo normal de acero.
- Repite la experiencia con un estropajo de lana de acero extrafina.

1. **Indica la diferencia que existe entre las dos primeras experiencias.**
   a) ¿A qué se deben los distintos fenómenos que observas?
   b) Explica el efecto a partir de la teoría de las colisiones.

2. **Indica en qué se distinguen los estropajos de ambas experiencias.**
   a) ¿Qué diferencia hay al acercar la llama, o la pila, a cada estropajo?
   b) Explica el efecto a partir de la teoría de las colisiones.

Ralentizar reacciones químicas indeseables

En ocasiones no interesa acelerar las reacciones químicas, sino ralentizarlas, para lo cual se emplean sustancias llamadas inhibidores.

En el caso de las reacciones que originan productos perjudiciales para las propiedades y el aspecto de los alimentos, se recurre a inhibidores que retrasan su descomposición y oxidación: los conservantes alimentarios y antioxidantes.

- Secciona un cuarto de manzana, frota con el jugo de un limón una de las superficies que resultan del corte y deja el trozo expuesto al aire.
- Observa las dos superficies del trozo de manzana tras un par de horas.

1. ¿Qué diferencias encuentras entre ambas superficies de la manzana?
2. ¿Qué efecto produce el jugo de limón sobre la manzana?
3. ¿Qué sustancias químicas contiene el limón que actúan como conservante y antioxidante?
4. Indica otras formas capaces de ralentizar la oxidación de una manzana cortada.

AUTOEVALUACIÓN

1. Corrige las frases que sean incorrectas.

a) La energía de una reacción química es la suma de la energía de los reactivos y de los productos.

b) Al romper un enlace químico se desprende energía.

c) Si los productos tienen más energía que los reactivos, el proceso es exotérmico.

d) Un proceso es endotérmico si la energía liberada al formar nuevos enlaces es menor que la energía absorbida al romper los enlaces de los reactivos.

2. ¿Endotérmico o exotérmico?

a) $H_2O\ (s) \rightarrow H_2O\ (l)$

b) $C_3H_8\ (g) + 5\ O_2\ (g) \rightarrow 3\ CO_2\ (g) + 4\ H_2O\ (g)$

c) $CaCO_3\ (s) + 179\ kJ \rightarrow CaO\ (s) + CO_2\ (g)$

d) $4\ Fe + 3\ O_2\ (g) \rightarrow 2\ Fe_2O_3\ (s) + 1648\ kJ$

3. Al cabo de medio minuto, 4 g de una sustancia reaccionan y su cantidad se reduce a la mitad. ¿Cuál es la velocidad media de la reacción? (Dato: masa molar = 2 g/mol)

a) 4 mol/s

b) 4 g/min

c) 2 mol/min

d) 4 mol/min

4. Justifica qué afirmaciones acerca de la velocidad de una reacción química son correctas.

a) Mide el aumento en la cantidad de reactivos por unidad de tiempo.

b) Es inversamente proporcional al número de colisiones moleculares.

c) Es independiente de la naturaleza de los reactivos.

d) Puede ser modificada añadiendo determinadas sustancias químicas.

5. ¿En qué casos aumenta el número de choques eficaces entre partículas y la velocidad de reacción?

a) Al elevar la concentración de los reactivos.

b) Al disminuir la superficie de contacto entre reactivos.

c) Al aumentar la temperatura.

d) Al añadir el catalizador adecuado.

6. Indica cómo puedes disminuir la velocidad de descomposición de un alimento.

a) Rociándolo con agua.

b) Poniéndolo al sol.

c) Cortándolo en trozos pequeños.

d) Envolviéndolo en papel de aluminio.

smSaviadigital.com VALORA LO APRENDIDO > Autoevaluación con sus soluciones

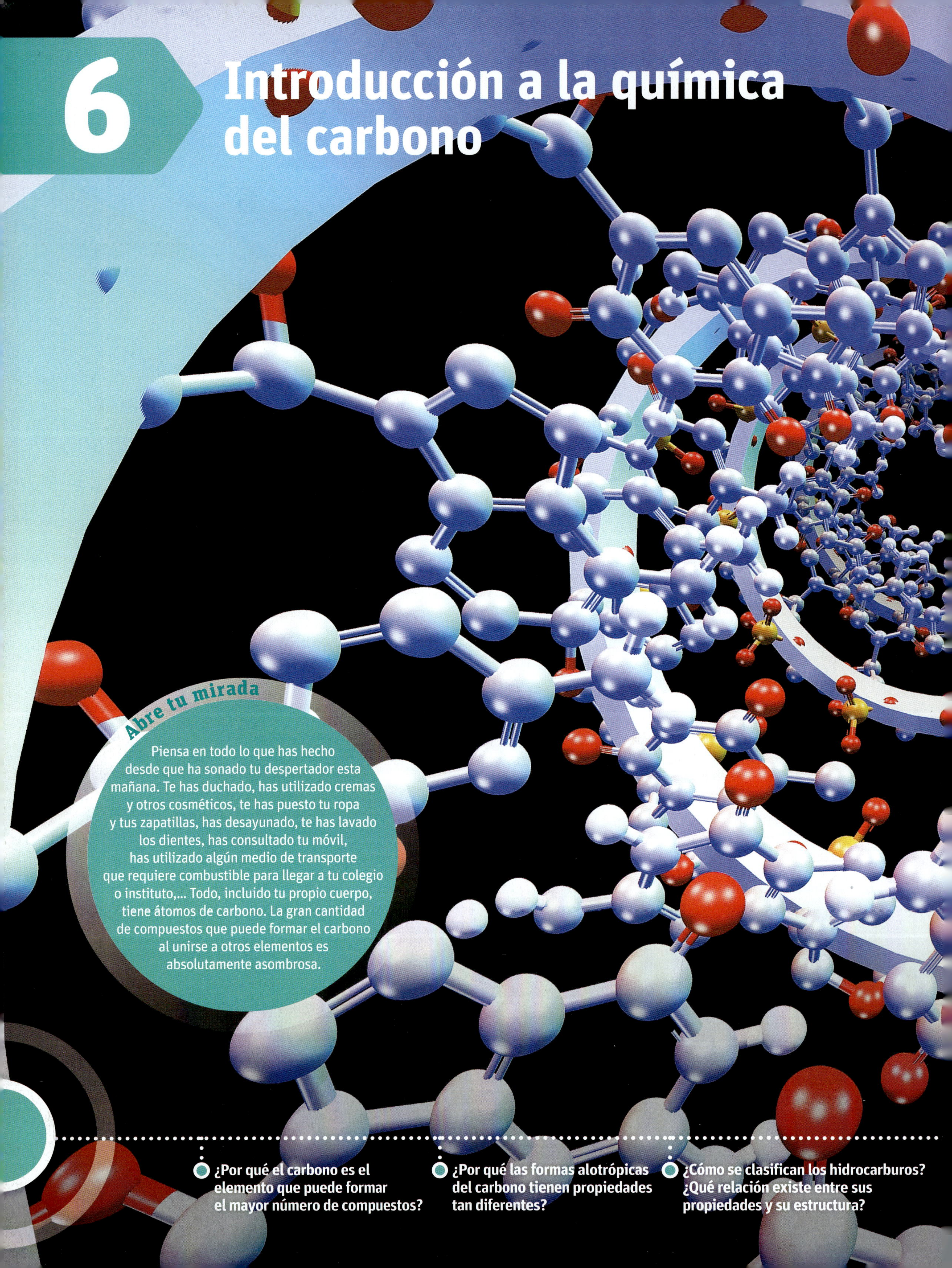

6 Introducción a la química del carbono

Abre tu mirada

Piensa en todo lo que has hecho desde que ha sonado tu despertador esta mañana. Te has duchado, has utilizado cremas y otros cosméticos, te has puesto tu ropa y tus zapatillas, has desayunado, te has lavado los dientes, has consultado tu móvil, has utilizado algún medio de transporte que requiere combustible para llegar a tu colegio o instituto,... Todo, incluido tu propio cuerpo, tiene átomos de carbono. La gran cantidad de compuestos que puede formar el carbono al unirse a otros elementos es absolutamente asombrosa.

- **¿Por qué el carbono es el elemento que puede formar el mayor número de compuestos?**
- **¿Por qué las formas alotrópicas del carbono tienen propiedades tan diferentes?**
- **¿Cómo se clasifican los hidrocarburos? ¿Qué relación existe entre sus propiedades y su estructura?**

Analiza y determina

Son muchos los compuestos orgánicos de origen natural y muy diversas sus aplicaciones.

a La seda es una fibra natural de tipo proteico, producida por ciertos artrópodos. ¿Por qué sus propiedades abren nuevas posibilidades en el campo de la regeneración de tejidos?

b Se están desarrollando nuevos fármacos de origen marino, muchos de ellos con carácter antitumoral. ¿Qué ventajas crees que presentan frente a los fármacos tradicionales?

c El geraniol, un alcohol natural fragante que se suele emplear en la elaboración de perfumes, está presente en flores como geranios y rosas. ¿Cómo crees que lo usan las abejas?

Piensa y reflexiona

La palabra *orgánico* tiene varios significados. Así se habla de:

COMPUESTOS ORGÁNICOS
QUÍMICA ORGÁNICA
ALIMENTOS ORGÁNICOS
FERTILIZANTES ORGÁNICOS

1) Explica cada uno de estos términos.

2) Un anuncio publicitario dice: "Compre vitamina C natural, obtenida a partir de organismos vivos." ¿Son diferentes la vitamina C natural y la sintética?

3) ¿Todas las sustancias orgánicas provienen de organismos vivos?

Y tú, ¿qué opinas?

La mayor parte del gas natural y de los derivados del petróleo se utilizan como combustibles. Al ser fuentes de energía no renovables, muchos científicos creen que se deberían reservar para la síntesis de sustancias. Busca los argumentos a favor y en contra que se esgrimen en este debate y redacta tu opinión por escrito.

- **¿Cuáles son los principales grupos funcionales y series homólogas?**
- **¿Cuáles son los cuatro grandes grupos de compuestos que forman los seres vivos?**
- **¿Cuáles son los combustibles fósiles y sus derivados y qué aplicación tienen?**

1 El átomo de carbono y sus enlaces

Figura 6.1. La química "orgánica" se llama así porque durante mucho tiempo se creyó que los compuestos de carbono solo los podían sintetizar los seres vivos.

El carbono es el único elemento que tiene una rama de la química dedicada únicamente al estudio de sus compuestos.

Hoy en día son millones los compuestos orgánicos conocidos. La mayoría de los compuestos orgánicos se sintetizan a partir de moléculas pequeñas que suelen obtenerse a partir del craqueo del petróleo (como el eteno, el etanol, la acetona o el benceno).

¿Por qué puede formar tantos compuestos el carbono?

La gran capacidad de combinación del carbono es debida a su **estructura electrónica**. El átomo de carbono tiene 6 electrones distribuidos en dos capas. Su configuración electrónica es $1s^2\ 2s^2\ 2p^2$ (Fig. 6.2). Los 4 electrones que tiene en su última capa le permiten formar **cuatro enlaces covalentes simples**, rodeándose así de 8 electrones (regla del octeto). El átomo de carbono se combina, por ejemplo, con cuatro átomos de hidrógeno para formar una molécula de metano, CH_4 (Fig. 6.3).

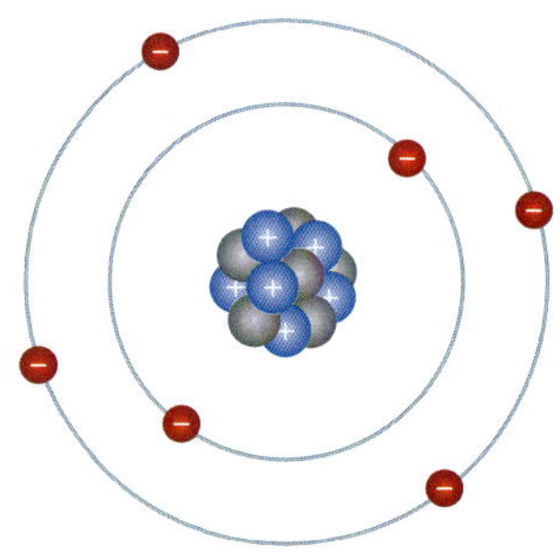

Figura 6.2. Extructura del átomo de carbono.

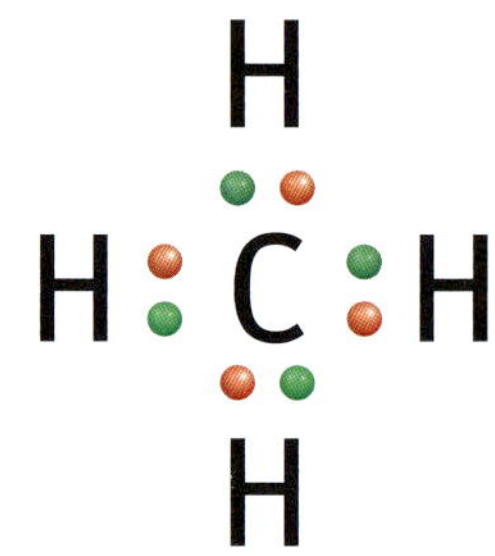

Figura 6.3. Diagrama de la molécula de metano.

Así, las razones por las que se pueden formar tantos compuestos con carbono son:

- Los átomos de carbono pueden enlazarse entre sí mediante enlaces simples, dobles y triples, y pueden formar cadenas muy largas que pueden ser lineales, ramificadas o cíclicas.
- El átomo de carbono se enlaza fácilmente con otros elementos, como el hidrógeno, el oxígeno, el nitrógeno y el azufre, lo que aumenta la variabilidad de las moléculas que puede formar.

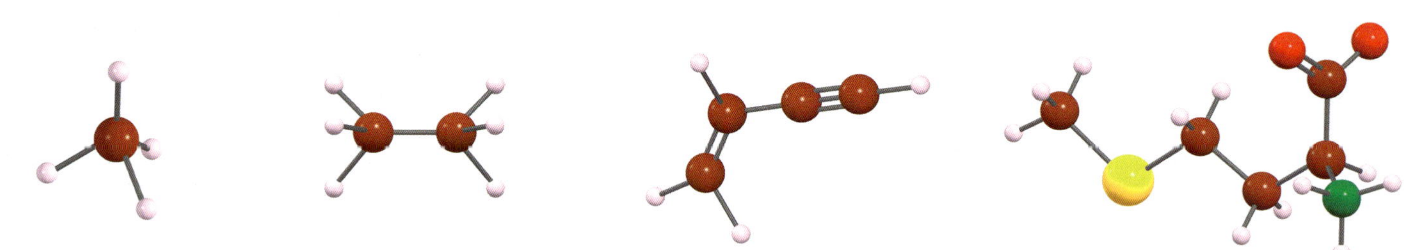

El C puede formar cuatro enlaces... → ... y los átomos de C se unen entre sí... → ... mediante enlaces simples, dobles o triples... → ... en cadenas que también pueden tener átomos de H, O, N y S.

ACTIVIDADES

1. Dibuja los diagramas de Lewis de las moléculas de etano (C_2H_6) y propano (C_3H_{10}).
2. ¿Cuántos enlaces más puede formar un átomo de carbono que está unido a otro por enlace triple? Justifica tu respuesta.

Formas alotrópicas del carbono

El carbono presenta diferentes formas alotrópicas. Las más conocidas son el **grafito** y el **diamante**, pero recientemente se han obtenido **fullerenos**, **nanotubos de carbono** y **grafeno**.

GRAFITO

Cada átomo de carbono forma tres enlaces covalentes con otros tres átomos de carbono, todos en el mismo plano, formando extensas capas bidimensionales.

Estas capas están débilmente unidas entre ellas por el cuarto electrón de cada átomo, que tiene libertad de movimiento. El grafito es blando y conductor.

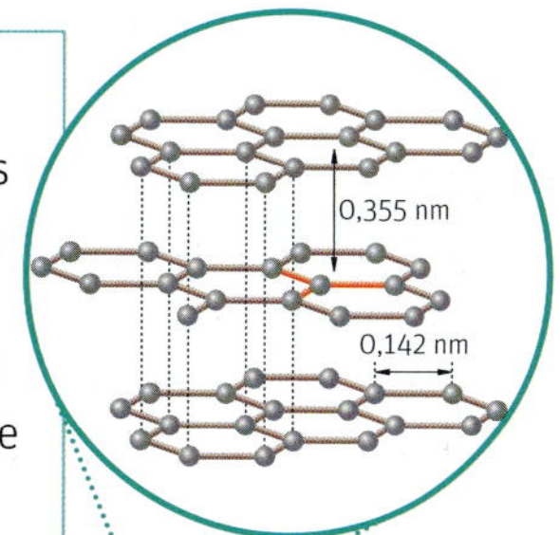

DIAMANTE

Cada átomo de carbono forma cuatro enlaces covalentes con otros cuatro carbonos, constituyendo una red tridimensional.

No hay ningún electrón libre que pueda moverse por la red cristalina. El diamante es duro y no conduce la corriente eléctrica.

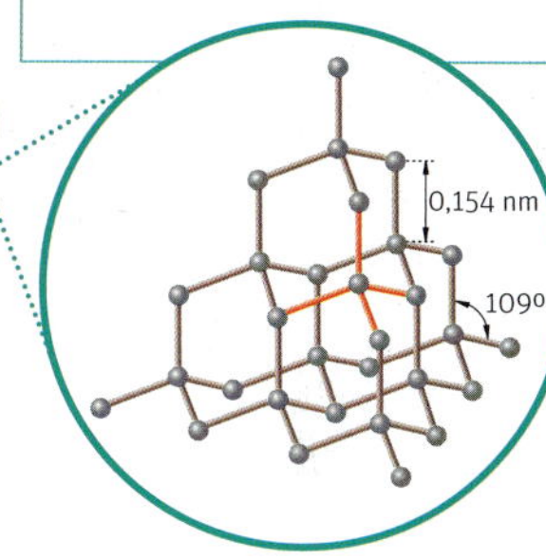

FULLERENOS

Estructuras moleculares de átomos de carbono unidos entre sí. La primera molécula sintetizada fue la de 60 átomos de carbono, C_{60}. Después del diamante y el grafito. es la forma alotrópica del carbono más estable.

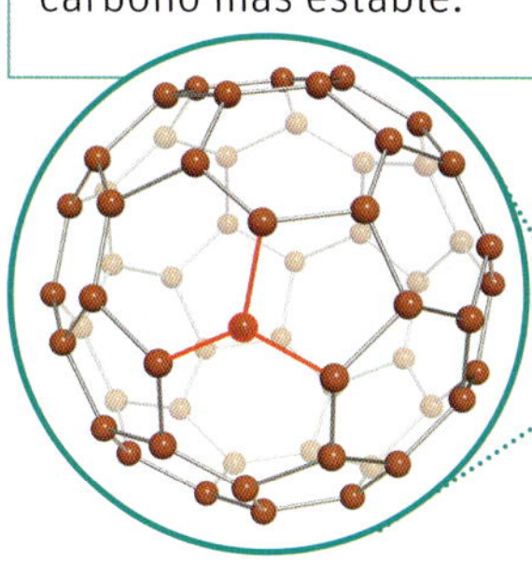

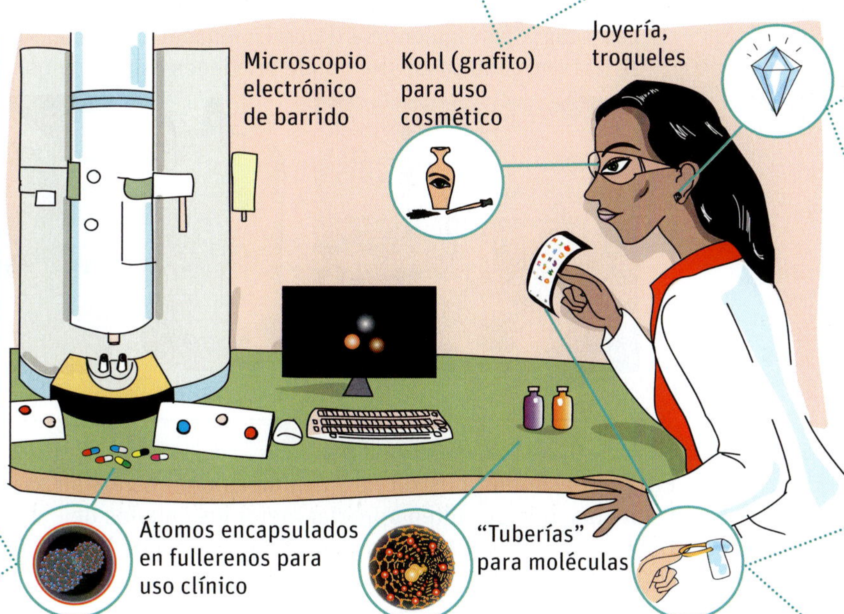

NANOTUBOS DE CARBONO

Estructuras cilíndricas formadas por una o varias capas de grafito cerradas sobre sí mismas. Tienen una resistencia a la tracción unas veinte veces mayor que la del acero.

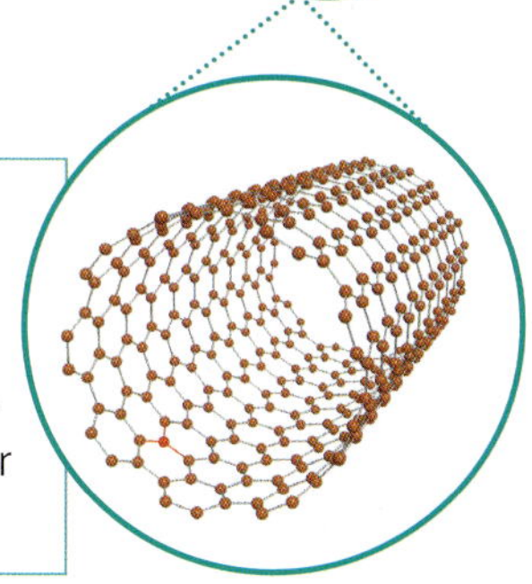

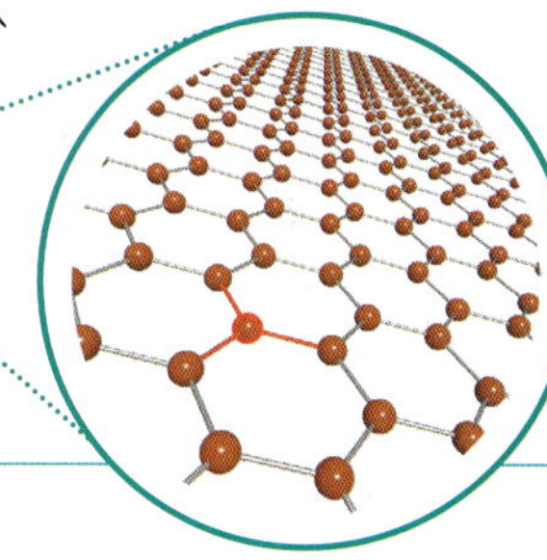

GRAFENO

Formado por una estructura bidimensional de una única capa de átomos de carbono. Su resistencia a la tracción es cien veces mayor que la del acero y presenta una alta conductividad eléctrica.

ACTIVIDADES

3. Explica la tabla a partir del modelo estructural del grafito y el diamante.

Propiedades del grafito	Propiedades del diamante
Blando Conduce la corriente eléctrica Densidad = 2,3 g·cm^{-3}	Extraordinariamente duro No conduce la corriente eléctrica Densidad = 3,5 g·cm^{-3}

4. Busca información sobre las propiedades y aplicaciones de los nanotubos y del grafeno y haz un resumen.

En la Web

Las distintas formas alotrópicas del carbono presentan diferencias en su estructura y propiedades. Esto hace que las aplicaciones de cada una de estas formas alotrópicas sean muy diversas.

www.e-sm.net/svfq4eso06_01

2 Hidrocarburos

Te interesa saber

Los **alcanos** se nombran mediante un **prefijo** (que indica el número de átomos de carbono de la cadena) y el sufijo – **ano**.

Longitud	Prefijo
C_1	met-
C_2	et-
C_3	prop-
C_4	but-
C_5	pent-
C_6	hex-
C_7	hept-
C_8	oct-
C_9	non-
C_{10}	dec-

Los hidrocarburos son compuestos de carbono formados únicamente por dos elementos: carbono e hidrógeno. Según el enlace de sus carbonos, se clasifican en:

- **alcanos** (todos los enlaces C–C son covalentes simples)
- **alquenos** (tienen al menos un doble enlace C=C en su estructura)
- **alquinos** (tienen al menos un triple enlace C≡C en su estructura)

Alcanos 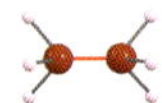

Los **alcanos** son los hidrocarburos más sencillos. Tienen todos los átomos de carbono unidos por **enlaces simples**.

INVESTIGA

Las fotografías siguientes están relacionadas con algún tipo de alcano. ¿De qué tipo se trata en cada caso? ¿De dónde provienen esos alcanos?

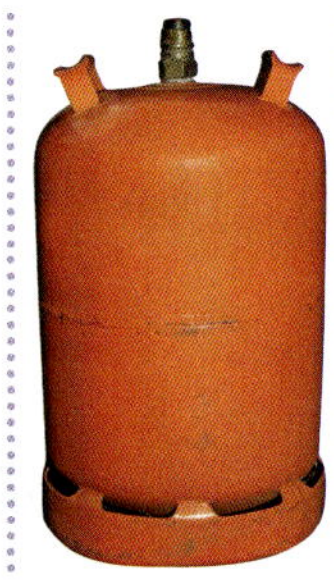

Para representar la estructura tridimensional de los alcanos se usan **modelos de bolas y varillas**, que permiten apreciar mejor los ángulos de enlace, y **modelos compactos de bolas**, que reflejan con más exactitud la forma de las moléculas.

Nombre	Modelo compacto de bolas	Modelo de bolas y varillas	Fórmula estructural o desarrollada	Fórmula condensada o semidesarrollada	Fórmula molecular
metano			H | H – C – H | H	CH_4	CH_4
etano	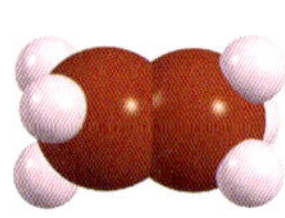	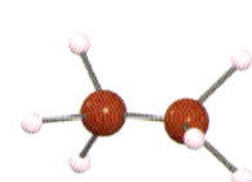	H H | | H – C – C – H | | H H	$CH_3–CH_3$	C_2H_6
propano		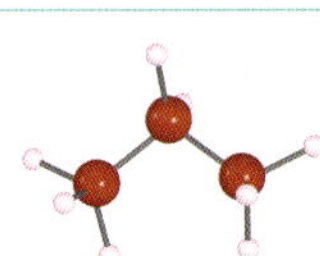	H H H | | | H – C – C – C – H | | | H H H	$CH_3–CH_2–CH_3$	C_3H_8
butano	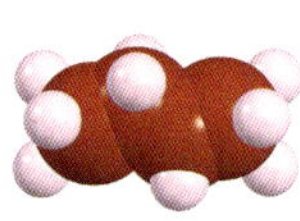	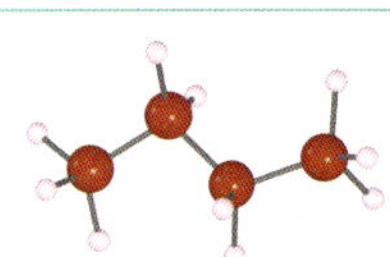	H H H H | | | | H – C – C – C – C – H | | | | H H H H	$CH_3–CH_2–CH_2–CH_3$	C_4H_{10}

smSaviadigital.com PRACTICA > Modelos moleculares

Propiedades de los alcanos

Propiedades de los alcanos		
	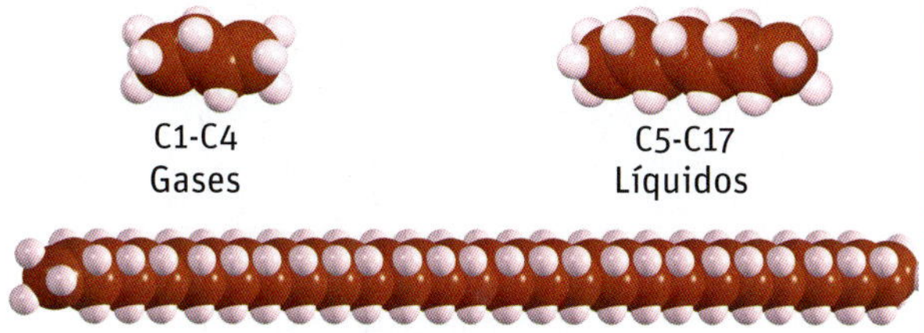	
Insolubles en agua, debido a que sus moléculas no son polares. Las **densidades** de los alcanos líquidos son menores que la del agua, por lo que, en contacto con esta, flotan.	Las **temperaturas de fusión y ebullición** aumentan con la longitud de cadena. Los alcanos de cadena corta (metano, etano, propano y butano) son **gases** a temperatura ambiente. Los que tienen entre 5 y 17 átomos de carbono son **líquidos** y los que tienen más de 17 son **sólidos**.	En general, son **poco reactivos** (por la estabilidad de los enlaces C–C), pero **buenos combustibles**; con oxígeno desprenden dióxido de carbono, vapor de agua y una gran cantidad de energía.

Isomería

Los **isómeros** son compuestos con la misma fórmula molecular pero con diferente fórmula estructural y, por tanto, con propiedades diferentes.

Butano (C_4H_{10})	Isobutano (C_4H_{10})
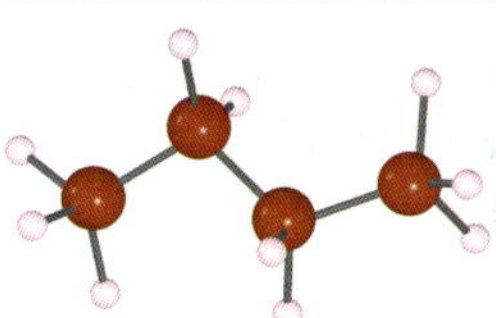 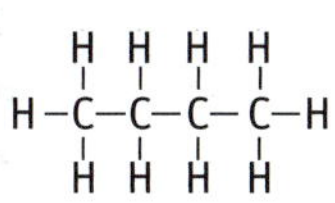 Hierve a 0 ºC	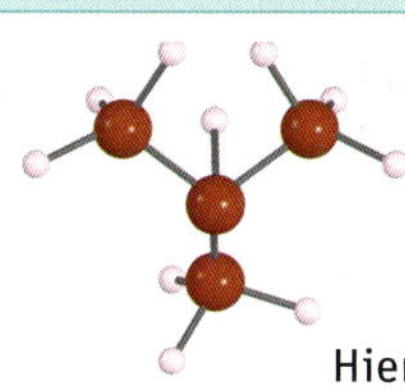 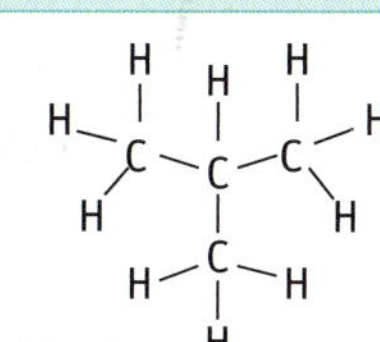 Hierve a -12 ºC

El hecho de que el butano hierva a una temperatura superior a la del isobutano induce a pensar que en los isómeros, las fuerzas de atracción (fuerzas intermoleculares) en las moléculas lineales son más intensas que en las moléculas ramificadas. Así, en este caso, para el butano es preciso aumentar más la temperatura y, por tanto, la energía cinética media de las moléculas para que estas puedan separarse y pasar al estado gaseoso.

Moléculas isómeras de un alcano y sus temperaturas de ebullición relativas

1. Para los tres isómeros del pentano: a) escribe sus fórmulas desarrolladas e identifica si son lineales o ramificados; b) ordénalos por temperatura de ebullición decreciente, justificando tu respuesta.

SOLUCIÓN

a) $CH_3-CH_2-CH_2-CH_2-CH_3$ $\quad CH_3-CH(CH_3)-CH_2-CH_3$ $\quad CH_3-C(CH_3)_2-CH_3$

El primero es lineal y los otros dos, ramificados.

b) Están escritos en orden de temperatura decreciente. Cuanto más ramificada es su estructura, menores son las fuerzas intermoleculares y, en consecuencia, menor es la temperatura de ebullición.

Te interesa saber

Un **radical alquilo** es un grupo de átomos inestable, derivado de un alcano que ha perdido un átomo de hidrógeno.

CH_3- metilo

CH_3-CH_2- etilo

$CH_3-CH_2-CH_2-$ propilo

El isobutano también se denomina metilpropano, ya que el grupo metilo, CH_3-, sustituye a un hidrógeno del segundo carbono del propano.

ACTIVIDADES

5. Escribe las fórmulas desarrollada, semidesarrollada y molecular de la molécula de hexano. Construye su modelo molecular usando bolas y varillas.

6. Explica el aumento de la temperatura de ebullición de los alcanos lineales al aumentar la longitud de la cadena en función de la intensidad de las fuerzas intermoleculares. ¿De qué tipo de fuerzas se trata?

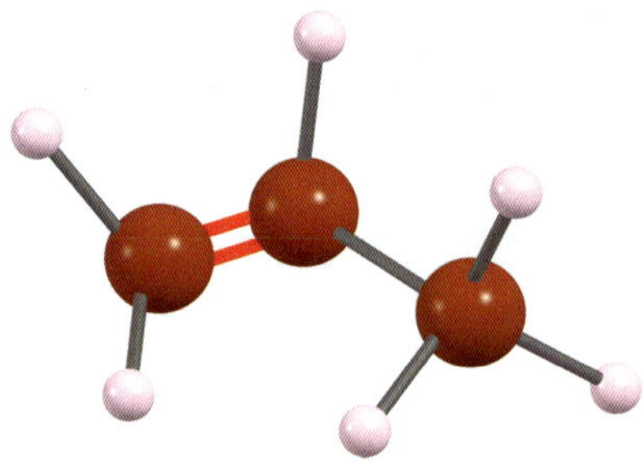

Figura 6.4. Molécula de propeno (propileno).

Alquenos

Los **alquenos** son hidrocarburos que contienen uno o más **dobles enlaces** C=C en su estructura. Los alquenos se denominan como los alcanos, pero cambiando la terminación –ano por –**eno**.

Fórmula semidesarrollada	Nombre
$CH_2=CH_2$	**eteno** (o etil**eno**)
$CH_3-CH=CH_2$	prop**eno** (o propil**eno**)
$CH_3-CH_2-CH=CH_2$	but-1-**eno***
$CH_3-CH=CH-CH_3$	but-2-**eno***

* El numeral localiza la posición del primer carbono del doble enlace. Se numera empezando por el extremo más próximo al doble enlace.

Las moléculas de but-1-eno y de but-2-eno son isómeros de posición, pues tienen la misma fórmula molecular, pero el doble enlace se encuentra entre átomos de carbono diferentes.

Los alquenos se pueden obtener por **craqueo** del petróleo. Por ejemplo, cuando se rompe el decano ($C_{10}H_{22}$) se obtienen octano (C_8H_{18}) y eteno (C_2H_4).

$$C_{10}H_{22}\ (l) \rightarrow C_8H_{18}\ (l) + CH_2=CH_2\ (g)$$

Arden con oxígeno y dan dióxido de carbono y agua, desprendiendo energía, como los alcanos. Pero son mucho más reactivos que estos, debido al doble enlace.

Una reacción típica de alquenos es la de adición de hidrógeno al doble enlace (hidrogenación). También puede adicionarse agua formando alcoholes. La adición de halógenos como Cl_2 o haluros de hidrógeno como HCl, da lugar a **derivados halogenados**.

$$CH_2=CH_2 + H_2 \rightarrow CH_3-CH_3 \text{ (reacción de hidrogenación)}$$

$$CH_2=CH_2 + Cl_2 \rightarrow ClCH_2-CH_2Cl \text{ (derivado halogenado)}$$

Las reacciones de **polimerización** por adición se utilizan para sintetizar moléculas grandes (macromoléculas) a partir de otras más pequeñas. Así se obtienen plásticos como el polieteno (o polietileno) de alta y de baja densidad, el polipropeno (o polipropileno),...

Te interesa saber

El eteno, al igual que todos los alquenos y los alquinos, es un **hidrocarburo insaturado**, porque su molécula puede añadir otros átomos.

Los alcanos, como el etano, son **hidrocarburos saturados**, porque no pueden añadir más átomos a su molécula, ya que no tienen dobles enlaces para romper.

Polietileno (PE)

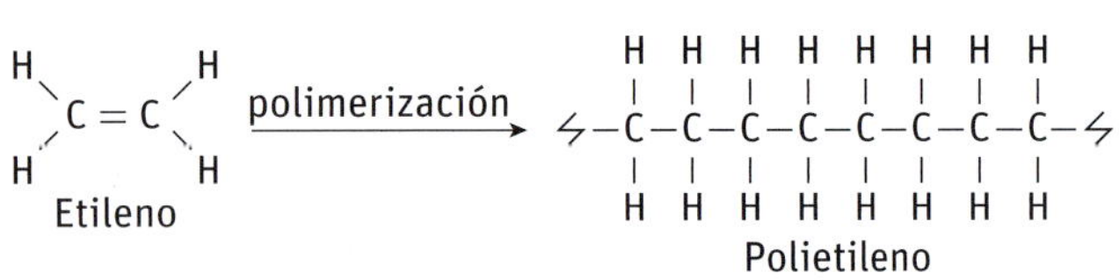

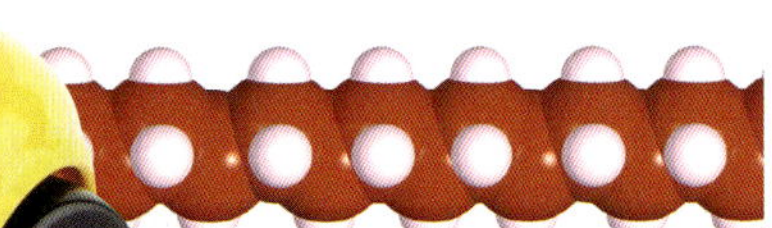

Polipropileno (PP)

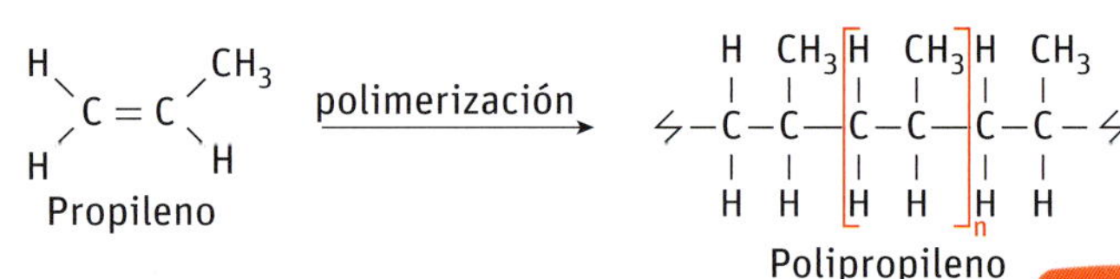

ACTIVIDADES

7. Con un equipo de modelos moleculares, construye los del eteno (C_2H_4), propeno (C_3H_6) y buteno (C_4H_8). ¿Cuántas moléculas de buteno has podido construir? ¿Cómo son entre sí?

Alquinos

Los **alquinos** son hidrocarburos que contienen al menos un **triple enlace** entre sus carbonos. Se nombran como los alcanos, pero cambiando la terminación –ano por –**ino**.

•En la Web

Estructura de algunos plásticos.

• www.e-sm.net/svfq4eso06_02

Fórmula semidesarrollada	Nombre
$CH{\equiv}CH$	etino (o acetileno)
$CH_3{-}C{\equiv}CH$	propino
$CH_3{-}CH_2{-}C{\equiv}CH$	but-1-ino*
$CH_3{-}C{\equiv}C{-}CH_3$	but-2-ino*

* El numeral localiza la posición del primer carbono del triple enlace. Se numera empezando por el extremo más próximo al triple enlace.

El etino o acetileno

El etino, $CH{\equiv}CH$, es el alquino más sencillo. Se obtiene a partir del petróleo o del gas natural. También a partir de la reacción del carburo de calcio con el agua.

$$CaC_2\,(s) + 2\,H_2O\,(l) \rightarrow C_2H_2\,(g) + Ca(OH)_2\,(s)$$

Su combustión produce una llama muy brillante, que se aprovecha en las lámparas de carburo para iluminar el interior de cuevas subterráneas o minas.

Su combustión con oxígeno puro puede alcanzar los 3500 °C. Una aplicación de esta reacción es el **soplete acetilénico**, con el que se pueden cortar metales (llega a fundir acero) y realizar soldaduras oxiacetilénicas.

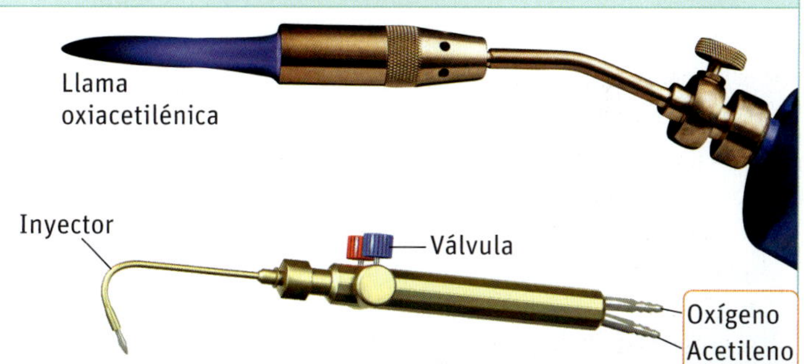

$$C_2H_2\,(g) + 5/2\,O_2\,(g) \longrightarrow 2\,CO_2\,(g) + H_2O\,(g) \quad Q = -\,1300\ kJ$$

El famoso PVC

Las propiedades químicas más importantes de los alquinos se deben a la presencia de enlaces triples, sobre los que pueden llevarse a cabo reacciones de adición, similares a las de los alquenos. Por ejemplo, la adición de cloruro de hidrógeno (HCl) al etino, produce **cloruro de vinilo**.

$$H\,C{\equiv}CH + HCl \rightarrow H_2C{=}CHCl$$

El vinilo es el radical etenilo ($CH_2{=}CH{-}$) y es de aquí de donde el $H_2C{=}CHCl$ toma su nombre de cloruro de vinilo. A partir de este compuesto se obtiene por polimerización el **policloruro de vinilo, el famoso PVC**, que se emplea en envasado, construcción, industria eléctrica...

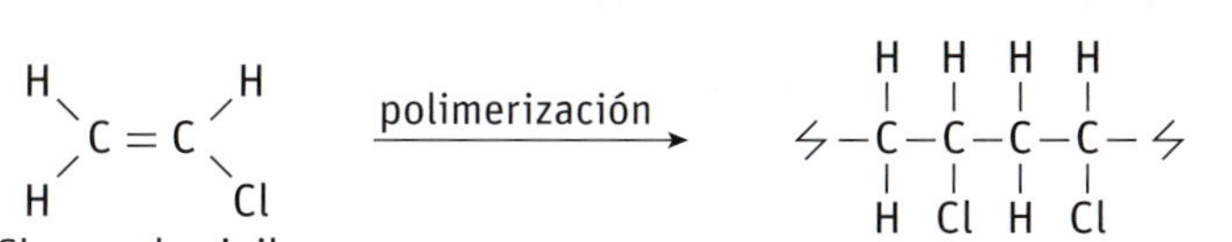

Cloruro de vinilo

Policloruro de vinilo (PVC)

ACTIVIDADES

8. Con un equipo de modelos moleculares, construye los del etino (C_2H_2), propino (C_3H_4) y butino (C_4H_6). ¿Cuántas moléculas de butino has podido construir? ¿Cómo son entre sí?

9. El PVC es un polímero muy polémico por su potencial peligro para la salud. En algunos países está prohibido envasar agua mineral en botellas de PVC. Busca información sobre esta controversia y redacta un pequeño informe.

10. Observa los esquemas del soplete acetilénico del cuadro superior y de una lámpara de carburo de la derecha. Explica cómo funcionan.

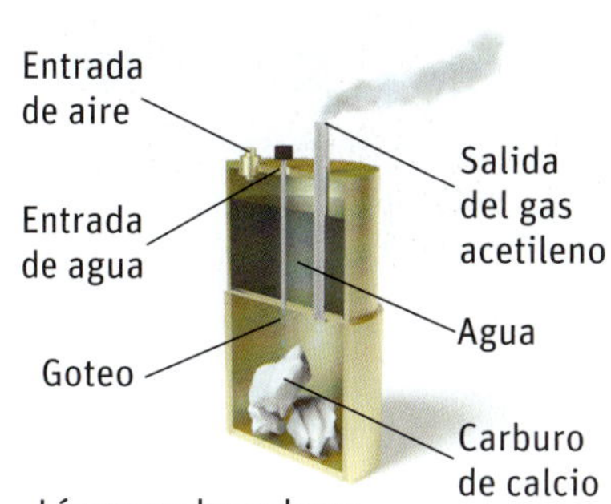

Lámpara de carburo

3 Grupos funcionales

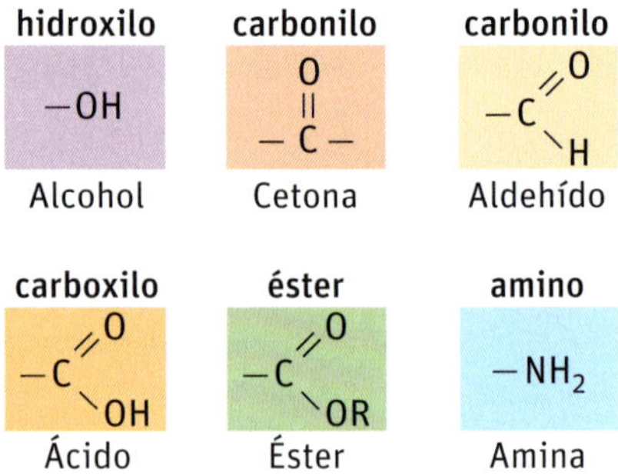

Figura 6.5. Grupos funcionales.

Un **grupo funcional** es un grupo de átomos unidos por enlaces covalentes que confiere a una molécula propiedades químicas características. Una **serie homóloga** es un conjunto de compuestos con el mismo grupo funcional, pero diferente número de átomos de carbono.

Serie homóloga	Fórmula	Grupo funcional	Sufijo	Ejemplos
Alcoholes	R−OH	hidroxilo	-ol	$CH_3-CHOH-CH_3$ propan-2-ol
Éteres	R−O−R′	éter	-eter	CH_3-O-CH_3 dimetileter
Aldehídos	R−CHO	carbonilo	-al	CH_3-CH_2-CHO propanal
Cetonas	R−CO−R′	carbonilo	-ona	$CH_3-CO-CH_3$ propanona
Ácidos carboxílicos	R−COOH	carboxilo	-oico	CH_3-COOH ácido etanoico
Ésteres	R−COOR′	éster	R-ato de R′ -ilo	$CH_3-COO-CH_3$ etanoato de metilo
Aminas	$R-NH_2$ R−NH−R′ R−N(R″)−R′	amino	-amina	CH_3-NH_2 metilamina $CH_3-NH-CH_3$ dimetilamina $CH_3-N(CH_3)-CH_2-CH_3$ etildimetilamina

Figura 6.6. El alcohol etílico se usa como desinfectante.

Alcoholes

Los **alcoholes** (R−OH) pueden considerarse derivados de los hidrocarburos al sustituir un átomo de hidrógeno por un **grupo** −**OH**.

Metanol (alcohol metílico, CH_3-OH)	Etanol (alcohol etílico, CH_3-CH_2-OH)
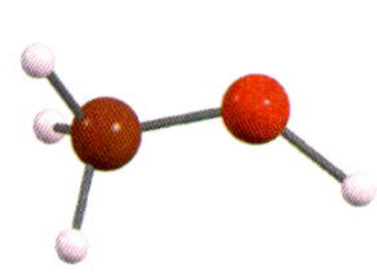 También llamado alcohol de madera o de quemar. Es muy tóxico (su ingesta puede causar ceguera o incluso la muerte).	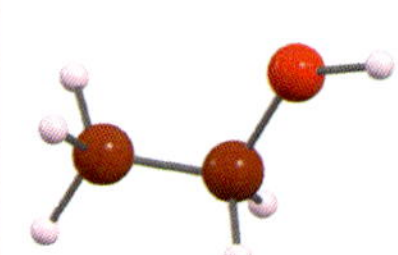 Constituyente de bebidas alcohólicas como el vino o la cerveza. Normalmente es utilizado como antiséptico.

Figura 6.7. En 1846 se usó por primera vez el éter como anestesia.

Éteres

Los **éteres** (R−O−R') son compuestos formados por dos radicales alquilo unidos mediante un átomo de oxígeno.

Son compuestos muy inflamables que pueden llegar a explotar con el aire. El **dietiléter** (éter etílico o, genéricamente, éter) es un líquido que hierve a 36°C y que se utiliza principalmente como disolvente para muchas sustancias que son insolubles en agua.

ACTIVIDADES

11. Indica el grupo funcional y el nombre de estos compuestos: CH_3-CH_2OH, CH_3-CHO, CH_3-O-CH_3, H−COOH, $CH_3-NH-CH_3$.

12. Escribe la reacción industrial de obtención de etanol por adición de agua al eteno.

Aldehídos y cetonas  

Los **aldehídos** (R–CHO) son compuestos orgánicos que contienen el grupo carbonilo, **C=O**, en el extremo de la cadena carbonada.

Las **cetonas (R–CO–R')**, al igual que los aldehídos, se caracterizan por tener el grupo carbonilo, **C=O**, pero en este caso se encuentra unido a dos radicales alquilo.

El aldehído más simple es el **metanal** o **formaldehído** (HCHO). Es un gas a temperatura ambiente. En forma de solución acuosa al 40% (formol), se usa como conservador de especímenes biológicos y líquido para embalsamar cadáveres. Su uso está controlado porque es cancerígeno.

La cetona más simple es la **propanona** o **acetona** (CH_3–CO–CH_3), que es un disolvente común de materiales orgánicos como grasas, cauchos, barnices....

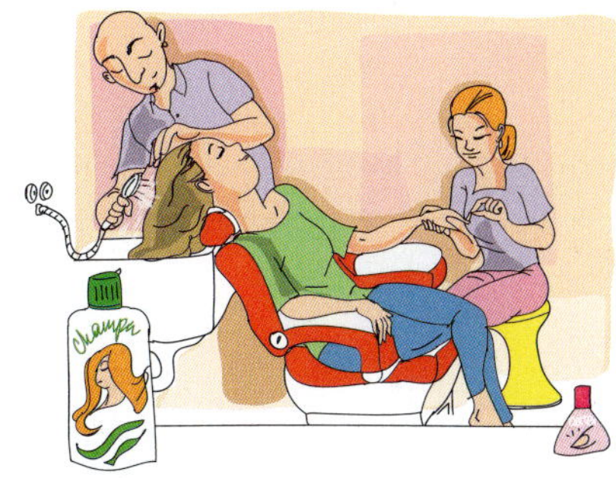

Figura 6.8. El formaldehído se utiliza como conservante en productos cosméticos. La acetona es el principal componente de los quitaesmaltes.

Ácidos 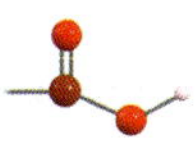

Los **ácidos carboxílicos** (**R–COOH**) son ácidos orgánicos que tienen en su molécula el grupo funcional **carboxilo**.

El **ácido metanoico** o **ácido fórmico**, HCOOH, es el ácido carboxílico más simple. Se obtuvo por primera vez por destilación destructiva de hormigas (en latín *formica* es "hormiga").

El **ácido etanoico** o **ácido acético**, CH_3–COOH, se obtiene por oxidación del alcohol del vino, que produce una solución que contiene entre un 4 y un 10% de ácido acético (vinagre).

El **ácido butanoico** o **butírico** huele muy mal. Le confiere el olor a la mantequilla rancia (en latín, *butȳrum* significa "mantequilla") y es uno de los componentes del sudor corporal.

Figura 6.9. El ácido butírico da su olor al sudor corporal. Una hormiga inyecta ácido fórmico al morder.

Ésteres 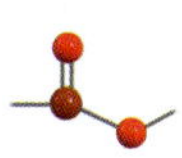

Los **ésteres** (**R–COOR'**) son derivados de los ácidos carboxílicos que resultan de sustituir el grupo –OH por el grupo **–OR'**, donde R' es un radical alquilo.

Se obtienen por reacción de un ácido carboxílico y un alcohol. Se utilizan en los perfumes y como saborizantes artificiales en productos alimentarios.

Figura 6.10. Los ésteres dan olores agradables a las flores y las frutas.

Aminas 

Las **aminas** tienen por fórmula **NH_2–R, H–NR_2 o NR_3**, donde R son radicales alquilo.

Se consideran derivados del **amoniaco**, NH_3. La **etilamina**, CH_3–CH_2–NH_2, es una de las más simples. Se utilizan para la fabricación de caucho sintético y colorantes. Al degradarse las proteínas producen aminas de olor desagradable.

Figura 6.11. La anilina o fenilamina se emplea para fabricar tintes.

ACTIVIDADES

13. Resume las aplicaciones más importantes del éter dietílico, el formaldehido, el ácido acético, los ésteres y las aminas.

14. Investiga cuál es el éster causante del olor característico de los plátanos, las manzanas, las naranjas, las piñas y las uvas.

4 El carbono, base de la vida

Todos los seres vivos están formados por compuestos de carbono. Hay cuatro grandes grupos: los **glúcidos** (o hidratos de carbono), los **lípidos** (aceites y grasas, esteroides y ceras), las **proteínas** y los **ácidos nucleicos**.

GLÚCIDOS

También se denominan hidratos de carbono. Se clasifican en:

- **Monosacáridos**, como la **glucosa**, molécula de la que las células obtienen la energía; la **fructosa** (en fruta y miel); y la **lactosa** (en la leche).
- **Disacáridos**, formados por dos moléculas de monosacáridos unidas entre sí. Como los monosacáridos, son solubles en agua, de sabor dulce y cristalizables. La **sacarosa** (comúnmente llamada azúcar) está formada por una molécula de glucosa y una de fructosa.
- **Polisacáridos**. Son macromoléculas formadas por largas cadenas de monosacáridos. No son azúcares, ya que carecen de sabor dulce y no cristalizan. Hay polisacáridos con función estructural (como la **celulosa** en los vegetales) y con función de reserva energética (como el **almidón** en los vegetales y el **glucógeno** en los animales).

Figura 6.12. Las ceras se han utilizado tradicionalmente para hacer velas y encerar, como impermeabilizantes,...

LÍPIDOS

Insolubles en agua y solubles en disolventes orgánicos. Los **aceites** y las **grasas**, las **ceras** y los **esteroides** son lípidos.

- Los **aceites** y **grasas** representan la principal reserva energética de animales y vegetales, y actúan como aislantes térmicos. Son ésteres de ácidos grasos (ácidos carboxílicos de cadena larga, C_{10}–C_{20}, insaturados o no) y glicerina (1, 2, 3-propanotriol).

  Las **grasas de origen vegetal** o **aceites** son generalmente insaturadas, con temperatura de fusión baja y líquidas a temperatura ambiente. De este tipo son el aceite de oliva, el de palma,... Las **grasas de origen animal**, en su mayoría son saturadas, con temperaturas de fusión elevadas y, a temperatura ambiente, sólidas. Grasas de este tipo son la mantequilla y los sebos animales.
- Las **ceras** son ésteres de ácidos grasos de cadena larga (C_{14}–C_{36}) y monoalcoholes, también de cadena larga (C_{16}–C_{30}). Las ceras recubren e impermeabilizan piel, pelo y plumas en los vertebrados y hojas, flores, frutos y tallos jóvenes en las plantas.
- Los **esteroides** tienen gran importancia biológica en los animales y las plantas. El colesterol y las hormonas sexuales son esteroides.

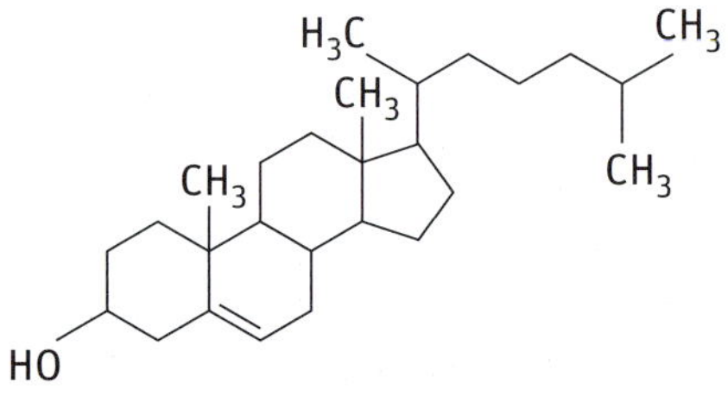

Figura 6.13. El colesterol es un esteroide.

PROTEÍNAS

Son macromoléculas formadas por largas cadenas de pequeñas moléculas denominadas **aminoácidos**.

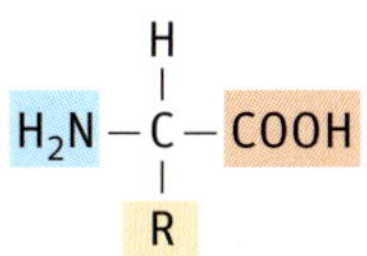

Los aminoácidos poseen en su molécula un grupo carboxílico (–COOH), un grupo amino ($-NH_2$) y una cadena lateral o grupo R (R de radical) con una estructura diferente en cada aminoácido. Su fórmula general es $H_2N-CHR-COOH$.

Son sólidos, solubles en agua, cristalizables y con temperaturas de fusión altas, por encima de los 200°C.

Las proteínas tienen funciones muy diversas en el organismo: actúan como material estructural, forman las fibras musculares que nos permiten movernos, facilitan el transporte de pequeñas moléculas e iones por todo el cuerpo, catalizan muchas reacciones químicas (las proteínas que cumplen esta función son las enzimas) y forman parte del sistema inmunológico.

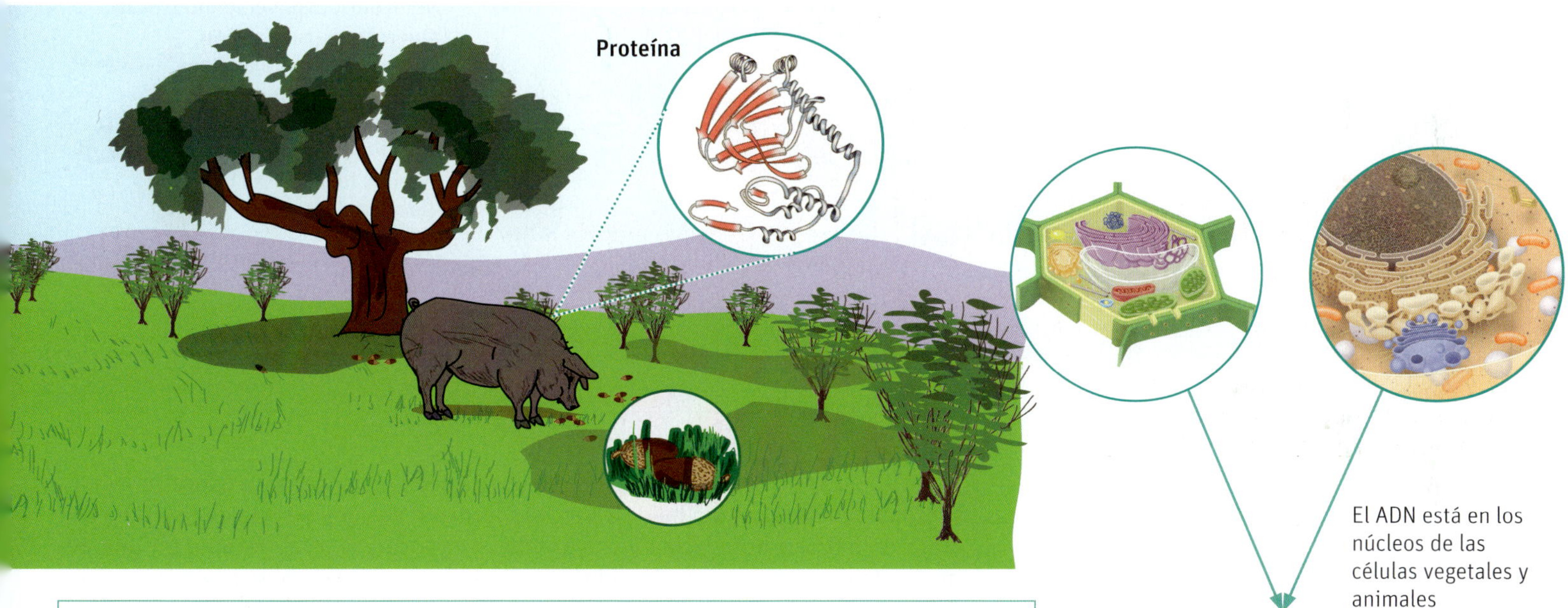

ÁCIDOS NUCLEICOS

Son las moléculas que llevan la información genética necesaria para la vida. Son polímeros cuyos monómeros son las moléculas llamadas **nucleótidos**.

Hay dos tipos de ácidos nucleicos: el **ácido desoxirribonucleico (ADN)** y el **ácido ribonucleico (ARN)**, cuya función es transmitir la información del ADN que permite fabricar las proteínas.

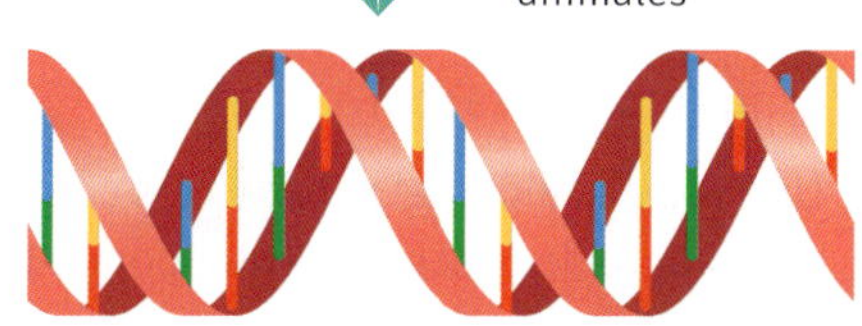

Figura 6.14. Fragmento de ADN.

ACTIVIDADES

15. Los azúcares son glúcidos con sabor dulce. Busca en internet y dibuja o escribe en tu cuaderno:

a) Las fórmulas estructurales de los monosacáridos: glucosa, fructosa y galactosa, y de los disacáridos: sacarosa y lactosa.

b) Las reacciones de hidrólisis de la sacarosa y de la lactosa. ¿Qué productos se obtienen?

c) La estructura de los polisacáridos: almidón y celulosa.

En la Web

Los seres vivos están formados por compuestos de carbono. Los cuatro grandes grupos (glúcidos, lípidos, proteínas y ácidos nucleicos) presentan características diferentes y desempeñan distintas funciones en el organismo.

www.e-sm.net/svfq4eso06_03

5 La combustión de compuestos de carbono

Las materias primas más utilizadas en la obtención industrial de los **hidrocarburos** y de la mayoría de los compuestos de carbono son el **gas natural** y el **petróleo** que, junto con el **carbón**, son usadas como combustibles. Se denominan **combustibles fósiles** porque se formaron en el subsuelo a partir de restos de plantas y animales descompuestos por bacterias anaerobias a lo largo de millones de años.

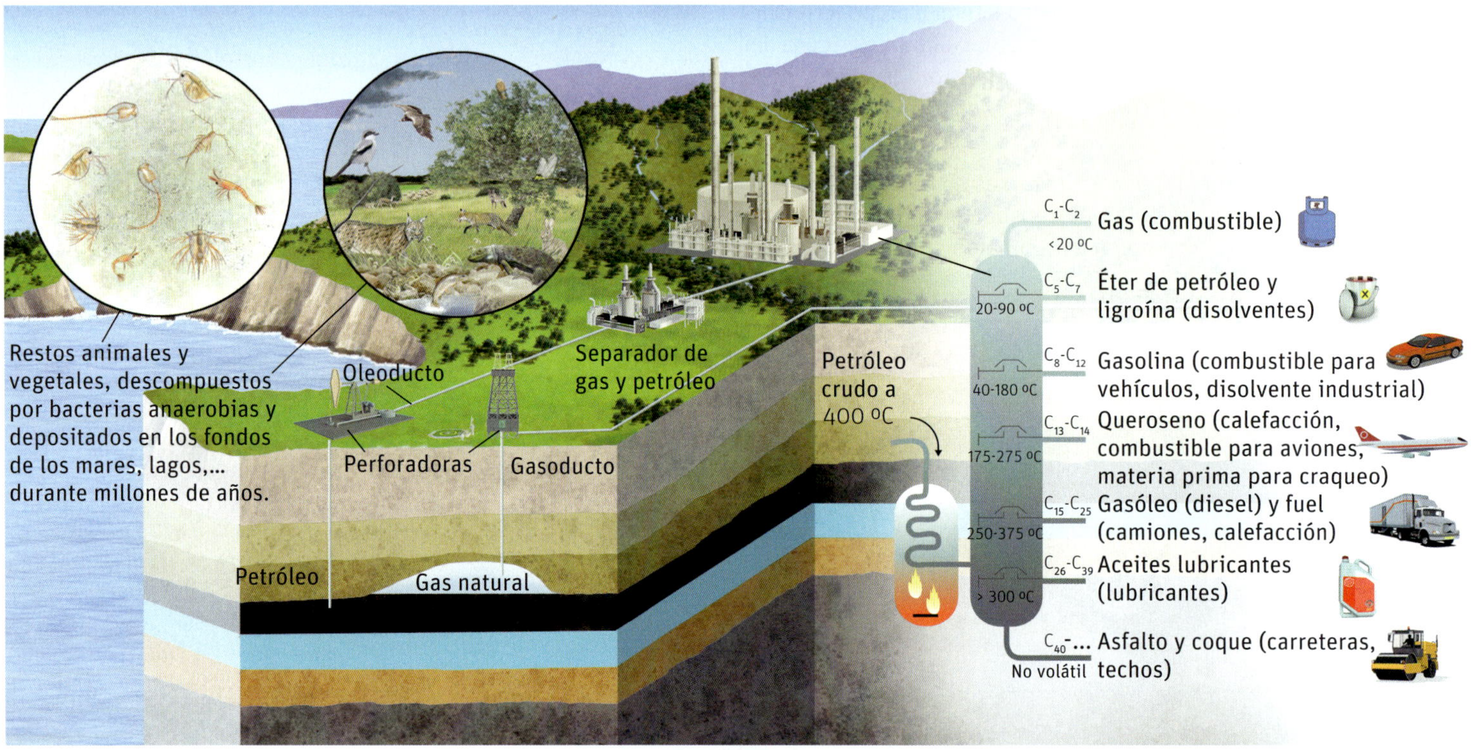

GAS NATURAL

Es una mezcla de hidrocarburos gaseosos constituida en un 90% en volumen por metano (CH_4). El resto está formado por nitrógeno, etano, butano, agua, gases ácidos como CO_2 o H_2S y trazas de hidrocarburos más pesados (condensados).

Una vez extraído del subsuelo es canalizado a una planta de procesamiento, donde se eliminan el agua, los gases ácidos y el nitrógeno. El resultado es el "gas natural" que se utiliza en las centrales térmicas y para cocinar y calentar hogares.

El metano es el combustible fósil menos contaminante. Arde con una llama muy clara y tiene gran poder calorífico.

$$CH_4\,(g) + 2\,O_2\,(g) \rightarrow CO_2\,(g) + 2\,H_2O\,(g)$$

PETRÓLEO

Es un líquido negro, espeso y pestilente que se acumula en las rocas porosas a una profundidad de 3 ó 4 km bajo tierra. Está formado por una mezcla de un gran número de hidrocarburos. Una vez extraído, se transporta a las **refinerías**, donde mediante **destilación fraccionada** se separa en fracciones, como el gas propano, el gas butano, las gasolinas, el queroseno, el gasóleo y el fuel, que se usan como combustibles.

- **Gasolina.** Es una mezcla de alcanos de entre 8 y 12 átomos de carbono. Si se usan gasolinas formadas por alcanos con facilidad para inflamarse, se produce un autoencendido y una detonación prematura, que puede provocar graves daños en las bielas del motor y que disminuye el rendimiento de este.
- **Gasóleo.** Fracción líquida que destila a una temperatura más alta que las gasolinas, formada principalmente por una mezcla de hidrocarburos saturados de 15 a 25 carbonos en la cadena. Se emplea como combustible para calderas de calefacción y para los motores diésel.

  En las gasolineras se suministran **gasoil** y **biodiésel**, que es un combustible obtenido a partir de aceites vegetales o grasas animales, que se mezcla con el gasóleo en diferentes proporciones.

Todos los hidrocarburos reaccionan con oxígeno, proporcionando dióxido de carbono, agua y energía. Estos procesos son denominados **reacciones de combustión**.

$$\text{Hidrocarburos} + O_2\,(g) \rightarrow CO_2\,(g) + H_2O\,(g) + \text{energía}$$

OBSERVA

Octanaje o índice de octano de las gasolinas

Es una escala que sirve para medir la resistencia que presenta una gasolina a detonar. Se atribuye al isooctano una capacidad antidetonante de 100 y al n-heptano una de 0. De este modo una gasolina de 95 octanos tiene una capacidad antidetonante equivalente a la de una mezcla formada por el 95% de isooctano y el 5% de heptano.

En las gasolineras se encuentra gasolina de 95 y de 98 octanos. Esta última se recomienda para aprovechar al máximo la potencia de los coches deportivos.

$CH_3-CH_2-CH_2-CH_2-CH_2-CH_2-CH_3$

n-heptano

$$CH_3-C(CH_3)_2-CH_2-CH(CH_3)-CH_3$$

Isooctano

Número o índice de cetano de los gasóleos

Es una escala para valorar la capacidad de ignición del carburante en un motor, siendo la característica más significativa en relación con el encendido a baja temperatura.

El número de cetano se establece tomando como referencia dos hidrocarburos: el n-hexadecano (cetano), con un período corto de ignición, al que se le asigna el número de cetano 100, y el alfa-metilnaftaleno con un período largo de ignición al que se le asigna el número de cetano 0.

$CH_3-(CH_2)_{14}-CH_3$

Cetano (n-hexadecano)

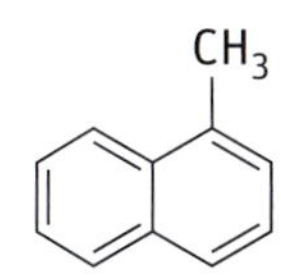

Alfa-metilnaftaleno

¿Qué es el craqueo?

La demanda de las fracciones con menos de 12 carbonos para fabricar gasolinas y plásticos es muy superior a la de otras fracciones más pesadas. Por ello estas fracciones se someten a procesos de **craqueo catalítico**, que implica la rotura de las cadenas carbonadas a altas temperatura y presiones utilizando catalizadores.

El craqueo, además de alcanos volátiles útiles para la fabricación de gasolinas, produce fragmentos insaturados, como el eteno, que es la materia prima para la fabricación de plásticos como el polietileno.

Figura 6.15. Refinería petrolífera.

Biocombustibles

Un **biocombustible** o **agrocombustible** es un combustible obtenido de la biomasa (sobre todo de vegetales y de seres vivos que fijan la energía del sol mediante fotosíntesis) o de residuos, como por ejemplo la fracción orgánica de los residuos sólidos urbanos.

La primera generación de biocombustibles estuvo formada por el **bioetanol**, extraído de la caña de azúcar, el trigo o el maíz; el **biodiésel**, extraído de la colza, el girasol o la palma. La segunda generación se obtiene a partir de la **madera**, los tallos, las hojas y la paja. La tercera generación se basa en la capacidad de algunas **microalgas** para multiplicarse rápidamente y acumular aceites y azúcares.

Figura 6.16. Biocombustibles.

ACTIVIDADES

16. Las ventajas de los biocombustibles frente a los combustibles fósiles es un tema controvertido. Consulta las ventajas y desventajas que presentan en el artículo www.e-sm.net/sv.fq4eso06_04. Redacta un informe que exponga tu opinión.

Repasa lo aprendido

1 ¿Por qué el carbono es el elemento que puede formar el mayor número de compuestos?

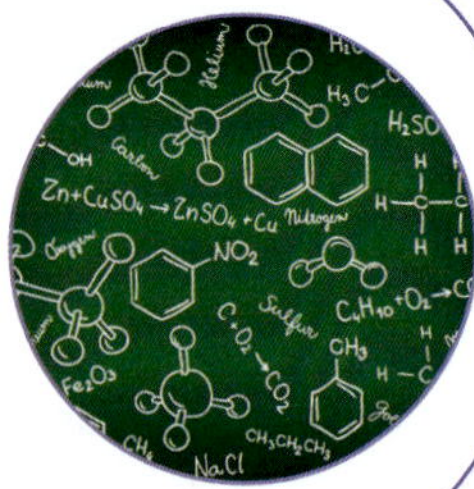

- El átomo de **carbono** puede formar **enlaces simples, dobles y triples**; puede enlazarse con otros átomos de carbono, formando **cadenas** muy largas que pueden ser **lineales, ramificadas o cíclicas**, y también **con otros elementos** como el hidrógeno, el oxígeno, el nitrógeno,...

2 ¿Por qué las formas alotrópicas del carbono tienen propiedades tan diferentes?

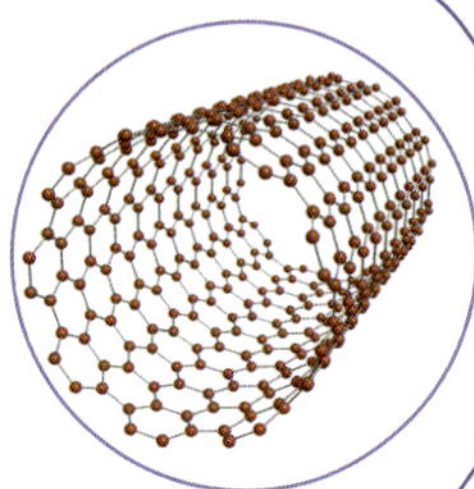

- Las distintas **formas alotrópicas** del carbono presentan diferencias en su estructura y propiedades. Esto hace que las aplicaciones de cada una de estas formas alotrópicas sean muy diversas.

3 ¿Cómo se clasifican los hidrocarburos? ¿Qué relación existe entre sus propiedades y estructura?

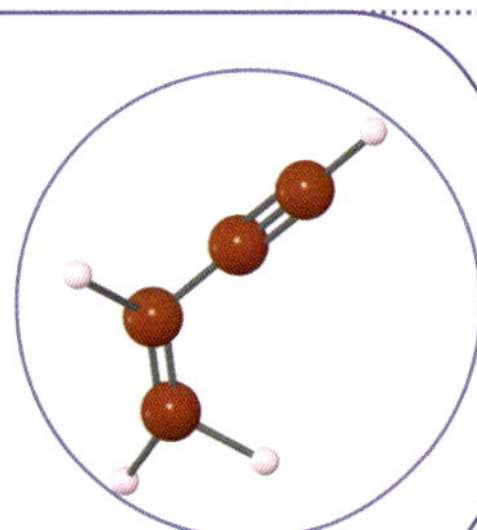

- Se clasifican en **alcanos** (enlaces simples), **alquenos** (algún enlace doble) y **alquinos** (algún enlace triple).
- Todos ellos son **insolubles en agua** y **reaccionan con el oxígeno** del aire; los alquenos y alquinos son más reactivos que los alcanos y presentan **reacciones características de adición sobre el doble o triple enlace**.

4 ¿Cuáles son los principales grupos funcionales y series homólogas?

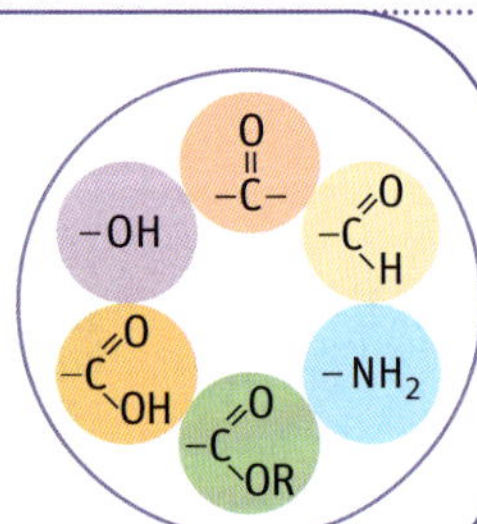

- Los principales grupos funcionales y las series homólogas a los que van asociados son: **hidroxilo** (alcoholes), **carbonilo** (aldehídos y cetonas), **carboxilo** (ácidos orgánicos), **éster** (ésteres) y **amina** (aminas).

5 ¿Cuáles son los cuatro grandes grupos de compuestos que forman los seres vivos?

- Los cuatro grandes grupos de compuestos que forman los seres vivos son los **glúcidos** (o hidratos de carbono), los **lípidos** (aceites y grasas, esteroides y ceras), las **proteínas** y los **ácidos nucleicos**.

6 ¿Cuáles son los combustibles fósiles y sus derivados y qué aplicación tienen?

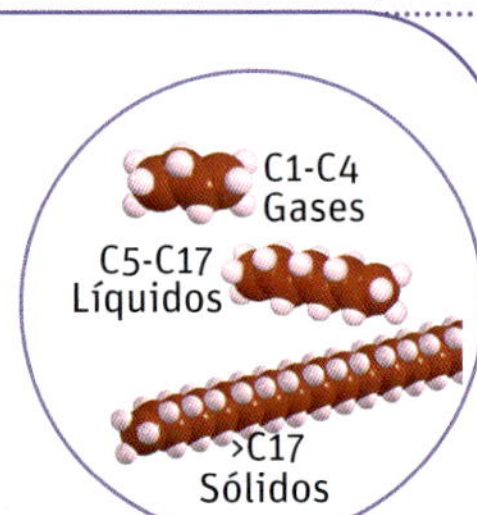

- El **carbón**, el **gas natural** y el **petróleo** son combustibles fósiles.
- Por **destilación fraccionada del petróleo** se obtiene toda una serie de fracciones (éter de petróleo, gasolina, gasóleo, aceites lubricantes, asfalto,...) que se diferencian por su temperatura de ebullición.
- Se utilizan como **combustibles** y también como **materia prima para la síntesis de moléculas orgánicas**, como por ejemplo, los plásticos.

smSaviadigital.com VALORA LO APRENDIDO › Resumen de la unidad

Procedimientos de la ciencia

Obtención del jabón

Una de las finalidades de la química es la obtención de nuevas sustancias por síntesis. Desde muy antiguo, se ha obtenido jabón mezclando cenizas (tienen carácter básico) con grasas de diferente origen vegetal o animal. En realidad, aunque no se supiera, se estaba realizando una reacción de saponificación.

Con la producción industrial de sosa cáustica (hidróxido de sodio) se pudo fabricar jabón en grandes cantidades, mediante la reacción:

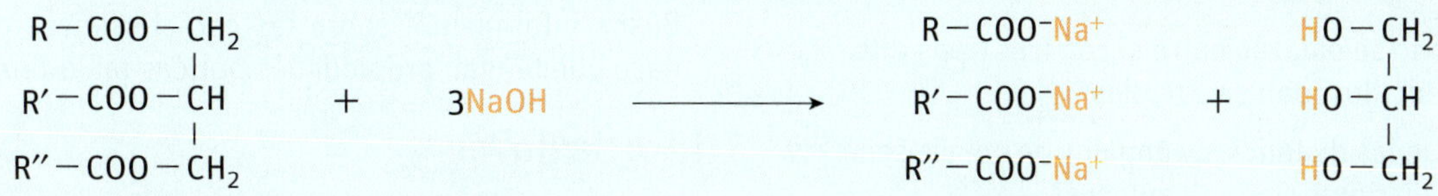

PROCEDIMIENTO

1. Mide 4 mL de agua destilada con una probeta y colócalos en un tubo de ensayo.
2. Colócate unas gafas de protección, toma 1,5 g de hidróxido de sodio (ten cuidado de que no te toque la piel, es cáustico) y añádelos al agua del tubo de ensayo.
3. Tapa el tubo con un tapón y agítalo hasta que se disuelva todo el hidróxido de sodio. El tubo se calentará mucho.
4. Mide 8 mL de aceite de oliva y añádelos a la disolución del tubo de ensayo. Mide 2 mL de etanol y añádelos también.
5. Prepara una disolución acuosa de NaCl en otro tubo y vierte el contenido del primer tubo sobre este en un baño de hielo.
6. Tapa el tubo y agita vigorosamente hasta que la mezcla se transforme en un sólido, que es el jabón.
7. Para sacar el jabón del tubo de ensayo basta con calentar con suavidad la parte inferior del tubo de ensayo con una llama.

smSaviadigital.com OBSERVA › Fabricación de jabón

ACTIVIDADES

17. Puesto que el agua y el aceite son inmiscibles, la reacción tiene lugar en la interfase entre ambos. ¿Qué influencia tiene este factor en la velocidad de la reacción y en la conveniencia de agitar para que tenga lugar más rápidamente?

18. ¿Qué función juega el etanol en la reacción?

19. Investiga la historia de la fabricación del jabón a lo largo de la historia y escribe un texto breve explicativo.

Actividades

El átomo de carbono y sus enlaces

20. Los átomos de carbono pueden formar cuatro enlaces covalentes, generando distintos tipos de cadenas. ¿Qué diferencia hay entre las cadenas lineales, ramificadas y cíclicas?

21. Los átomos de carbono se enlazan entre sí con tres tipos diferentes de enlaces: sencillos, dobles y triples.

a) ¿A qué se debe que las distancias y ángulos de enlace sean diferentes en los distintos tipos de enlaces?

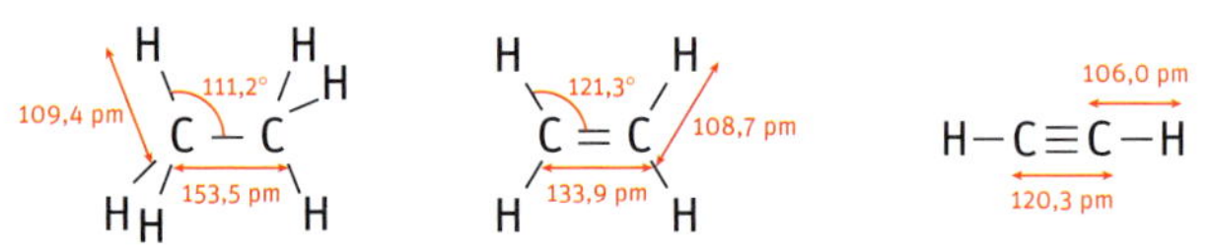

b) Expresa las longitudes de enlace dadas en metros.

c) Escribe la fórmula y el nombre de tres alcanos, tres alquenos y tres alquinos.

22. Para representar las moléculas se utilizan modelos moleculares de bolas y varillas o compactos de bolas.

a) ¿Cuáles la ventaja de cada uno de los modelos?

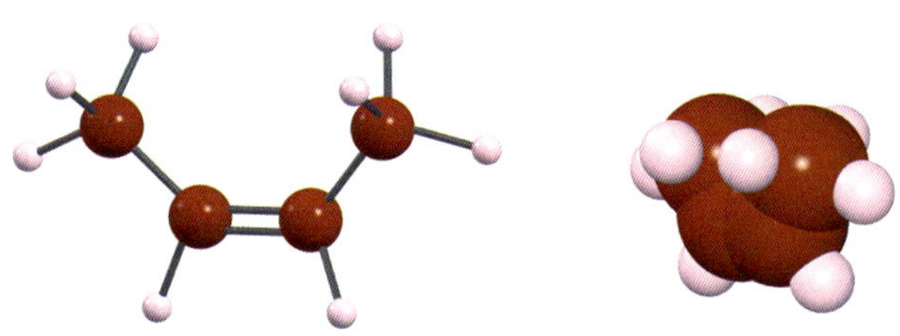

b) Escribe la fórmula de cada una de estas moléculas, indicando los enlaces entre los átomos de carbono.

23. Los átomos de carbono pueden formar enlaces covalentes con otros elementos, tales como H, O, N, Cl. Busca en internet información de la longitud media de los enlaces siguientes:

C–H, C–Cl, C–O, C=O, C–N, C=N, C≡N

24. Teniendo en cuenta que la cantidad de enlaces covalentes que puede formar cada uno de los elementos que intervienen, imagina moléculas con dos átomos de carbono y:

a) los átomos de hidrógeno correspondientes

b) un átomo de oxígeno y átomos de hidrógeno

c) un átomo de cloro y átomos de hidrógeno

d) un átomo de nitrógeno y átomos de hidrógeno

25. La denominación de fullerenos se estableció en honor de Richard Buckminster Fuller, un arquitecto estadounidense que construyó diversas cúpulas geodésicas a lo largo de su vida. Busca información sobre cuáles son las aplicaciones actuales de los fullerenos.

26. El carbono grafito es negro mientras que el carbono diamante refleja la luz y brilla, lo que lo hace muy apreciado en joyería. Busca información sobre las características del enlace que hace que tengan propiedades ópticas tan diferentes.

Hidrocarburos

27. Dibuja la fórmula estructural y la fórmula estructural condensada del heptano.

SOLUCIÓN

El nombre de heptano nos indica que el compuesto es un alcano (-ano) con siete (hept-) átomos de carbono unidos por enlaces sencillos.

C–C–C–C–C–C–C

Cada átomo de carbono debe tener cuatro enlaces covalentes; por tanto, se deben agregar suficientes átomos de hidrógeno para que cada uno de ellos tenga 4 enlaces.

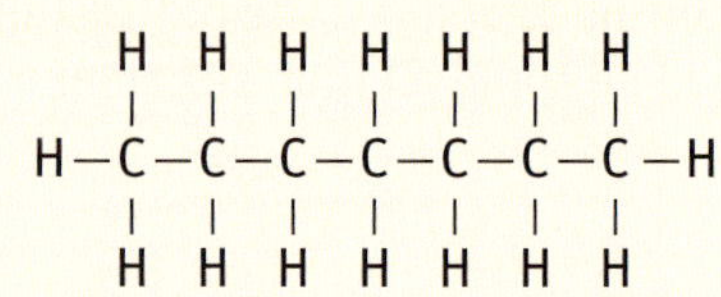

Para escribir la forma condensada, se indica mediante un subíndice el número de átomos de hidrógeno unidos a cada átomo de carbono. Fíjate en que el carbono de cada extremo tiene tres átomos de hidrógeno, mientras que los átomos de carbono intermedios tienen cada uno solo dos átomos de hidrógeno.

$$CH_3–CH_2–CH_2–CH_2–CH_2–CH_2–CH_3$$

Puesto que hay cinco grupos consecutivos $–CH_2$, también se puede escribir la estructura así:

$$CH_3–(CH_2)_5–CH_3$$

28. Las denominadas bombonas de butano en realidad contienen una mezcla de propano y butano. Ambos son gases a temperatura ambiente. Sin embargo, si balanceamos una bombona de butano observaremos que hay un líquido en su interior. Lo mismo ocurre si observamos el líquido que contiene un encendedor de butano. ¿A qué se debe esta aparente contradicción?

29. Escribe las fórmulas molecular, estructural y semidesarrollada (condensada) del pentano.

30. Si te fijas en las fórmulas moleculares de los alcanos, verás que se puede inferir que la fórmula general de este tipo de hidrocarburos es C_nH_{2n+2}, siendo n el número de átomos de carbono.

- **a)** Razona por qué es esta la fórmula general de los alcanos.
- **b)** Deduce la fórmula molecular del octano (alcano de ocho átomos de carbono) y del nonano (de nueve carbonos).

31. Escribe las estructuras de los isómeros del pentano.

32. La tabla muestra la temperatura de fusión y la temperatura de ebullición de una serie de alcanos.

alcano	Fórmula molecular	Temperatura de fusión, T_f (°C)	Temperatura de ebullición, T_e (°C)
metano	CH_4	-183	-162
etano	C_2H_6	-172	-89
propano	C_3H_8	-188	-42
butano	C_4H_{10}	-138	0
pentano	C_5H_{12}	-130	36
hexano	C_6H_{14}	-95	69
heptano	C_7H_{16}	-91	98
octano	C_8H_{18}	-57	126
decano	$C_{10}H_{22}$	-30	174
octodecano	$C_{18}H_{38}$	26	316
eicosano	$C_{20}H_{42}$	37	343

- **a)** ¿Cuáles son gases a temperatura ambiente? ¿Cuáles son líquidos? ¿Cuáles son sólidos?
- **b)** ¿Qué relación cualitativa existe entre las temperaturas de fusión y de ebullición y el número de átomos que forman las moléculas de los alcanos?
- **c)** Representa gráficamente la temperatura de ebullición en función del número de átomos de carbono de las moléculas.
- **d)** Explica la variación de la temperatura de ebullición con el número de átomos de las moléculas en relación a la intensidad de las fuerzas intermoleculares.

33. Escribe y nombra los cuatro primeros alquenos lineales. Indica las moléculas que son isómeras.

34. Escribe y ajusta la ecuación química de la reacción de craqueo del decano que da lugar a octano y a eteno.

35. Los cicloalcanos son compuestos cíclicos que contienen solo enlaces sencillos. El más simple de la serie es el ciclopropano. La molécula se puede representar por la fórmula semidesarrollada o por un simple triángulo, que solo indica el esqueleto carbonado.

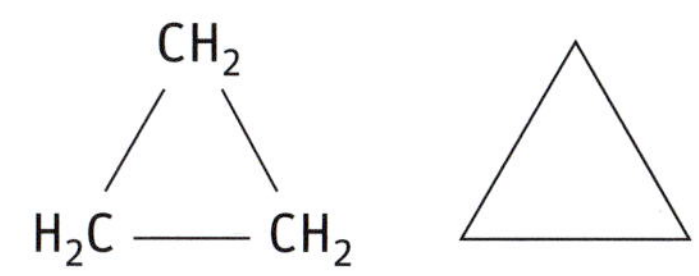

Escribe las fórmulas semidesarrolladas del ciclobutano, del ciclopentano y del ciclohexano, y las fórmulas simplificadas correspondientes.

36. Indica si las dos estructuras de cada conjunto representan el mismo compuesto o compuestos isómeros.

a) 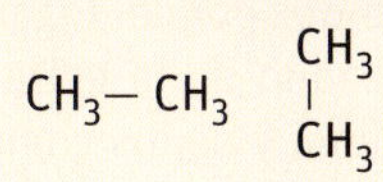

b) 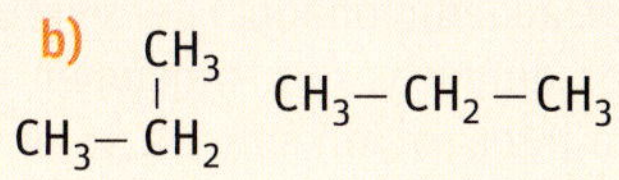

c) 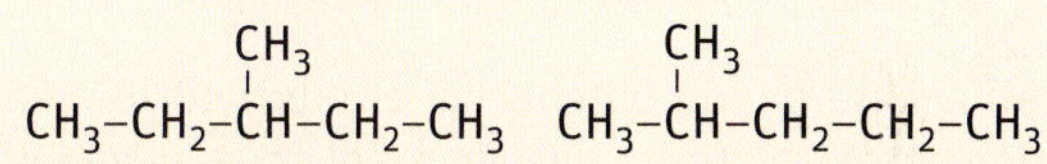

d) 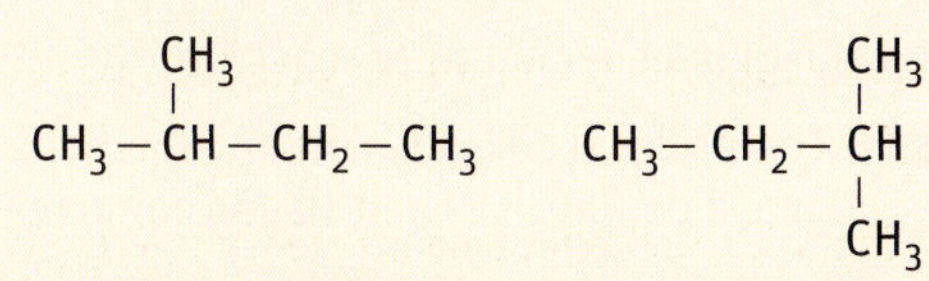

e) 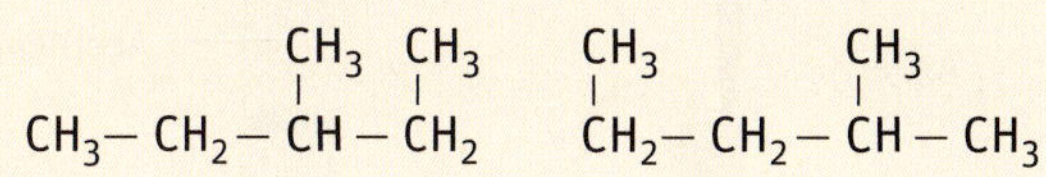

SOLUCIÓN

- **a)** Son la misma molécula.
- **b)** Son la misma molécula, pero dibujada de modo diferente.
- **c)** Son moléculas isómeras. En la primera, el grupo metilo se encuentra en el carbono 3 de la cadena principal y en la segunda, se encuentra en el carbono 2.
- **d)** Se trata de la misma molécula. La única diferencia es que el último grupo $-CH_3$ se ha dibujado hacia abajo en lugar de hacerlo en línea recta.
- **e)** Son moléculas isómeras. El grupo metilo se encuentra en la primera en la posición del carbono 3 y en la segunda,en la posición del carbono 2.

37. Escribe y ajusta la ecuación química de la reacción de hidrogenación del propeno. ¿Por qué decimos que el propeno se ha saturado?

38. De un compuesto orgánico se sabe que es un hidrocarburo pero no se sabe si es hexano o hexeno. Al hacerlo reaccionar con bromo, que es de color rojizo, el color rojo desaparece. ¿Qué compuesto es de los dos? ¿Cómo lo sabes?

Actividades

39. Los hidrocarburos clorados tienen muchos usos pero presentan muchos peligros. Busca información de las propiedades, aplicaciones y peligros que presentan los cuatro compuestos clorados derivados del metano: clorometano, diclorometano, triclorometano y tetraclorometano.

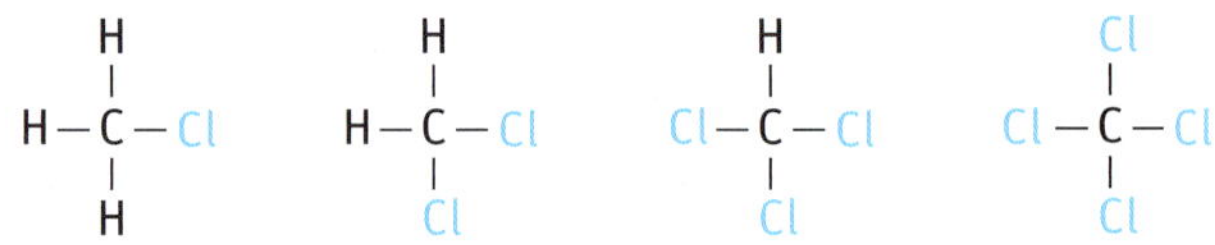

Cloruro de metilo — Cloruro de metileno — Cloroformo — Tetracloruro de carbono

40. Los compuestos del carbono que contienen flúor además de cloro se denominan clorofluorocarbonos y se han utilizado como propelentes en los envases de aerosoles o desodorantes y también como líquido refrigerante en las neveras y aparatos de aire acondicionado. Fueron prohibidos por dar lugar a reacciones químicas que consumen el ozono de la estratosfera. Busca información sobre este problema y de los compuestos que se utilizan actualmente como sustitutos.

41. El acetileno se puede obtener en el laboratorio mediante la reacción entre el carburo de calcio y el agua, recogiéndose en una probeta graduada invertida llena de agua salada.

a) Escribe y ajusta la ecuación de la reacción.

b) Si se han recogido 50,0 cm^3 de acetileno medidos a 0°C y 1 atm, ¿qué masa de CaC_2 se ha utilizado como reactivo?

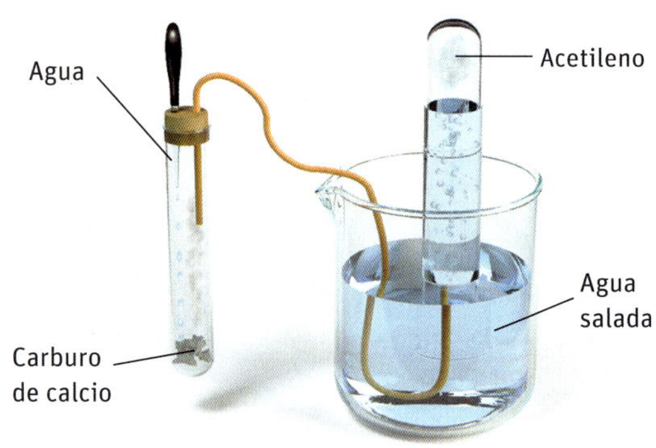

42. Clasifica los siguientes compuestos químicos como:

a) alcanos, alquenos o alquinos

b) saturados o insaturados

c) de cadena lineal, ramificada o cíclica

i) 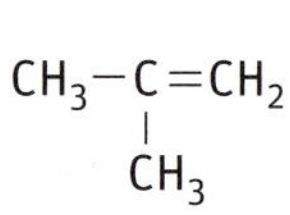

iii) 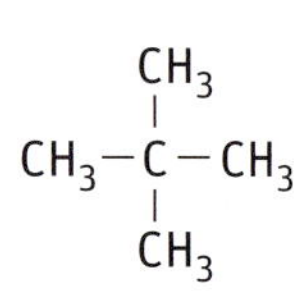

ii) $CH_3-C\equiv C-CH_3$

iv) 

Grupos funcionales

43. Identifica el grupo funcional presente en cada una de las moléculas y nombra el compuesto.

a) $CH_3-CHOH-CH_2-CHO$

b) $CH_3-O-CH_2-CH_3$

c) CH_3-CH_2-COOH

d) CH_3-CH_2-CHO

e) $CH_3-CH_2-NH-CH_3$

f) $CH_3-CH_2-CH_2-CO-CH_2-CH_3$

44. La figura muestra el aparato que se puede utilizar para realizar la destilación destructiva de la madera para obtener metanol.

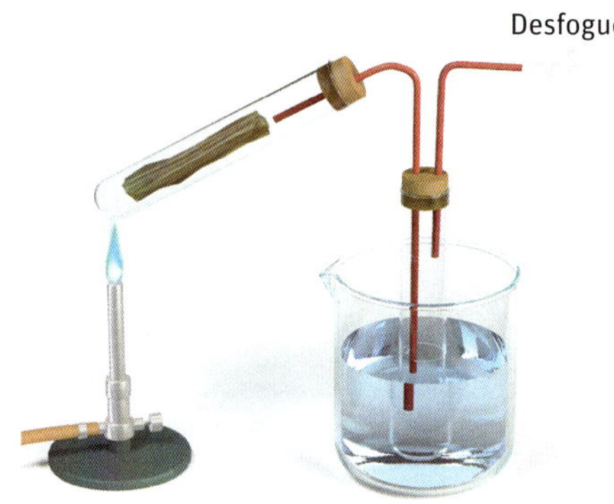

a) Describe el aparato y cómo funciona.

b) A escala industrial el metanol se obtiene de la reacción catalizada entre el monóxido de carbono y el hidrógeno. Escribe y ajusta la ecuación química de esta reacción.

45. El etilenglicol (etanodiol) es un alcohol que se usa en la mayor parte de los anticongelantes. Se obtiene a partir del óxido de etileno (que es un éter cíclico) que reacciona con el agua con un ácido como catalizador. Escribe la ecuación de la reacción.

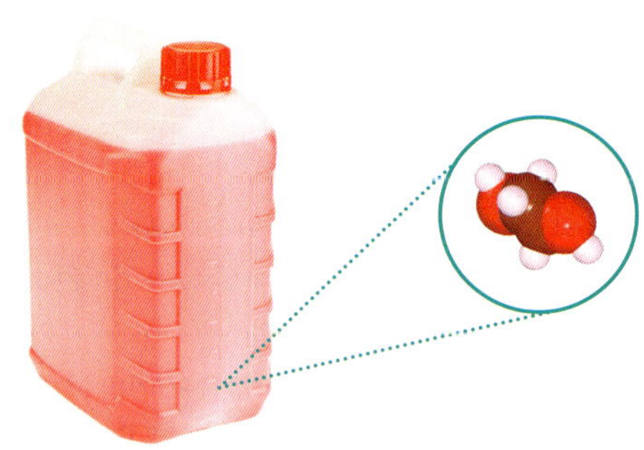

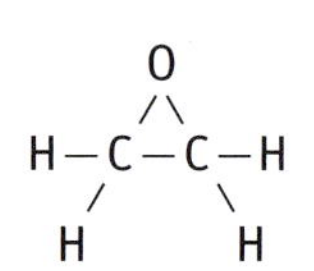

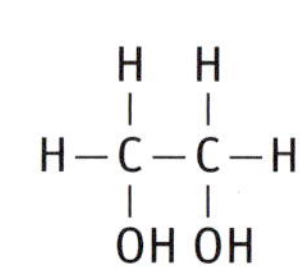

46. Escribe la fórmula estructural semidesarrollada de los isómeros de posición del butanol y del pentanol y nómbralos.

47. a) **Escribe la fórmula semidesarrollada del etanol y del dimetiléter.**

b) **¿Son isómeros? ¿Por qué?**

c) **Si lo son, ¿qué tipo de isomería presentan? Justifica tu respuesta en cada caso.**

SOLUCIÓN

a) CH_3-CH_2-OH CH_3-O-CH_3

b) Son isómeros puesto que tienen la misma fórmula molecular: C_2H_6O

c) Este tipo de isomería se denomina de función, porque lo que cambia entre las dos moléculas es el grupo funcional (en la primera es el grupo hidroxilo y en la segunda, el grupo éter).

48. a) Escribe la fórmula desarrollada o semidesarrollada del propanal y de la propanona.

b) ¿Son isómeros? ¿Por qué?

c) Si lo son, ¿qué tipo de isomería presentan?

49. **Una primera oxidación del etanol produce etanal y una oxidación más intensa produce ácido etanoico (ácido acético). Escribe las ecuaciones químicas de estas dos reacciones.**

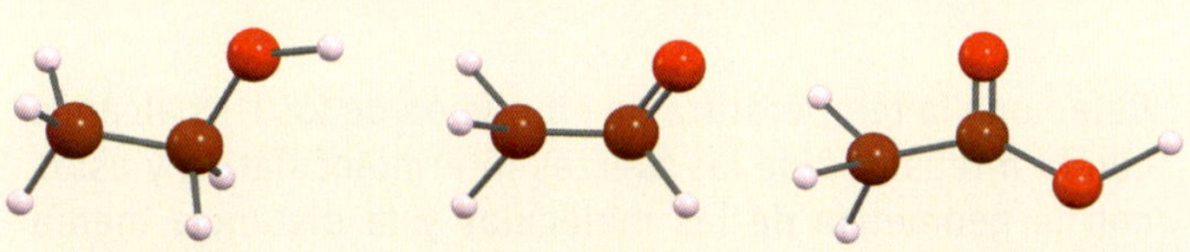

etanol   etanal   ácido etanoico

SOLUCIÓN

$CH_3-CH_2OH + 1/2\ O_2 \rightarrow CH_3-CHO + H_2O$

$CH_3-CHO + 1/2\ O_2 \rightarrow CH_3-COOH$

50. Escribe la fórmula estructural del alcohol que se puede oxidar para obtener propanona.

51. Escribe la fórmula estructural de los compuestos siguientes:

a) etilmetilcetona   c) acetato de etilo

b) ácido butírico   d) dimetilamina

52. El etanoato de metilo proviene de la reacción del ácido etanoico con el metanol, en la que también se libera agua. Escribe la ecuación de esta reacción.

53. Escribe en tu cuaderno el nombre de los siguientes compuestos.

a) $CH_3-CH_2-CH_2-OH$

b) $CH_3-CH_2-O-CH_3$

c) $CH_3-CH_2-CH_2-CH_3-CH_2-CH_2-NH_2$

d) $CH_3-CH_2-\ CH_3-CH_2-COOH$

El carbono, la base de la vida

54. La aspirina (ácido acetilsalicílico) es un éster producto de la reacción del grupo –OH del ácido salicílico con el grupo –COOH del ácido acético (en esta reacción también se forma agua).

a) ¿Qué representa el hexágono con el circulo interior?

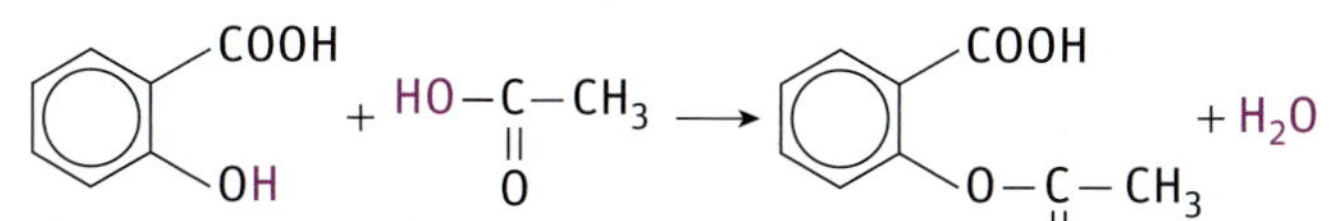

Ácido salicílico   Ácido acético   Ácido acetilsalicílico (aspirina)

b) Consulta en internet cómo tuvo lugar el descubrimiento de este medicamento y haz un breve resumen en tu cuaderno.

55. La sacarosa es un disacárido constituido por la unión de una molécula de glucosa y una de fructosa, con pérdida de una molécula de agua.

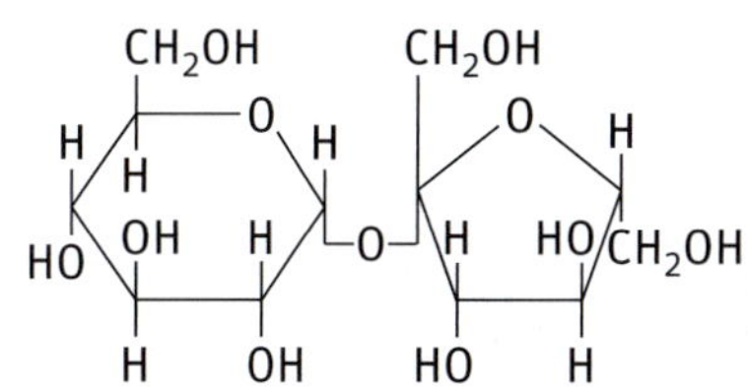

a) Escribe la fórmula molecular de la sacarosa.

b) ¿Qué porcentaje de la masa de una molécula de sacarosa corresponde a carbono?

La combustión de compuestos de carbono

56. La combustión del butano genera dióxido de carbono y agua, según la reacción:

$$C_4H_{10} + 13/2\ O_2 \rightarrow 4\ CO_2 + 5\ H_2O$$

Si reaccionan completamente 290 g de butano, calcula:

a) La masa de oxígeno necesaria para la combustión completa del butano.

b) La masa de agua que se obtiene.

57. Para elevar el índice de octano se utilizó inicialmente una sustancia llamada tetraetilo de plomo. Sin embargo, esta sustancia es tóxica y además estropeaba los convertidores catalíticos que se utilizan para reducir los gases contaminantes que salen por el tubo de escape. Actualmente se agregan otros elevadores del índice de octano como el MTBE (éter metil-terbutílico) y alcoholes como el metanol y etanol.

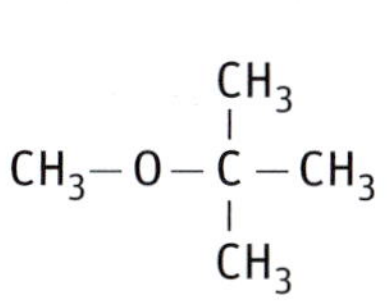

Busca información sobre la fórmula del MTBE y de la acción que producen los alcoholes.

Ponte a prueba

Propiedades y estructura de los alcanos

La temperatura de ebullición y la densidad de los hidrocarburos puede relacionarse con la geometría de las moléculas y las fuerzas intermoleculares. Observa la variación de la temperatura de ebullición y de la densidad del n-octano, el isooctano y el ciclooctano. El n-octano y el isooctano son isómeros. El ciclooctano tiene el mismo número de carbonos. Todos ellos son líquidos a temperatura ambiente.

Sustancia	n-octano	Isooctano	Ciclooctano
Fórmula molecular	C_8H_{18}	C_8H_{18}	C_8H_{16}
Fórmula semidesarrollada	$CH_3–(CH_2)_6–CH_3$	$(CH_3)_3–C–CH_2–CH–(CH_3)_2$	$(CH_2)_8$
Temperatura de ebullición (°C)	125, 5	99,3	151
Densidad (g/cm^3)	0,703	0,688	0,830

Observa la forma de las moléculas a través de las fórmulas estructurales y de los modelos moleculares.

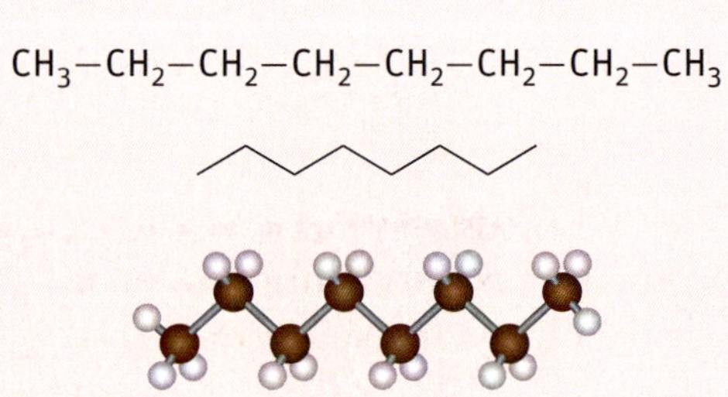

n-octano

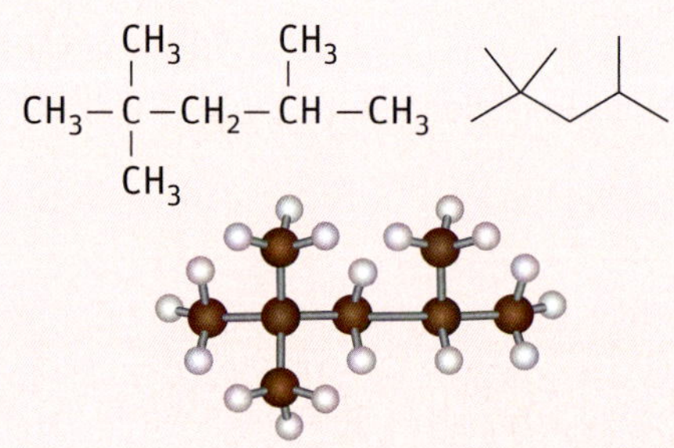

Isooctano

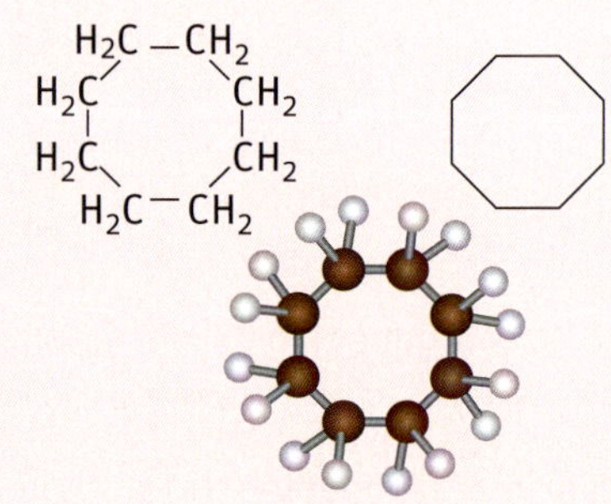

Ciclooctano

1. Describe las diferencias que presentan en su estructura las moléculas de los hidrocarburos n-octano, isooctano y ciclooctano.
2. Relaciona los valores de densidad de los tres alcanos con la geometría de sus moléculas, así como con la probable distancia media entre las moléculas de estas sustancias en estado líquido.
3. Relaciona la temperatura de ebullición de los tres alcanos con la intensidad de las fuerzas intermoleculares, y estas con la geometría de las moléculas y la distancia media entre ellas.
4. Compara tus explicaciones con las de tus compañeros e investiga en páginas web especializadas de internet la explicación que se propone.

Combustión de una vela

Una vela está formada por una mezcla de parafinas, que son hidrocarburos con cadenas carbonadas entre 23 y 30 átomos de carbono. En la primera unidad hemos observado la combustión de una vela y cómo se apaga al colocar un vaso sobre ella. Entonces se hicieron varias hipótesis explicativas como ejemplo de uno de los procesos de la metodología científica.

Ahora, con el conocimiento de la composición de las parafinas, podemos precisar más el proceso que tiene lugar y los productos que se forman.

1. Supongamos que la vela está formada por una única parafina de 24 átomos de carbono. Escribe la ecuación de la reacción de combustión que tiene lugar cuando se quema dicha vela.
2. ¿Por qué se apaga la vela al colocar un vaso encima?
3. Explica por qué aparecen gotitas de agua en las paredes del vaso.

Oxidación del jugo de manzana

Las frutas frescas como las manzanas contienen todos los ingredientes para un proceso de fermentación: fructosa, levadura (que se encuentra en la piel de la manzana) y agua. El proceso de fermentación es catalizado por un conjunto de enzimas (zimasa) que da lugar a etanol y dióxido de carbono.

Este proceso se utiliza en la fabricación de la sidra y del vino cuando se parte de la uva.

1. Escribe la ecuación ajustada de la reacción de fermentación de la fructosa, $C_6H_{12}O_6$.
2. Busca información del procedimiento que podrías seguir en el laboratorio o en tu casa para realizar esta fermentación.
3. En exceso de oxígeno se produce vinagre de manzana. Escribe la ecuación de la reacción de oxidación del etanol a ácido acético.
4. Busca información sobre cómo procederías para obtener vinagre de manzana.

AUTOEVALUACIÓN

1. ¿Cuáles de las siguientes afirmaciones son verdaderas? Justifica tu respuesta.

a) Un alcano solo contiene enlaces C–C simples.

b) Un alqueno solo contiene enlaces dobles C=C.

c) Un alqueno solo puede contener un enlace C=C.

d) Un alqueno contiene como mínimo un enlace C=C.

2. Clasifica los siguientes pares de moléculas como isómeras, homólogas, idénticas o nada de lo anterior.

a) $CH_3-CH_2-CH_3$ y $CH_3-CH_2-CH_2-CH_3$

b) 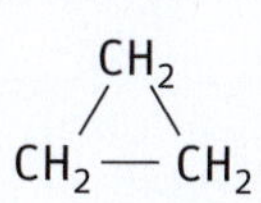 y $CH_3-CH_2-CH_3$

c) $CH_2=CH-CH_3$ y 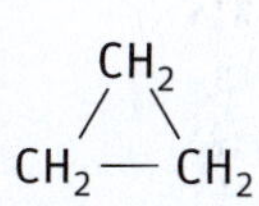

d) 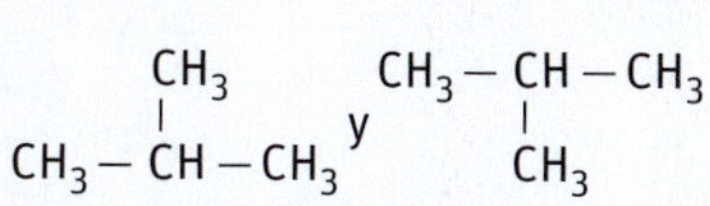

3. Identifica el grupo funcional presente en cada una de las moléculas y nombra el compuesto.

a) CH_3-CH_2-CH_2-CH_2OH

b) CH_3-CH_2-O-CH_2-CH_3-CH_3

c) CH_3-CH_2-CH_2-COOH

d) CH_3-COO-CH_2-CH_3

e) CH_3-CH_2-CH_2-CHO

f) CH_3-CH_2-NH-CH_2-CH_3

4. Escribe la fórmula estructural de cada uno de los compuestos siguientes.

a) butan-2-ol

b) propanal

c) acetona

d) etilmetilcetona

e) ácido acético

f) propanato de etilo

g) etilamina

h) trimetilamina

5. Considera el grupo de compuestos siguientes.

i) $CH_3-CH_2-CH_2-O-CH_3$

ii) 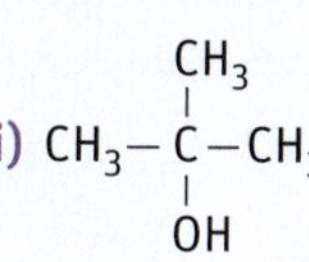

iii) 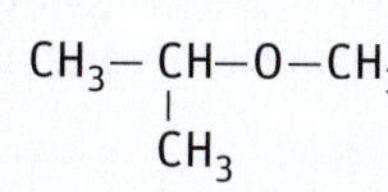

vi) $CH_3-CH_2-O-CH_2-CH_3$

a) ¿Qué grupo funcional caracteriza cada compuesto?

b) ¿Cuáles son isómeros?

c) ¿Cuáles son isómeros de posición?

d) ¿Cuáles son isómeros de función?

6. Completa e iguala las ecuaciones químicas siguientes.

a) CH_3-CH_3 + O_2 → ●●●

b) CH_2=CH_2 + Cl_2 → ●●●

c) CH_2=CH_2 + HCl → ●●●

d) CH_3-CH=CH_2 + H_2O → ●●●

e) CH_3-CHOH-CH_3 + O_2 → ●●●

f) $C_6H_{12}O_6$ $\xrightarrow{\text{levadura}}$ ●●●

smSaviadigital.com VALORA LO APRENDIDO > Autoevaluación con sus soluciones

PROYECTO DE

INVESTIGACIÓN

¿QUÉ DETERGENTE ES MÁS EFICAZ?

Muchos anuncios afirman que determinados detergentes son más eficaces que otros para eliminar las manchas de la ropa. El objetivo de nuestra investigación es planificar un método que nos permita comprobarlo. Consensuad una respuesta a la cuestión: ¿qué significa que un detergente sea más eficaz?

PLANIFICACIÓN DE LA INVESTIGACIÓN

- ¿Cómo se puede comparar la eficacia limpiadora de dos detergentes?
- ¿Cuáles son las variables que deben ser controladas durante el desarrollo de la investigación?
- Contrastad las variables que habéis propuesto con la lista siguiente para aseguraros de que controláis todas las variables: el tipo de suciedad (grasa, pigmento, chocolate...), la intensidad de la mancha, el tipo de tejido, la concentración de la disolución del detergente, la temperatura del agua, el grado de agitación y el tiempo de lavado.
- Redactad cómo vais a llevar a cabo la investigación y mostradlo a vuestro profesor.

REALIZACIÓN DE LA INVESTIGACIÓN Y COMUNICACIÓN DEL RESULTADO

- Llevad a cabo la investigación controlando las variables con el máximo de exactitud y precisión que podáis. A modo de ejemplo:

Echad dos gotas iguales de aceite y dos de chocolate en un trapo y cortadlo en dos trozos iguales.

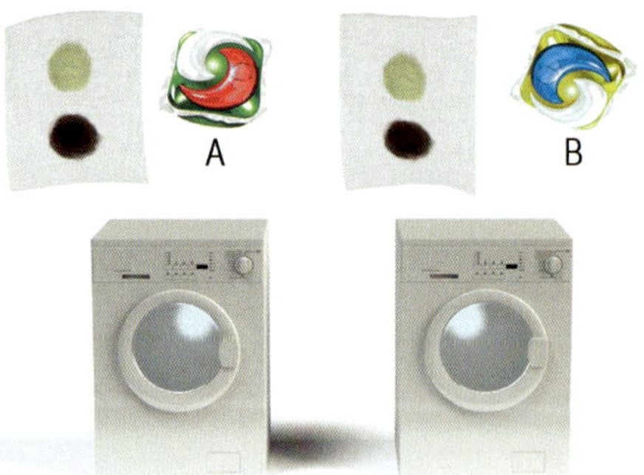

Lavad cada uno de los trozos con uno de los dos detergentes, manteniendo fijas las demás variables.

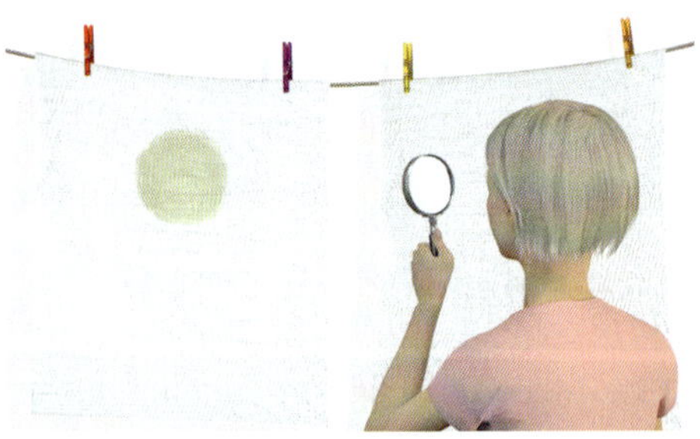

Ponedlos a secar en las mismas condiciones. ¿Qué detergente ha sido más eficaz para cada una de las manchas?

- Tomad nota del resultado de vuestro experimento y comparadlo con el obtenido por otros grupos que hayan trabajado con los mismos detergentes.
- Escribid un informe con los siguientes apartados: objetivo y planificación de la investigación, así como realización, expresión y evaluación del resultado. Utilizad los dibujos que os sean precisos.

COMPRENDIENDO LA FORMA DE ACTUAR DE UN DETERGENTE

- Cualquier sustancia que, añadida al agua, logra estos tres objetivos, es un detergente: 1. Conseguir que el agua moje las fibras; 2. Separar la grasa de las fibras; 3. Suspender la suciedad en el agua para que pueda ser eliminada.
- ¿Qué es la tensión superficial y qué es una sustancia tensoactiva?
- ¿Qué problema medioambiental causaron los primeros detergentes (ABS)? ¿Cómo han resuelto el problema los llamados detergentes LAS?
- ¿Qué diferencia hay entre la estructura de un detergente y un jabón? ¿Cuál es la ventaja del uso de detergentes frente al de los jabones?

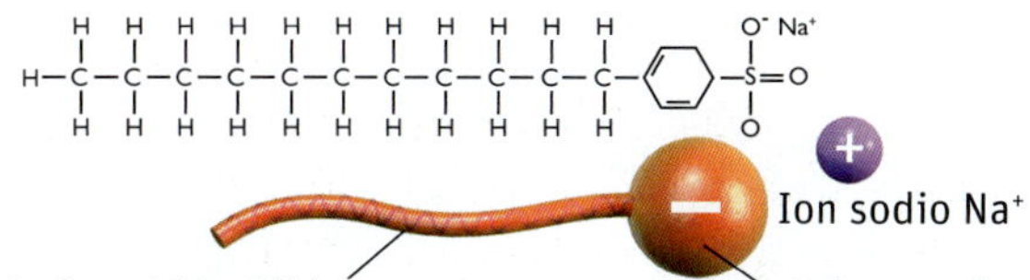

Una molécula de detergente tiene dos partes diferenciadas: una larga cadena hidrofóbica (se orienta hacia la grasa) y una cabeza polar (hidrofílica).

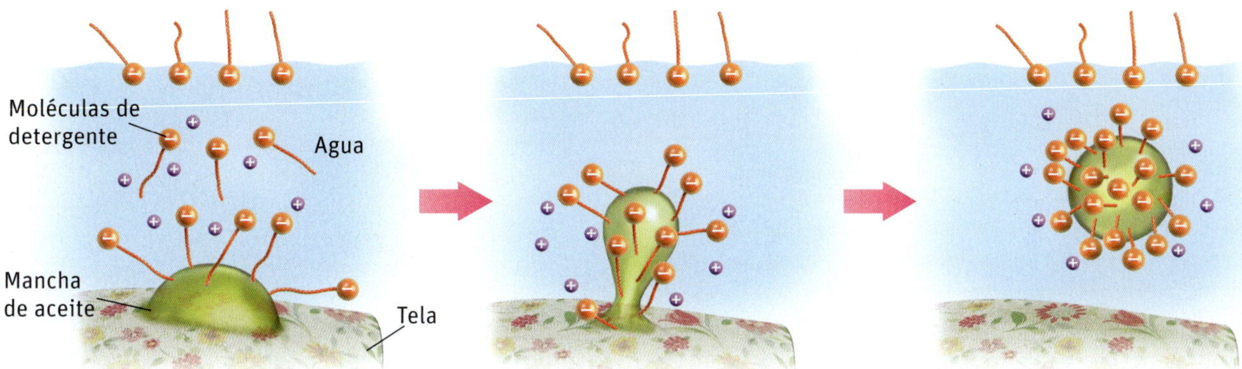

Cuando un detergente se disuelve en agua, los iones sodio se separan. Algunos de los aniones se sitúan en la superficie del agua disminuyendo su tensión superficial. Otros orientan su parte hidrofóbica hacia la grasa que hay en la tela y las cabezas polares hacia el agua. La agitación de la tela y el agua caliente en el lavado favorecen que las gotas de aceite se desprendan de la tela rodeadas por los aniones del detergente y que, arrastradas por el agua de lavado, sean eliminadas.

Relaciónalo con tu entorno

- Observa la lista de ingredientes que contiene el detergente en polvo que utilizas en tu casa para la lavadora y anota todas las sustancias que contiene en una tabla como la que se muestra.
- Busca en internet información sobre la función de los distintos componentes de un detergente y completa la tabla.

Componente	Ejemplo	Función
Agente tensoactivo	●●●	●●●
Constructores o potenciadores	●●●	●●●
Enzimas	●●●	●●●
Inhibidores de corrosión	●●●	●●●
Blanqueadores ópticos	●●●	●●●
Relleno	●●●	●●●
Perfumes	●●●	●●●

Especialmente indicado para eliminar la grasa difícil. Su fórmula concentrada permite lavar hasta 4 veces más, dejando un olor agradable. Gracias a su tapón dosificador le permite un uso más económico.

Contiene entre otros ingredientes:	
Menos del 5%	Tensioactivos no Iónicos.
Entre el 15% y menos del 30%	Tensioactivos Aniónicos.
Otros	Perfume, Methylchloroisothiazolinone, Methylisothiazolinone, Limonene.

No ingerir. Manténgase fuera del alcance de los niños. En caso de accidente, consultar al Servicio Médico de Información Toxicológica, tel 915620420. Provoca lesiones oculares graves. Provoca irritación cutánea. Mantener fuera del alcance de los niños. Leer la etiqueta antes del uso. EN CASO DE CONTACTO CON LA PIEL: Lavar con agua y jabón abundantes. EN CASO DE CONTACTO CON LOS OJOS: Aclarar cuidadosamente con agua durante varios minutos. Quitar las lentes de contacto, si lleva y resulta fácil. Seguir aclarando. Eliminar el contenido/el recipiente conforme a la legislación vigente de tratamiento de residuos. EUH208: Contiene Mezcla de: 5-cloro-2-metil-2H-isotiazol-3-ona [EC no. 247-500-7]; 2-metil-2H-isotiazol-3-ona [EC no. 220-239-6] (3:1). Puede provocar una reacción alérgica

7 Estudio del movimiento

Abre tu mirada

Los coches de Fórmula 1 son obras maestras de ingeniería que incorporan los últimos adelantos en la industria de automoción. En una recta pueden llegar a superar velocidades de 350 km/h, lo cual prácticamente triplica la velocidad máxima permitida para circular por carretera (120 km/h).

Los velocímetros de los coches de carreras ofrecen el dato de la velocidad en MPH. ¿Qué significan estas siglas? ¿Qué datos se necesitan para pasarlo al sistema internacional de unidades?

- **Las variables que describen el movimiento, ¿dependen del observador?**
- **¿Es lo mismo rapidez que velocidad? ¿Basta con un número para expresar ambas magnitudes?**
- **¿Qué magnitud permite estudiar el cambio de velocidad experimentado por un móvil?**

Analiza y determina

La fotografía muestra una prueba de 100 m lisos, en la que un ser humano puede alcanzar su máxima velocidad.

a Si un atleta recorre esa distancia en 9,60 s, ¿a cuánto asciende la velocidad media?

b Un atleta ha recorrido los últimos 50 m de la carrera en 4,11 s. Compara la velocidad en este tramo con la velocidad media.

c Explica la diferencia entre los valores obtenidos en las dos preguntas anteriores.

Piensa y reflexiona

Sarah, un guepardo del zoo de Cincinnati, realizó la misma carrera de 100 m lisos. ¿Adivinas qué marca hizo?

Puedes ver la respuesta en www.e-sm.net/svfq4eso07_01.

Y tú, ¿qué opinas?

La velocidad máxima permitida en autovía es de 110 km/h en Suecia y Suiza, de 120 km/h en España y Portugal y de 130 km/h en Alemania y Francia. ¿Crees que sería útil establecer los mismos límites de velocidad en toda la Unión Europea? Debate en clase por qué es importante establecer estos límites de velocidad.

- ¿Cómo se estudian los movimientos rectilíneos?
- ¿Qué caracteriza la caída de un objeto en la Tierra?
- ¿De qué variables depende la descripción del movimiento circular uniforme?

1 Sistema de referencia. Magnitudes cinemáticas

En un universo en el que todo fluye y cambia, el movimiento lo abarca todo. Sin embargo, este concepto tan familiar, tan de sentido común, esconde numerosos secretos que la física ha tratado de resolver a lo largo de muchos siglos.

ANALIZA

Una pasajera sostiene una pelota dentro de un tren en movimiento. En un momento dado, arroja la pelota verticalmente hacia arriba y la recoge de nuevo. A continuación, levanta la mano y suelta la pelota, que rebota y vuelve a la mano de la pasajera.

En ambos casos, ¿qué movimiento realiza la pelota tal como lo describe la pasajera del tren? ¿Cuál sería la trayectoria que vería un observador situado en reposo en el exterior del tren?

- Desde el punto de vista de la pasajera, la pelota realiza un movimiento vertical que sube y baja (primer caso), o baja y sube (segundo caso): en el primer caso, la pelota asciende, se detiene y vuelve a su punto de partida; en el segundo caso, desciende, rebota y vuelve también al punto de partida.
- Pero la trayectoria que ve el observador exterior es la que muestra el dibujo: desde su punto de vista, la pelota, a la vez que sube y baja, se desplaza a la derecha a la misma velocidad que el tren.

Es decir, la descripción del movimiento depende del punto de vista del observador. Un objeto puede estar en movimiento respecto a un observador y en reposo respecto a otro.

Todo movimiento es **relativo al observador**, el cual se constituye en origen de un **sistema de referencia** desde el que se describe lo que se ve y se mide.

El sistema de referencia elegido permite definir la **trayectoria**, que es la línea que un móvil describe durante su movimiento.

ACTIVIDADES

1. Estudia el movimiento de la pelota del apartado ANALIZA respecto a un observador exterior estacionario. Su trayectoria, ¿es circular, elíptica o parabólica? Dibuja la trayectoria de la pelota, si el tren se moviera muy despacio.

2. Describe y dibuja la trayectoria seguida por: un corredor de 100 m lisos; una piedra atada a una cuerda que haces girar por encima de tu cabeza; la Tierra en su movimiento alrededor del Sol.

Magnitudes cinemáticas

Para describir el movimiento de un cuerpo debemos conocer qué **posición** ocupa en cada momento respecto de un origen de referencia. Esto puede hacerse de varios modos:

Descripción escalar del movimiento

Si se quiere conocer la posición que ocupa un ciclista que se desplaza sobre una trayectoria conocida, basta con saber a cuántos metros de la salida está en cada momento.

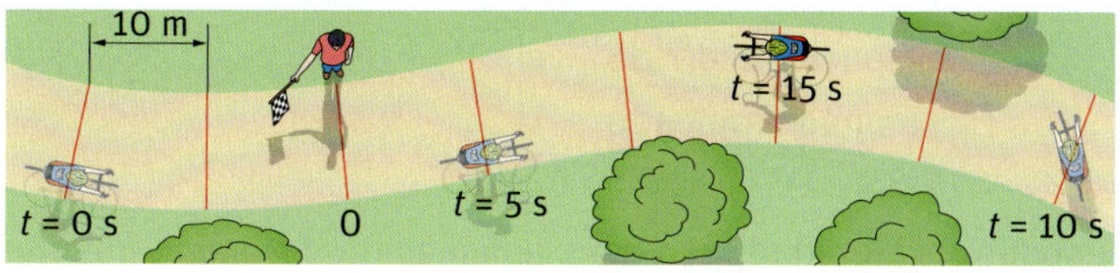

La **trayectoria** es el camino que sigue el móvil. El **origen** es el punto de la trayectoria respecto del que se toman las medidas de la posición del móvil. Las variables de observación son la **posición**, *s*, y el tiempo, *t*.

La **posición** es el lugar donde se encuentra el móvil y se determina por su distancia al origen contada sobre la trayectoria. La posición inicial, en $t = 0$, es s_0. El **tiempo** es el instante en el que ocupa la posición *s*. La relación *s*-*t* determina el movimiento, pero la gráfica *s*-*t* no tiene nada que ver con el dibujo de la trayectoria.

Descripción vectorial del movimiento

Si se quiere saber dónde se encuentra un pájaro que se mueve libremente, es necesario conocer las coordenadas de cada punto ocupado por el mismo.

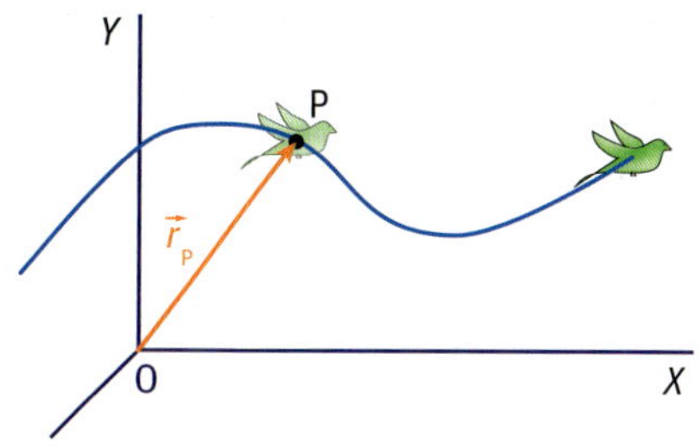

El **origen** es el punto de referencia. Puede estar o no en la trayectoria. El **vector de posición** ($\vec{r}$) es el vector que une el punto donde está el móvil con el origen. Las variables de observación son el **vector de posición**, $\vec{r}$, y el **tiempo**, *t*.

La relación $\vec{r}$-*t* determina el movimiento. El extremo del vector de posición "dibuja" la trayectoria.

Describe el movimiento mediante una tabla de datos

1. El dibujo de arriba muestra las posiciones que ocupa un ciclista en una serie de instantes. Haz una tabla *posición-tiempo* y calcula el espacio total recorrido.

Posición, *s* (m)	Tiempo, *t* (s)
$s_0 = -20$	0
$s_1 = 10$	5
$s_2 = 50$	10
$s_f = 30$	15

SOLUCIÓN

El ciclista inicia su movimiento cuando se encuentra en $s = -20$ m. Esta posición inicial se denomina s_0, y la final, s_f. Desde $t = 0$ s hasta $t = 10$ s, el ciclista avanza 70 m; desde $t = 10$ s hasta $t = 15$ s, el móvil retrocede 20 m. El espacio total recorrido será la suma, es decir, 90 m.

Como se puede ver, el espacio recorrido por un móvil no coincide necesariamente con su desplazamiento real. Por eso es necesario definir el *desplazamiento*.

El **desplazamiento sobre la trayectoria**, o simplemente **desplazamiento**, es la magnitud que expresa el cambio de posición que experimenta el móvil.

El incremento de una magnitud se expresa con la letra griega delta, Δ. Así, el desplazamiento lo podemos expresar como el incremento entre la posición final y la inicial:

$$\Delta s = s_f - s_0$$

Como hemos visto, el **espacio recorrido**, ***e***, es la distancia total recorrida sobre la trayectoria. Esta magnitud se considera siempre positiva, y solo coincide con el desplazamiento cuando el móvil no retrocede por el mismo camino.

Ten en cuenta

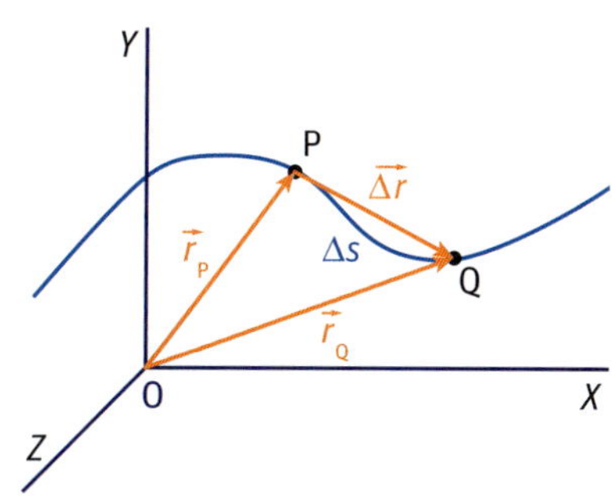

En la descripción vectorial del movimiento de un cuerpo se utiliza el **vector desplazamiento**, que es la diferencia entre los vectores de posición final e inicial:

$$\Delta\vec{r} = \vec{r}_Q - \vec{r}_P = \vec{r}_f - \vec{r}_0$$

ACTIVIDADES

3. Calcula el desplazamiento del ciclista. ¿Coincide con el espacio recorrido? ¿Por qué?

2 Velocidad

Resulta intuitivo que, cuanto más velozmente se mueve un objeto, menos tiempo tarda en recorrer una distancia dada. Por ejemplo, si un ciclista recorre 48 km en 2 horas, podemos deducir que de media ha recorrido 24 km cada hora. Dicho numero, 24 km/h, representa una nueva magnitud, la velocidad media.

Ten en cuenta

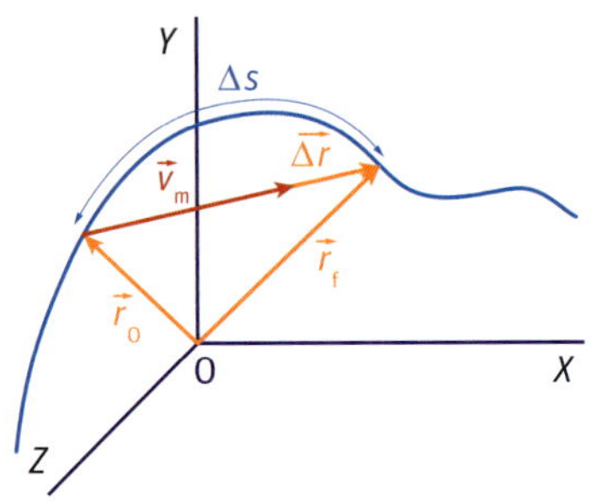

En la descripción vectorial del movimiento de un cuerpo se utiliza el vector **velocidad media**, que es la relación entre el vector desplazamiento y el tiempo empleado:

$$\vec{v}_m = \frac{\Delta \vec{r}}{\Delta t} = \frac{\vec{r}_f - \vec{r}_0}{t_f - t_0}$$

Este vector tiene la misma dirección y sentido que el vector desplazamiento.

Velocidad media escalar y rapidez media

La **velocidad media escalar** es la relación entre el espacio recorrido por el móvil y el tiempo empleado. También puede denominarse **rapidez media**.

$$v_m = \frac{\text{espacio recorrido}}{\text{tiempo empleado}} = \frac{e}{\Delta t}$$

Para abreviar, se suele denominar **velocidad media**. Es una magnitud siempre positiva.

Puede darse el caso de que un móvil vaya en un sentido sin regresar por el mismo camino. En ese supuesto, el espacio recorrido coincide con el desplazamiento sobre la trayectoria y la velocidad media se puede expresar como:

$$v_m = \frac{\text{desplazamiento}}{\text{tiempo empleado}} = \frac{\Delta s}{\Delta t} = \frac{s_f - s_0}{t_f - t_0}$$

La unidad de velocidad en el sistema internacional es el m/s. Sin embargo, con frecuencia se emplean otras unidades, como el km/h.

$$1\ \text{km/h} = \frac{1\ \text{km}}{1\ \text{h}} \cdot \frac{1000\ \text{m}}{1\ \text{km}} \cdot \frac{1\ \text{h}}{3600\ \text{s}} = \frac{1}{3{,}6}\frac{\text{m}}{\text{s}} = 0{,}28\ \text{m/s} \Rightarrow 1\ \text{m/s} = 3{,}6\ \text{km/h}$$

Calcula la velocidad media

2. Un atleta está dando vueltas por la pista de la imagen. Su entrenador pone en marcha el cronómetro cuando el atleta está en A y mide el tiempo cuando pasa por B y por C. En la tabla puedes ver los tiempos que ha tomado. Determina, para el recorrido descrito, la velocidad media escalar. Si sigue a ese ritmo, ¿cuánto tiempo tardará en dar la vuelta completa?

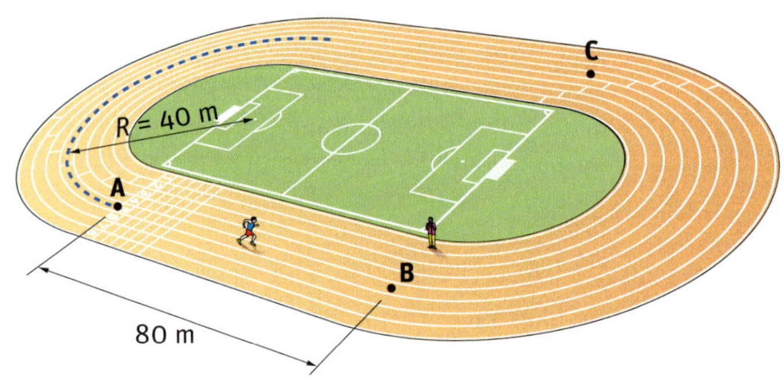

Posición	A	B	C	A
Tiempo, t (s)	0	9	23	●●●

SOLUCIÓN

El atleta ha recorrido un tramo recto de 80 m y una semicircunferencia:

$$e = 80\ \text{m} + \pi \cdot 40 = 205{,}7\ \text{m} \Rightarrow v_m = \frac{e}{\Delta t} = \frac{205{,}7\ \text{m}}{23\ \text{s}} = 8{,}9\ \text{m/s}$$

Tardará 46 segundos en dar la vuelta completa, ya que el espacio recorrido es el doble que de A a C.

ACTIVIDADES

4. Ordena de mayor a menor las siguientes velocidades: 18 m/min; 12 km/h; 3,5 m/s; 0,19 km/min.

5. Un atleta recorre los 100 metros lisos en 10,2 s, y un nadador los nada en 54,0 s. Calcula y compara sus velocidades medias.

Velocidad instantánea

ANALIZA

Imagina que te encuentras presenciando un rally junto a tres amigos con intención de conocer la velocidad que lleva un coche en ciertos puntos de la carrera. Te colocas a 30 m de la salida de una curva y cada uno de tus amigos están separados 30 m entre sí. Cuando el coche asoma por la curva, ponéis el cronómetro en marcha a la vez, y lo detenéis al cruzar delante de vosotros. Con los datos completáis la tabla y os preguntáis de qué modo se podría calcular la velocidad en cada punto.

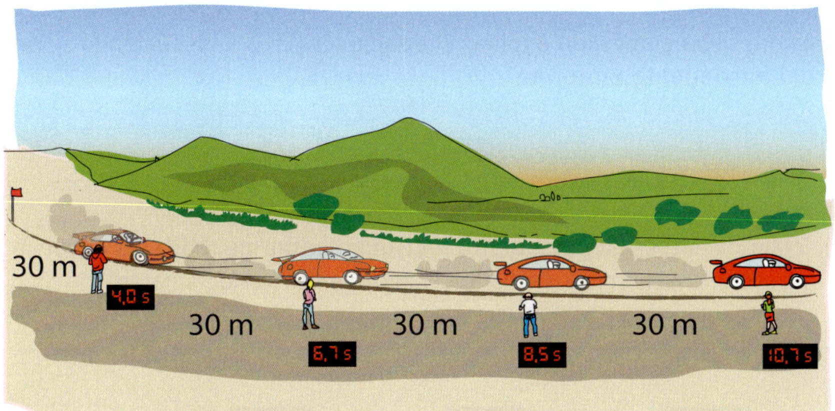

Tramo	s (m)	t (s)	$s_1 - s_0 = \Delta s$ (m)
1	30	4,0	30
2	60	6,7	60 – 30 = 30
3	90	8,5	90 – 60 = 30
4	120	10,7	120 – 90 = 30

Tramo	$t_1 - t_0 = \Delta t$ (s)	$v_m = \Delta s/\Delta t$ (m/s)
1	4,0	30 m/4 s = 7,5 m/s
2	6,7 – 4,0 = 2,7	30 m/2,7 s = 11,1 m/s
3	8,5 – 6,7 = 1,8	30 m/1,8 s = 16,7 m/s
4	10,7 – 8,5 = 2,2	30 m/2,2 s = 13,6 m/s

Después de realizar los cálculos os dais cuenta de que todas las velocidades son diferentes. Tu amigo Juan dice que así solo conseguís saber la velocidad media en cada tramo, no la velocidad en un instante, a no ser que reduzcáis muchísimo la distancia entre vosotros.

La **velocidad instantánea** es la que tiene un móvil en un instante de su recorrido. Siguiendo las ideas deducidas del experimento, en efecto se puede considerar que, si el intervalo elegido es suficientemente pequeño (un instante), la velocidad media coincidirá con la velocidad en ese instante.

smSaviadigital.com INVESTIGA

A los mandos de un Fórmula 1.

> La **velocidad instantánea** es el valor límite que toma la velocidad media cuando el incremento de tiempo es infinitamente pequeño. Se representa por $\vec{v}$.

INTERPRETA

La velocidad instantánea, al igual que la velocidad media, es un vector. Interpreta los gráficos tratando de extraer una conclusión sobre el vector velocidad instantánea.

Como puede verse en los dibujos, el vector velocidad media, $\vec{v}_m$ (que es secante a la trayectoria y cuya dirección coincide con la de $\Delta\vec{r}$) se convierte en el vector $\vec{v}$ (tangente a la trayectoria) cuando el intervalo elegido es suficientemente pequeño.

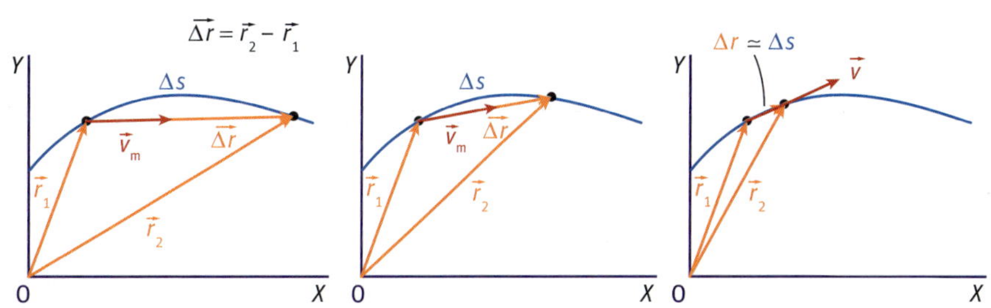

Así pues, en todos los casos la velocidad instantánea es **tangente a la trayectoria** e indica la dirección y el sentido del desplazamiento del móvil.

3 Movimiento uniforme y movimiento rectilíneo uniforme

Un **movimiento uniforme**, o **MU**, es aquel en el que se mantiene constante el módulo de la velocidad.

La velocidad del móvil es constante en módulo, y por tanto es igual a su **velocidad media**. En el MU el móvil no retrocede, luego:

$$v_m = \frac{\Delta s}{\Delta t} = \frac{s_f - s_0}{t_f - t_0} = \frac{s_f - s_0}{t_f - 0} = v$$

En esta expresión, se ha empezado a tomar el tiempo en t_0 = 0 s. Despejando s_f, resulta la **ecuación del movimiento uniforme**:

$$s_f = s_0 + v \cdot t$$

Un caso particular del MU es el **movimiento rectilíneo uniforme, MRU**, en el que la trayectoria es una recta. En este caso, la distancia al origen se suele llamar x.

EXPERIMENTA

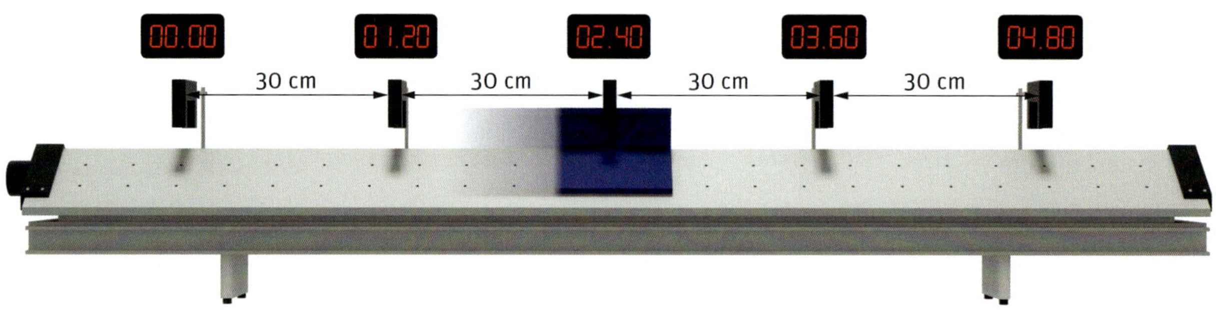

x (m)	t (s)	Δs (m)	Δt (s)	$\Delta s/\Delta t$ (m/s)
0	0	—	—	—
0,3	1,2	0,3	1,2	0,3/1,2 = 0,25
0,6	2,4	0,3	1,2	0,3/1,2 = 0,25
0,9	3,6	0,3	1,2	0,3/1,2 = 0,25
1,2	4,8	0,3	1,2	0,3/1,2 = 0,25

Disponemos de un riel neumático, en cuya superficie existen unos orificios por los que se insufla aire, de modo que el carrito azul puede deslizarse por él sin rozamiento. Los sensores verticales permiten tomar el tiempo de paso del carrito cuando se mueve de izquierda a derecha.

En cierta experiencia se han cronometrado los tiempos y se han obtenido los valores de la tabla. Analizando los datos de la tabla, se observa que, a tiempos iguales, los desplazamientos del carrito también son iguales. En otras palabras, la velocidad permanece constante todo el trayecto. Es decir, el carrito describe un movimiento rectilíneo uniforme.

smSaviadigital.com ANALIZA

Gráficas del MRU

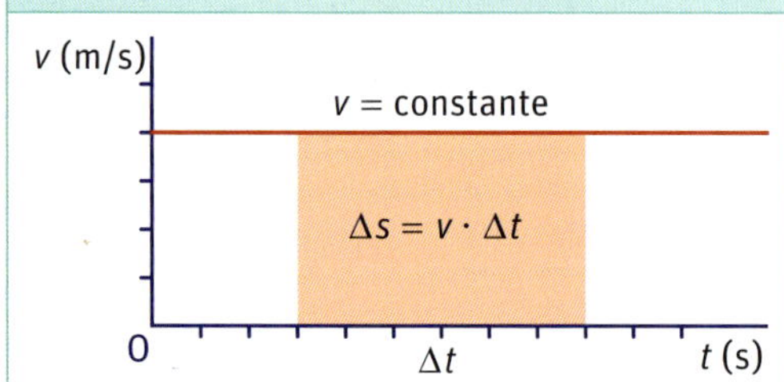

El área encerrada entre la gráfica *v-t* y el eje de tiempos coincide con el espacio recorrido, ya que el móvil no cambia de sentido.

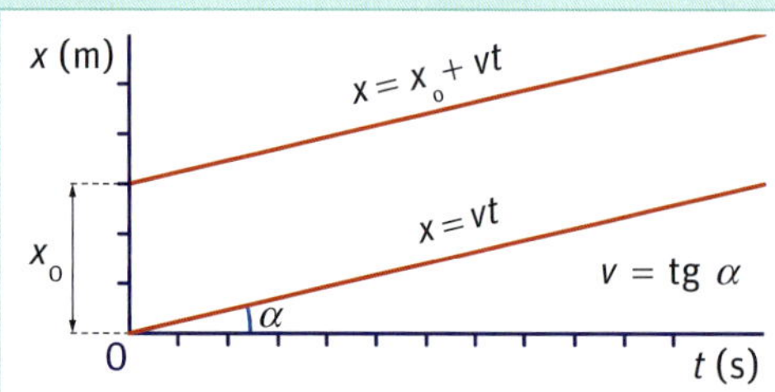

La gráfica *x-t* corresponde a una recta de **pendiente *v*** (la tangente del ángulo que forma con el eje *X*). La ordenada en origen, x_0, es la posición inicial.

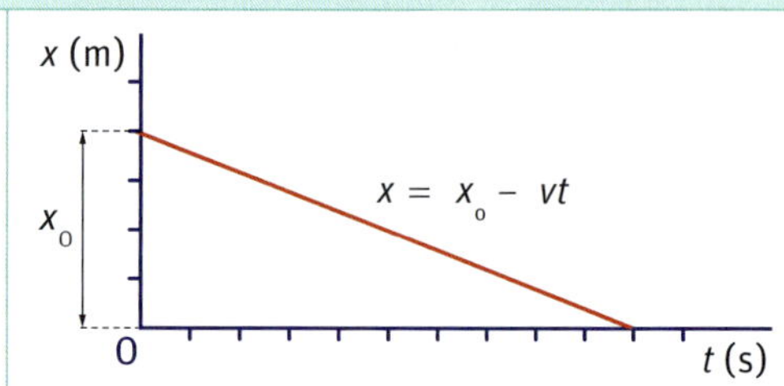

En este caso la pendiente es negativa y corresponde a un móvil que se acerca al origen con velocidad negativa.

Resuelve problemas de móviles que van al encuentro

3. **Dos coches salen simultáneamente en sentido contrario de dos puntos A y B separados 180 m. El que parte de A viaja a 20 m/s, y el otro, a 25 m/s. ¿En qué instante y en qué punto se encuentran?**

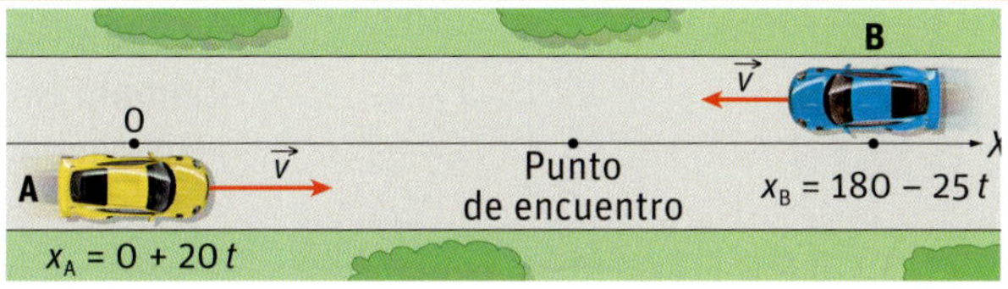

SOLUCIÓN

En primer lugar, se debe hacer un dibujo de la situación y escribir las ecuaciones del movimiento tomando un origen claro del sistema de referencia, en este caso el punto O. A continuación, se deben escribir las expresiones de las posiciones.

Cuando los móviles se encuentran, sus posiciones, x_A y x_B, coinciden, es decir:

$$20 \cdot t = 180 - 25 \cdot t$$

Si se despeja el tiempo, se obtiene t = 4 s. En esos 4 s, el coche A habrá recorrido 20 m/s · 4 s = 80 m. En otras palabras, en el momento del cruce se encuentran a 80 m del punto de partida de este coche. La gráfica posición-tiempo correspondiente a los dos coches permite comprobar el resultado.

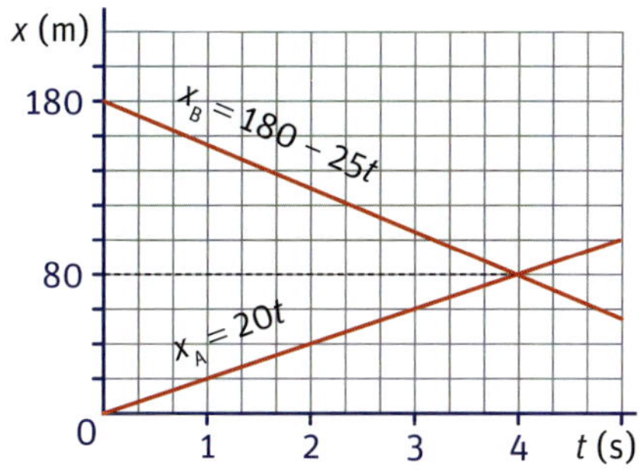

4. **El dibujo representa la situación de un coche que se mueve a 54 km/h persiguiendo al autobús, cuya velocidad es de 36 km/h. ¿En qué momento y en qué punto el coche alcanzará al autobús?**

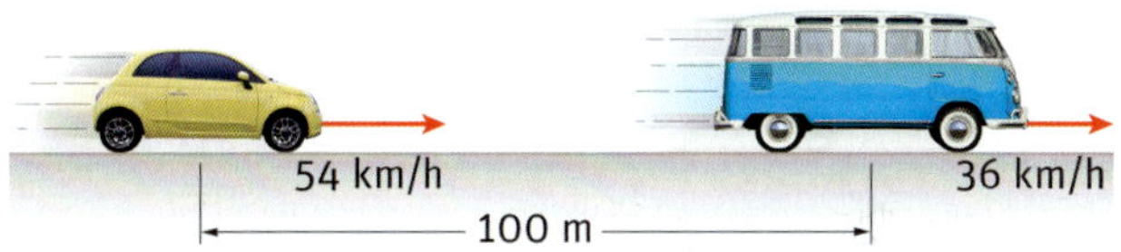

SOLUCIÓN

Pasamos las velocidades al SI: 54 km/h = 15 m/s y 36 km/h = 10 m/s.
Las expresiones de las posiciones de ambos cuerpos son las siguientes:

$$x_A = 0 + 15 \cdot t \qquad x_B = 100 + 10 \cdot t$$

En el momento en que el coche alcanza al autobús, se cumple que $x_A = x_B$, es decir:

$$0 + 15 \cdot t = 100 + 10 \cdot t$$

Despejando, se obtiene t = 20 s. Es decir, el coche habrá recorrido 15 m/s · 20 s = 300 m. Es decir, los dos vehículos se encuentran a 300 m de la posición inicial del coche al cabo de 20 s de su partida. Si se representan las gráficas de posición, se obtienen dos rectas que convergen en el punto de encuentro.

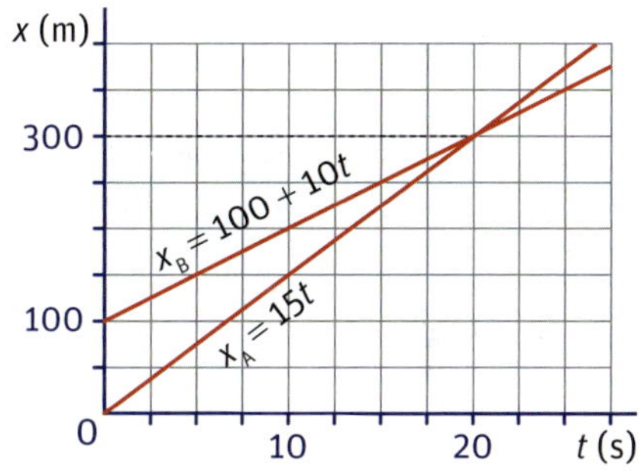

5. **Imagina ahora que el coche y el autobús del ejercicio anterior salen del mismo punto, pero el coche empieza a circular media hora más tarde. ¿En qué momento y en qué punto alcanzará al autobús?**

SOLUCIÓN

En este caso se pueden mantener las unidades originales del enunciado, km y h. Al igualar las posiciones, $x_A = x_B$, hay que tener en cuenta que el coche empieza a circular media hora (0,5 h) después que el autobús, luego la igualdad será:

$$36 \cdot t = 54 \cdot (t - 0{,}5)$$

Despejando, se obtiene t = 1,5 h. Es decir, el coche alcanza al autobús al cabo de 1 h de marcha, una hora y media después de que el autobús empezara a circular. Sustituyendo en cualquiera de las expresiones, se obtiene que el coche alcanza al autobús a 54 km de la salida.

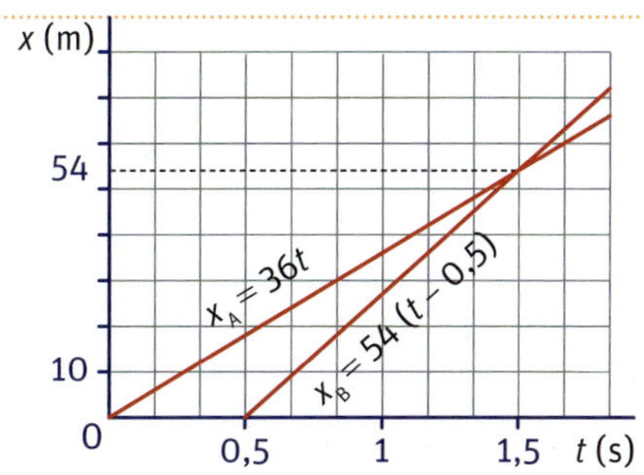

ACTIVIDADES

6. Una furgoneta circula por una carretera a 55 km/h. Diez kilómetros atrás, un coche circula en el mismo sentido a 85 km/h. ¿En cuánto tiempo alcanzará el coche a la furgoneta? ¿A qué distancia se producirá el encuentro?

4 Aceleración

Resulta evidente que la velocidad de un objeto puede cambiar. De hecho no es fácil ni frecuente que un móvil mantenga su velocidad constante durante largos períodos de tiempo. Resulta por tanto necesario un concepto que ayude a expresar el cambio que experimenta la velocidad. Este nuevo concepto se denomina **aceleración**.

INTERPRETA

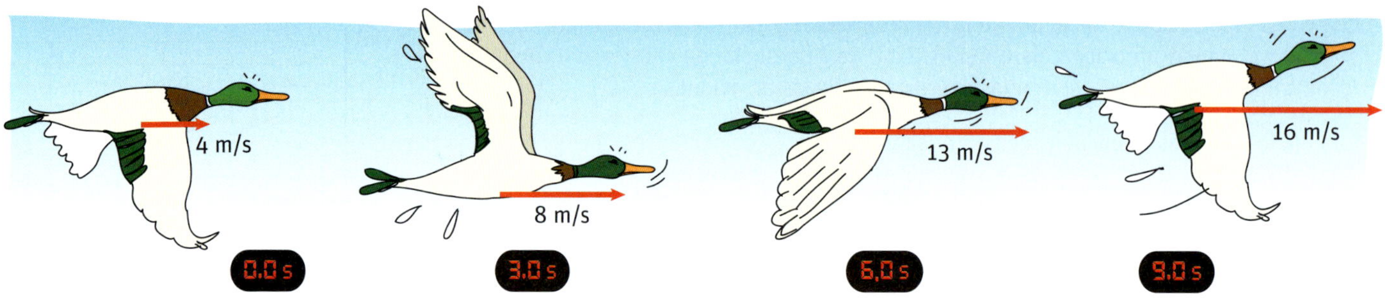

t (s)	v (m/s)	Δv (m/s)	Δt (s)	$\Delta v/\Delta t$ (m/s²)
0	4	—	—	—
3	8	4	3	4/3 = 1,3 m/s²
6	13	5	3	5/3 = 1,7 m/s²
9	16	3	3	3/3 = 1,0 m/s²

El pato de la figura vuela a una velocidad de 4 m/s y de pronto percibe la presencia de un halcón, que le hace aumentar la velocidad a un ritmo determinado. El dibujo expresa ese ritmo de cambio pero, a fin de analizarlo más detenidamente, se han recogido los datos en una tabla.

En el primer tramo, la velocidad aumenta 4 m/s durante 3 s, es decir, se incrementa a un ritmo de 1,3 m/s cada segundo. Como se ve, no se trata de medir el cambio de velocidad, sino la rapidez con que se produce dicho cambio. ¿Cómo puede expresarse esta rapidez de cambio?

Valores aproximados de algunas aceleraciones	
Hombre que arranca a correr	< 2 m/s²
Coche frenando	< 10 m/s²
Avión despegando	12 m/s²
Balón de fútbol en el golpeo	100 m/s²
Pelota de tenis en el golpeo	1000 m/s²
Pelota de golf en el golpeo	10 000 m/s²

La **aceleración** es la variación de la velocidad que experimenta un móvil en la unidad de tiempo. Su unidad en el SI es: (m/s)/s = m/s².

Al igual que se ha hecho previamente con la velocidad, se distingue la *aceleración media* de la *instantánea*.

La **aceleración media** entre dos instantes, t_0 y t_f, es el cociente entre el incremento experimentado por la velocidad y el tiempo transcurrido.

$$a_m = \frac{\Delta v}{\Delta t} = \frac{v_f - v_0}{t_f - t_0}$$

Por su parte, la **aceleración instantánea** es el valor límite que toma la aceleración media cuando el intervalo de tiempo es infinitamente pequeño.

Del mismo modo que sucede con el desplazamiento y con la velocidad, para definir completamente la aceleración de un movimiento es preciso introducir el concepto de **vector aceleración**.

ACTIVIDADES

7. Un águila imperial echa a volar y alcanza una velocidad de 10 km/h en t = 1 s y de 20 km/h en t = 2 s. ¿Se puede decir que su aceleración es de 10 km/h cada segundo? Exprésalo en unidades del SI.

Interpreta correctamente el dato de la aceleración

6. **A partir de los datos de la tabla, calcula la velocidad con que sale disparada una pelota de golf, si el tiempo de contacto con el palo es de 0,005 s.**

SOLUCIÓN

$$10\,000 \text{ m/s}^2 = \frac{\Delta v}{\Delta t} = \frac{v_f - 0}{0{,}005 \text{ s}} \Rightarrow v_f = 10\,000 \text{ m/s}^2 \cdot 0{,}005 \text{ s} = 50 \text{ m/s}$$

Tipos de aceleración

REFLEXIONA

Los dibujos muestran tres situaciones en las cuales se produce un cambio en el vector velocidad. ¿Hay aceleración en los tres casos?

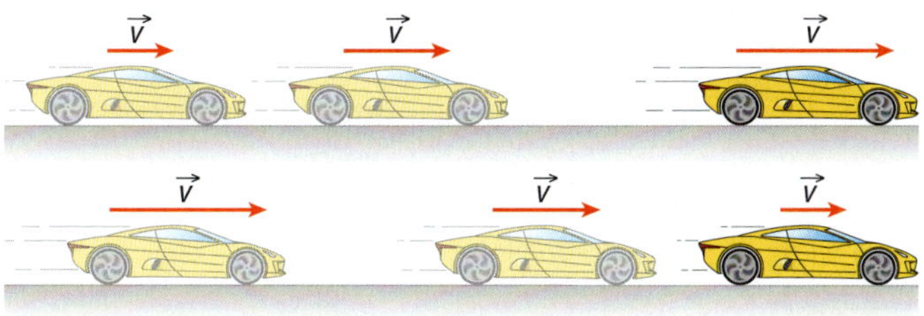

En estos dos casos, cambia el valor del módulo de la velocidad al tiempo que se mantiene su dirección y sentido.

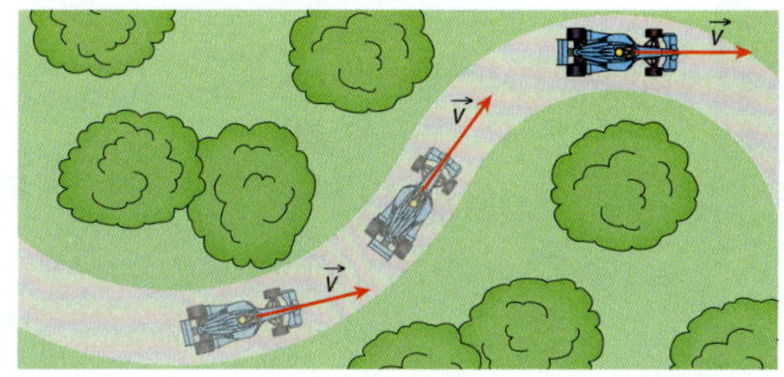

En este caso, el móvil describe curvas en las que se mantiene constante el módulo de la velocidad pero cambia su dirección.

Como sabemos, la velocidad es un vector, $\vec{v}$, que queda descrito mediante su módulo, dirección y sentido. Habrá aceleración siempre que cambie alguna de las magnitudes de dicho vector. Veamos los tipos de aceleración en el caso de un coche que describe una trayectoria rectilínea, y otro que entra en un tramo con curvas.

Si la velocidad cambia de módulo…

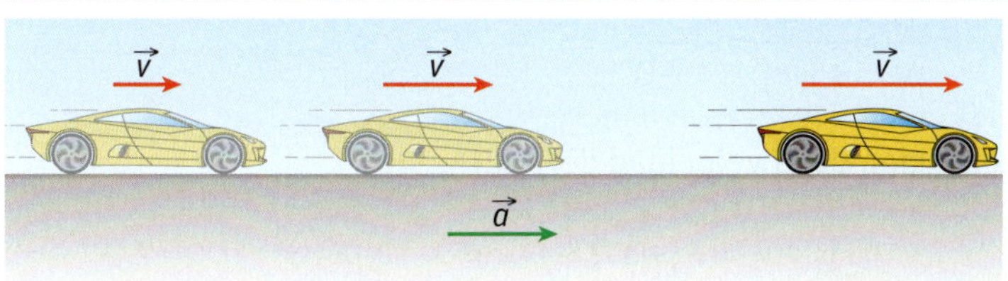

El conductor pisa el acelerador de modo que aumenta paulatinamente la velocidad hasta un determinado valor. En este caso **la aceleración es positiva**.

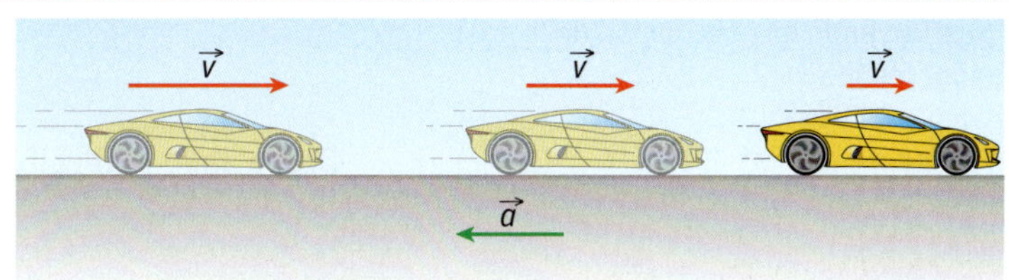

El coche frena desde una determinada velocidad hasta otra velocidad menor. En este caso **la aceleración es negativa** y se llama **deceleración**.

Si la velocidad cambia de dirección…

Otro coche describe una trayectoria circular en la que mantiene constante el módulo de su velocidad pero cambia su dirección. En este caso se habla de **aceleración normal** o **centrípeta**, que se representa con un vector perpendicular a la trayectoria y dirigido hacia el centro. Si la trayectoria es una circunferencia de radio R, se puede demostrar que la aceleración normal es igual a:

$$a_n = \frac{v^2}{R}$$

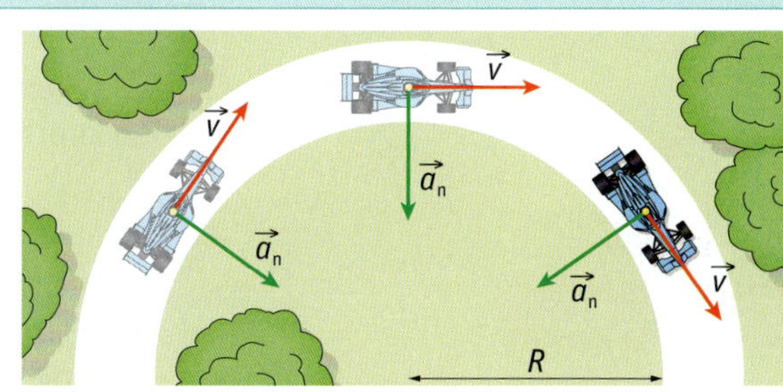

Por tanto, el vector aceleración puede tener: la misma dirección y sentido que la velocidad; la misma dirección pero sentido opuesto al de la velocidad, y una dirección distinta de la velocidad, como sucede en un movimiento curvilíneo.

ACTIVIDADES

8. Explica el significado de los signos atribuidos a la aceleración en las dos situaciones del dibujo. A continuación, calcula su valor numérico.

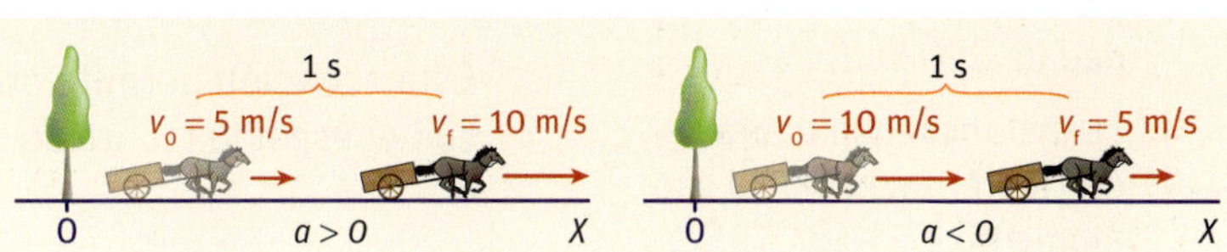

5 Movimiento rectilíneo uniformemente acelerado

ANALIZA

Imagina que estás manejando un simulador de Fórmula 1 que permite registrar la velocidad alcanzada en diferentes instantes.

Se han obtenido los datos que aparecen en la tabla. Puedes comprobar que la velocidad del coche aumenta uniformemente, a un ritmo de 10 m/s cada segundo.

t (s)	v (m/s)	Δv (m/s)	Δt (s)	$\Delta v/\Delta t$ (m/s²)
0	0	—	—	—
1,25	12,5	12,5	1,25	10
2,5	25	12,5	1,25	10
3,75	37,5	12,5	1,25	10

Cuando esto ocurre, se dice que el **movimiento es uniformemente variado**, más conocido como *movimiento uniformemente acelerado*.

Un **movimiento rectilíneo uniformemente acelerado, MRUA**, es aquel que describe una trayectoria rectilínea y mantiene una aceleración constante y distinta de cero. Esta aceleración es debida únicamente al cambio del módulo de la velocidad.

Si en la definición de la aceleración media se empieza a tomar el tiempo en $t_0 = 0$:

$$a_m = \frac{\Delta v}{\Delta t} = \frac{v_f - v_0}{t_f - t_0} = \frac{v_f - v_0}{t_f - 0} \Rightarrow v_f - v_0 = a \cdot t$$

Despejando v_f, resulta la **ecuación de la velocidad** del MRUA:

$$v_f = v_0 + a \cdot t$$

Por otro lado, la velocidad media, v_m, se puede expresar de dos maneras:

$$v_m = \frac{\Delta s}{\Delta t} = \frac{s_f - s_0}{t_f - t_0} \quad \text{y} \quad v_m = \frac{1}{2}(v_0 + v_f)$$

La segunda expresión se deduce de la variación uniforme de la velocidad. Despejando Δs en la primera expresión e introduciendo el valor de v_m de la segunda, resulta:

$$\Delta s = v_m \cdot t = \frac{1}{2}(v_0 + v_f) \cdot t$$

Si se sustituye la velocidad final por la expresión hallada anteriormente, resulta la **ecuación de la posición** del MRUA:

$$\Delta s = s_f - s_0 = \frac{1}{2}(v_0 + a \cdot t + v_0) \cdot t = v_0 \cdot t + \frac{1}{2} a \cdot t^2$$

$$s_f = s_0 + v_0 \cdot t + \frac{1}{2} a \cdot t^2$$

Esta ecuación permite obtener la posición (s_f) y el desplazamiento ($s_f - s_0$), que coincide con el espacio recorrido si el móvil no cambia de sentido. Si parte de $s_0 = 0$, resulta:

$$s_f = v_0 \cdot t + \frac{1}{2} a \cdot t^2$$

Amplía

La variable t se puede expresar así:

$$t = \frac{v_f - v_0}{a}$$

Sustituyendo en la ecuación de la posición, resulta:

$$\Delta s = v_0 \cdot \frac{v_f - v_0}{a} + \frac{1}{2} a \cdot \left(\frac{v_f - v_0}{a}\right)^2$$

Operando, resulta una expresión independiente del tiempo, muy útil para resolver problemas:

$$v_f^2 - v_0^2 = 2a \cdot \Delta s$$

ACTIVIDADES

9. Si el Fórmula 1 del simulador parte del reposo desde el origen de coordenadas y recorre una larga recta, calcula en unidades del SI:

a) El tiempo que necesita para adquirir una velocidad de 220 km/h.

b) La distancia que habrá recorrido el coche hasta ese momento.

En la página 146 se han estudiado las gráficas velocidad-tiempo y posición-tiempo del movimiento rectilíneo uniforme. A continuación se muestran las del movimiento uniformemente acelerado (la dirección de la trayectoria se ha hecho coincidir con el eje X).

Gráficas del MRUA

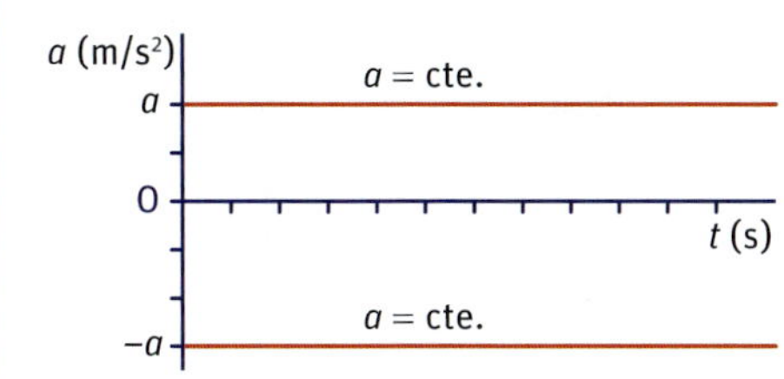

La gráfica de la aceleración frente al tiempo es una **recta horizontal**, cuya altura puede ser positiva (si se acelera) o negativa (si se frena).

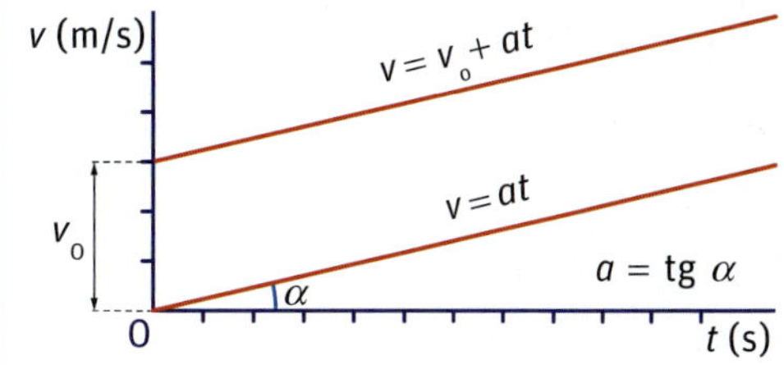

La **aceleración** viene dada por la **pendiente de la gráfica**, que coincide con la tangente del ángulo que forma con el eje de tiempos.

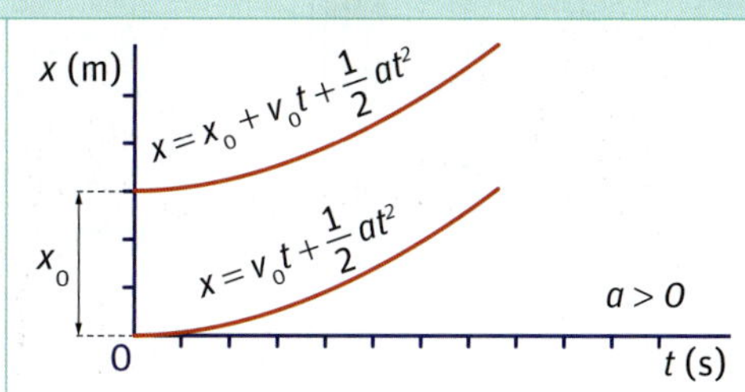

Tal como corresponde a una función de segundo grado, la gráfica espacio-tiempo es una **parábola**. En este caso la **aceleración es positiva**.

Igual que sucede en el MRU, el área encerrada bajo la gráfica v-t coincide con el desplazamiento, y con el espacio recorrido si el móvil no cambia de sentido. Como se ve en la imagen de la derecha, este área consta de un triángulo y un rectángulo. El área del rectángulo es $S_1 = v_0 \cdot t$. Por su parte, el área del triángulo es:

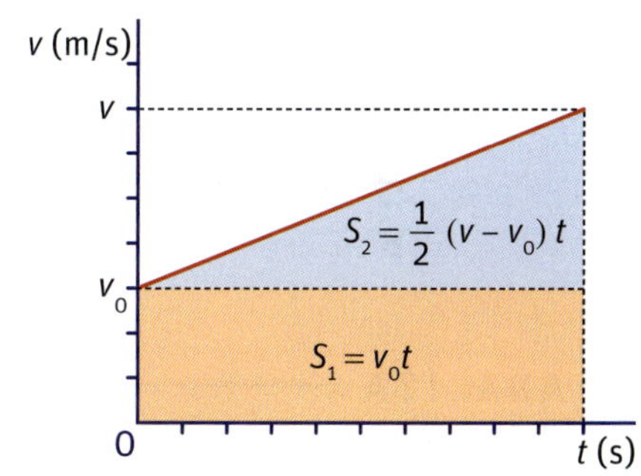

$$S_2 = \frac{1}{2}\text{base}\cdot\text{altura} = \frac{1}{2}\cdot t\cdot(v_f - v_0) = \frac{1}{2}a\cdot t^2$$

La suma de ambas áreas coincide por tanto con el espacio recorrido:

$$S_1 + S_2 = v_0\cdot t + \frac{1}{2}a\cdot t^2$$

Resuelve un movimiento a partir de sus gráficas

7. **Un camión arranca desde $x_0 = 0$ y sigue una trayectoria rectilínea en X, que queda descrita por las gráficas adjuntas.**

a) **Deduce las ecuaciones del movimiento.**

b) **¿Qué velocidad llevará y qué distancia habrá recorrido al cabo de 10 s?**

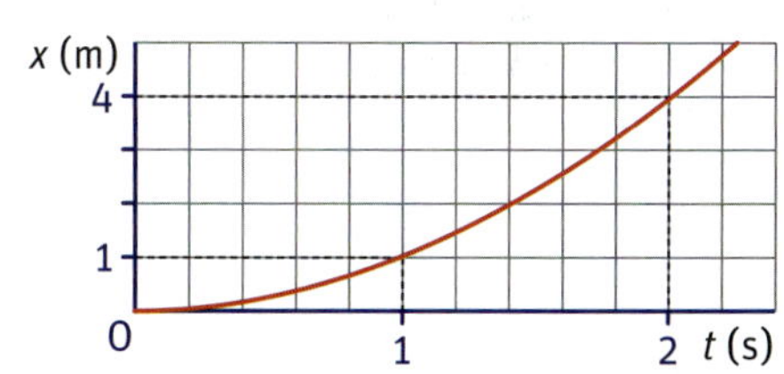

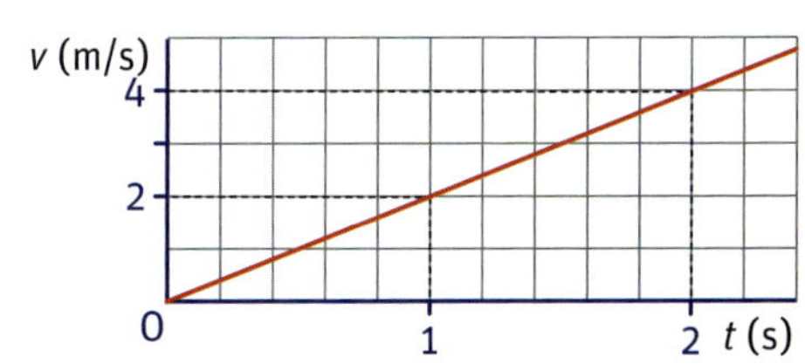

SOLUCIÓN

De las gráficas se pueden extraer fácilmente los siguientes datos: $a = 2$ m/s²; $v_0 = 0$ m/s.

a) Ecuación de la velocidad: $v_f = 2 \cdot t$

Ecuación de la posición: $x = 0 + \frac{1}{2} 2 \cdot t^2 = t^2$

b) $v_f (t = 10 \text{ s}) = 2 \text{ m/s}^2 \cdot 10 \text{ s} = 20 \text{ m/s}$; $x (t = 10 \text{ s}) = 10^2 = 100$ m

ACTIVIDADES

10. smSaviadigital.com APLICA

a) Entra en esta simulación e introduce estos valores: $s_0 = 10$ m; $v_0 = 6$ m/s; $a = 4$ m/s². Pon el puntero en $t = 2$ s y podrás leer el valor de la posición y de la velocidad en ese instante. Compáralo con el cálculo numérico a partir de las ecuaciones estudiadas.

b) ¿Cómo se calcula el espacio recorrido? ¿Coincide con el desplazamiento?

c) Responde a los apartados anteriores haciendo ahora $s_0 = 0$. ¿Qué gráficas cambian y en qué?

d) ¿Qué magnitud hay que modificar para obtener un MRU?

6 La caída libre

REFLEXIONA

Galileo fue el primer científico que se atrevió a rechazar la hipótesis de Aristóteles según la cual un objeto pesado, como una esfera de hierro de 100 kg, llega al suelo antes que un objeto más ligero, como una bola de 1 kg, si ambas se sueltan desde cierta altura. Argumenta tu opinión al respecto.

Imagina que dejamos caer una bola de plomo y un trozo de papel en un tubo cilíndrico de varios metros de altura. El sentido común parece decirnos que la bola de plomo llegará abajo antes que el papel. Analiza ambos tubos y explica lo que ves. ¿Qué puede haber dentro del tubo en cada caso?

smSaviadigital.com OBSERVA

Como puede verse en el vídeo, en ausencia de rozamiento (como es el caso de la Luna), dos cuerpos cualesquiera caen exactamente igual, con la misma aceleración. En la Tierra sucede lo mismo para distancias pequeñas, en las que la fricción con el aire es despreciable.

ANALIZA

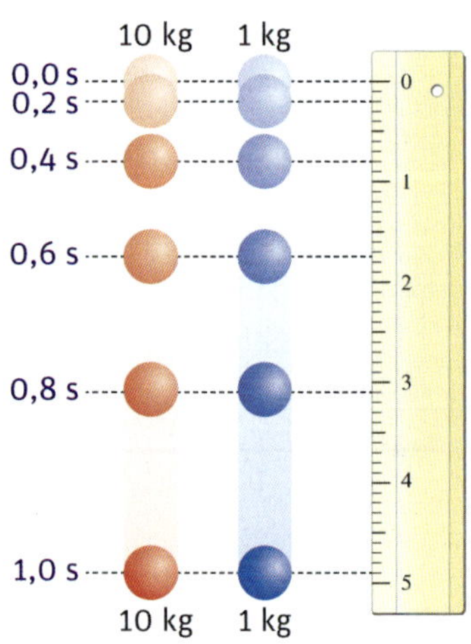

Se pretende analizar la caída libre de un objeto tomando instantáneas a intervalos regulares y midiendo sus posiciones en una escala. En la imagen se muestran los datos obtenidos con dos bolas de distinta masa. Se han ordenado los datos en una tabla y se ha representado la distancia recorrida, *s*, en función del tiempo, *t*:

s (m)	0	0,2	0,8	1,8	3,1	4,9
t (s)	0	0,2	0,4	0,6	0,8	1,0

Si se representa la distancia recorrida frente a t^2, se obtiene una recta que pasa por el origen y cuya pendiente resulta ser 4,9. A partir de la ecuación de un MRUA se halla la aceleración, *a*:

$$a = \frac{2s}{t^2}$$

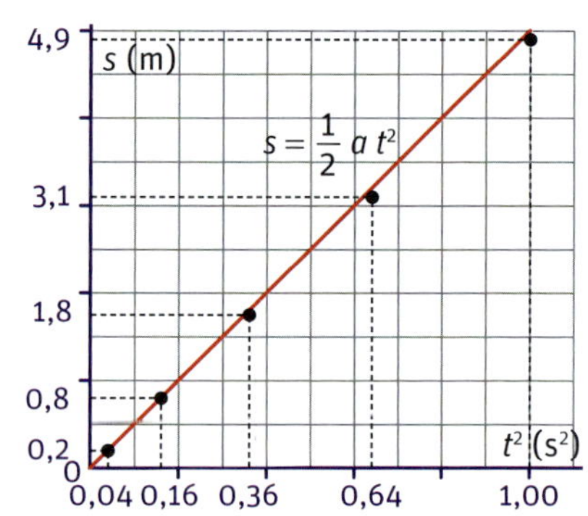

Sustituyendo en cualquier pareja de valores *s*-*t*, se obtiene un valor de $a \approx 10$ m/s^2.

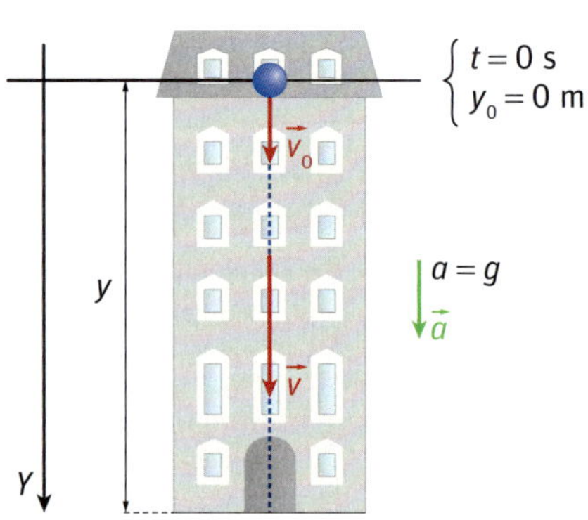

Se denomina **caída libre** al movimiento de un cuerpo sometido únicamente a la acción de la gravedad. Se trata de un MRUA, cuya aceleración en la Tierra vale $g = 9{,}8$ m/s^2.

Para un objeto que está cayendo se considera un eje vertical con origen en el punto de lanzamiento y con sentido positivo "hacia abajo", igual que $\vec{g}$. Las ecuaciones son:

$$\left.\begin{array}{l} v_f = v_0 + g \cdot t \\ y = v_0 \cdot t + \frac{1}{2} g \cdot t^2 \end{array}\right\} \; v_f^2 - v_0^2 = 2g \cdot y$$

Lanzamiento vertical hacia arriba

Si un objeto se lanza verticalmente hacia arriba, se puede considerar un eje vertical con origen en el punto de lanzamiento y sentido positivo "hacia arriba", con lo cual el valor de g será negativo. Las ecuaciones son similares al caso anterior. En el caso general, la altura inicial, y_0, no es nula. Sin embargo, se recomienda situar el origen de alturas en dicho punto, con lo que $y_0 = 0$.

$$\left.\begin{aligned} v_f &= v_0 - g \cdot t \\ y &= y_0 + v_0 \cdot t - \frac{1}{2} g \cdot t^2 \end{aligned}\right\} \; v_f^2 - v_0^2 = -2g \cdot (y - y_0)$$

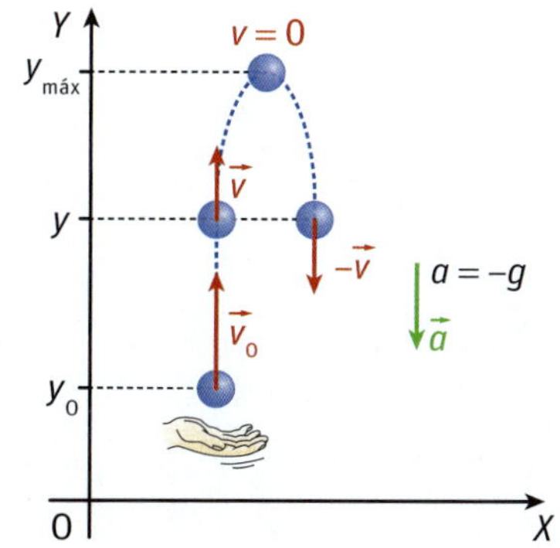

Resuelve un lanzamiento vertical hacia arriba

8. Desde la azotea de un edificio de 30 m de altura se lanza una piedra verticalmente hacia arriba con velocidad inicial de 15 m/s. Halla todas las variables en cada una de las siguientes posiciones:

a) El punto A de máxima altura.

b) El punto B, en que ha recorrido la mitad de la altura del edificio.

c) El punto C, en que llega al suelo.

SOLUCIÓN

a) La piedra alcanza la máxima altura en el momento en que se anula su velocidad; la ecuación de la velocidad permite calcular el tiempo transcurrido y, con este, se calcula la altura alcanzada, teniendo en cuenta que $y_0 = 0$:

$$0 \text{ m/s} = 15 \text{ m/s} - 9{,}8 \text{ m/s}^2 \cdot t \quad \Rightarrow \quad t = 1{,}5 \text{ s}$$

$$y = 15 \cdot t - 4{,}9 \cdot t^2 \;\Rightarrow\; y = 15 \text{ m/s} \cdot 1{,}5 \text{ s} - 4{,}9 \text{ m/s}^2 \cdot (1{,}5 \text{ s})^2 \;\Rightarrow\; y = 11{,}5 \text{ m}$$

b) Sabemos que, en el punto B, la altura de la piedra es $y = -15$ m, luego podemos calcular el tiempo empleado en llegar a ese punto, resolviendo una ecuación de segundo grado:

$$-15 = 15 \cdot t - 4{,}9 \cdot t^2 ; \quad 4{,}9 \cdot t^2 - 15 \cdot t - 15 = 0 \quad \Rightarrow \quad t = 3{,}9 \text{ s}$$

La velocidad de la piedra en ese punto será:

$$v = 15 \text{ m/s} - 9{,}8 \text{ m/s}^2 \cdot 3{,}9 \text{ s} = -22{,}8 \text{ m/s}$$

c) La altura de la piedra es $y = -30$ m, luego podemos calcular el tiempo empleado en llegar a ese punto, resolviendo de nuevo una ecuación de segundo grado:

$$-30 = 15 \cdot t - 4{,}9 \cdot t^2 ; \quad 4{,}9 \cdot t^2 - 15 \cdot t - 30 = 0 \quad \Rightarrow \quad t = 4{,}4 \text{ s}$$

La velocidad de la piedra en ese punto será:

$$v = 15 \text{ m/s} - 9{,}8 \text{ m/s}^2 \cdot 4{,}4 \text{ s} = -28{,}1 \text{ m/s}$$

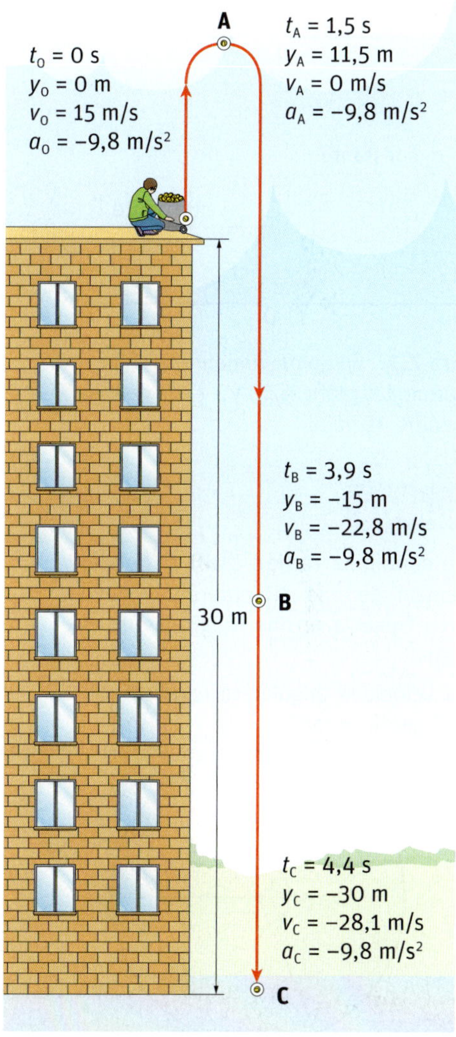

ACTIVIDADES

11. smSaviadigital.com APLICA

Entra en esta simulación y sitúa los datos de partida en la posición 50 m y con velocidad inicial 20 m/s. Determina el tiempo, la posición, la velocidad y la aceleración en tu cuaderno y comprueba después que el *applet* los reproduce adecuadamente para las posiciones indicadas.

a) La posición más elevada que alcanza el objeto.

b) El instante en que el objeto vuelve a pasar por el punto de lanzamiento.

c) El momento en que impacta en el suelo.

7 Movimiento circular uniforme

REFLEXIONA

El *London Eye*, la gran noria de Londres, tiene un radio de 74,5 m y da una vuelta completa cada 30 minutos, por lo que ni siquiera tiene que detenerse para que suban los pasajeros. ¿Cómo es posible esto?

El movimiento de la noria es uniforme y se pueden emplear las ecuaciones vistas para el MU para calcular la velocidad de un punto de la periferia. En efecto, se puede considerar que el espacio recorrido por ese punto de la periferia en una vuelta completa es $2\pi R$, esto es, la longitud de la circunferencia externa. Puesto que recorre este espacio en 30 min, queda:

$$v = \frac{\text{espacio recorrido en una vuelta}}{\text{tiempo empleado}} = \frac{2\pi R}{T} = \frac{2\pi \cdot 74{,}5\ \text{m}}{30 \cdot 60\ \text{s}} = 0{,}26\ \text{m/s}$$

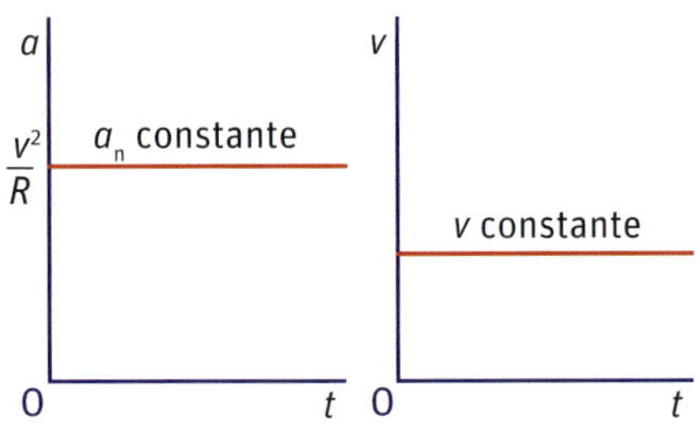

Figura 7.1. En un movimiento circular uniforme, las gráficas *a-t* y *v-t* son rectas de pendiente nula.

El ejemplo anterior permite analizar la mayoría de las magnitudes necesarias para describir el *movimiento circular uniforme* de un cuerpo:

- El módulo de su **velocidad lineal**, *v*, no cambia para un punto dado, si bien es mayor en la periferia que en un punto próximo al eje.
- La ecuación del movimiento será la del MU: $s = s_0 + v \cdot t$
- Aparece una magnitud nueva debida a la variación de dirección del vector $\vec{v}$, llamada **aceleración normal**, que ya hemos estudiado:

$$a_n = \frac{v^2}{R}$$

- El **período**, *T*, es el tiempo que tarda el cuerpo en dar una vuelta completa.
- Se denomina **frecuencia**, *f*, al inverso del período; representa el número de vueltas que el cuerpo da en 1 s. Se mide en s^{-1} o rps (revoluciones por segundo), que también se denomina **hertzio** (Hz).

$$f = \frac{1}{T}$$

Un **movimiento circular uniforme, MCU**, es aquel cuya trayectoria es una circunferencia y cuya velocidad permanece constante en módulo, pero cambia continuamente de dirección por ser tangente a la trayectoria. Por tanto, este movimiento tiene aceleración.

Recuerda

Se denomina **radián** (rad) al ángulo central de una circunferencia cuyo arco tiene la misma longitud que el radio.

La velocidad angular se expresa normalmente en rad/s.

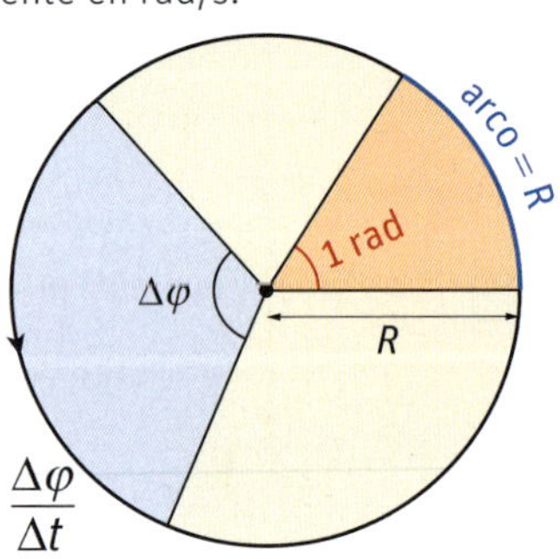

$$\omega = \frac{\Delta\varphi}{\Delta t}$$

Velocidad angular

Del mismo modo que se define la velocidad lineal como el cociente entre los metros lineales recorridos y el tiempo empleado, se puede definir la **velocidad angular**, ω, como el cociente entre el ángulo recorrido y el tiempo empleado en recorrerlo:

$$\omega = \frac{\Delta\varphi}{\Delta t}$$

La velocidad angular se puede expresar como el cociente entre el ángulo en radianes de una vuelta completa, 2π, y el tiempo que tarda en recorrerla, *T*. Además, la velocidad lineal puede expresarse también como el cociente entre la circunferencia recorrida, $2\pi \cdot R$, y el tiempo que tarda en recorrerla, *T*. Por tanto:

$$\omega = \frac{2\pi}{T} \text{ (equivalente a } \omega = 2\pi \cdot f\text{) y } v = \frac{2\pi \cdot R}{T} \Rightarrow v = \omega \cdot R$$

ACTIVIDADES

12. Calcula la velocidad angular, la frecuencia y la aceleración normal del *London Eye*.

8 Clasificación de movimientos

A lo largo de esta unidad han aparecido muchos términos vinculados a distintos conceptos físicos. Es preciso definir y relacionar claramente dichos conceptos con el fin de construir un esquema conceptual claro que permita abordar el estudio del movimiento.

REFLEXIONA

Lee la frase siguiente: "La **cinemática** estudia el movimiento a partir de conceptos y magnitudes como sistema de referencia, trayectoria, posición, velocidad, aceleración. Permite clasificar los movimientos, según su trayectoria, en rectilíneos y curvilíneos; y según su rapidez, en uniformes o acelerados."

A partir de esta frase se puede construir un mapa conceptual como el de la derecha.

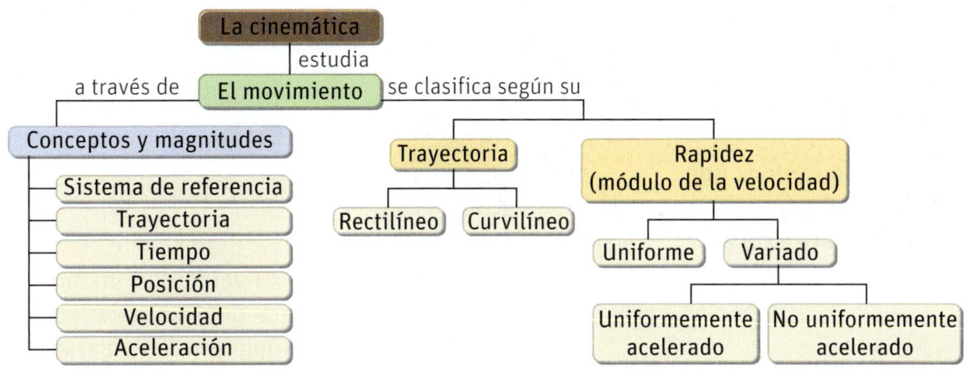

Clasificación de los movimientos según la trayectoria

- Un **movimiento rectilíneo** se caracteriza porque su trayectoria es una recta. La velocidad no cambia de dirección (la dirección de la recta), pero puede cambiar de sentido.
- Un **movimiento curvilíneo** se caracteriza porque su trayectoria es una curva. La velocidad –que es en todo momento tangente a la curva– cambia de dirección.

OBSERVA

Una parte de la carrera de 400 m lisos tiene trayectoria circular, donde cambia la dirección de $\vec{v}$, por lo que existe aceleración, cuya dirección se puede deducir observando la inclinación de los corredores.

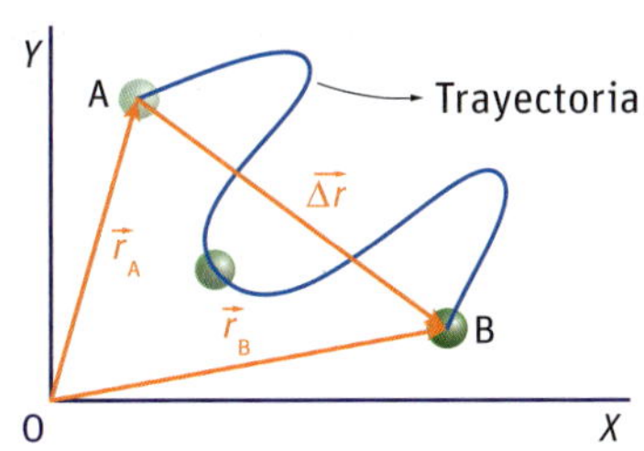

La trayectoria de ciertos movimientos es errática, por lo que resultan muy difíciles de estudiar. Pero, si se conoce la variación del vector de posición a lo largo del tiempo, se puede predecir el resto de variables.

Clasificación de los movimientos según el módulo de la velocidad

- Si el módulo de la velocidad es constante, se dice que el **movimiento** es **uniforme**. La gráfica *v-t* muestra una línea horizontal, sea cual sea la trayectoria.
- Si cambia el módulo de la velocidad, el **movimiento** es **variado**. Puede ser uniformemente acelerado o simplemente acelerado.
- Si la trayectoria es circular y cambia tanto el módulo como la dirección de la velocidad, aparecen dos aceleraciones: la **tangencial**, que surge del cambio en el módulo de $\vec{v}$, y la **normal**, que surge del cambio en la dirección de $\vec{v}$.

ACTIVIDADES

13. Justifica razonadamente si las siguientes afirmaciones son verdaderas o falsas
   a) El movimiento del plato de un microondas es uniforme y curvilíneo.
   b) Ningún movimiento uniforme puede tener aceleración.
   c) En los movimientos rectilíneos no cambia la dirección ni el sentido del vector velocidad.
   d) Según cómo se lance un balón al aire, puede resultar un movimiento rectilíneo o parabólico.

Repasa lo aprendido

1 Las variables que describen el movimiento, ¿dependen del observador?

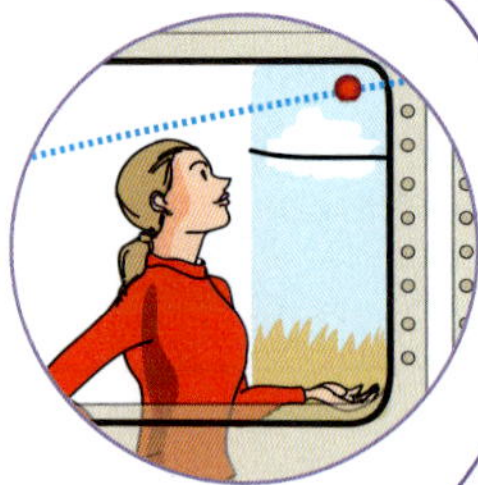

El observador se sitúa en el origen de un **sistema de referencia** respecto al cual se mide todo: la **trayectoria**, o línea seguida por el móvil, su **posición**, s, el **desplazamiento** experimentado, Δs, la **velocidad** y la **aceleración**.

2 ¿Es lo mismo rapidez que velocidad? ¿Basta con un número para expresar ambas magnitudes?

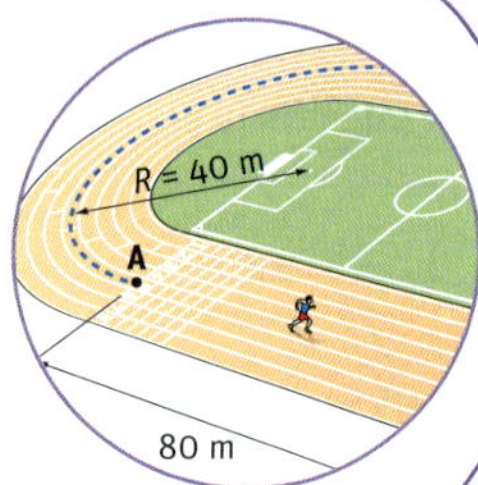

La **velocidad media** es la relación entre el **espacio recorrido sobre la trayectoria** por el móvil y el tiempo empleado.

$$v_m = \frac{\text{espacio recorrido}}{\text{tiempo empleado}}$$

La **velocidad instantánea** es la que tiene el móvil en un instante del recorrido. Se trata de un **vector tangente a la trayectoria**, cuyo módulo puede llamarse **rapidez**.

3 ¿Qué magnitud permite estudiar el cambio de velocidad experimentado por un móvil?

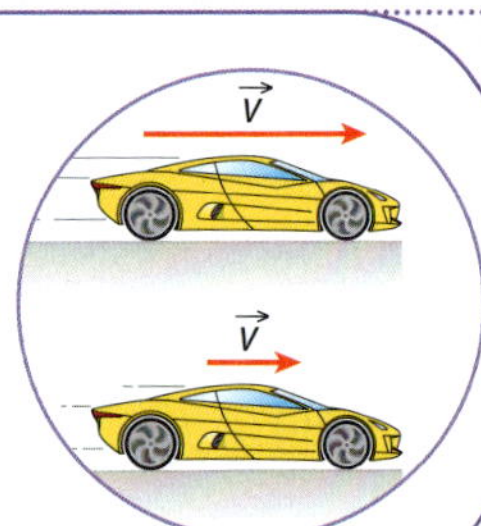

La **aceleración** es la magnitud que estudia la variación de la velocidad en la unidad de tiempo. En los movimientos rectilíneos, solo puede variar el módulo de la velocidad y no su sentido, mientras que en los movimientos circulares uniformes solo varía la dirección y el sentido, pero no el módulo, y se habla de **aceleración normal**:

Movimientos rectilíneos: $a_m = \frac{\Delta v}{\Delta t} = \frac{v_f - v_0}{t_f - t_0}$

Movimientos circulares uniformes: $a_n = v^2/R$

4 ¿Cómo se estudian los movimientos rectilíneos?

El **MRU** es aquel que mantiene su velocidad constante en módulo, dirección y sentido. Se describe con la ecuación:

$$s_f = s_0 + v \cdot t$$

El **MRUA** es aquel movimiento rectilíneo que mantiene su aceleración constante. Se describe mediante las ecuaciones:

$$v_f = v_0 + a \cdot t \qquad \Delta s = v_0 \cdot t + \frac{1}{2} a \cdot t^2$$

5 ¿Qué caracteriza la caída de un objeto en la Tierra?

Se denomina **caída libre** al movimiento de un cuerpo sometido únicamente a la acción de la **gravedad**: $a = g = 9{,}8$ m/s^2. Si el cuerpo va hacia abajo, la aceleración se considera positiva, y si va hacia arriba, negativa:

$$v_f = v_0 \pm g \cdot t \qquad s = v_0 \cdot t \pm \frac{1}{2} g \cdot t^2$$

6 ¿De qué variables depende la descripción del movimiento circular uniforme?

En un **movimiento circular uniforme, MCU**, se mantiene constante el módulo de la velocidad pero cambia su dirección.

$$\omega = \frac{2\pi}{T} \qquad v = \frac{2\pi \cdot R}{T} \qquad v = \omega \cdot R \qquad T = \frac{1}{f}$$

El **período** es el tiempo que tarda el móvil en dar una vuelta, y la **frecuencia** es el número de vueltas que da por unidad de tiempo.

smSaviadigital.com VALORA LO APRENDIDO › Resumen de la unidad

Procedimientos de la ciencia

Cómo calcular una distancia de seguridad

El número de víctimas mortales en accidentes de tráfico ha experimentado una bajada sostenida desde 1990. Sin embargo, las cifras siguen siendo elevadas: un total de 1126 personas fallecieron en las carreteras en 2015. Las consecuencias se miden en millones de euros en pérdidas y en mucho dolor personal. Muchos de estos accidentes tienen lugar por no guardar la adecuada distancia de seguridad. El código de circulación exige que "todo conductor que circule detrás de otro debe dejar entre ambos un espacio libre que le permita detenerse sin colisionar con él".

Para hallar la distancia de seguridad se deben tener en cuenta dos factores, el *tiempo de reacción* y el *tiempo de frenado*.

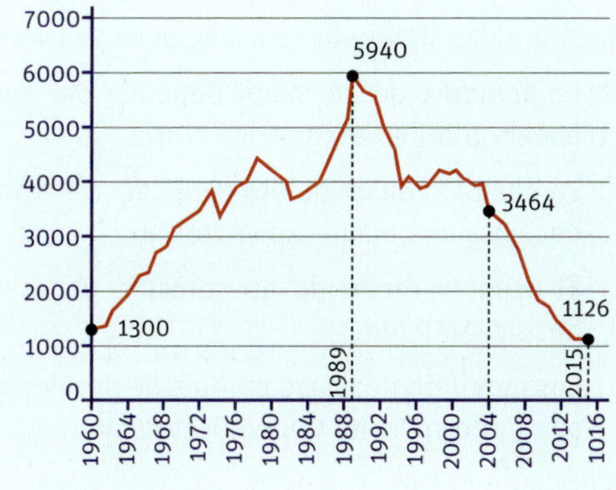

1 MEDIR EL TIEMPO DE REACCIÓN

Desde que el conductor percibe la necesidad de frenar hasta que pisa el freno transcurren unos 0,8 s. Por supuesto, la edad, el cansancio y el alcohol influyen mucho en el tiempo de reacción. Por ejemplo, si un coche circula a 50 km/h con MRU, la distancia recorrida durante el tiempo de reacción será:

$$v = 50 \text{ km/h} = 13{,}9 \text{ m/s}$$

$$s_{\text{reacción}} = v \cdot t \Rightarrow s_{\text{reacción}} = 13{,}9 \cdot 0{,}8 = 11{,}1 \text{ m}$$

2 MEDIR EL TIEMPO DE FRENADA

El tiempo de frenada es el que transcurre desde que se acciona el freno hasta que el coche se detiene. Las condiciones de la carretera y el estado de las ruedas influyen mucho en el tiempo de frenada. En circunstancias normales, un coche frena disminuyendo la velocidad a razón de 9 m/s². El espacio recorrido en este tramo será:

$$s_{\text{frenado}} = \frac{v_f^2 - v_0^2}{2a} = \frac{0 - (13{,}9 \text{ m/s})^2}{2 \cdot (-9 \text{ m/s}^2)} = 10{,}7 \text{ m}$$

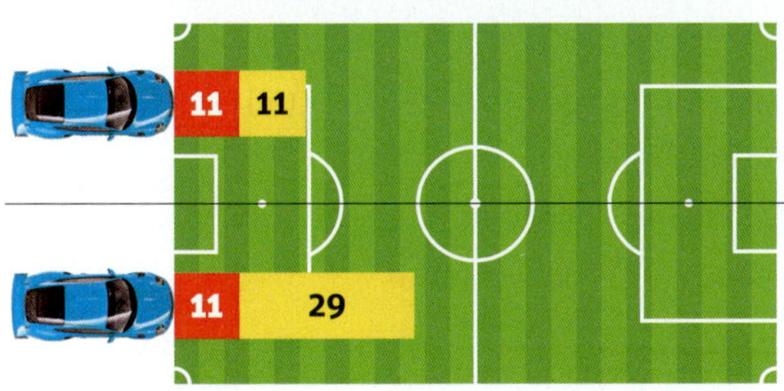

Velocidad inicial: **50 km/h** Distancias (expresadas en metros)	Estado de la calzada
11 **11**	Seca
11 **29**	Mojada

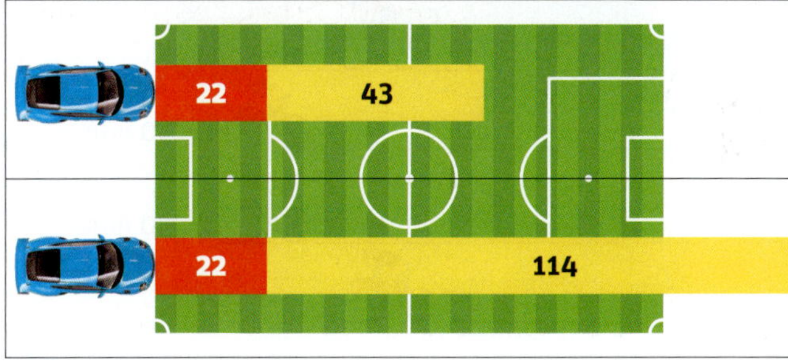

Velocidad inicial: **100 km/h** Distancias (expresadas en metros)	Estado de la calzada
22 **43**	Seca
22 **114**	Mojada

Por lo tanto, en condiciones óptimas, la distancia total que necesita un vehículo que circula a 50 km/h para detenerse es:
$s_{\text{reacción}} + s_{\text{frenado}} = 11{,}1 \text{ m} + 10{,}7 \text{ m} = 21{,}8 \text{ m}$

ACTIVIDADES

14. Como puede verse en el dibujo superior, cuando se duplica la velocidad, la distancia de reacción se duplica, mientras que la de frenado se ve multiplicada por cuatro. ¿Puedes explicar por qué?

15. La DGT propone el "truco de los 2 segundos" para calcular la distancia de seguridad de manera aproximada. Interpreta el dibujo. ¿Es una buena aproximación?

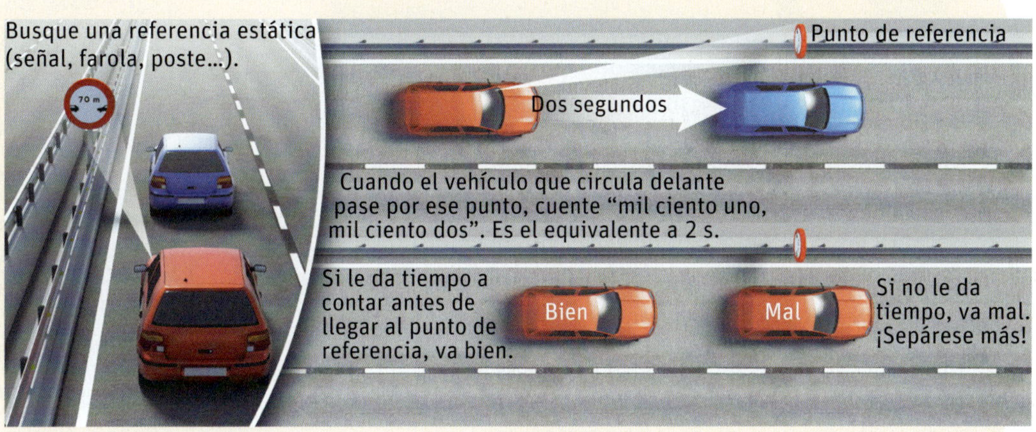

Actividades

Magnitudes cinemáticas

16. Razona si las siguientes afirmaciones son verdaderas o falsas:

a) La posición de un móvil depende del punto de vista del observador; no así su trayectoria.

b) La posición de un objeto viene descrita por un número; no necesita una magnitud vectorial.

c) El espacio recorrido no coincide necesariamente con el desplazamiento.

d) Los movimientos cuyo módulo de la velocidad es constante son uniformes, no tienen aceleración.

17. Una mosca cruza volando el diámetro de un pozo circular de 2 m de radio. Su amiga la hormiga tiene que bordear el pozo desde A hasta B.

Calcula en cada caso sus posiciones inicial y final, el espacio recorrido y el desplazamiento.

18. Los dibujos señalan las posiciones iniciales y finales de dos ciclistas y el tiempo empleado por cada uno. Trata de razonar cuál es el más rápido en cada caso (no respondas solo en base a tu intuición).

19. El dibujo muestra el recorrido que hace un nadador en un río. Incluye información sobre el origen (punto de vista del observador), posiciones y distancias y sentido de la marcha.

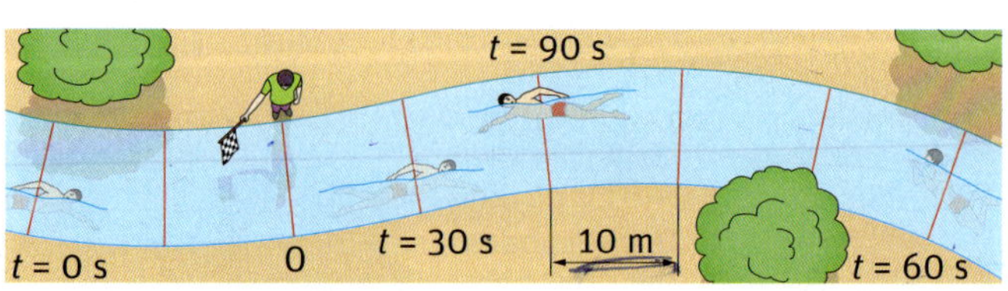

a) Haz una tabla de valores posición-tiempo.

b) Calcula la distancia total recorrida desde la posición inicial a la final. ¿Coincide con el desplazamiento? ¿Por qué?

c) Calcula la velocidad media en unidades del SI, en cada tramo y en el recorrido total.

20. Un coche se mueve con velocidad de 24 m/s. Frena uniformemente y logra detenerse en 6 s. Halla su velocidad media y su aceleración media durante el tiempo de frenado.

21. Una lanzadera espacial alcanzó en 2 min una velocidad de $2{,}9 \cdot 10^4$ km/h. Calcula su aceleración media en el SI. Si la lanzadera fuera capaz de mantener esa aceleración durante una hora, ¿qué velocidad final adquiriría?

22. Un coche teledirigido de pruebas recorre un trayecto marcado por la siguiente tabla de datos:

t (s)	0	1	2	3	4	5	6	7	8
x (m)	0	2,3	9,2	20,4	36,8	57,5	50	40,2	20,7

a) Dibuja la gráfica *x-t*. ¿Cuál será la trayectoria del coche?

b) Calcula el espacio total recorrido sabiendo que a los 5 s el coche da la vuelta.

c) Calcula la velocidad media entre los instantes t = 4 s y t = 8 s.

Movimiento rectilíneo uniforme

23. La figura representa la situación inicial de un móvil que se desplaza a velocidad constante. Calcula:

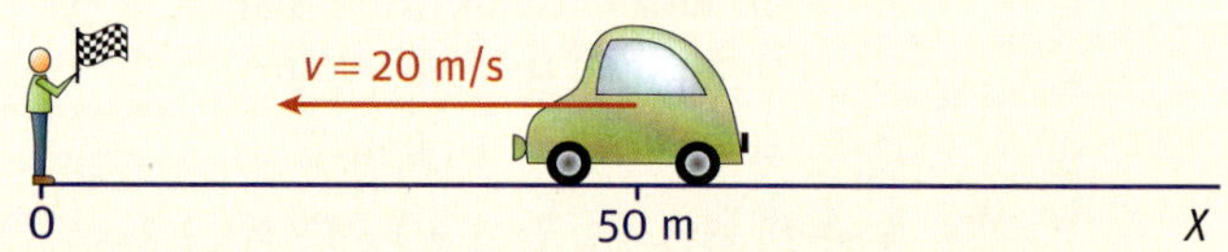

a) La ecuación del movimiento y la gráfica *s-t*.

b) La posición y el desplazamiento a los 6 s.

c) El tiempo que tarda en pasar por el origen.

SOLUCIÓN

a) Observando la figura se obtienen los datos:

x_0 = 50 m; v_0 = −20 m/s

La ecuación del movimiento será:

$$x = x_0 + v \cdot t$$

Es decir:

$x = 50 + (-20) \cdot t = 50 - 20 \cdot t$

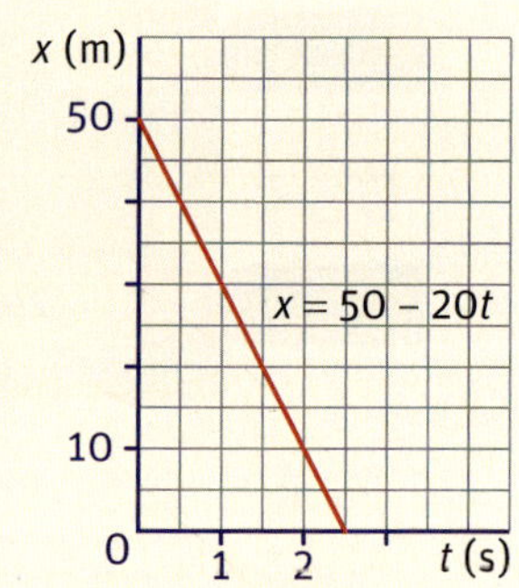

La gráfica es una recta de pendiente negativa.

b) $x\,(t = 6\ \text{s}) = (50\ \text{m}) - (20\ \text{m/s}) \cdot (6\ \text{s}) = -70\ \text{m}$

El desplazamiento será:

$$\Delta x = x_f - x_0 = (-70 - 50)\ \text{m} = -120\ \text{m}$$

c) Cuando pasa por el origen, x_f = 0, es decir:

$$0 = (50\ \text{m}) - (20\ \text{m/s}) \cdot t \Rightarrow t = 2{,}5\ \text{s}$$

24. La posición de un móvil que se desplaza con movimiento rectilíneo viene dada por: $x = -5 + 15 \cdot t$ (unidades en SI).

a) Deduce la posición inicial y haz la gráfica *x-t*.

b) ¿Qué tiempo tarda en desplazarse 90 m?

c) Halla el tiempo que tarda en pasar por el origen.

25. **La gráfica representa el movimiento de un corredor, en unidades del SI.**

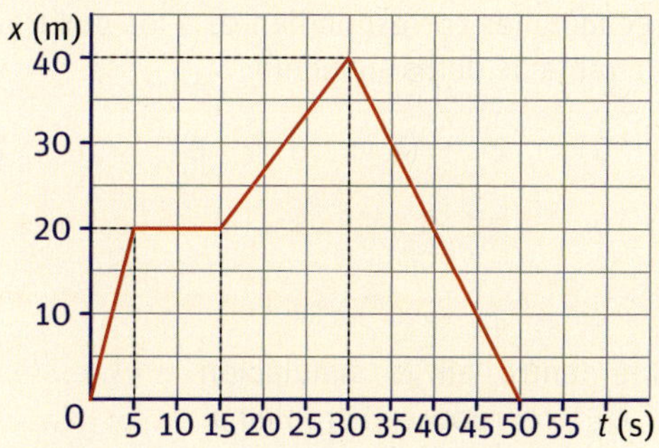

a) **Describe lo que hace el corredor.**

b) **Calcula la velocidad que lleva en cada tramo y haz la gráfica *v-t*. ¿Qué espacio recorre en el último de ellos?**

SOLUCIÓN

a) El corredor se desplaza los 20 primeros metros con velocidad constante, durante 5 s. Se detiene 10 s y vuelve a correr con velocidad constante en el mismo sentido durante 15 s. En ese momento da la vuelta y regresa al punto de partida.

b) La velocidad es la pendiente de la recta, es decir:

Tramo 1: $v = \text{tg}\,\alpha = \dfrac{\Delta x}{\Delta t} = \dfrac{(20-0)\text{ m}}{(5-0)\text{ s}} = 4{,}0\text{ m}$

Tramo 2: velocidad nula

Tramo 3: $v = \text{tg}\,\alpha = \dfrac{\Delta x}{\Delta t} = \dfrac{(40-20)\text{ m}}{(30-15)\text{ s}} = 1{,}3\text{ m/s}$

Tramo 4: $v = \text{tg}\,\alpha = \dfrac{\Delta x}{\Delta t} = \dfrac{(0-40)\text{ m}}{(50-30)\text{ s}} = -2{,}0\text{ m}$

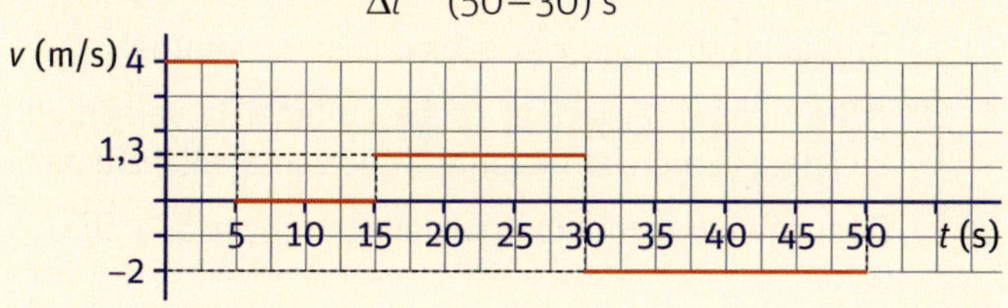

Observando la gráfica se ve que recorre 40 m.

26. La gráfica representa el trayecto realizado por un ciclista durante 2 horas. Describe su movimiento.

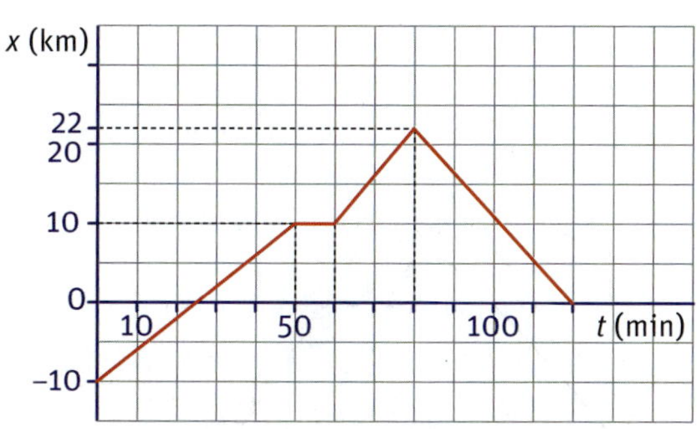

a) Calcula la ecuación del movimiento en el primer tramo.

b) Halla el desplazamiento y el espacio recorrido en la última hora.

27. Las dos gráficas siguientes representan los movimientos de dos coches, A y B.

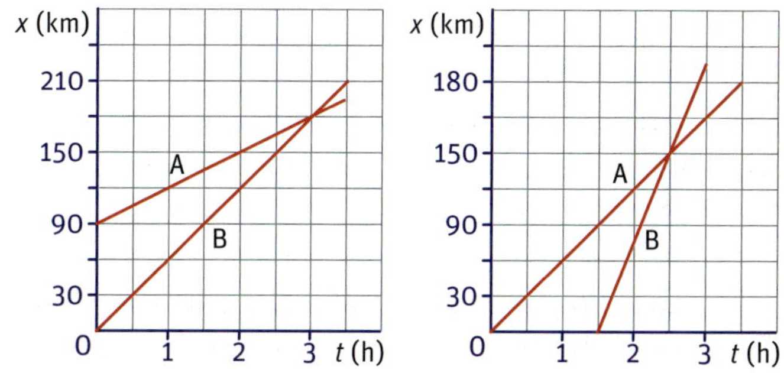

a) ¿Hay algún instante en que ambos coches tengan la misma velocidad? Si es así, calcúlala.

b) Si se encuentran en algún momento, ¿cuándo lo hacen?

c) Explica si uno de los coches ha salido antes que el otro, o si ha salido con ventaja. ¿Qué distancia recorre cada coche hasta encontrarse?

28. Dos pueblos distan entre sí 195 km. Simultáneamente salen de cada uno de ellos, y en sentidos contrarios, dos ciclistas con velocidades constantes de 25 km/h y 40 km/h. ¿En qué punto de la carretera se encontrarán y cuándo se producirá el encuentro? Resuelve el problema gráfica y numéricamente.

29. Un coche sale de cierto punto con una velocidad constante de 70 km/h. Media hora más tarde sale otro coche en su persecución desde el mismo punto, a 100 km/h. Escribe las ecuaciones del movimiento y deduce cuándo y dónde el segundo alcanza al primero.

30. Un guepardo está persiguiendo a una gacela que corre a 90 km/h. Le separa de ella una distancia de 20 m y lleva una velocidad de 97,2 km/h, que es capaz de mantener constante durante 9 s. ¿Alcanzará a la gacela?

Movimiento rectilíneo uniformemente acelerado

31. **Un coche arranca desde el reposo con aceleración constante de 0,5 m/s². ¿Qué velocidad llevará al cabo de un minuto? ¿Qué distancia habrá recorrido?**

SOLUCIÓN

$$v_f = v_0 + a \cdot t \Rightarrow v_f = 0 + (0{,}5\text{ m/s}^2) \cdot (60\text{ s}) = 30\text{ m/s}$$

$$s = v_0 \cdot t + \frac{1}{2} a \cdot t^2 = 0 + \frac{1}{2}(0{,}5\text{ m/s}^2) \cdot (60\text{ s})^2 = 900\text{ m}$$

Actividades

32. Un tren AVE alcanza una velocidad de 290 km/h en 3 min y 30 s. Un ciclista puede alcanzar una velocidad máxima de 54 km/h en 30 s. Si ambos parten del reposo:

a) ¿Qué móvil desarrolla más aceleración? ¿Qué conclusión puede extraerse sobre *v* y sobre *a*?

b) Si ambos quieren frenar en 10 s, ¿qué aceleración media de frenado necesitan? ¿Qué distancia recorre cada uno en ese tiempo?

33. La siguiente gráfica *v-t* se refiere a la trayectoria rectilínea seguida por una motocicleta. Interpreta el movimiento y calcula el espacio total recorrido.

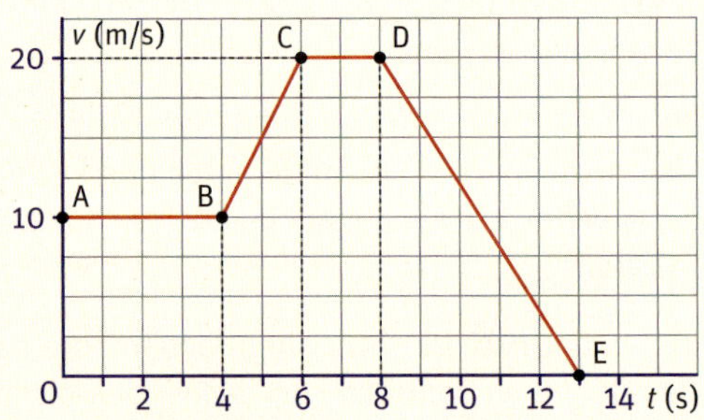

SOLUCIÓN

A lo largo del tramo AB, la moto mantiene una velocidad constante de 10 m/s y, por tanto, la aceleración es cero. A continuación, acelera desde B hasta C; la pendiente de la recta es la aceleración:

$$a_{BC} = \text{tg}\,\alpha = \frac{\Delta v}{\Delta t} = \frac{(20-10)\text{ m/s}}{(6-4)\text{ s}} = 5\text{ m/s}^2$$

Entre C y D se mueve también a velocidad constante, $v = 20$ m/s. Por último, frena hasta pararse en E, con esta aceleración:

$$a_{DE} = \text{tg}\,\alpha = \frac{\Delta v}{\Delta t} = \frac{(0-20)\text{ m/s}}{(13-8)\text{ s}} = -4\text{ m/s}^2$$

El espacio total recorrido coincide con el área encerrada bajo la gráfica *v-t*. Es decir:

$$s = 40\text{ m} + 30\text{ m} + 40\text{ m} + 50\text{ m} = 160\text{ m}$$

34. Interpreta las gráficas siguientes correspondientes a dos movimientos rectilíneos. Calcula la aceleración en cada tramo de la gráfica A y en la gráfica B. A continuación, calcula el espacio total recorrido en ambos casos.

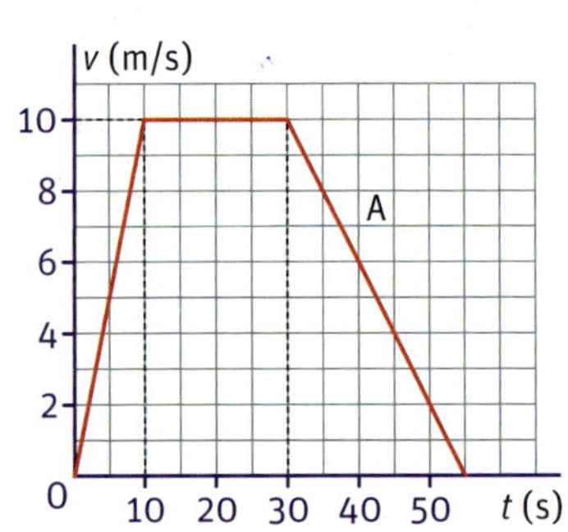

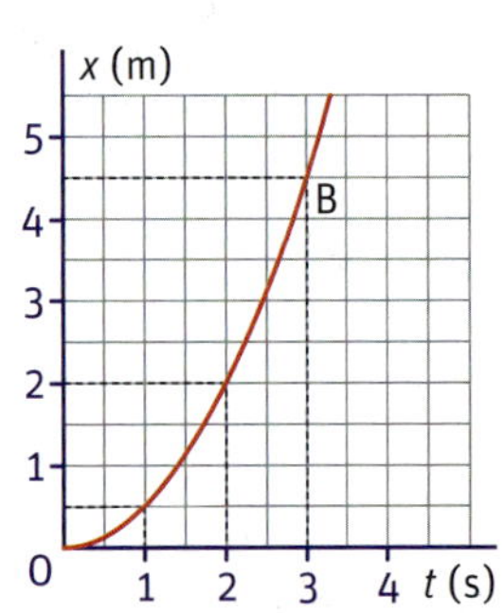

35. Una motocicleta se mueve a 18 km/h mientras cruza una zona de niños durante 4 s. Al salir de dicha zona, acelera hasta alcanzar la velocidad de 21 m/s en 8 s.

a) Escribe las ecuaciones correspondientes a los dos tramos y completa la tabla de datos siguiente:

t (s)	0	2	4	6	8	10	12
s (m)	0	●●●	●●●	●●●	●●●	●●●	●●●
v (m/s)	●●●	●●●	●●●	●●●	●●●	●●●	●●●

b) Seguidamente, entra en la simulación www.e-sm.net/svfq4eso07_02 y reproduce el problema.

36. Un coche está detenido frente a un semáforo. Se enciende la luz verde y arranca. Justo en ese momento, una bicicleta lo adelanta a una velocidad constante de 40 km/h. Por su parte, el coche acelera de modo que alcanza los 50 km/h en 10 s.

a) Dibuja las gráficas *v-t* de los dos movimientos.

b) ¿Qué tiempo tardará el coche en tener la velocidad de la bicicleta? En dicho instante, ¿qué ventaja lleva esta?

c) Deduce en qué momento alcanza el coche a la bici.

Caída libre

37. ¿Cuánto tarda en llegar al suelo un objeto que se deja caer desde 50 m? ¿Con qué velocidad impacta contra el suelo?

SOLUCIÓN

Los datos son: $v_0 = 0$ m/s (pues se deja caer); distancia recorrida, $s = 50$ m; $a = g = 9{,}8$ m/s². Se adopta un eje vertical con origen en el punto de lanzamiento, con lo que todas las magnitudes son positivas "hacia abajo". Y se aplican las ecuaciones:

$$s = v_0 \cdot t + \frac{1}{2} g \cdot t^2 \,;\, 50\text{ m} = 0 + \frac{1}{2}(9{,}8\text{ m/s}^2)\cdot t^2 \quad \Rightarrow \quad t = 3{,}2\text{ s}$$

La velocidad se calcula a partir de este tiempo:

$$v_f = v_0 + a \cdot t \;\Rightarrow\; v_f = 0 + (9{,}8\text{ m/s}^2)\cdot(3{,}2\text{ s}) = 31{,}3\text{ m/s}$$

38. La altura de la Torre de Pisa es de 55 m. Si se desprecia la fricción con el aire.

a) ¿Cuánto tardará en llegar al suelo un objeto que se deja caer desde lo alto?

b) ¿Con qué velocidad llegará?

39. Desde la terraza de un edificio se deja caer un cuerpo que tarda 4 s en llegar al suelo. Calcula la altura del edificio y la velocidad en el momento de llegar al suelo. A continuación, halla el tiempo de caída si el cuerpo se lanza con una velocidad de 8 m/s hacia abajo.

40. Un balón lanzado verticalmente desde el suelo alcanza una altura de 16 m. Calcula la velocidad inicial con que se lanzó y el tiempo que ha tardado en llegar a esa altura.

SOLUCIÓN

Se toma como origen el suelo y sentido positivo hacia arriba. En el punto más alto de la trayectoria, y = 16 m, g = −9,8 m/s² y v_f = 0 m/s, ya que el balón se para en dicho punto. Puesto que no conocemos ni v_0 ni t, es mejor usar la ecuación siguiente:

$$v_f^2 - v_0^2 = 2 \cdot (-g) \cdot y \quad \Rightarrow \quad 0 - v_0^2 = 2 \cdot (-9{,}8\ \text{m/s}^2) \cdot (16\ \text{m})$$

$$v_0 = 17{,}7\ \text{m/s}$$

Sustituyendo en la ecuación de la velocidad, resulta:

$$v_f = v_0 - g \cdot t;\ 0 = 17{,}7 - (9{,}8\ \text{m/s}^2) \cdot t$$

De donde t = 1,8 s.

41. Razona si las siguientes afirmaciones referidas al dibujo son verdaderas o falsas:

a) La velocidad en el punto más alto es cero.

b) La velocidad cuando vuelve a pasar por el punto de lanzamiento es −20 m/s.

c) La posición puede ser negativa, pero el tiempo no.

d) El valor de h es de 25,5 m.

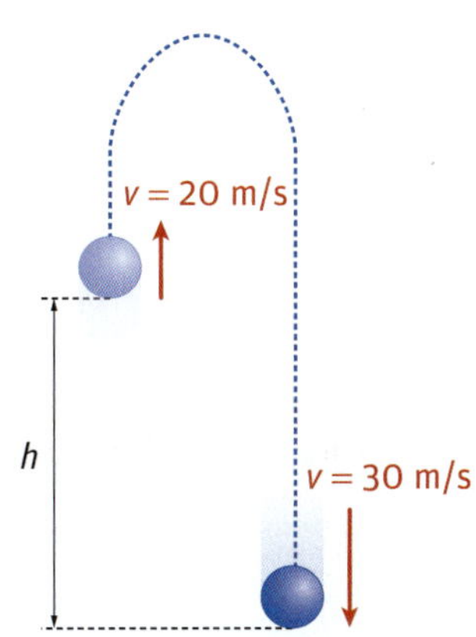

42. La niña del dibujo ha lanzado la pelota hacia arriba y la ha vuelto a recoger.

a) Calcula el tiempo total transcurrido. ¿Qué desplazamiento experimenta la pelota?

b) ¿Qué velocidad lleva cuando se encuentra en la posición del dibujo, a mitad de recorrido?

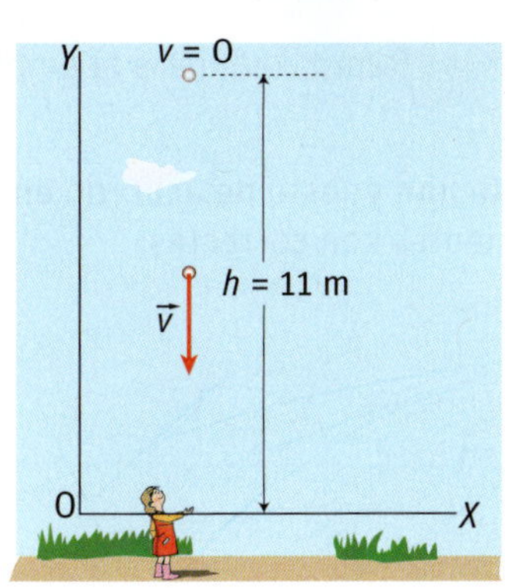

43. El piloto de una avioneta es eyectado de su asiento y sale disparado verticalmente con una velocidad de 15 m/s. Si se encuentra a 200 m de altura, calcula:

a) La altura máxima y el tiempo que tardará en alcanzarla.

b) ¿Qué tiempo transcurre hasta que se abre el paracaídas, si lo hace cuando se encuentra a 120 m sobre el suelo y bajando?

Movimiento circular uniforme

44. Una piedra atada a una cuerda gira con movimiento circular uniforme de radio 80 cm a una velocidad de 2 rps (revoluciones por segundo). Calcula el valor de todas las variables que caracterizan este movimiento, expresándolo en unidades del SI.

SOLUCIÓN

Los datos que da el problema son: R = 0,8 m y f = 2 vueltas por segundo, es decir f = 2 Hz (o 2 s⁻¹). Por tanto:

Período: $T = \frac{1}{f} = \frac{1}{2\ \text{s}^{-1}} = 0{,}5\ \text{s}$

Velocidad lineal: $v = \frac{2\pi \cdot R}{T} = \frac{2\pi \cdot (0{,}8\ \text{m})}{(0{,}5\ \text{s})} = 10\ \text{m/s}$

Velocidad angular: $\omega = \frac{2\pi}{T} = \frac{2\pi\ \text{rad}}{0{,}5\ \text{s}} = 4\pi\ \text{rad/s}$

Aceleración normal: $a_n = \frac{v^2}{R} = \frac{(10\ \text{m/s})^2}{0{,}8\ \text{m}} = 125\ \text{m/s}^2$

45. La Luna se encuentra a 384 000 km de la Tierra y su período aproximado es de 27 días. Su movimiento alrededor de la Tierra se puede aproximar a un MCU. Calcula todas sus variables en unidades del SI.

46. Un disco de vinilo tiene un diámetro de 30 cm y gira a 33 rpm (revoluciones por minuto). ¿A qué velocidad lineal se desplaza una mosca posada a 9 cm del centro del disco de vinilo? Compara las velocidades angulares y lineales de este movimiento con las del ejercicio anterior.

47. El plato de un microondas gira a 3,5 rad/s. ¿Cuántas vueltas da en el minuto que emplea en calentar un vaso de leche?

48. El CD de un ordenador gira a 540 rpm. ¿Cuántas vueltas deberá dar para reproducir una canción de 3 min?

Ponte a prueba

La velocidad del cuerpo humano

Las pruebas de 100 m lisos han sido analizadas cada vez más de cerca con ayuda de la tecnología. Te proponemos que observes con detenimiento alguna de las carreras más emblemáticas de la historia, por ejemplo la del atleta jamaicano Usain Bolt en el campeonato mundial de atletismo celebrado en Berlín en 2009. Puedes visionar la carrera en el enlace www.e-sm.net/svfq4eso07_03. Los datos de los tiempos de Bolt comparados con los de otros atletas se muestran en la tabla.

Atleta	Primeros 50 m	Últimos 50 m
Bolt 2009	5,47 s	4,11 s
Bolt 2008	5,50 s	4,19 s
Johnson 1988	5,50 s	4,29 s
Powell 2005	5,54 s	4,23 s
Green 1999	5,57 s	4,24 s
Lewis 1988	5,61 s	4,25 s

1. A partir de los "datos comparados" con otros atletas, deduce la velocidad media de cada uno.
2. Estudia cada tramo de la carrera de Berlín en la tabla de la derecha y complétala en tu cuaderno añadiendo los valores de la velocidad para cada tramo de 10 m, en m/s y en km/h. A continuación, representa la velocidad adquirida en cada tramo de 10 m frente al espacio recorrido.

   Puedes estudiar la distribución de los esfuerzos en una prueba de 100 m en: www.e-sm.net/svfq4eso07_04.
3. Extrae conclusiones y redacta un informe.

Carrera de Usain Bolt – Berlín 2009					
s (m)	t_{total}	$t_{parcial}$	s (m)	t_{total}	$t_{parcial}$
0	0,146	—	—	—	—
10	1,89	1,744	60	6,29	0,82
20	2,88	0,99	70	7,10	0,81
30	3,78	0,90	80	7,92	0,82
40	4,64	0,86	90	8,75	0,83
50	5,47	0,83	100	9,58	0,83

Caída por un plano inclinado. Emulando a Galileo

Los alumnos de una clase han desarrollado un experimento de caída por un plano inclinado que imita los experimentos de Galileo. La bola se ha dejado caer sin velocidad inicial desde el punto más alto. Han colocado una chapa metálica en las posiciones 0,3 m, 0,6 m, etc., y, cada vez que la bola golpeaba una chapa, detenían el cronómetro. Varios alumnos tomaban cada medida y han hecho una media de valores, que se recoge en la tabla.

s (m)	0	0,3	0,6	0,9	1,2	1,5	1,8
t (s)	0	1,10	1,55	1,90	2,20	2,45	2,70
t^2	●●	●●	●●	●●	●●	●●	●●

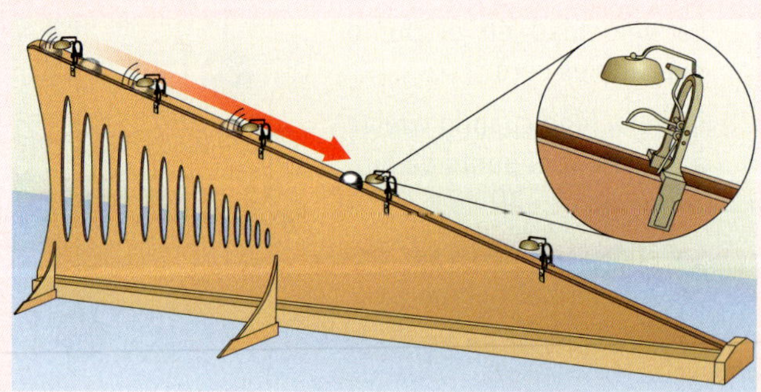

Rampa similar a la empleada por Galileo.

1. Al tratar de representar las gráficas de s frente a t y frente a t^2 no se han puesto de acuerdo en el resultado. Completa la tabla del enunciado en tu cuaderno y valora cuáles de las opciones siguientes son correctas:
   a) La representación de s frente a t es una recta que pasa por el origen.
   b) La pendiente de esa recta es la velocidad.
   c) La representación de s frente a t^2 es una recta que pasa por el origen.
   d) La pendiente de esta última recta es la aceleración.

Galileo y los principios del movimiento

A través de experimentos como el descrito, Galileo Galilei presentó los principios del movimiento. Describió el movimiento uniformemente acelerado como aquel en el cual "variaciones iguales de velocidad ocurren en iguales intervalos de tiempo". Dicha medición no resultaba fácil en tiempos de Galileo, pues a principios del siglo XVII aún no había relojes suficientemente precisos ni resultaba fácil medir fracciones de segundo. En cuanto a las velocidades, cuando resultaban demasiado elevadas, las "diluía" disminuyendo la inclinación del plano.

1. A partir de los datos del apartado anterior, representa s frente a t^2 y deduce el valor de la aceleración del movimiento. ¿Qué ecuación permite calcular la velocidad, si la bola parte del reposo?

   Completa en tu cuaderno la tabla para intervalos regulares de tiempo. ¿Corresponden dichos intervalos a variaciones regulares de velocidad?

t (s)	0	0,5	1,0	1,5	2,0	2,5
v (m/s)	●●●	●●●	●●●	●●●	●●●	●●●

2. Representa la gráfica v-t y deduce el valor de la pendiente. ¿Qué valor se debería obtener?

AUTOEVALUACIÓN

1. Con la información que te proporciona el dibujo, indica sin son verdaderas o falsas las afirmaciones:

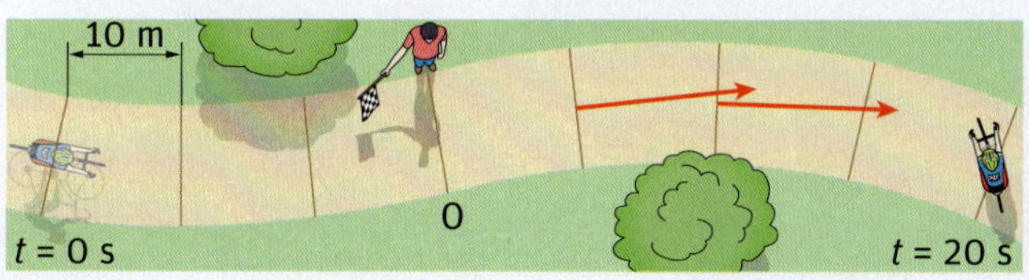

a) La posición inicial del móvil es $s_0 = -30$ m y depende del origen elegido.

b) Con los datos del dibujo se puede afirmar que el movimiento es rectilíneo uniforme.

c) El desplazamiento no coincide con la trayectoria, pero sí coincide con el espacio recorrido.

d) Los vectores rojos pueden referirse a la velocidad instantánea del móvil en ese punto.

2. De las siguientes gráficas:

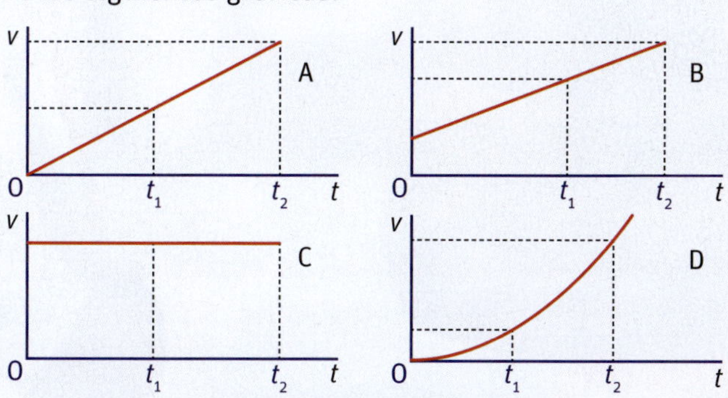

a) Solo A y B podrían corresponder a un MRUA.

b) A, C y D podrían corresponder a un MRUA.

c) A y B podrían corresponder a un MCU.

d) A, B y C podrían corresponder a un MRU.

3. Analiza la gráfica y señala las afirmaciones correctas:

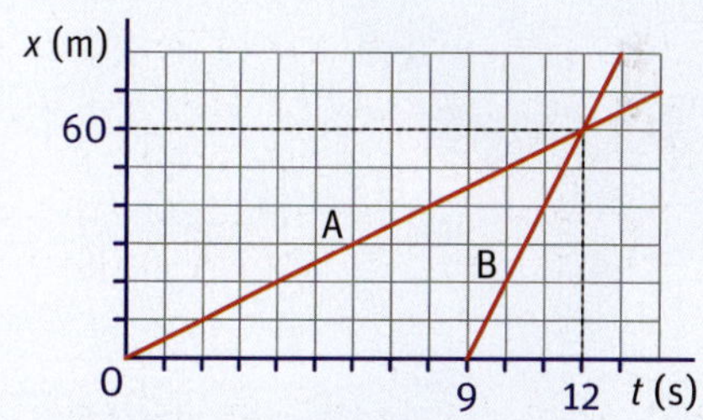

a) El móvil B persigue al A, que lleva 9 m de ventaja.

b) El móvil A sale al encuentro del B con 9 s de retraso.

c) La ecuación que resuelve el problema es: $5t = 20(t - 9)$.

d) Los móviles se encuentran a los 60 s de iniciada la persecución.

4. El cuerpo de la imagen es lanzado hacia arriba desde el suelo. ¿Qué afirmación es correcta?

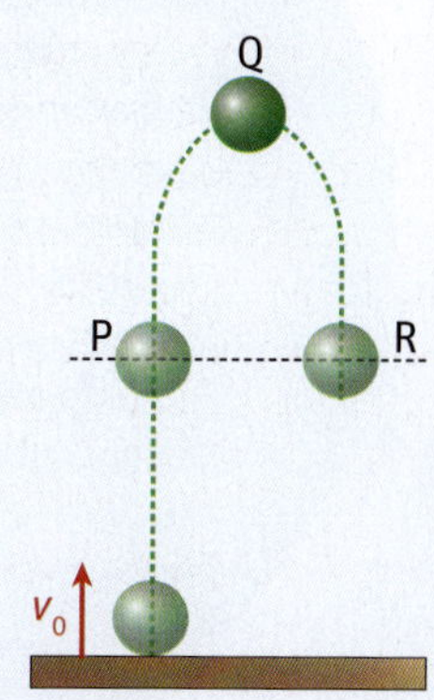

a) Tarda más tiempo en ir de P a Q que de Q a R.

b) En los puntos P y R la aceleración de la gravedad tiene distinto sentido.

c) En Q la velocidad es máxima.

d) En P y R la rapidez es la misma.

5. A los 50 min del inicio de una prueba ciclista, un participante ha recorrido 15,70 km. Si el radio de las ruedas de la bicicleta mide 0,25 m, la frecuencia media de giro de las ruedas ha sido:

a) 200 rpm

b) 9 995 s^{-1}

c) 12 000 rps

d) 3,33 s

smSaviadigital.com VALORA LO APRENDIDO › Autoevaluación con sus soluciones

8 Las leyes de Newton

Abre tu mirada

Para que un corredor de cien metros lisos consiga una buena marca, es fundamental su preparación física y su experiencia en esta prueba; también son importantes la calidad técnica de sus zapatillas y el correcto estado del pavimento sobre el que se desarrolla la carrera. Pero de nada serviría todo esto sin la "colaboración" de la **tercera ley de Newton,** que permite al corredor salir disparado en la salida y avanzar a gran velocidad hasta la meta.

- ¿Qué son las fuerzas y cómo se miden?
- ¿Cómo se suman y descomponen las fuerzas?
- ¿Cómo se comporta un cuerpo sobre el que actúa una fuerza resultante nula?

Analiza y determina

En los motores a reacción, la propulsión se debe a la expulsión de los gases generados en la ignición del combustible: los gases salen despedidos hacia atrás y, como reacción, la nave es impulsada hacia delante.

a ¿Cómo funcionan los cohetes de los fuegos artificiales? ¿Y los cohetes espaciales?

b El calamar volador se impulsa sobre la superficie del agua lanzando chorros de agua. Explica este movimiento.

c Los astronautas se desplazan en el espacio mediante una unidad de maniobra tripulada. Busca información y explica cómo funciona.

Observa y decide

¿De dónde procede la fuerza que proporciona el movimiento en los siguientes casos?

a) Una bola de billar.

b) Un monopatín cuesta abajo.

c) La cuerda de una guitarra.

d) Un pájaro en vuelo.

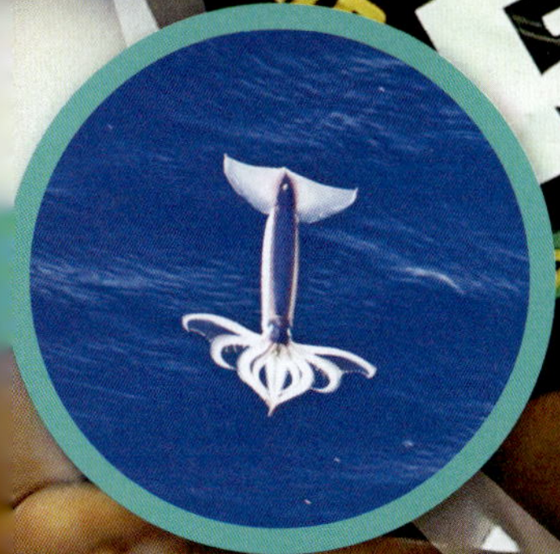

Y tú, ¿qué opinas?

En un arma de fuego, el proyectil sale disparado a una gran velocidad hacia delante, mientras que el arma sufre una fuerte sacudida hacia atrás. Este efecto puede provocar un accidente si no se sujeta bien el arma. Ahora bien, el auténtico peligro de estos dispositivos es su capacidad de causar daños físicos, con frecuencia irreparables, en las personas que reciben los impactos de proyectil. Debate con tus compañeros sobre la conveniencia de permitir el comercio de armas.

- ¿Qué relación existe entre la fuerza que actúa sobre un cuerpo y la aceleración que adquiere?
- ¿Por qué se dice que las fuerzas siempre actúan por parejas?
- ¿Cómo se aplican los principios de la dinámica a la resolución de problemas de la vida cotidiana?

1 La fuerza como interacción. Efectos de las fuerzas

La palabra *fuerza* es comúnmente usada en el lenguaje cotidiano, de modo que todos tenemos una idea intuitiva de su significado, aunque esta no siempre coincide con el que adquiere en el lenguaje de la ciencia.

Palabras como *tirar, empujar, atraer, sostener, golpear...* suponen la existencia de dos cuerpos que interaccionan.

REFLEXIONA

Observa los siguientes ejemplos. En cada uno de ellos, la línea punteada delimita un objeto sobre el que se realiza una fuerza.

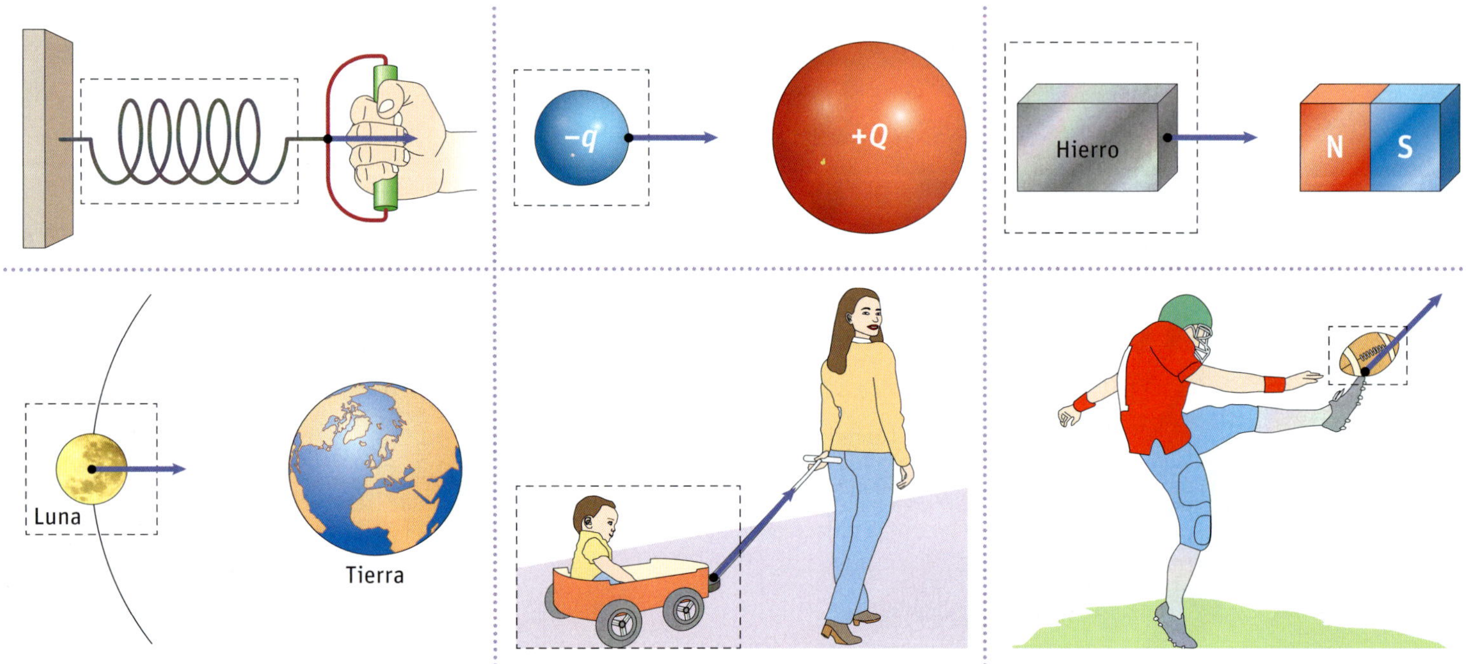

¿Qué significa la flecha azul y por qué es necesaria? ¿Cuáles de las fuerzas representadas son de contacto y cuáles se ejercen a distancia?

La palabra **fuerza** se utiliza en el lenguaje científico como una medida de la intensidad de una interacción entre dos cuerpos.

Esta interacción puede ser de dos tipos:

- **Fuerzas de contacto**. Son aquellas en las que el cuerpo que ejerce la acción o realiza la fuerza está en contacto directo con el cuerpo que soporta la acción o sobre el que actúa.
- **Fuerzas a distancia**. Son aquellas en que un cuerpo puede realizar una acción sobre otro sin necesidad de estar en contacto con él. Se trata de las denominadas **fuerzas de campo**.

Efectos de las fuerzas

Como puede verse en los ejemplos anteriores, las fuerzas pueden producir un cambio en el movimiento de los cuerpos, o bien, si estos son elásticos, los pueden deformar. Estos efectos dependen de las características internas del cuerpo y de su entorno.

Una fuerza es toda interacción capaz de modificar el estado de reposo o movimiento de un cuerpo, o de producir deformaciones en él.

ACTIVIDADES

1. En los dibujos de esta página solo se ha representado la acción de uno de los cuerpos sobre el otro. Identifica en cada caso qué cuerpo realiza la acción y sobre qué la realiza.

   ¿Cuál es el efecto en cada caso? Explica la respuesta.

El dinamómetro y la ley de Hooke

La deformación que producen algunos tipos de fuerzas en un cuerpo elástico, como un muelle o un resorte, puede utilizarse para medir dichas fuerzas.

> La unidad de fuerza usada en el sistema internacional es el **newton** (N).

Para entender a cuánto equivale 1 N, hay que recordar que una masa de 1 kg situada en la superficie de la Tierra es atraída por esta con una fuerza de 9,8 N.

EXPERIMENTA

Cuelga de un muelle pesas de masa creciente. Anota en una tabla la longitud que alcanza el resorte para cada masa. Representa seguidamente la fuerza ejercida por la pesa frente al alargamiento. Observa que existe una relación lineal entre ambas magnitudes. Dicha relación viene dada por la pendiente de la recta, que coincide con la tangente del ángulo que forma con el eje *X*.

Fuerza *F* (N)	Longitud *L* (cm)	Alargamiento ΔL (cm)
0	3,5	0
5	4,4	0,9
10	5,5	2
15	6,6	3,1
22,5	8	4,5

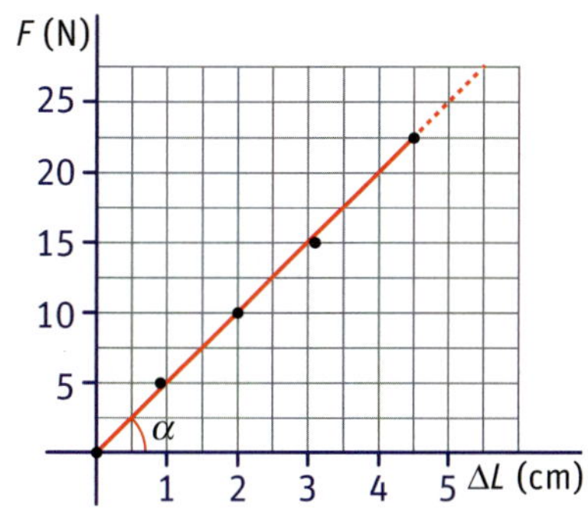

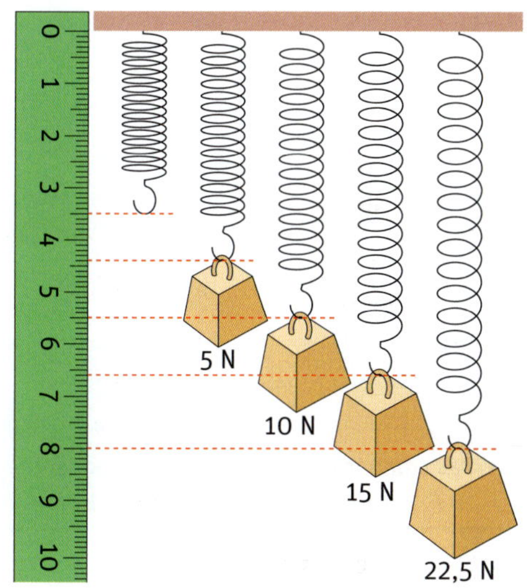

Para calcular la pendiente se debe elegir un punto alejado de la recta, pues así se comete menos error. En unidades del SI resulta:

$$k = \text{tg}\,\alpha = \frac{F(\text{N})}{\Delta L(\text{m})} = \frac{22{,}5\ \text{N}}{4{,}5 \cdot 10^{-2}\ \text{m}} = 500\ \text{N/m}$$

El científico inglés **Robert Hooke** (1635-1703) sistematizó el experimento que acabamos de realizar y estableció la ley que lleva su nombre.

> La **ley de Hooke** establece que las fuerzas aplicadas sobre cuerpos elásticos ideales son directamente proporcionales a los alargamientos producidos:
>
> $$F = k \cdot \Delta L$$

La constante *k* recibe el nombre de **constante elástica del muelle**. A partir de ella se puede determinar el valor de una fuerza midiendo el alargamiento que produce en el muelle (dentro de los límites de elasticidad del resorte).

Mide una fuerza con el dinamómetro

1. Hemos colocado una pesa desconocida en el dinamómetro calibrado en nuestro experimento y hemos comprobado que la longitud del muelle era de 7,2 cm. ¿Qué fuerza ejerce la pesa sobre el resorte?

SOLUCIÓN

Basta con sustituir en la expresión de la ley de Hooke:

$$F = k \cdot \Delta L \quad \Rightarrow \quad F = (500\ \text{N/m}) \cdot (7{,}2 \cdot 10^{-2}\ \text{m}) = 36\ \text{N}$$

ACTIVIDADES

2. Para calibrar un dinamómetro se han tomado las siguientes medidas de su longitud:

F (N)	0	4	8	12	16
L (cm)	45	51	58	65	76

a) Haz una representación gráfica que permita deducir su constante de elasticidad.

b) ¿Qué es el límite de elasticidad? ¿Serviría este dinamómetro para medir un peso desconocido de entre 30 N y 50 N?

2 Carácter vectorial de las fuerzas

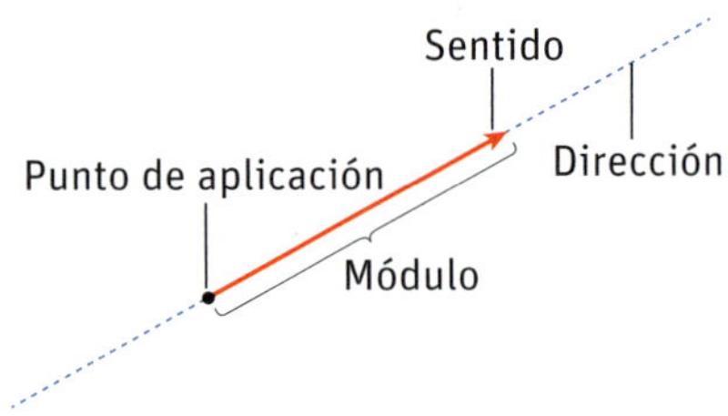

Figura 8.1. Componentes de un vector.

Para manifestar su carácter vectorial, escribimos la fuerza como $\vec{F}$. Como sabes, los elementos que caracterizan una fuerza son: su punto de aplicación, que es el punto del cuerpo donde actúa la fuerza y coincide con el origen del vector; el módulo o intensidad de la fuerza, que viene dado por la longitud del vector; la dirección de la recta que contiene al vector, y el sentido, que viene indicado por la punta de la flecha.

REFLEXIONA

Como es lógico, el efecto del taco sobre la bola depende de cómo se efectúe el golpe. Analiza el dibujo y deduce los factores que determinan ese efecto.

- ¿Cómo se debe golpear la bola blanca para que la bola verde entre por el orificio central superior?

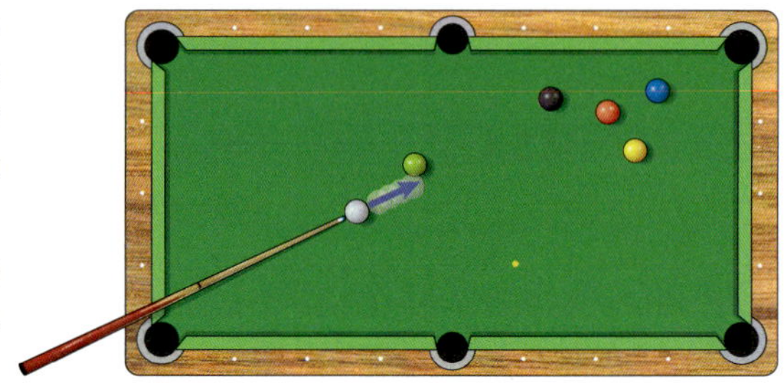

Composición o suma de fuerzas

Se denominan fuerzas concurrentes aquellas que están aplicadas en el mismo punto. La fuerza resultante, $\vec{R}$, de un conjunto de fuerzas es aquella que produce el mismo efecto que el conjunto de fuerzas a las que sustituye.

Fuerzas concurrentes de igual dirección	Fuerzas concurrentes perpendiculares	Fuerzas concurrentes cualesquiera
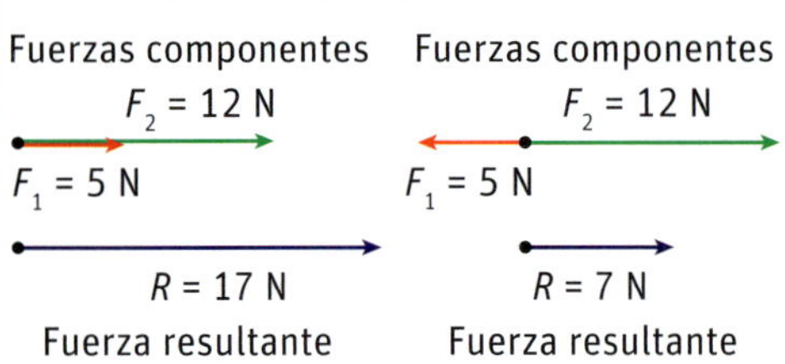	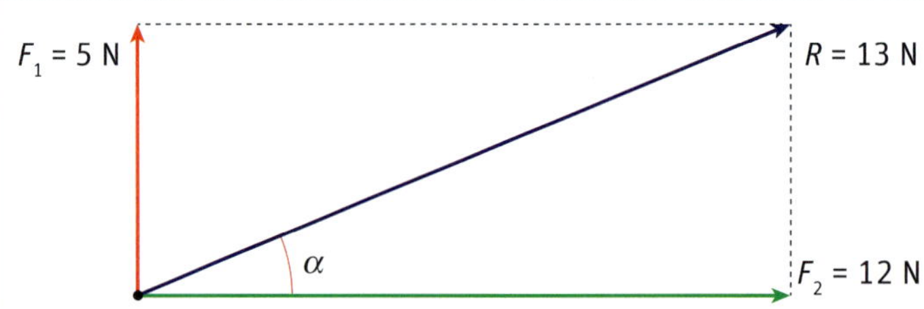	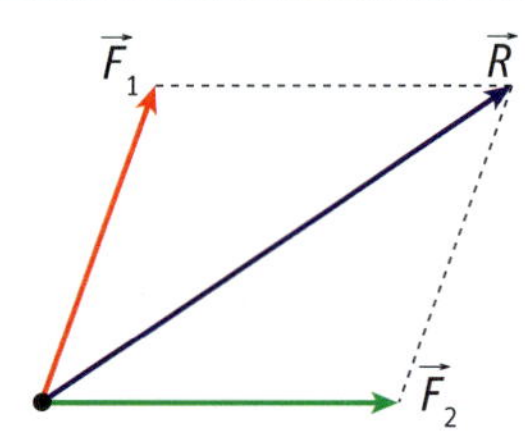
La resultante tiene la misma dirección y su intensidad es la suma algebraica de las fuerzas componentes.	La resultante es la hipotenusa del triángulo rectángulo formado por las componentes. Forma un ángulo α con *X*. El módulo de la fuerza resultante es: $R = \sqrt{5^2 + 12^2} = 13\,\text{N}$, y su dirección viene dada por tg $\alpha = F_1/F_2 = 5/12$.	La resultante se calcula mediante la regla del paralelogramo.

Fuerza resultante y fuerza equilibrante

En ocasiones es preciso encontrar una única fuerza que equilibre un conjunto de fuerzas. Para ello se debe proceder en dos pasos:

- Primero se halla la fuerza resultante, $\vec{R}$, del sistema de fuerzas.
- A continuación se dibuja una fuerza igual y opuesta a $\vec{R}$, que se denomina equilibrante del sistema, $\vec{E}$.

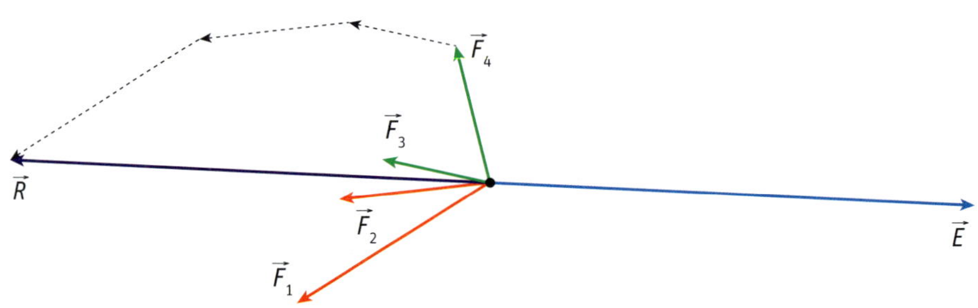

ACTIVIDADES

3. ¿Cómo se ha obtenido el vector $\vec{R}$ que aparece en el último apartado? Interpreta los vectores punteados y deduce el procedimiento para sumar fuerzas denominado "método del polígono". Puedes ver el procedimiento en www.e-sm.net/svfq4eso08_01.

Descomposición de fuerzas

Como hemos visto, el método seguido para componer dos fuerzas concurrentes perpendiculares permite conocer dos datos: la fuerza resultante final y el ángulo que forma dicha resultante con el eje X. También es posible realizar el proceso inverso, es decir, descomponer una fuerza en dos componentes perpendiculares entre sí, que normalmente se sitúan en los respectivos ejes cartesianos X e Y.

Descomposición de una fuerza en sus componentes X e Y

2. **Con la barca del dibujo se pretende cruzar un río, para lo cual se la somete a una fuerza de 500 N. El barquero sabe que esa fuerza es el resultado de su propio esfuerzo sobre los remos (F_y) y de la tracción que hace el agua (F_x), que le impulsa hacia la derecha. También sabe que el rumbo final de la barca forma 37° con la orilla. ¿Cómo puede conocer la fuerza que hace el agua?**

Datos: sen 37° = 3/5; cos 37° = 4/5

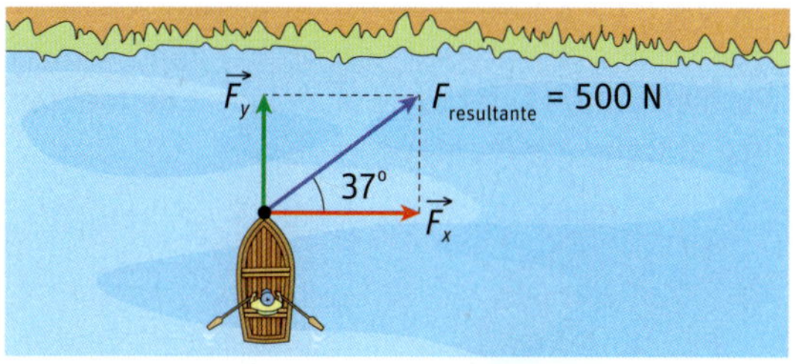

SOLUCIÓN

Las expresiones trigonométricas de seno y coseno relacionan los catetos con la hipotenusa de un triángulo rectángulo. Por tanto, se puede escribir:

$$\text{sen}\,37° = \frac{F_y}{F} \Rightarrow F_y = F \cdot \text{sen}\,37° \Rightarrow F_y = 500\,\text{N} \cdot \frac{3}{5} = 300\,\text{N} \qquad \cos 37° = \frac{F_x}{F} \Rightarrow F_x = F \cdot \cos 37° \Rightarrow F_x = 500\,\text{N} \cdot \frac{4}{5} = 400\,\text{N}$$

Así pues, la fuerza que hacen los remos en dirección perpendicular a la corriente es F_y = 300 N. La fuerza de arrastre que hace el agua vale F_x = 400 N.

smSaviadigital.com APLICA

Descomposición de una fuerza en un plano inclinado

3. **Un bloque descansa sobre un plano inclinado 37° sobre la horizontal. Sobre él actúa una fuerza F = 800 N tal como indica la figura. Descompón gráfica y analíticamente la fuerza F en dos componentes, una en dirección longitudinal al plano y otra perpendicular a él.**

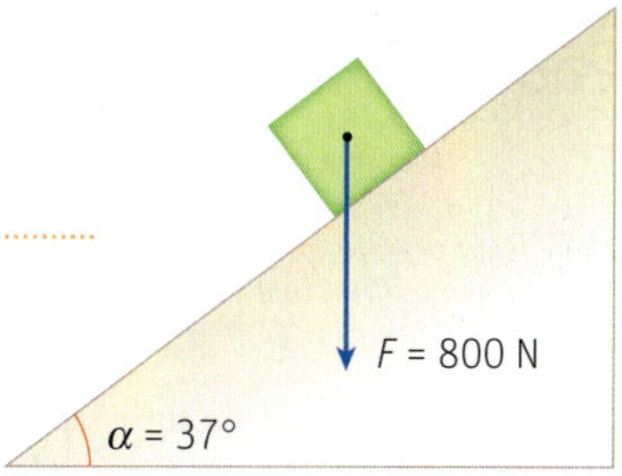

SOLUCIÓN

Para hacer la descomposición gráfica, se trazan paralelas a los ejes hasta constituir un rectángulo sobre ellos. Seguidamente se busca un ángulo que tenga sus lados perpendiculares a los lados del plano que constituyen el ángulo de 37°, con lo que valdrá lo mismo. Sobre ese ángulo se construye el triángulo rectángulo en el que se aplicarán las definiciones de seno y coseno. Es decir:

$$F_x = -F \cdot \text{sen}\,37° \Rightarrow F_x = -800\,\text{N} \cdot \frac{3}{5} = -480\,\text{N}$$

$$F_y = -F \cdot \cos 37° \Rightarrow F_y = -800\,\text{N} \cdot \frac{4}{5} = -640\,\text{N}$$

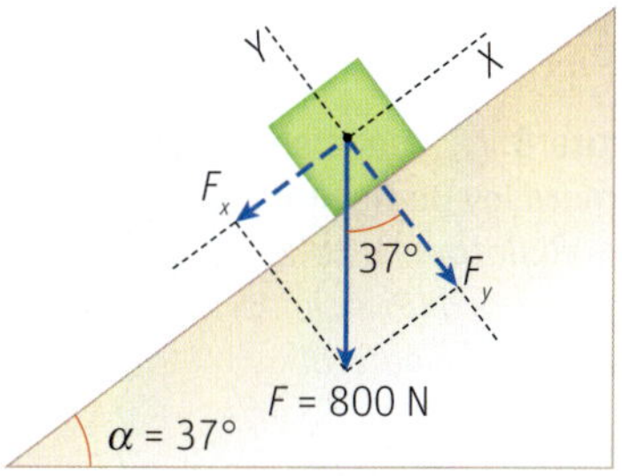

Como puede verse, dados los ejes que hemos elegido, ambas componentes son negativas; sin embargo, esto no siempre es así.

ACTIVIDADES

4. Una fuerza $\vec{F}_1$ de 90 N forma un ángulo de 45° con el eje X. Descompón esta fuerza en sus ejes X e Y. Seguidamente, súmale el vector $\vec{F}_2$ de 100 N, que tiene el sentido positivo del eje X. Halla la resultante final y la equilibrante.

3 Primera ley de Newton. Principio de inercia

El filósofo griego **Aristóteles** (384–322 a. C.), al igual que otros muchos después de él, afirmó que la materia tiende a un estado natural de reposo y que es necesaria la acción de una fuerza para que un cuerpo conserve su estado de movimiento. Una observación superficial de estos hechos parece darle la razón: si dejamos de hacer fuerza sobre un cuerpo, este se para.

Sin embargo, en este caso nuestra experiencia sensorial y nuestro sentido común pueden resultar engañosos, como demostró **Galileo Galilei** (1564-1642) hace unos cuatrocientos años.

ANALIZA

Para estudiar el efecto de la ausencia de fuerzas sobre un cuerpo, Galileo hizo uso de esferas y planos inclinados muy pulidos y realizó el siguiente montaje:

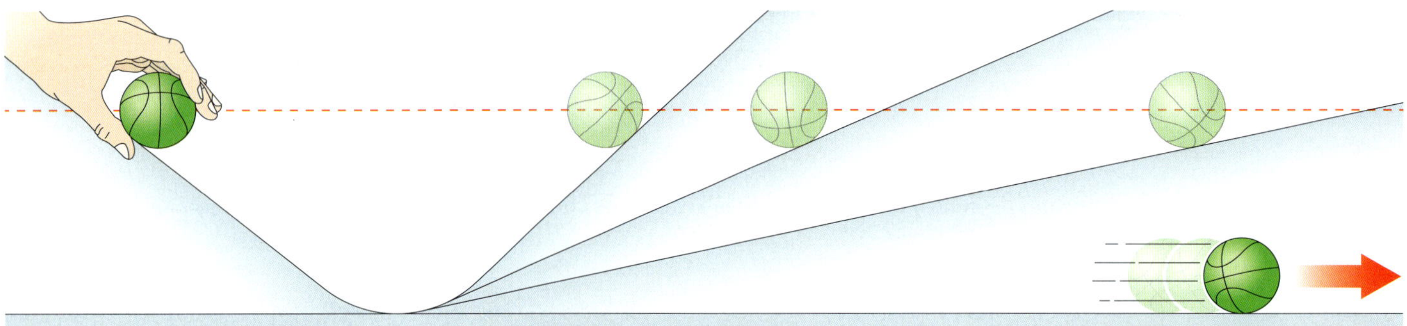

En cada prueba, Galileo situaba una esfera a la misma altura en un plano inclinado y dejaba que descendiera y subiera por otro plano inclinado. Observó que la bola subía aproximadamente hasta la misma altura inicial. A medida que disminuía la inclinación del plano de subida, la bola, a fin de llegar a la misma altura, recorría cada vez más distancia. Y se preguntó: ¿qué ocurriría si, en el límite, el plano de la derecha fuera horizontal?

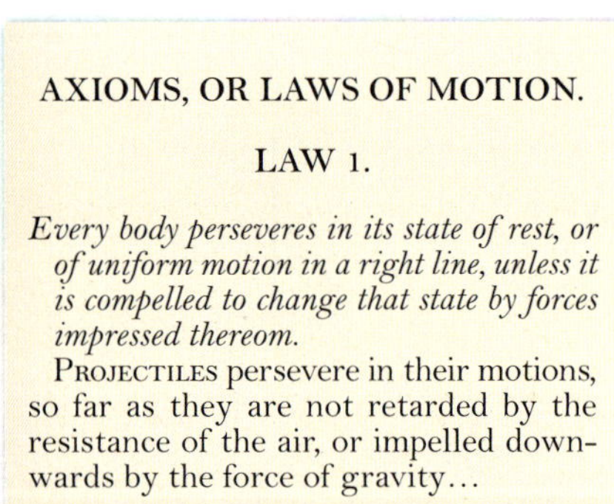

AXIOMS, OR LAWS OF MOTION.

LAW I.

Every body perseveres in its state of rest, or of uniform motion in a right line, unless it is compelled to change that state by forces impressed thereom.

PROJECTILES persevere in their motions, so far as they are not retarded by the resistance of the air, or impelled downwards by the force of gravity…

Figura 8.2. Enunciado original de la primera ley de Newton, extraído de su obra *Philosophiæ naturalis principia mathematica (Principios matemáticos de la filosofía natural).*

Primera ley de Newton

Galileo razonó que, en el caso ideal de que el plano fuera infinitamente largo y no hubiese rozamiento, la esfera continuaría moviéndose indefinidamente, tratando de alcanzar la altura desde la que se lanzó. Concluyó que los cuerpos en movimiento mantienen "un movimiento uniforme y perpetuo" a menos que algo los detenga.

La conclusión a la que llegó Galileo se conoce como *primer principio de la dinámica* y fue recogido por **Isaac Newton** (1642-1727). Se puede enunciar así:

Si sobre un cuerpo no actúa ninguna fuerza o la fuerza neta resultante que actúa sobre él es cero, el cuerpo mantiene su velocidad constante: si está en reposo, sigue en reposo; si está en movimiento, sigue con movimiento rectilíneo uniforme.

Del mismo modo, si un cuerpo tiene una velocidad constante, puede afirmarse que la fuerza neta que actúa sobre él es nula.

$$\vec{F}_{neta} = 0 \iff \vec{v} = \text{constante}$$

ACTIVIDADES

5. ¿Qué falta en la siguiente expresión para que sea correcta? Razona tu respuesta.

$$\vec{F}_{neta} = 0 \iff v = \text{constante}$$

Principio de inercia

OBSERVA

Numerosos fenómenos cotidianos se explican basándose en la primera ley de Newton, es decir, en esa tendencia de todos los cuerpos a seguir en el estado de movimiento en que se encontraban. Observa los siguientes y explícalos a la luz de la primera ley.

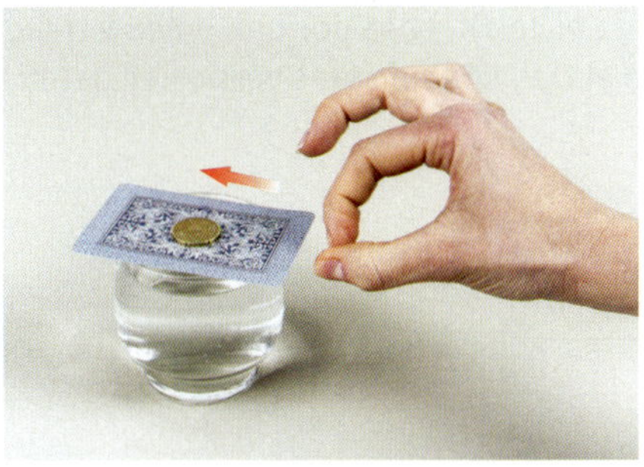

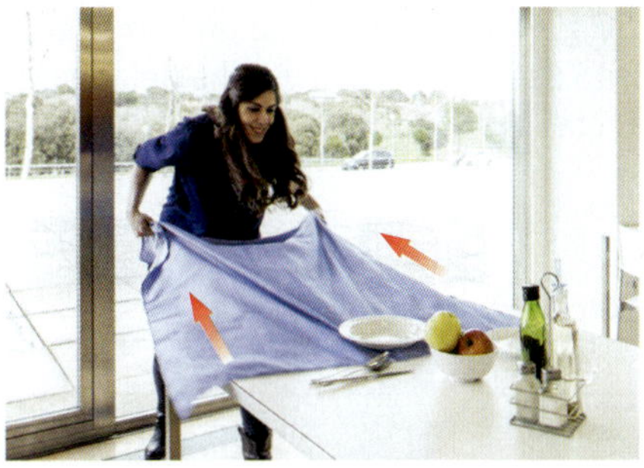

smSaviadigital.com OBSERVA

La tendencia natural a conservar el estado de reposo o el movimiento rectilíneo uniforme es un atributo propio de los cuerpos y recibe el nombre de **inercia**.

¿Es lo mismo equilibrio que reposo?

Un cuerpo está en reposo cuando su velocidad es cero (v = 0 m/s) y está en equilibrio cuando la fuerza neta sobre él es cero (F_{neta} = 0 N). Así, pueden darse las siguientes situaciones:

- Que el cuerpo esté en equilibrio y en reposo, como le ocurre a un coche aparcado.
- Que el cuerpo esté en reposo pero no en equilibrio, como le sucede a una piedra lanzada hacia arriba en el punto más alto. En él su velocidad es cero, pero la fuerza resultante no lo es, ya que sigue actuando el peso, ¡luego no está en equilibrio!
- Que el cuerpo esté en equilibrio y no en reposo, por ejemplo un coche que corre por una carretera horizontal con movimiento rectilíneo uniforme. La F_{neta} = 0 N, pero su $v \neq 0$ m/s.

Para saber más

Los sistemas de referencia en los que se cumplen las leyes de Newton se denominan **sistemas de referencia inerciales**.

Deduce si se cumple el principio de inercia

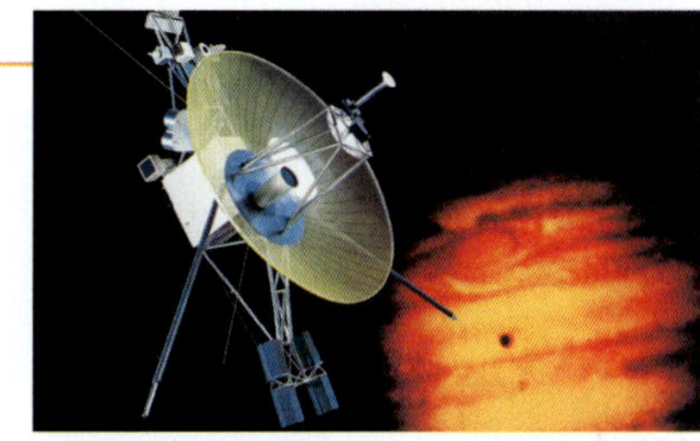

4. **La sonda espacial *Voyager 1* fue lanzada el 5 de septiembre de 1977. Habiendo superado los 20 000 millones de km de distancia al Sol, la sonda ya ha salido del sistema solar y ha entrado en el "espacio exterior". Imagina que se encuentra muy alejada de todo objeto celeste y que se mueve a una velocidad constante de 30 000 m/s. Indica las fuerzas que actúan sobre la sonda.**

SOLUCIÓN

La sonda *Voyager* constituye un buen ejemplo de movimiento inercial. La velocidad constante, por grande que sea, indica que la fuerza resultante sobre la sonda espacial es cero.

El movimiento de la sonda también pone de manifiesto el hecho de que son necesarios dos cuerpos para que exista interacción.

ACTIVIDADES

6. Un paracaidista cae con su paracaídas abierto a una velocidad constante de 6 m/s. Identifica y dibuja las fuerzas que actúan sobre él. ¿Se puede decir que se encuentra en equilibrio?

4 Segunda ley de Newton. Principio fundamental de la dinámica

Según la primera ley de Newton, cuando la fuerza neta o resultante que actúa sobre un cuerpo es cero, su velocidad permanece constante. Del mismo modo, puede afirmarse que, si existe una fuerza resultante actuando sobre un cuerpo, su velocidad varía. Ahora bien, ¿de qué depende dicha variación?

ANALIZA

En un riel de aire se ha situado un carrito de 250 g, al que se ha atado un hilo que recorre todo el carril, pasa por una polea y tiene colgado un peso de 0,1 N. Se ha liberado el carrito desde el reposo y se ha dejado que recorra el riel. Los sensores verticales permiten tomar el tiempo de paso del carrito cada 30 cm.

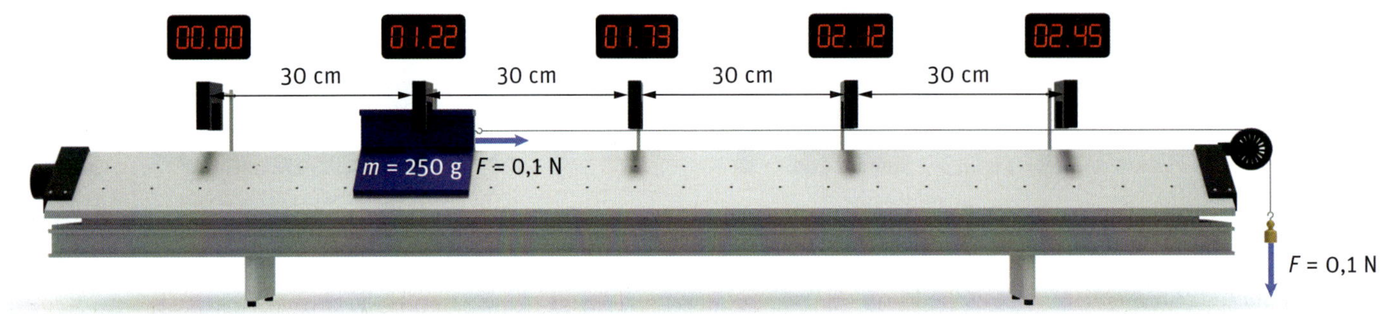

s (m)	t (s)	a (m/s²)
0	0	—
0,3	1,22	0,4
0,6	1,73	0,4
0,9	2,12	0,4
1,2	2,45	0,4

Se han recogido los tiempos y las distancias en una tabla. Las ecuaciones de la unidad 7 permiten deducir la aceleración en cada tramo, que resulta ser constante e igual a 0,4 m/s².

Es decir, la fuerza que ejerce la pesa sobre el carrito produce sobre este una aceleración constante.

Si se calcula la relación entre fuerza y aceleración, resulta que F/a = (0,1 N)/(0,4 m/s²) = = 0,25 kg, que es exactamente... ¡la masa del carrito!

- ¿Qué crees que ocurriría si la fuerza fuese el doble?, ¿y si duplicamos la masa?

Si se emplean carritos de distinta masa y se cuelgan diferentes pesas, se puede generalizar el resultado obtenido, con lo cual se llega a la **segunda ley de Newton** o **principio fundamental de la dinámica**.

La relación entre la fuerza resultante que actúa sobre un cuerpo y la aceleración que adquiere es constante para cada cuerpo.

$$\frac{\vec{F}_{neta}}{\vec{a}} = m = \text{constante}$$

Esta constante es una medida de la oposición que presenta el cuerpo a ser acelerado, es decir, de su inercia. La segunda ley sirve así como definición de la *masa inercial*.

La **masa inercial** de un objeto es el cociente o relación que existe entre la fuerza resultante que actúa sobre él y la aceleración que adquiere.

La expresión más común de la segunda ley dice que la fuerza neta o resultante que actúa sobre un cuerpo es proporcional a la aceleración que adquiere:

$$\vec{F}_{neta} = m \cdot \vec{a}$$

Si expresamos esta ley en unidades del SI, resulta que **1 N = 1 kg · m/s²**.

ACTIVIDADES

7. Observa las siguientes experiencias, elabora una tabla de datos y extrae una conclusión.

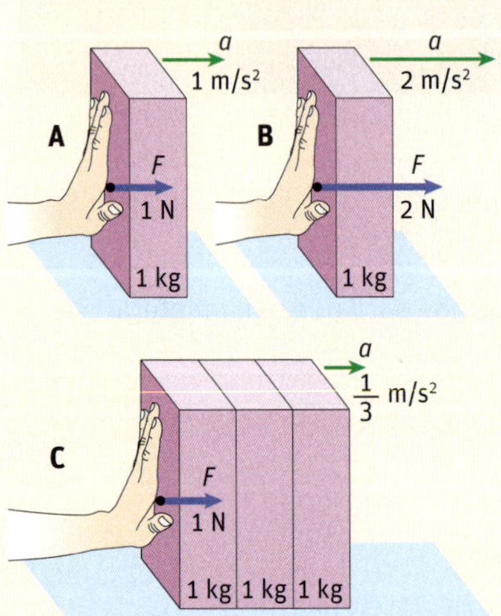

Aplica la segunda ley de Newton

5. **Un coche de 900 kg pasa de 0 a 100 km/h en 8 segundos con aceleración constante. Casi inmediatamente, se encuentra con un obstáculo y aplica los frenos, consiguiendo detenerse en 10 s.**

a) ¿Cuál de las dos imágenes de la derecha corresponde a cada situación?

b) Calcula la fuerza resultante en ambos casos y dibuja su dirección y sentido.

c) ¿Qué espacio total ha recorrido el coche?

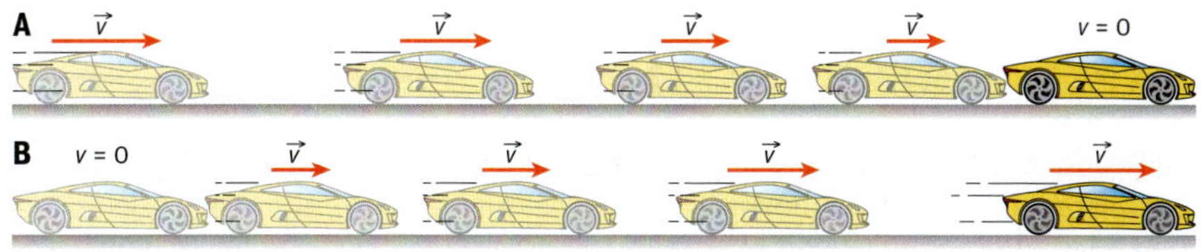

SOLUCIÓN

a) La primera imagen muestra un descenso de velocidad. Por tanto, corresponde a la frenada, que es debida a una fuerza deceleradora. La segunda imagen muestra un aumento de velocidad, provocado por una fuerza aceleradora.

b) Se pasan los datos al SI y se aplican las ecuaciones del MRUA. En ambos casos, se cumple que $v_f = v_0 + a \cdot t$. Sustituyendo:

En la frenada: $0 = 27{,}78 + a \cdot 10 \Rightarrow a = -2{,}78 \text{ m/s}^2 \Rightarrow F = m \cdot a = 900 \cdot (-2{,}78) = -2502 \text{ N}$

En la aceleración: $27{,}78 = 0 + a \cdot 8 \Rightarrow a = 3{,}47 \text{ m/s}^2 \Rightarrow F = m \cdot a = 900 \cdot 3{,}47 = 3125 \text{ N}$

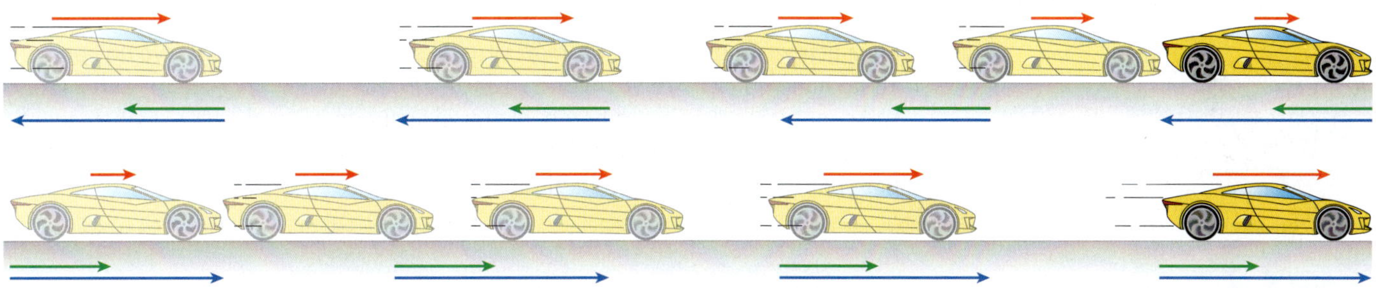

El sentido de $\vec{a}$ se corresponde con el sentido de $\vec{F}$, pero no siempre coincide con el sentido de la velocidad.

c) Para calcular la distancia recorrida, usamos la ecuación del MRUA: $v_f^2 - v_0^2 = 2 \cdot a \cdot \Delta s$.

$$\left.\begin{array}{l} 27{,}78^2 - 0 = 2 \cdot 3{,}47 \cdot \Delta s_{\text{aceleración}} \Rightarrow \Delta s_{\text{aceleración}} = 111{,}2 \text{ m} \\ 0 - 27{,}78^2 = 2 \cdot (-2{,}78) \cdot \Delta s_{\text{frenada}} \Rightarrow \Delta s_{\text{frenada}} = 138{,}8 \text{ m} \end{array}\right\} s_{\text{total recorrido}} = 111{,}2 + 138{,}8 = 250 \text{ m}$$

6. **Para arrastrar una barca de 150 kg se ejercen dos fuerzas de 400 N perpendiculares entre sí. ¿Cómo será el movimiento de la barca si la fuerza de rozamiento del agua es de 550 N?**

SOLUCIÓN

La composición de fuerzas es como se muestra en la figura de la derecha. La fuerza resultante de tracción será:

$$R = \sqrt{F_1^2 + F_2^2} = \sqrt{400^2 + 400^2} = 565{,}7 \text{ N}$$

Esta fuerza es ligeramente superior a la fuerza de rozamiento que opone el agua, por lo que la fuerza neta produce una aceleración hacia la derecha:

$$565{,}7 - 550 = 150 \cdot a \Rightarrow a = 0{,}1 \text{ m/s}^2$$

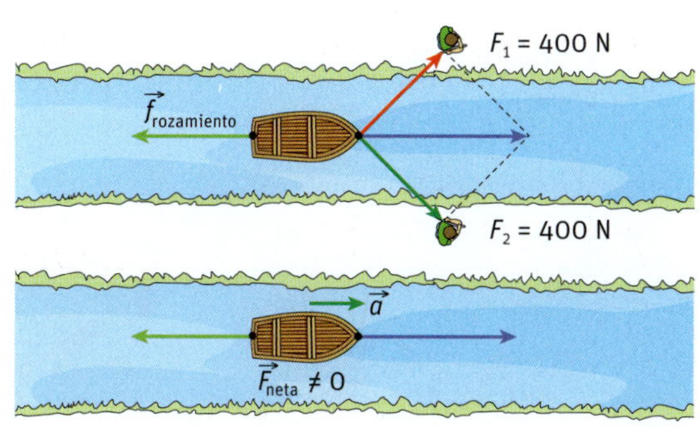

ACTIVIDADES

8. Sobre un objeto de 30 kg de masa actúan cuatro fuerzas: 10 N en sentido norte, 20 N en sentido oeste, 12 N en sentido sur y 12 N en sentido este. Calcula la aceleración que adquiere el objeto y dibuja su dirección y sentido.

5 Tercera ley de Newton. Fuerzas de acción y reacción

Como se ha visto, el concepto de fuerza supone la existencia de dos cuerpos que interaccionan. Newton fue el primer científico en darse cuenta de que, si había dos cuerpos, debía haber dos fuerzas y dos efectos. El objeto de la tercera ley es el análisis de dichas parejas de fuerzas y sus efectos.

EXPERIMENTA Y ANALIZA

Fija con cinta un imán sobre la carrocería de un coche de juguete. Acércale otro imán para comprobar que el coche recorre cierta distancia hasta que el rozamiento lo detiene. Ahora bien, ¿qué crees que sucederá si también se fija el segundo imán, a fin de que siga empujando todo el rato al imán que está montado sobre el techo del coche?

- En un principio se puede pensar que el coche no parará nunca. Sin embargo, no se mueve en absoluto. ¿Sabrías explicar por qué?

Figura 8.3. Tercera ley de Newton.

En la primera experiencia, el imán situado sobre el coche constituye un cuerpo y el imán en la mano constituye el segundo cuerpo. Puede haber interacción entre ellos e impulsarse mutuamente. Sin embargo, al atar el segundo imán al coche, ambos constituyen un solo objeto, con lo que se confirma experimentalmente que un cuerpo no puede cambiar por sí mismo su estado de movimiento.

Si un cuerpo A ejerce una fuerza, denominada **acción**, sobre otro cuerpo B ($\vec{F}_{AB}$), este produce a su vez sobre el primero otra fuerza ($\vec{F}_{BA}$), llamada **reacción**, de la misma intensidad y sentido contrario:

$$\vec{F}_{AB} = -\vec{F}_{BA}$$

Esta ley deja patente que las **fuerzas** deben ser entendidas como **interacciones entre cuerpos.** Sin embargo, es preciso matizar bien las características de estas fuerzas:

- Las fuerzas siempre se presentan por parejas, son simultáneas y no importa a cuál denominemos acción y a cuál reacción.
- Las fuerzas son iguales y opuestas, pero nunca se anulan entre sí cuando se aplican sobre objetos diferentes, es decir, no pueden sumarse. Esta es la razón de que se mueva el cochecito del ejemplo en la primera posición: solo actúa una fuerza sobre el mismo.
- Las dos fuerzas son iguales, pero pueden producir efectos diferentes en cada cuerpo.

Ten en cuenta

Aunque el término "acción-reacción" sugiere que la acción es la causa de la reacción, en realidad ambas fuerzas son simultáneas.

ACTIVIDADES

9. Interpreta las interacciones siguientes, definiendo las parejas de fuerzas que actúan y sus efectos en cada cuerpo.

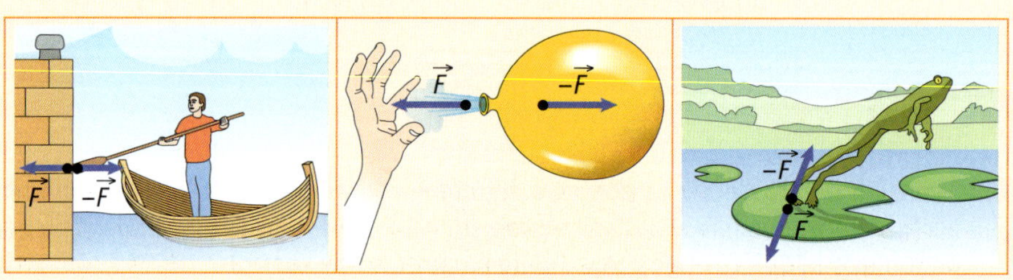

Define y dibuja correctamente las parejas de acción-reacción

7. **La imagen de la derecha muestra un hombre, una cuerda y un bloque. Estudia las acciones que se ejercen mutuamente, sin considerar otros objetos o actores que podrían intervenir. Define quién realiza cada acción, sobre quién o qué se realiza y dónde se aplica. ¿Cuáles son de acción y cuáles son de reacción?**

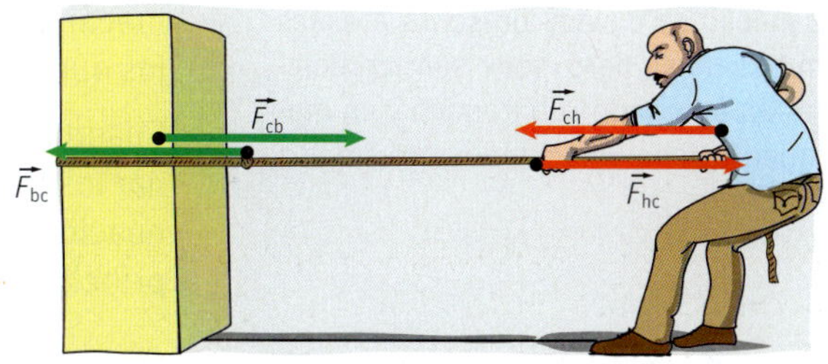

SOLUCIÓN

Se ordenan las fuerzas en una tabla, poniendo en la misma columna las parejas de acción y reacción:

Parejas de fuerzas acción-reacción	¿Quién la realiza?	¿Sobre quién actúa?	Punto de aplicación
F_{hc}	El hombre	La cuerda	La cuerda
F_{ch}	La cuerda	El hombre	El hombre

Parejas de fuerzas acción-reacción	¿Quién la realiza?	¿Sobre quién actúa?	Punto de aplicación
F_{cb}	La cuerda	El bloque	El bloque
F_{bc}	El bloque	La cuerda	La cuerda

Como se observa, si aislamos los objetos de estudio, nunca coinciden las dos fuerzas de una pareja en un cuerpo. Es decir, no se pueden anular entre sí. Es preciso un razonamiento dinámico específico para cada cuerpo.

- El hombre se moverá hacia la izquierda, a no ser que el rozamiento de sus zapatos con el suelo se lo impida.
- En ausencia de rozamiento, el bloque se moverá hacia la derecha.
- En el caso de la cuerda hay que componer dos fuerzas para decidir su resultante. Si $F_{hc} > F_{bc}$, se moverá hacia la derecha con MRUA. Si $F_{hc} = F_{bc}$, permanecerá en reposo o se moverá con MRU.

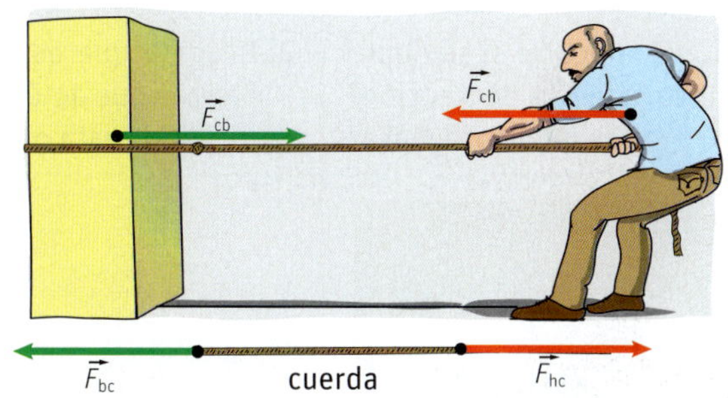

Demuestra que las fuerzas de acción y reacción producen efectos diferentes

8. **Laura y Daniel, de 50 kg y 75 kg, respectivamente, se encuentran sobre una pista de hockey sobre patines sin rozamiento. Daniel empuja a Laura con una fuerza de 50 N. ¿Qué aceleración adquiere cada uno? ¿Qué habría ocurrido si Daniel hubiera dado el mismo empujón a la barandilla?**

SOLUCIÓN

La fuerza que Daniel ejerce sobre Laura (F_{DL}) se aplica y actúa en Laura, luego su efecto depende de la masa de Laura. Se aplica la segunda ley en ausencia de rozamiento:

$$F_{DL} = m_{Laura} \cdot a_{Laura} \quad \Rightarrow \quad a_{Laura} = \frac{50}{50} = 1\ \text{m/s}^2$$

Simultáneamente, Laura ejerce una fuerza igual y opuesta sobre Daniel, que produce una aceleración en sentido contrario:

$$F_{LD} = m_{Daniel} \cdot a_{Daniel} \quad \Rightarrow \quad a_{Daniel} = -\frac{50}{75} = -0{,}67\ \text{m/s}^2$$

Si Daniel empujara la barandilla con la misma fuerza, recibiría una reacción idéntica de −50 N y adquiriría la misma aceleración de retroceso. La barandilla, que está fija al suelo, absorbería la fuerza recibida sin que tuviera lugar ningún efecto perceptible.

smSaviadigital.com OBSERVA

ACTIVIDADES

10. Al principio de la unidad se ha mencionado el curioso movimiento de algunos calamares, que son capaces de “volar” por el aire a una velocidad de 40 km/h. A la luz de la tercera ley de Newton, explica este fenómeno y realiza un dibujo ilustrativo.

6 Las tres leyes de Newton en la vida cotidiana

Amplía

La mecánica clásica presenta algunas limitaciones, pero solo son apreciables en el mundo subatómico y en movimientos con velocidades próximas a la de la luz.

El conjunto de las leyes de Newton, junto con la ley de gravitación universal y las aportaciones de algunos científicos posteriores, constituye el sistema teórico denominado **mecánica clásica**, que permite abordar con éxito el estudio de numerosos problemas en los que intervienen objetos, máquinas, proyectiles, cohetes, satélites, etc.

Cuando se abordan los problemas de mecánica clásica, resulta interesante saber relacionar los tres principios, a fin de extraer la información combinada de todos ellos. A continuación aparecen seis situaciones cuyo estudio se puede abordar a partir de los tres principios de la dinámica.

ANALIZA

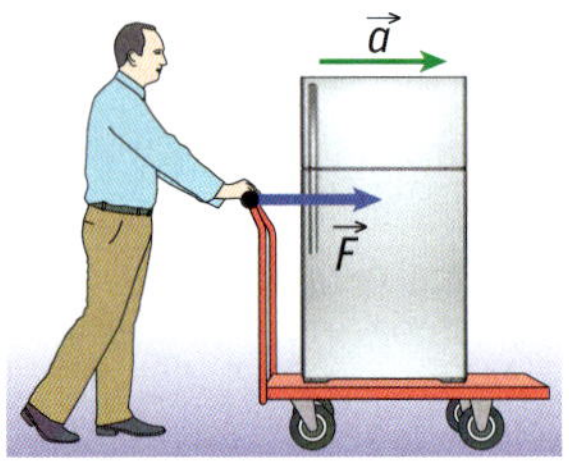

1. ¿Qué ocurre si se duplica la fuerza de tracción? ¿Y si se duplica la masa?

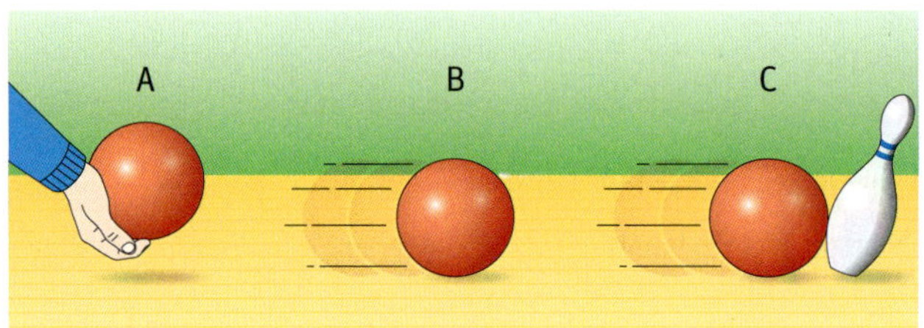

2. Imagina que estás jugando a los bolos. Identifica las fuerzas que actúan sobre la bola desde que esta sale de tu mano hasta que golpea el bolo (situaciones A, B y C).

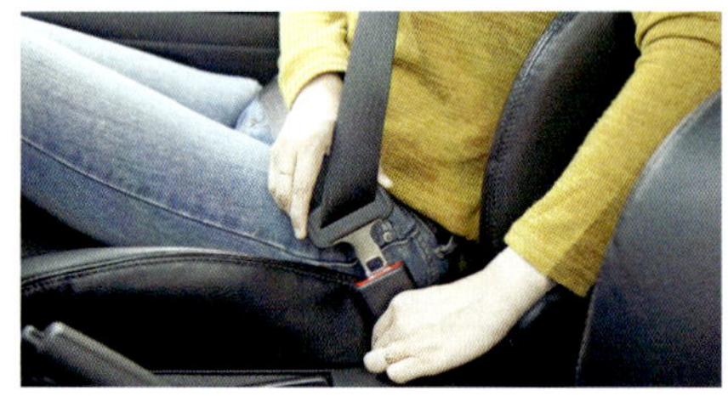

3. ¿Por qué debemos usar cinturones de seguridad? ¿Qué conceptos están relacionados con esta situación?

4. ¿Qué variables es preciso conocer para determinar la fuerza que hace el futbolista con el pie?

5. Existe una famosa paradoja relacionada con la tercera ley, según la cual si la fuerza que hace el tractor sobre el remolque es igual y opuesta a la que hace el remolque sobre el tractor, este no se movería. ¿Cómo lo explicas?

6. ¿Qué cuerpo ejerce la fuerza que impulsa al cohete durante el despegue? Explícalo en términos de una de las tres leyes.

Relaciona la fuerza, la masa y la aceleración

9. **El hombre de la situación 1 (en el analiza) empuja el carro con una fuerza de 25 N, con lo que arranca con una aceleración de 0,2 m/s². ¿Qué carga está transportando si la masa del carrito es de 25 kg?**

SOLUCIÓN

Aplicando la segunda ley de Newton:

$$F_{neta} = m \cdot a \quad \Rightarrow \quad 25 = m \cdot 0{,}2 \quad \Rightarrow \quad m = 125 \text{ kg}$$

Si se descuenta la masa del carrito, la masa de la carga es $m_{carga} = 100$ kg

ACTIVIDADES

11. En el ejercicio resuelto 9, ¿qué ocurre si se duplica la carga? ¿Qué aceleración resulta si hay un rozamiento de 25 N?

Identifica y dibuja fuerzas

10. El jugador de la situación 2 del ANALIZA ha lanzado la bola. Dibuja y explica las fuerzas que actúan sobre la bola en las tres situaciones que se muestran a la derecha, considerando solo la dirección horizontal del movimiento.

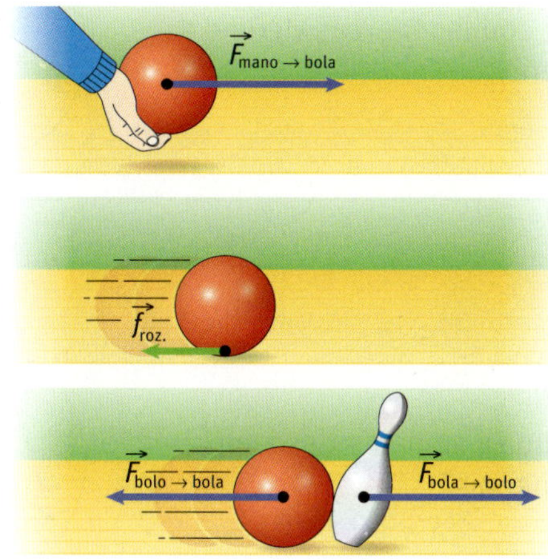

SOLUCIÓN

- Mientras la bola está siendo lanzada, es decir, mientras está en la mano, esta realiza una fuerza sobre la bola proporcionándole una aceleración y, en consecuencia, una velocidad.
- Cuando la bola va sobre la pista, la mano ya no interviene y el movimiento depende de lo pulido que esté el suelo. Habrá una fuerza de rozamiento que le restará algo de velocidad.
- Cuando la bola golpea el bolo hay dos fuerzas: la que realiza la bola sobre el bolo y la que este hace sobre la bola, en sentido contrario.

Comprueba la importancia del cinturón de seguridad

11. El vehículo de la situación 3 tiene una masa de 1350 kg, incluyendo los pasajeros. El conductor circula con una velocidad de 32 m/s y se encuentra con un camión de 20 000 kg volcado en la carretera a 50 m de distancia. Solo consigue frenar con una aceleración de $-4\ m/s^2$ debido al mal estado de las ruedas.

a) ¿Consigue detenerse a tiempo? Si no es así, ¿qué ocurre al chocar con el camión?

b) Si el choque dura 0,15 s hasta que se para el coche, ¿qué fuerza soportan el coche y sus ocupantes, supuesta constante? ¿Qué fuerza actúa sobre el camión?

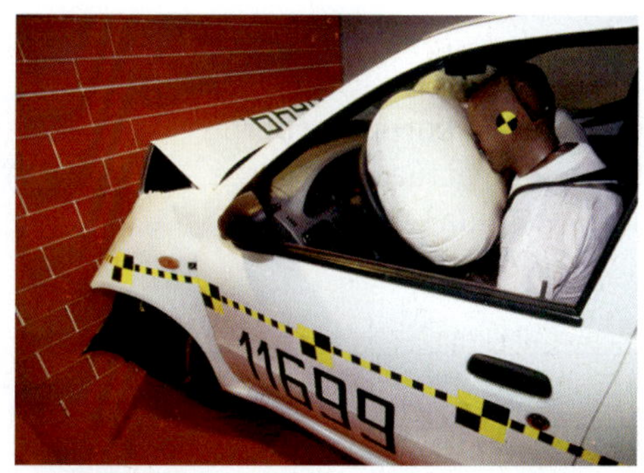

Figura 8.4. Para estudiar la efectividad y las consecuencias sobre el cuerpo humano de los distintos sistemas de seguridad de los vehículos, se hacen pruebas de choque con maniquíes.

SOLUCIÓN

a) Aplicamos la ecuación del MRUA para saber su velocidad final después de recorrer 50 m, y queda:

$$v_f^2 - v_0^2 = 2 \cdot a \cdot \Delta s \quad \Rightarrow \quad v_f^2 - 32^2 = 2 \cdot (-4) \cdot 50 \quad \Rightarrow \quad v_f = 25\ m/s$$

Es decir, no solo no se detiene, sino que su velocidad en el momento del choque es muy elevada, de unos 90 km/h. Inicialmente, la inercia hace que todo siga moviéndose a 25 m/s. Si el coche choca y los ocupantes no llevan puesto el cinturón de seguridad, seguirán moviéndose hasta estrellarse contra un objeto que los detenga.

b) La fuerza que ejerce el coche sobre el camión es la misma que este ejerce sobre el coche. Para calcularla, deducimos primero la aceleración de frenado en 0,15 s. Sabemos que $v_f = v_0 + a \cdot t$. Sustituyendo, resulta:

$$0 = 25 + a \cdot 0{,}15 \quad \Rightarrow \quad a = -166{,}67\ m/s^2$$

La fuerza del choque es enorme:

$$F_{neta} = m \cdot a = 1350 \cdot (-166{,}67) = -2{,}25 \cdot 10^5\ N$$

Esta es la misma fuerza que actúa sobre el camión, arrastrándolo una pequeña distancia.

ACTIVIDADES

12. Un futbolista puede provocar una aceleración en el balón de $100\ m/s^2$ al golpearlo. ¿Qué otro dato se necesita para calcular la fuerza que ejerce su pierna?

13. En la situación 5 de la página anterior, si el tractor tira con una fuerza de 440 N y la masa del remolque es de 275 kg, ¿qué fuerza ejerce el remolque sobre el tractor?

Repasa lo aprendido

1 ¿Qué son las fuerzas y cómo se miden?

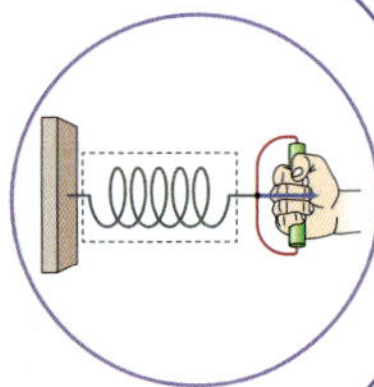

La **fuerza** es una medida de la intensidad de una interacción. Su unidad en el SI es el **newton** (N).

Las fuerzas se pueden medir con un dinamómetro, un instrumento que obedece la **ley de Hooke**.

2 ¿Cómo se suman y descomponen las fuerzas?

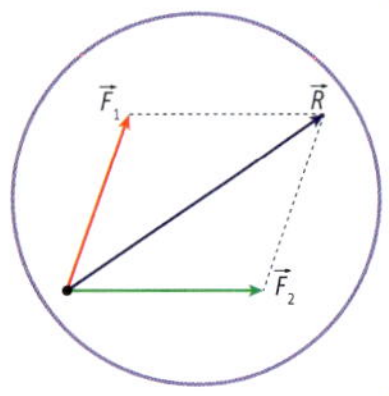

La fuerza es un vector ($\vec{F}$), y los elementos que la definen son: el punto de aplicación, el módulo o intensidad de la fuerza, la dirección y el sentido.

Cuando dos o más fuerzas concurren en un punto, la fuerza resultante ($\vec{R}$) es la suma vectorial de las mismas.

Cada fuerza se puede descomponer en otras dos, mutuamente perpendiculares.

3 ¿Cómo se comporta un cuerpo sobre el que actúa una fuerza resultante nula?

Si sobre un cuerpo no actúa ninguna fuerza o la fuerza neta resultante que actúa sobre él es cero, el cuerpo mantiene su velocidad constante: si está en reposo, sigue en reposo; si está en movimiento, sigue con movimiento rectilíneo uniforme. Esta tendencia natural de los cuerpos recibe el nombre de **inercia**.

$$\vec{F}_{neta} = 0 \iff \vec{v} = \text{constante}$$

4 ¿Qué relación existe entre la fuerza que actúa sobre un cuerpo y la aceleración que adquiere?

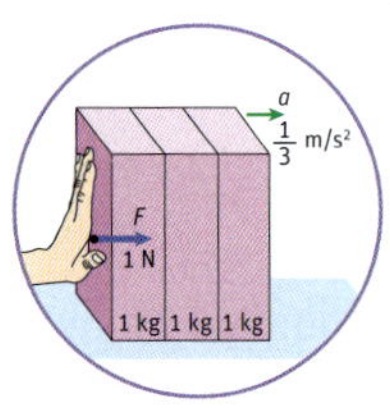

La relación entre la fuerza resultante que actúa sobre un cuerpo y la aceleración que adquiere es constante para cada cuerpo y se denomina **masa inercial**.

$$\frac{\vec{F}_{neta}}{\vec{a}} = m = \text{constante}$$

Es decir:

$$\vec{F}_{neta} = m \cdot \vec{a}$$

5 ¿Por qué se dice que las fuerzas siempre actúan por parejas?

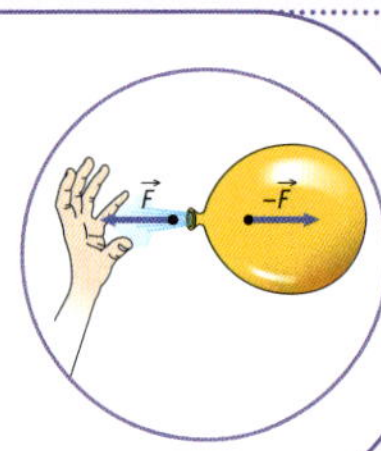

Si un cuerpo A ejerce una fuerza, llamada **acción**, sobre otro cuerpo B ($\vec{F}_{AB}$), este produce sobre el primero otra fuerza, llamada **reacción**, de la misma intensidad y sentido contrario ($\vec{F}_{BA}$).

$$\vec{F}_{AB} = -\vec{F}_{BA}$$

6 ¿Cómo se aplican los principios de la dinámica a la resolución de problemas de la vida cotidiana?

Para resolver problemas se deben seguir estos pasos:

- Identificar y dibujar las fuerzas que actúan sobre un cuerpo.
- Determinar la dirección de la aceleración y elegirla como eje principal del movimiento.
- En ese eje, escribir y resolver la expresión $\vec{F}_{neta} = m \cdot \vec{a}$.

Procedimientos de la ciencia

Suma de fuerzas concurrentes

Un petrolero es llevado a puerto por cuatro remolcadores, cada uno de los cuales ejerce una fuerza de 12 000 N, en las direcciones que se indican en el dibujo. En esta sección vamos a determinar, gráfica y trigonométricamente, la resultante de las fuerzas. Utilizaremos una regla en la que 1 cm equivale a 4000 N.

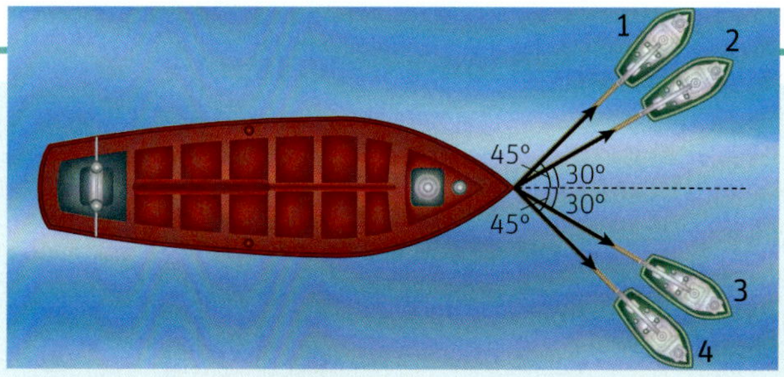

1 RESOLUCIÓN GRÁFICA

Con un transportador y haciendo uso de la regla se dibujan las fuerzas, cuya longitud debe ser de 3 cm (que equivalen a 12 000 N). La regla del paralelogramo permite sumar las fuerzas dos a dos: los remolcadores 1 y 4 dan una resultante $\vec{F}_{1\text{-}4}$, y los remolcadores 2 y 3 dan una resultante más larga, $\vec{F}_{2\text{-}3}$. Dada la simetría del problema, ambas resultantes llevan la dirección del movimiento, por lo que podemos sumarlas:

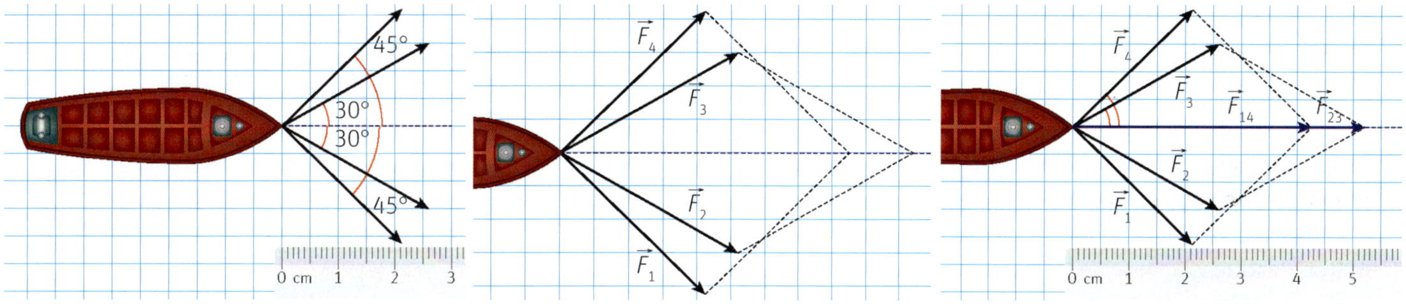

Midiendo con la regla, resulta aproximadamente que $R = F_{1-4} + F_{2-3} = 4{,}20 + 5{,}25 = 9{,}45$ cm. Haciendo el cambio según la escala, se obtiene $R = (9{,}45 \text{ cm}) \cdot (4000 \text{ N/cm}) = 37\,800$ N.

2 RESOLUCIÓN TRIGONOMÉTRICA

Para resolver el ejercicio mediante trigonometría, basta con descomponer las fuerzas y aplicar la definición de seno y coseno. Las componentes en el eje X son:

$$F_{1x} = F_{4x} = 12\,000 \cos 45° = 8485 \text{ N}$$

$$F_{2x} = F_{3x} = 12\,000 \cos 30° = 10\,392 \text{ N}$$

Sumando las cuatro componentes, resulta:

$$R_x = 2 \cdot 8485 + 2 \cdot 10\,392 = 37\,754 \text{ N}$$

Por lo que respecta al eje Y, dada la simetría de los vectores las componentes se van anulando dos a dos, con lo que la resultante Y es cero.

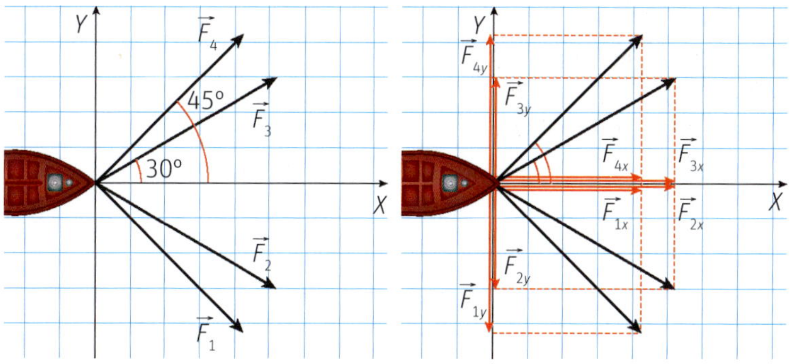

Como resultante final, queda $R = 37\,754$ N. Comparado con el dato real obtenido mediante trigonometría, el error cometido en la resolución gráfica resulta muy pequeño, de tan solo 46 N.

ACTIVIDADES

14. El auriga de la imagen dispone de tres caballos que tiran del carro con las fuerzas que se muestran.

a) Haz la composición gráfica para calcular la fuerza resultante sobre el carro.

b) Haz la resolución trigonométrica suponiendo que las fuerzas de 2000 N forman 37° con la horizontal. Datos: sen 37° = 3/5; cos 37° = 4/5

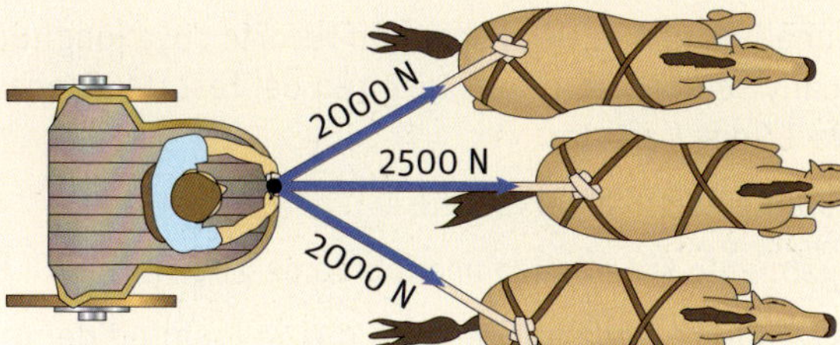

Actividades

Medida, composición y descomposición de fuerzas

15. Con la intención de calibrar un dinamómetro, se ha realizado la experiencia que se muestra en el dibujo. Explica en qué consiste.

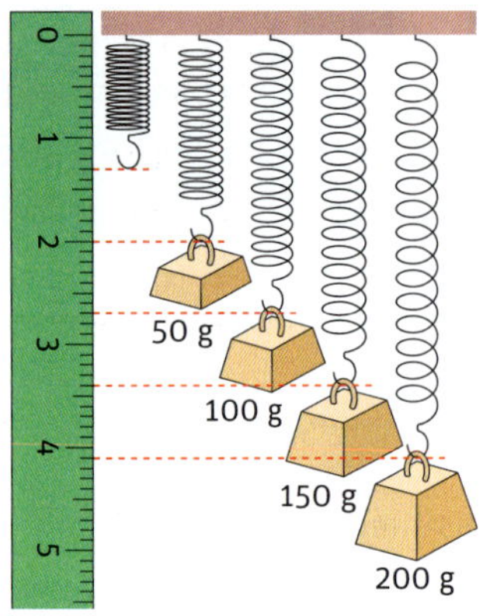

a) Haz con mucho cuidado las lecturas en la regla y elabora una tabla de datos adecuada, teniendo en cuenta que una pesa de 100 g realiza una fuerza aproximada de 1 N.

b) Representa la fuerza frente al alargamiento y, a través de la pendiente de la gráfica, obtén el valor de la constante del resorte en unidades del SI.

c) Se ha añadido un trozo de masilla a la pesa de 100 g y el muelle se ha alargado hasta 3,1 cm. ¿Qué masa corresponde a la masilla?

d) A continuación, entra en www.e-sm.net/svfq4eso08_02 y realiza el experimento. ¿Son creíbles los valores del alargamiento a medida que cuelgas las pesas? Calcula la constante del resorte y la masa de las bolas azules.

16. Los muelles de un remolque están calibrados para soportar su peso. Cuando se carga el remolque con 2100 kg de trigo, la fuerza ejercida (20 580 N) comprime los muelles 5,5 cm. Considerando que los muelles se comportan como un resorte ideal, calcula:

a) La longitud que desciende el remolque si se carga con 28 000 N.

b) La carga que lleva si ha descendido 4,2 cm.

SOLUCIÓN

a) Se calcula primero la constante del resorte:

$$F = k \cdot \Delta L \Rightarrow k = \frac{F}{\Delta L} = \frac{20\,580}{5{,}5 \cdot 10^{-2}} = 3{,}7 \cdot 10^{5}\ \text{N/m}$$

Si la fuerza aplicada es de 28 000 N, el muelle se comprime:

$$F = k \cdot \Delta L \Rightarrow \Delta L = \frac{F}{k} = \frac{28\,000}{3{,}7 \cdot 10^{5}} = 0{,}075\ \text{m} = 7{,}5\ \text{cm}$$

b) $F = k \cdot \Delta L \Rightarrow F = 3{,}7 \cdot 10^{5} \cdot 4{,}2 \cdot 10^{-2} = 1{,}6 \cdot 10^{4}\ \text{N}$

17. Se ejerce una fuerza de 200 N sobre un resorte cuya longitud es de 12 cm y se observa que la longitud del resorte alcanza un valor de 17 cm. Calcula:

a) La constante elástica del resorte.

b) El alargamiento si se aplica una fuerza de 250 N.

c) La fuerza que se debe aplicar para que la longitud del resorte sea de 20 cm.

18. El dinamómetro del dibujo mide en unidades del SI. Interpreta el dibujo. Calcula la fuerza resultante y el ángulo α.

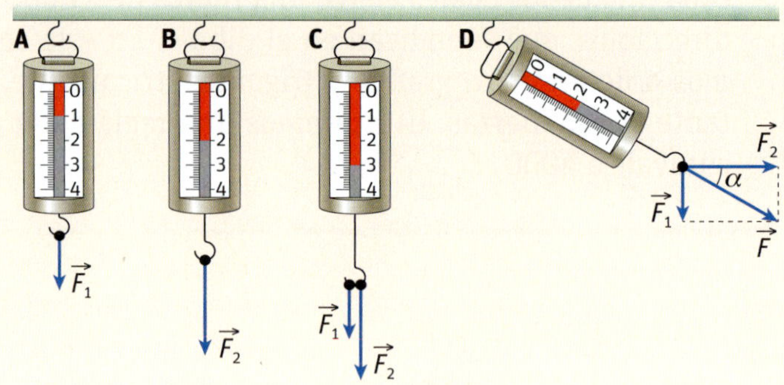

SOLUCIÓN

En las situaciones **A** y **B** aparece el valor de las fuerzas $\vec{F}_1$ y $\vec{F}_2$ y se muestra su carácter vectorial. En el caso **C**, puesto que coinciden la dirección y el sentido de las dos fuerzas, se pueden sumar, y resulta R = 1 N + 2 N = 3 N.

En el caso **D**, las fuerzas son mutuamente perpendiculares, por lo que la resultante será:

$$R = \sqrt{F_1^2 + F_2^2} = \sqrt{1^2 + 2^2} = \sqrt{5} = 2{,}24\ \text{N}$$

$$\text{tg}\,\alpha = \frac{F_1}{F_2} \Rightarrow \alpha = \text{arctg}\,\frac{1}{2} = 26{,}6°$$

19. Halla la fuerza resultante y la fuerza equilibrante de los sistemas de fuerzas representados.

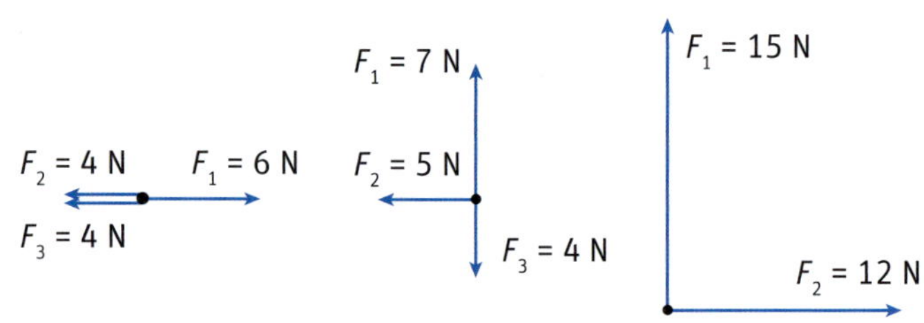

20. Descompón las fuerzas representadas en los ejes indicados.

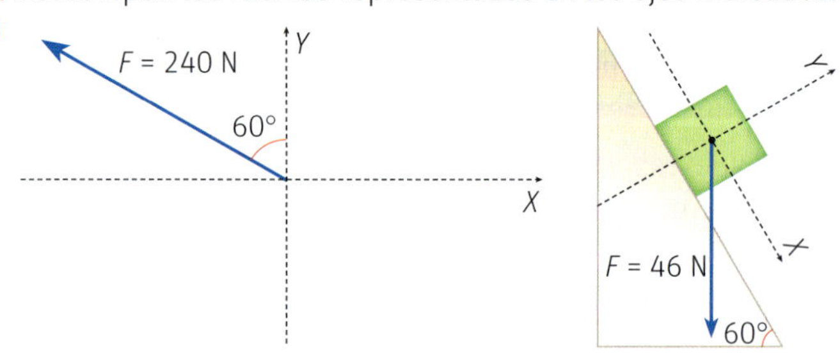

21. Halla la resultante del sistema de fuerzas que se muestra en la imagen, descomponiendo previamente la fuerza de 16 N. Después, halla la fuerza equilibrante de este conjunto de fuerzas.

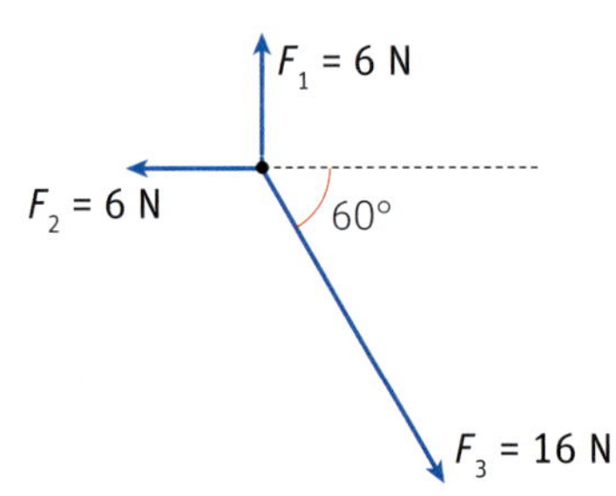

22. Cada uno de los perros tira del trineo con una fuerza de 150 N. Las cuerdas laterales azules forman un ángulo de 30° con la cuerda central. Calcula la fuerza resultante.

Primera ley de Newton

23. Razona si las siguientes afirmaciones son verdaderas o falsas.

a) Si la fuerza neta que actúa sobre un objeto es cero, este permanece en reposo.

b) Si un cuerpo está en movimiento, existe una fuerza resultante actuando sobre él.

c) Una partícula libre mantiene su velocidad constante.

d) Un cuerpo no puede cambiar por sí mismo su estado de movimiento.

24. Del espejo retrovisor de un automóvil cuelga un objeto. Cuando el coche arranca, ¿qué ocurre con el objeto? ¿Se puede decir que se va para atrás?

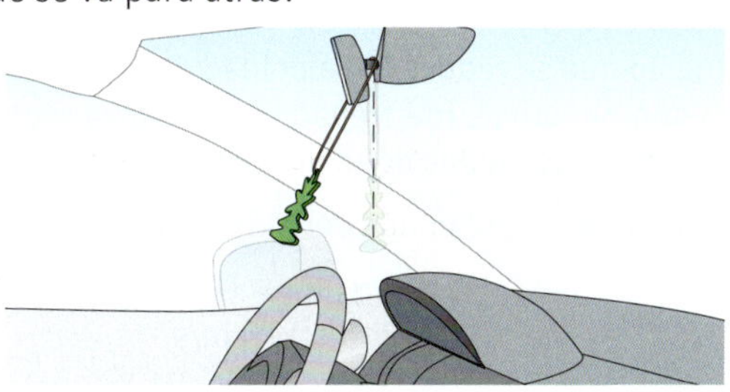

25. Sobre un velero actúa la fuerza del motor de 900 N y perpendicularmente a ella, la del viento de 750 N. Si se mueve con MRU, ¿qué fuerza de rozamiento actúa sobre el barco?

26. El muelle de la imagen se ha comprimido y después se ha soltado, con lo que la caja se ha desplazado hacia la derecha.

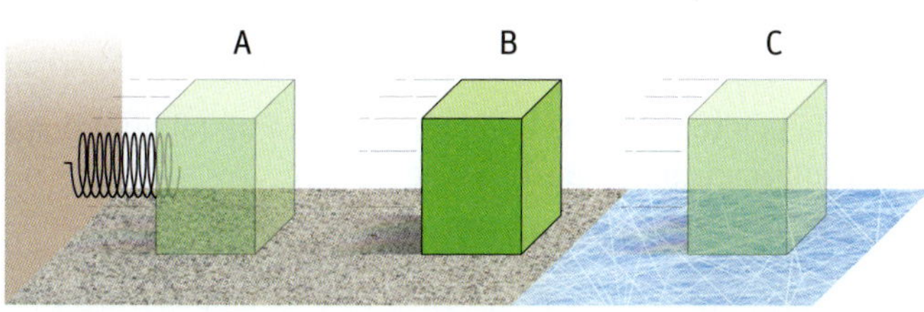

Identifica las fuerzas que actúan sobre ella, solo en la dirección del movimiento:

a) Mientras es empujada por el muelle (A).

b) Mientras se desplaza por el suelo (B).

c) ¿Qué sucederá si, a partir de cierta distancia, el suelo es de hielo y la caja se puede desplazar sin rozamiento? (C)

d) ¿En qué situación llevará un MRU?

Segunda ley de Newton

27. Razona si las siguientes afirmaciones son verdaderas o falsas:

a) Un cuerpo se mueve siempre en la dirección y sentido en que actúa la fuerza resultante.

b) La aceleración de un cuerpo siempre tiene la misma dirección y sentido que la fuerza resultante.

c) Las fuerzas son proporcionales a las velocidades que provocan en los cuerpos.

28. Sobre un cuerpo de 3 kg actúan tres fuerzas: 150 N en sentido norte, 200 N en sentido este y 450 N en sentido oeste. Dibújalas y calcula la aceleración que adquiere el cuerpo.

29. Una moto y su conductor tienen una masa total de 450 kg y realizan un trayecto cuya gráfica *v*-*t* es la siguiente:

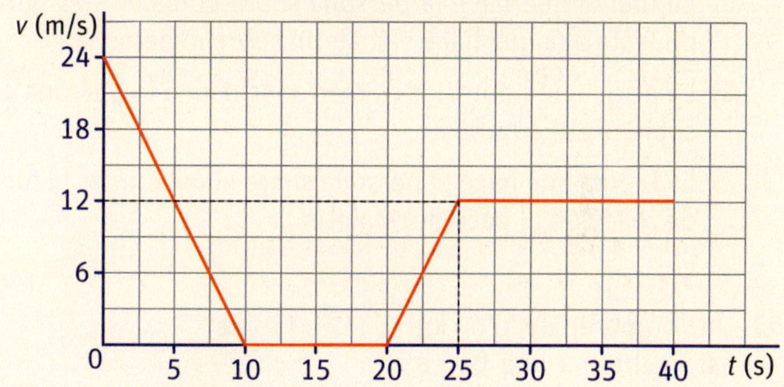

Calcula y representa la fuerza resultante sobre cada tramo, suponiendo que la moto va por una carretera recta.

SOLUCIÓN

La pendiente de la gráfica *v*-*t* es la aceleración del móvil:

- Tramo 1. La aceleración es negativa o de frenado:

$$a_1 = \frac{\Delta v}{\Delta t} = \frac{0-24}{10-0} = -2{,}4\ \text{m/s}^2; \quad F = m \cdot a = 450 \cdot (-2{,}4) = -1080\ \text{N}$$

- Tramo 2. La velocidad es constante y vale 0. Por tanto, la aceleración y la fuerza también son nulas.
- Tramo 3. La aceleración y la fuerza son positivas:

$$a_3 = \frac{\Delta v}{\Delta t} = \frac{12-0}{25-20} = 2{,}4\ \text{m/s}^2; \quad F = m \cdot a = 450 \cdot 2{,}4 = 1080\ \text{N}$$

- Tramo 4. La velocidad es constante. Por tanto, la aceleración y la fuerza también son nulas.

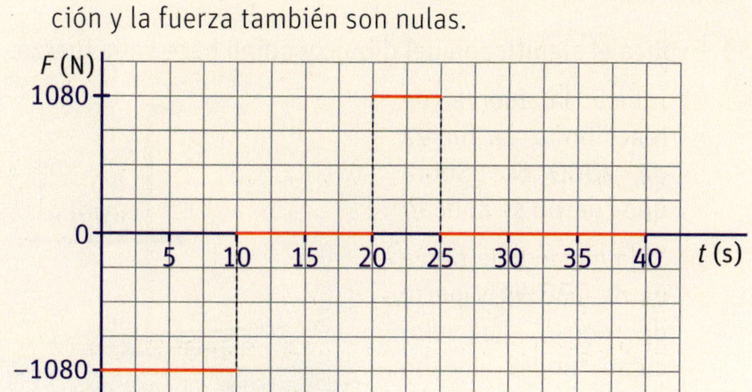

30. Un móvil de 20 kg de masa realiza un trayecto rectilíneo cuya gráfica *v-t* es la siguiente:

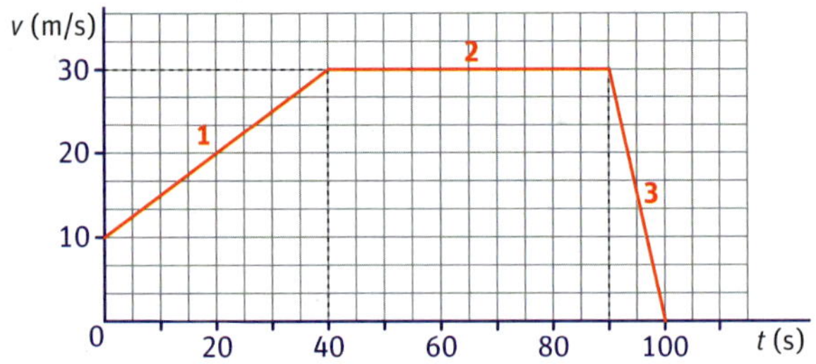

Calcula y representa la fuerza resultante en cada tramo.

Tercera ley de Newton

31. Una persona está de pie con su maletín esperando el autobús. Argumenta la veracidad de las siguientes afirmaciones.

   a) La fuerza que hace la persona sobre el maletín es igual y opuesta a la que hace el maletín sobre la persona.

   b) La afirmación anterior es cierta incluso si la persona está subiendo al autobús.

   c) La fuerza que hace la persona sobre el maletín es la fuerza de reacción al peso del maletín.

32. Un hombre de 76 kg está subido a una barca de 130 kg junto a la orilla. Toma impulso y salta a tierra con una aceleración de 0,25 m/s². ¿Crees que la barca adquirirá una aceleración de −0,25 m/s²?

SOLUCIÓN

Eso solo ocurriría si las masas fueran iguales. En efecto, la fuerza que hace la barca sobre el hombre para darle impulso vale $F_{bh} = m_h \cdot a_h = 76 \cdot 0{,}25 = 19$ N. Por tanto, la fuerza de reacción será $F_{hb} = -19$ N. Así pues:

$$-19 = m_b \cdot a_b = 130 \cdot a_b$$

De donde se obtiene $a_b = -0{,}15$ m/s². Lógicamente, la barca adquiere menos aceleración, pues tiene una masa mayor.

33. Explica el significado del dibujo y quién hace cada fuerza.

   a) Indica la fuerza de reacción a la fuerza de 2000 N. ¿Sobre qué cuerpo se aplica?

   b) Si la masa de la barca es de 220 kg y parte del reposo, ¿qué velocidad tendrá al cabo de 5 s?

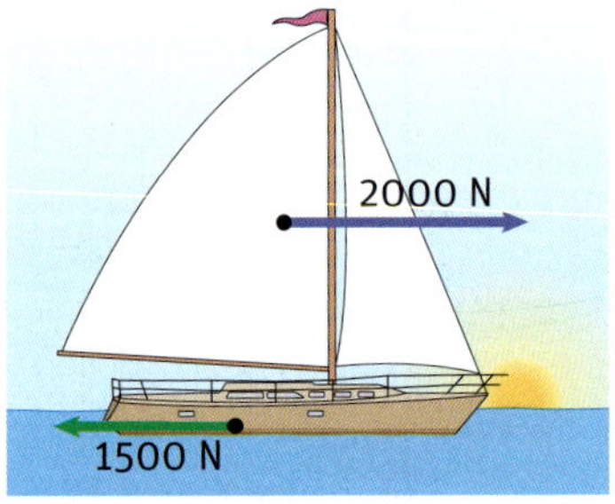

Aplicación de las leyes de Newton a la resolución de problemas

34. Una fuerza $\vec{F}$ actúa sobre un cuerpo de masa m y le comunica una aceleración a. Calcula:

   a) La fuerza necesaria para comunicar a una masa $2m$ la misma aceleración a.

   b) La aceleración que comunica la fuerza $\vec{F}$ a un cuerpo de masa $3m$.

   c) La masa de un cuerpo si adquiere una aceleración $a/2$ al aplicarle una fuerza $2\vec{F}$ en la misma dirección y sentido.

   d) La aceleración que tendrá el cuerpo si se le aplican dos fuerzas $\vec{F}$ que forman un ángulo de 90°.

35. Un muchacho y su bicicleta tienen una masa de 60 kg y se mueven a una velocidad de 6 m/s. Calcula la fuerza necesaria para detenerse en 8 s.

   a) ¿Quién la realiza y dónde se aplica?

   b) ¿Qué diferencia hay con la forma de detenerse que se aprecia en el dibujo?

SOLUCIÓN

   a) Puesto que se reduce la velocidad, la aceleración y la fuerza son negativas (de frenado). La realizan los frenos y se aplica en las ruedas de la bicicleta.

   Usando las expresiones del MRUA, se calcula a:

$$v_f = v_0 + a \cdot t \Rightarrow 0 = 6 + a \cdot 8$$
$$a = -0{,}75 \text{ m/s}^2$$

   La fuerza de frenado vale:

$$F = m \cdot a = 60 \cdot (-0{,}75) = -45 \text{ N}$$

   b) En este caso, la colisión ocurre en mucho menos tiempo, de modo que la aceleración y la fuerza de frenado son mucho mayores (además, la fuerza solo se aplica en una rueda), por lo que la inercia del ciclista puede provocar un grave accidente.

36. Halla la intensidad de una fuerza constante tal que, al aplicarla sobre un cuerpo de 12 kg, le comunica:

   a) Una aceleración de 0,25 m/s².

   b) Una velocidad de 3 m/s a los 15 s de empezar a moverse.

   c) Una aceleración capaz de hacerle recorrer 8 m en 10 s partiendo del reposo.

   d) Una disminución de velocidad de 20 m/s a 4 m/s en un recorrido de 80 m.

   e) Después de resolver los apartados anteriores, entra en la simulación www.e-sm.net/svfq4eso08_03, traslada los datos al simulador y comprueba que son ciertos los resultados obtenidos.

37. Los patinadores de la imagen tiran cada uno de la cuerda con una fuerza de 180 N y el tirón dura 1,5 segundos.

a) ¿Qué velocidad adquiere cada uno al cabo de ese tiempo?

b) Resuelve el problema de nuevo suponiendo que el patinador A soporta un rozamiento de 35 N y el B, de 50 N.

38. Una bola de billar, de masa 160 g, se desplaza a 3 m/s de velocidad. Al chocar frontalmente con otra bola de igual masa y en reposo, se detiene. Si el choque ha durado 0,12 s, calcula:

a) La aceleración de frenada y la fuerza del impacto.

b) La velocidad a la que sale despedida la segunda bola.

39. Un saltador de trampolín de 75 kg de masa salta desde una altura de 10 m. Dentro del agua, el rozamiento lo detiene en 0,65 s. Calcula la deceleración y la fuerza de frenada a que está sometido el saltador. Haz una valoración.

SOLUCIÓN

Se calcula primero la velocidad con la que llega al agua tras una caída libre de 10 m:

$$v_f^2 - v_0^2 = 2 \cdot a \cdot \Delta s \Rightarrow v_f^2 - 0 = 2 \cdot 9{,}8 \cdot 10$$
$$v_f = 14 \text{ m/s}$$

Para detenerse en 0,65 s, la deceleración será:

$$v_f = v_0 + a \cdot t;\ 0 = 14 + a \cdot 0{,}65$$

De donde se obtiene que $a = -21{,}5$ m/s^2. Esta aceleración permite determinar la fuerza provocada por el rozamiento del agua sobre el saltador:

$$F = m \cdot a = 75 \cdot (-21{,}5) = -1{,}61 \cdot 10^3 \text{ N}$$

Esta fuerza es muy intensa y puede suponer un fuerte impacto. Si el tiempo de frenada fuera aún menor (por ejemplo, al chocar contra el suelo), las consecuencias serían muy graves.

40. El patinador de la imagen desciende por una pendiente de 30 m en las condiciones que se muestran en el dibujo. Si las masas del joven y del monopatín suman 50 kg, calcula la velocidad al final de su carrera.

41. smSaviadigital.com APLICA

Entra en esta simulación y ve haciendo simultáneamente en ella y en tu cuaderno las experiencias que se piden.

a) Pestaña *Movimiento*. Aplica una fuerza de 130 N sobre un objeto de 50 kg. ¿Por qué aumenta continuamente su velocidad? Fíjate en el velocímetro y determina durante cuánto tiempo habrá actuado la fuerza. ¿Qué tipo de movimiento seguirá la caja a partir del momento en que deja de actuar la fuerza? Compruébalo.

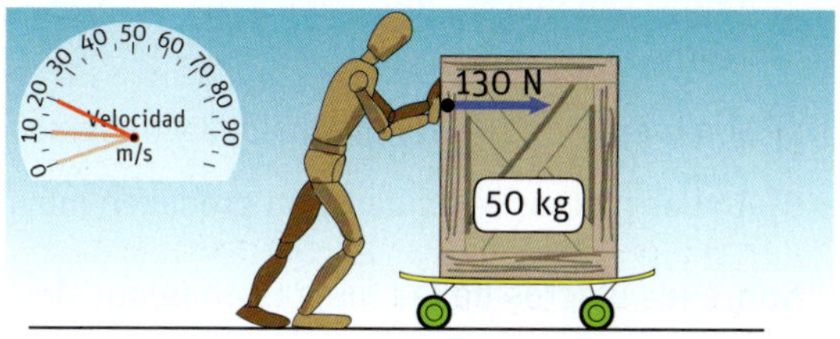

b) Pestaña *Fricción*. Sitúa a la niña sobre la caja y aplica la misma fuerza. El objeto no se mueve. ¿Por qué? Seguidamente, aumenta la fuerza de tracción hasta 430 N. ¿Cuál es la fuerza neta y qué aceleración adquiere el sistema? ¿Qué tiempo le cuesta adquirir la velocidad indicada en el dibujo?

c) A partir de ese momento, reduce la fuerza de tracción hasta compensar totalmente el rozamiento. ¿Qué movimiento seguirá el conjunto?

d) Describe lo que ocurriría con la niña si la fuerza de tracción fuera instantáneamente muy fuerte.

e) Pestaña *Acceleration Lab*. Coloca un cubo con agua y aplica una fuerza de 249 N. Observa y describe lo que ocurre. Si reduces la fuerza a 125 N, ¿se moverá la cubeta? Compruébalo en el simulador.

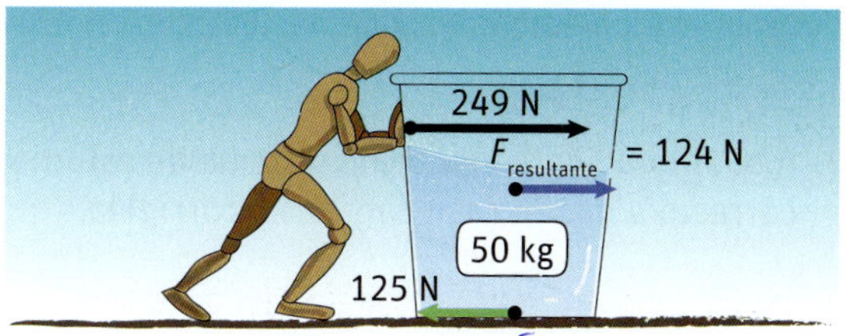

42. Calcula la fuerza que ejerce el primer vagón sobre el segundo y la aceleración del tren, en ausencia del rozamiento.

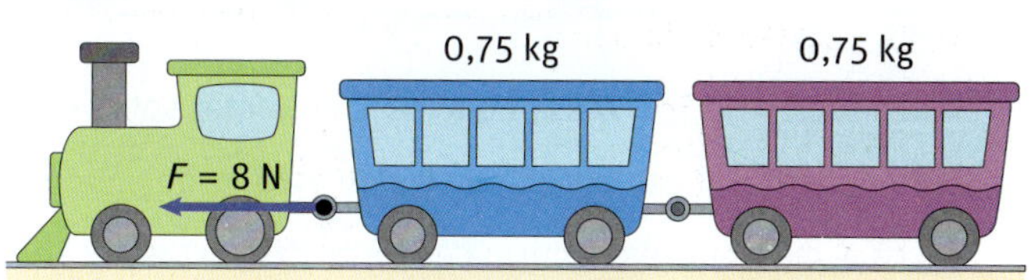

Ponte a prueba

¿Se anulan las fuerzas?

Queremos estudiar las interacciones que se ejercen mutuamente un palo de golf y una bola en el momento del golpe.

1. Sobre las fuerzas podemos decir:

a) La fuerza que hace el palo sobre la bola es siempre mayor que la que hace la bola sobre el palo.

b) Ambas son fuerzas de acción y reacción y se aplican sobre el mismo cuerpo.

c) Son fuerzas iguales en intensidad y opuestas, por lo que: $\vec{F}_{pb} = -\vec{F}_{bp}$.

d) Ambas fuerzas se anulan y no producen movimiento en el palo de golf.

2. Sobre los efectos de las fuerzas podemos decir:

a) Las fuerzas, al ser iguales, tienen los mismos efectos.

b) Al ser $m_{palo} > m_{bola}$, resulta que $a_{palo} < a_{bola}$.

c) La aceleración que adquiere la bola será $a_b = F_{pb}/m_p$.

d) En consecuencia, la aceleración que adquiere el palo de golf será $a_p = F_{bp}/m_b$.

Elige el sistema de estudio

El tractor de la figura tira con una fuerza de 550 N sobre el primer remolque, que a su vez arrastra otro remolque idéntico. La masa de cada remolque vacío es de 125 kg y llevan una carga de arena de 200 kg cada uno.

1. Dibuja con cuidado las fuerzas que se ejercen entre sí y decide razonadamente qué opción hace verdaderas las siguientes afirmaciones.

a) En el momento del arranque, la fuerza que realiza el tractor sobre el primer remolque es *mayor / igual / menor* que la que hace el primer remolque sobre el segundo.

b) La fuerza que realiza el tractor sobre el primer remolque es *mayor / igual / menor* que la que hace dicho remolque sobre el propio tractor.

c) En el momento del arranque, la aceleración a que se ve sometido el remolque 1 es *mayor / igual / menor* que la aceleración del remolque 2

2. A continuación, elige como sistema de estudio ambos remolques conjuntamente y decide si el razonamiento que se indica es correcto o no. En caso contrario, corrígelo.

a) La fuerza de 550 N es la que hace el tractor sobre el sistema elegido.

b) Se puede aplicar la segunda ley de este modo: $F = m_{sistema} \cdot a_{sistema} \Rightarrow 550 \text{ N} = 325 \text{ kg} \cdot a$

c) La aceleración es la misma en todas las partes del sistema y vale 0,846 m/s².

El límite de elasticidad

A un resorte que cuelga verticalmente se le aplican distintas fuerzas, que producen distintos alargamientos. Los datos se han recogido en una tabla y se han representado los valores obtenidos, tal como se vio al principio de la unidad. Sin embargo, al hacer la gráfica F-ΔL no se obtiene lo esperado.

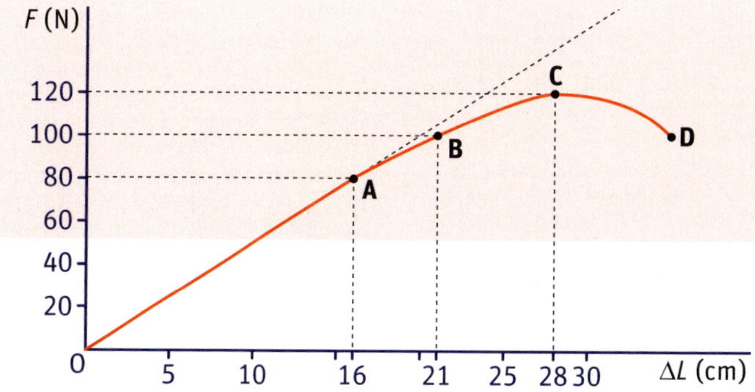

1. ¿Qué crees que ha ocurrido? ¿Qué significado tiene la pendiente de la gráfica en su lado recto? ¿Es posible calcular la constante elástica del resorte?

2. ¿En qué tramo de la gráfica tiene el muelle un comportamiento elástico ideal? Explica lo que ocurre a partir del punto A.

AUTOEVALUACIÓN

1. Despreciando el peso de las cuerdas y de la argolla, se puede decir que:

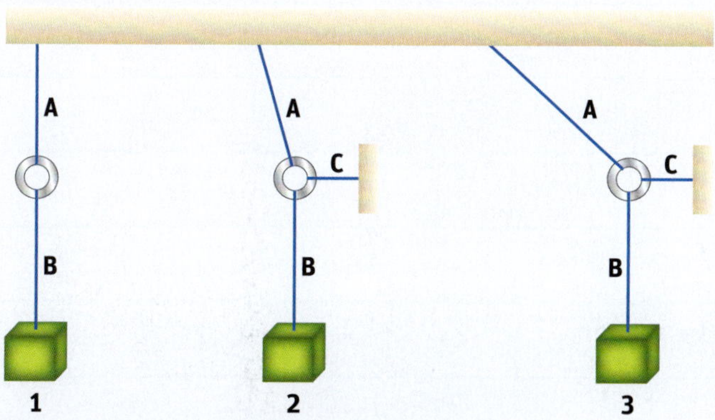

a) En 1, la cuerda A hace más fuerza que B.

b) La cuerda A hace más fuerza en 1 que en 2.

c) La cuerda A hace más fuerza en 3 que en 2.

d) En 2, la suma de las fuerzas que hacen B y C coincide con la fuerza que hace A.

2. Un coche parte del reposo y, al cabo de un tiempo t_1, alcanza una velocidad v, que mantiene hasta el instante t_2. A partir de ese momento aplica los frenos y se detiene en el instante t_3. La gráfica F - t del movimiento será:

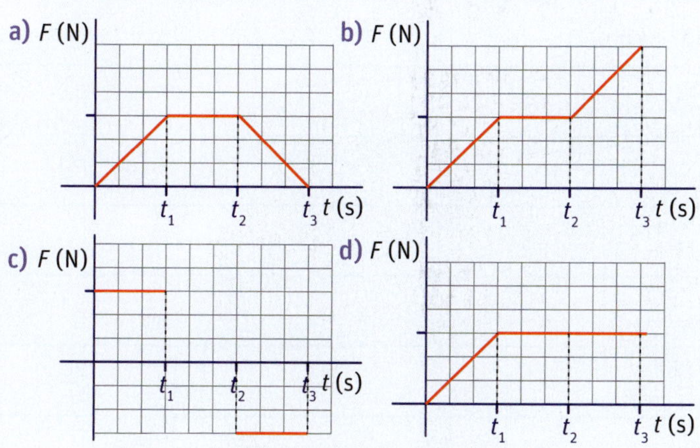

3. Sobre un objeto de masa m se aplica una fuerza constante que genera una aceleración a_0. Si la masa se reduce en un 50 % manteniendo la misma fuerza, la aceleración del objeto será:

a) $2a_0$ **b)** $a_0/2$ **c)** $3a_0/2$ **d)** $4a_0$

4. La masa de una moto GP es de 420 kg. Al arrancar consigue los 160 km/h en solo 8 s. El valor de la fuerza que la impulsa es de:

a) 8400 N **b)** 2333 N **c)** 5,550 N **d)** 4200 N

5. Dos hermanos están montados sobre sendos patines. La masa del niño pequeño es de 35 kg y su hermano tiene el doble de masa. El niño pequeño trata de mover a su hermano tirando de la cuerda. Señala las frases correctas.

a) No lo conseguirá porque el hermano mayor tiene demasiada masa.

b) Solo se moverá el hermano pequeño hacia la izquierda.

c) Se moverán ambos con la misma aceleración.

d) Recorrerá más distancia el niño pequeño.

6. Supón que el hermano mayor adquiere una aceleración de 0,3 m/s² hacia la derecha. Podemos decir que:

a) La aceleración que adquiere el hermano pequeño es de $-0{,}3$ m/s².

b) La fuerza que actúa sobre el hermano mayor es de 31,5 N.

c) La fuerza que actúa sobre el hermano pequeño es de -21 N.

d) La aceleración que adquiere el hermano pequeño es de $-0{,}6$ m/s².

smSaviadigital.com VALORA LO APRENDIDO > Autoevaluación con sus soluciones

Notas

Notas

Notas

Notas

FORMULACIÓN Y NOMENCLATURA QUÍMICAS

La **IUPAC** (Unión Internacional de Química Pura y Aplicada) establece las normas para representar los diferentes elementos y compuestos (**formulación**), así como para nombrarlos (**nomenclatura**). En este anexo se han utilizado las nomenclaturas sistemáticas de **prefijos numerales** y de **números de oxidación** y algunos **nombres tradicionales** aceptados por la IUPAC (2005). Las nomenclaturas de sustitución y de adición, también aceptadas, en general exceden el nivel de este anexo.

FORMULACIÓN QUÍMICA

Valencia y número de oxidación

Valencia
Número de electrones que pierde (valencia +), gana (valencia –) o comparte (covalencia) un átomo al combinarse con otro.

La IUPAC lo ha sustituido por

Número de oxidación
El número de oxidación de un átomo en un compuesto es un número teórico que indica el número de electrones que el átomo habría perdido o ganado si el compuesto fuera perfectamente iónico. Siempre tiene signo.

Tipos de sustancias

Sustancias elementales
Formadas por un único elemento. Pueden ser atómicas, moleculares o estructuras gigantes.
- Los gases nobles son monotáomicos: He, Ne,...
- Los metales y las sustancias elementales covalentes reticulares son estructuras gigantes. Los metales se representan mediante su símbolo (Fe, Cu, Ag,...). Las estructuras gigantes covalentes son del tipo C(diamante), Si(s)...
- Algunos no metales son moléculas diatómicas: H_2, N_2, O_2, F_2, Cl_2,... Otros se presentan como moléculas poliatómicas: P_4, S_8, O_3,...

Compuestos
Los compuestos son especies químicas formadas por dos o más elementos diferentes. Pueden ser moleculares (CO_2, H_2SO_4,...) o estructuras gigantes (NaCl, SiO_2,...).

Nomenclatura

De prefijos numerales
Las proporciones de los elementos que forman parte del compuesto se indican mediante los prefijos: mono- (1), di- (2), tri- (3), tetra- (4), penta- (5),...

De números de oxidación
Tras el nombre del elemento, se coloca entre paréntesis su estado de oxidación en números romanos (solo si tiene varios posibles).

Tradicional
Corresponde a nombres vulgares muy arraigados por su uso. La utilizaremos solo para hidruros, oxoácidos y oxisales.

Fórmulas

Empírica
Yuxtaposición de los símbolos atómicos con los subíndices enteros que indican su proporción más sencilla en la especie química correspondiente.

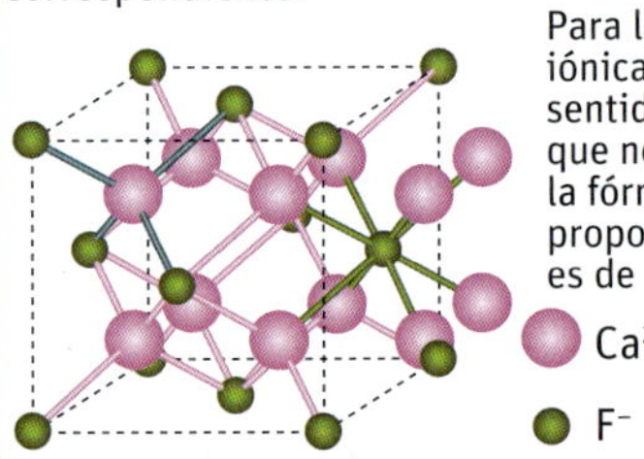

Para las estructuras gigantes (redes cristalinas iónicas, covalentes o metálicas) solo tiene sentido físico hablar de fórmula empírica, ya que no forman moléculas discretas. Por ejemplo, la fórmula de la fluorita, CaF_2, indica que la proporción de los iones de Ca^{2+} y F^- en el cristal es de 1:2.

Molecular
Corresponden a especies químicas formadas por moléculas discretas. Indica la composición real de las moléculas. Por ejemplo, H_2O indica que la molécula de agua posee dos átomos de H y uno de O.
La fórmula molecular de la glucosa es $C_6H_{12}O_6$ y su fórmula empírica, CH_2O (en este caso, la fórmula empírica cabe seis veces en la fórmula molecular).

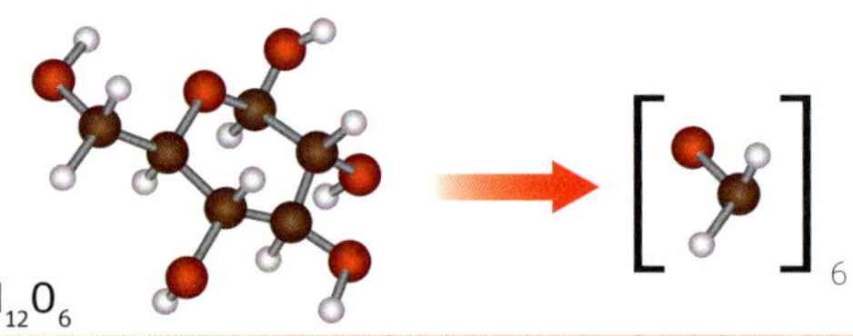

Metales	
Li, Na, K, Rb, Cs, Ag	+ 1
Be, Mg, Ca, Sr, Ba, Zn, Cd	+ 2
Al	+ 3
Cu, Hg	+ 1, + 2
Au	+ 1, + 3
Fe, Co, Ni	+ 2, + 3
Cr	+ 2, + 3, + 6
Mn	+ 2, + 3, + 4,+ 6, +7
Pt, Sn, Pb	+ 2, + 4

	No metales	
	Con metal o hidrógeno	Con oxígeno
F	– 1	– 1
Cl, Br, I	– 1	+ 1, + 3, + 5, + 7
S, Se, Te	– 2	+ 2, + 4, + 6
N, P, As, Sb	– 3	+ 3, + 5
C, Si	– 4	+ 4

Reglas para calcular el número de oxidación

- El número de oxidación de un átomo individual en un elemento libre es 0.
- El número de oxidación del oxígeno en sus compuestos es – 2, excepto en los peróxidos, que es – 1, y en las combinaciones con el flúor, que es + 2 o + 1 (las normas IUPAC 2005 establecen por convenio que todos los halógenos son más electronegativos que el oxígeno).
- El número de oxidación del hidrógeno siempre es + 1, salvo en los hidruros metálicos, que es – 1.
- El número de oxidación de los metales es siempre positivo.
- El número de oxidación de cualquier ion monoatómico es igual a la carga eléctrica del ion.
- En una especie química neutra, la suma de los números de oxidación de sus átomos multiplicados por los subíndices de estos es 0. En los iones, dicha suma es igual a la carga del ion.

1 Formulación y nomenclatura de química inorgánica

1.1. Iones

Los **iones** son átomos o grupos de átomos que han perdido o ganado electrones y, en consecuencia, tienen carga eléctrica neta. Pueden ser monoatómicos o poliatómicos.

Monoatómicos

Se formulan escribiendo el símbolo del elemento con un exponente igual a su número de oxidación: carga positiva para los **cationes** y carga negativa para los **aniones**.

Nomenclatura de números de oxidación	
Los **cationes se nombran** con la palabra ion y el nombre del elemento con su número de oxidación en números arábigos, entre paréntesis. Li^{+}: ion litio (1+) Cu^{2+}: ion cobre (2+)	Los **aniones se nombran** con la palabra ion, seguida del nombre del elemento terminado en **–uro**. Cl^{-}: ion cloruro (1–) o ion cloruro S^{2-}: ion sulfuro (2–) o ion sulfuro

Poliatómicos

- En los **cationes,** la carga afecta a todo el grupo. Se designan con **nombres tradicionales.**
- En los **aniones,** la carga del ion afecta también a todo el grupo de átomos. Se nombran empleando **la nomenclatura tradicional**, derivada de la de los oxoácidos.

Ten en cuenta

Normalmente, cuando un compuesto iónico neutro se disuelve en agua, se produce un ion positivo o **catión**, y un ion negativo o **anión**. Los hidróxidos, ácidos y sales (binarias y oxisales) en agua originan iones.

Ejemplos de cationes	Ejemplos de aniones
NH_4^{+}: ion amonio	BrO^{-}: ion hipobromito
Hg_2^{2+}: ion dimercurio	NO_2^{-}: ion nitrito
H_3O^{+}: ion oxonio	SO_4^{2-}: ion sulfato
PH_4^{+}: ion fosfonio	MnO_4^{-}: ion permanganato

1.2. Combinaciones binarias e hidróxidos

	Descripción	Formulación	Nomenclatura de prefijos numerales	Nomenclatura de números de oxidación
ÓXIDOS	Combinaciones binarias del oxígeno con un elemento cualquiera. El número de oxidación del oxígeno es – 2. • Óxidos metálicos o básicos: de carácter iónico, forman estructuras gigantes. • Óxidos no metálicos o ácidos: sustancias moleculares.	Se coloca el símbolo del elemento y después el del oxígeno. Se intercambian los números de oxidación y se simplifican si es posible. 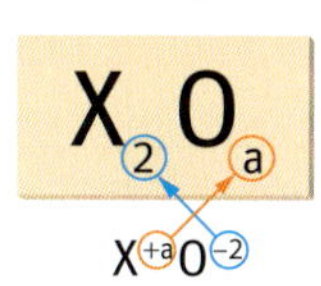	Se escribe la palabra **óxido**, seguida del nombre del otro elemento. Se indica la proporción de los elementos con los prefijos **mono–**, **di–**, **tri–**, **tetra–**,... Fe_2O_3: trióxido de dihierro P_2O_5: pentaóxido de difósforo	Se escriben las palabras **óxido de**, el nombre del otro elemento y su número de oxidación en números romanos y entre paréntesis, si es necesario. SnO: óxido de estaño (II) CaO: óxido de calcio
HALUROS DE OXÍGENO	Combinaciones de oxígeno con un halógeno (F, Cl, Br, I). Se denominan **haluros de oxígeno** y no son óxidos.	Se escribe primero el oxígeno y a la derecha el halógeno y se intercambian sus números de oxidación, simplificando si se puede.	**de prefijos numerales** Se escribe el nombre del halógeno terminado en **– uro** y después **de oxígeno**, precedidos de los prefijos correspondientes. O_3Cl_2: dicloruro de trioxígeno O_7Br_2: dibromuro de heptaoxígeno	
PERÓXIDOS	Combinaciones binarias del oxígeno, que contienen el grupo peroxo, O_2^{2-}. El número de oxidación del oxígeno es – 1. Un peróxido muy común, conocido por su nombre tradicional es el H_2O_2 (agua oxigenada).	Se considera el bloque $(O_2)^{2-}$. Se intercambian los números de oxidación y se simplifican si es posible. 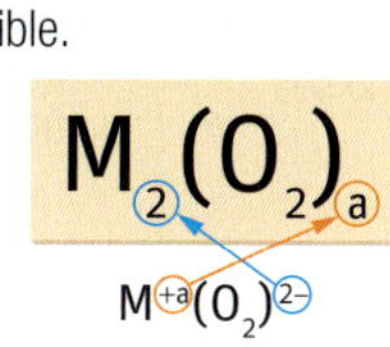	Se escribe la palabra **óxido**, seguida del nombre del otro elemento y en ambos se emplean sus prefijos correspondientes. Na_2O_2: dióxido de disodio ZnO_2: dióxido de cinc	Se escriben **peróxido de** y el nombre del otro elemento con su número de oxidación, en números romanos y entre paréntesis, si es necesario. $Sn(O_2)_2$: peróxido de estaño (IV) CaO_2: peróxido de calcio

FORMULACIÓN Y NOMENCLATURA QUÍMICAS

	Descripción	Formulación	Nomenclatura	
HIDRUROS	Hidruros metálicos: resultan de la unión de un metal con el hidrógeno, con número de oxidación – 1.	Se coloca primero el metal, después el hidrógeno y se intercambian los números de oxidación.	**de prefijos numerales** Se escribe **hidruro**, seguido del nombre del metal, con los prefijos correspondientes. AuH_3: trihidruro de oro	**de números de oxidación** Se escribe **hidruro**, el nombre del metal y su número de oxidación, entre paréntesis y en números romanos, si es necesario. NiH_3: hidruro de níquel (III)
	Hidruros no metálicos: unión de B, C, Si, N, P, As, Sb y O con el hidrógeno, con número de oxidación + 1.	Se coloca el no metal, después el hidrógeno y se intercambian los números de oxidación.	**de prefijos numerales** Se escribe **tri–** o **tetrahidruro**, seguido del nombre del no metal. BH_3: trihidruro de boro CH_4: tetrahidruro de carbono SiH_4: tetrahidruro de silicio NH_3: trihidruro de nitrógeno	**tradicional** Todos tienen nombre especial. BH_3: borano CH_4: metano SiH_4: silano NH_3: amoniaco PH_3: fosfano AsH_3: arsano SbH_3: estibano H_2O: agua
HALUROS DE HIDRÓGENO	Combinaciones del hidrógeno con los elementos de los grupos 16 y 17 (S, Se, Te, F, Cl, Br, I y At). En estos compuestos el número de oxidación que presenta el hidrógeno es + 1.	Se escribe el hidrógeno y después el no metal. Se intercambian los números de oxidación.	**de prefijos numerales** Se escribe el nombre del no metal terminado en **–uro** y se añade **de hidrógeno**. HF: fluoruro de hidrógeno HCl: cloruro de hidrógeno HBr: bromuro de hidrógeno HI: yoduro de hidrógeno H_2S: sulfuro de dihidrógeno H_2Se: seleniuro de dihidrógeno H_2Te: telururo de dihidrógeno	**en disolución acuosa (hidrácidos)** Se escribe la palabra **ácido** seguida del nombre del no metal terminado en **–hídrico**. HF: ácido fluorhídrico HCl: ácido clorhídrico HBr: ácido bromhídrico HI: ácido yodhídrico H_2S: ácido sulfhídrico H_2Se: ácido selenhídrico H_2Te: ácido telurhídrico
SALES BINARIAS	Combinaciones binarias de tipo **metal-no metal**. Son compuestos iónicos que forman cristales y son sólidos a temperatura ambiente.	Se escribe el metal y después el no metal. Se intercambian los números de oxidación, teniendo en cuenta que el no metal actúa con su número de oxidación negativo, y se simplifican si se puede.	**de prefijos numerales** Se escribe el nombre del no metal terminado en **–uro** seguido del metal, utilizando los prefijos ya conocidos. $MgBr_2$: dibromuro de magnesio Na_2S: sulfuro de disodio	**de números de oxidación** Se nombra el no metal terminado en **–uro**, seguido del metal y su número de oxidación, entre paréntesis y en números romanos, si es necesario. FeI_3: yoduro de hierro (III) $PbCl_4$: cloruro de plomo (IV)
NO METAL-NO METAL	Combinaciones binarias de dos **no metales**. Son compuestos moleculares formados por la unión de dos no metales de esta lista: B, Si, C, Sb, As, P, N, H, Te, Se S, At, O, I, Br, Cl, F.	Se escribe el no metal que aparece primero en la lista y después el otro. Se intercambian los números de oxidación, teniendo en cuenta que el segundo no metal es el que actúa con su número de oxidación negativo, y se simplifican si se puede.	**de prefijos numerales** Se escribe el nombre del no metal de la derecha acabado en **–uro**, seguido del nombre del otro no metal, con los prefijos ya conocidos. BCl_3: tricloruro de boro N_2S_5: pentasulfuro de dinitrógeno	**de números de oxidación** Se nombra el no metal de la derecha terminado en **–uro**, el otro no metal y, entre paréntesis y en números romanos, su número de oxidación si es necesario. BF_3: fluoruro de boro (III) SF_6: fluoruro de azufre (VI)
HIDRÓXIDOS	Compuestos formados por la combinación de un metal con el ion $(OH)^-$, llamado hidróxido, al que se asigna número de oxidación – 1.	Se coloca primero el metal, seguido del grupo OH. Se intercambian los números de oxidación, poniendo el grupo OH entre paréntesis cuando sea necesario.	**de prefijos numerales** Se escribe la palabra **hidróxido**, seguida del nombre del metal. Se usan los prefijos para indicar el número de OH. LiOH: hidróxido de litio $Co(OH)_3$: trihidróxido de cobalto	**de números de oxidación** Se escribe la palabra **hidróxido**, seguida del nombre del metal y su número de oxidación, entre paréntesis y en números romanos, si es necesario. $Ca(OH)_2$: hidróxido de calcio $Cu(OH)_2$: hidróxido de cobre (II)

1.3. Combinaciones ternarias y cuaternarias

OXOÁCIDOS

Descripción y Formulación

- Formados por hidrógeno, un no metal y oxígeno. También ciertos metales de transición originan ácidos: el vanadio con número de oxidación + 5, el cromo con número + 6 y el manganeso con números + 4, + 6, + 7.
- Su fórmula general es $H_xM_yO_z$.
- El número de oxidación del hidrógeno es + 1, el del no metal es + m y el del oxígeno es – 2.

$$H^{+1}_{x}\ M^{+m}_{y}\ O^{-2}_{z}$$

- La suma algebraica de los números de oxidación de cada elemento multiplicados por sus subíndices es 0.

$$H^{+1}_{x}\ M^{+m}_{y}\ O^{-2}_{z}$$

$$x \cdot (+1) + y \cdot (+m) + z \cdot (-2) = 0$$

- Por ejemplo, en el H_3PO_4, el número de oxidación del fósforo es:

$$3 \cdot (+1) + 1 \cdot (+m) + 4 \cdot (-2) = 0$$
$$m = +5$$

Nomenclatura

tradicional

El nombre empieza por la palabra ácido, seguida de la raíz del átomo central y de los prefijos y sufijos correspondientes a su número de oxidación.

Oxoácidos del cloro

$HClO$	Ácido hipocloroso
$HClO_2$	Ácido cloroso
$HClO_3$	Ácido clórico
$HClO_4$	Ácido perclórico

Oxoácidos del bromo

$HBrO$	Ácido hipobromoso
$HBrO_2$	Ácido bromoso
$HBrO_3$	Ácido brómico
$HBrO_4$	Ácido perbrómico

Oxoácidos del yodo

HIO	Ácido hipoyodoso
HIO_2	Ácido yodoso
HIO_3	Ácido yódico
HIO_4	Ácido peryódico

Oxoácidos principales del cromo y del manganeso

$H_2Cr_2O_7$	Ácido dicrómico
$HMnO_4$	Ácido permangánico

Oxoácidos del nitrógeno

HNO	Ácido hiponitroso
HNO_2	Ácido nitroso
HNO_3	Ácido nítrico

Oxoácidos del azufre

H_2SO_3	Ácido sulfuroso
H_2SO_4	Ácido sulfúrico
$H_2S_2O_7$	Ácido disulfúrico

Oxoácidos del selenio

H_2SeO_3	Ácido selenioso
H_2SeO_4	Ácido selénico

Oxoácido principal del fósforo

H_3PO_4	Ácido fosfórico

Oxoácidos del carbono

H_2CO_3	Ácido carbónico

Oxoácidos del boro

H_3BO_3	Ácido bórico

Oxoácidos del silicio

H_4SiO_4	Ácido silícico

OXISALES NEUTRAS

Descripción

- Compuestos ternarios constituidos por un metal, un átomo central (no metal, vanadio, cromo o manganeso) y oxígeno. Proceden de sustituir los átomos de hidrógeno de los oxoácidos por metales.
- Responden a la fórmula general $M_x(m_yO_z)_n$.

Formulación

- Se formulan escribiendo primero el metal y a continuación el anión formado por el resto del ácido correspondiente sin los hidrógenos (este anión dispondrá de tantas cargas negativas como hidrógenos eliminados). Para formar la sal se intercambian los números de oxidación y se simplifican, siempre que sea posible.
- Por ejemplo, el ion fosfato, PO_4^{3-} procede del H_3PO_4 y actúa con número de oxidación – 3. Así, la combinación de este anión con el catión Cu^{2+}, origina el $Cu_3(PO_4)_2$.

$$Cu^{+2}(PO_4)^{-3} \longrightarrow Cu_3(PO_4)_2$$

Nomenclatura

de números de oxidación y tradicional

Se escribe, sin la palabra ion, el nombre del anión del oxoácido del que procede la sal, conforme a la tabla siguiente. Se añade el nombre del metal y cuando sea necesario, su número de oxidación entre paréntesis y en números romanos.

Ácidos	Aniones
hipo-oso	hipo-ito
-oso	-ito
-ico	-ato
per-ico	per-ato

$NaBrO$: hipobromito de sodio

KNO_2: nitrito de potasio

$Cu_3(PO_4)_2$: fosfato de cobre (II)

$KMnO_4$: permanganato de sodio

FORMULACIÓN Y NOMENCLATURA QUÍMICAS

EJERCICIOS PROPUESTOS

1. Copia y completa en tu cuaderno la siguiente tabla.

Fórmula	Nomenclatura de prefijos numerales	Nomenclatura de números de oxidación
PbO	●●●	●●●
●●●	Trióxido de dialuminio	●●●
●●●	●●●	Óxido de arsénico(V)
CaO_2	●●●	●●●
●●●	Hidruro de plata	●●●
Cu_2O	●●●	●●●
●●●	Trisulfuro de diníquel	●●●
●●●	●●●	Hidruro de plomo(II)
H_2Se	●●●	●●●
Sb_2S_3	●●●	●●●
●●●	Hexafluoruro de selenio	●●●
$SrCl_2$	●●●	●●●

2. Indica en tu cuaderno el número de oxidación del no metal en los siguientes oxoácidos.

Fórmula	Número de oxidación	Nombre	Número de oxidación
H_3PO_4	●●●	Ácido permangánico	●●●
HNO_2	●●●	Ácido silícico	●●●
$H_2Cr_2O_7$	●●●	Ácido perbrómico	●●●
H_2SO_4	●●●	Ácido nítrico	●●●
$HBrO_3$	●●●	Ácido bórico	●●●
H_2CO_3	●●●	Ácido sulfuroso	●●●

3. Copia y completa en tu cuaderno la siguiente tabla.

Fórmula	Nomenclatura	Fórmula	Nomenclatura
●●●	Ion fluoruro(1–)	●●●	Nitrito de cobalto(III)
Fe^{3+}	●●●	$Cu(NO_3)_2$	●●●
BrO_3^-	●●●	●●●	Bromato de oro(III)
●●●	Ion carbonato	$MgCO_3$	●●●
●●●	Ion perclorato	●●●	Hipoclorito de sodio
PO_4^{3-}	●●●	$PbSO_4$	●●●
$Cr_2O_7^{2-}$	●●●	●●●	Silicato de magnesio
●●●	Ion sulfito	$K_2Cr_2O_7$	●●●

4. Indica cuáles han sido los errores que se han cometido al formular estos compuestos. Escribe la fórmula correcta.

Óxido de aluminio	Al_2O_3	Hidruro de plata	AgH_2
Dióxido de carbono	CO_4	Trihidruro de oro	Au_3H
Diyoduro de pentaóxido	I_5O_2	Hidruro de estaño (IV)	SnH_2
Óxido de oro (III)	AuO_3	Hidruro de calcio	H_2Ca
Dióxido de azufre	S_2O	Hidruro de dimercurio	HgH_2
Diníquel de trióxido	Ni_2O_3	Hidruro de potasio (II)	KH
Óxido de sodio (II)	Na_2O	Hidruro de cadmio (II)	CdH_2
Óxido de carbono	CO_2	Dihidruro de estaño (II)	SnH_2

5. Formula en tu cuaderno los siguientes compuestos binarios.

a) Óxido de plomo (IV)
b) Sulfuro de carbono (IV)
c) Hidruro de oro (III)
d) Dicloruro de pentaoxígeno
e) Trihidruro de boro
f) Peróxido de bario
g) Hidróxido de litio
h) Óxido de mercurio (I)
i) Amoniaco
j) Ácido clorhídrico
k) Óxido de selenio (VI)
l) Dihidróxido de calcio

6. Nombra en tu cuaderno los siguientes compuestos binarios.

a) H_2O
b) Cu_2O
c) SnH_2
d) O_3Br_2
e) AlH_3
f) Na_2O_2
g) IF_7
h) H_2S
i) Na_2O
j) $Al(OH)_3$
k) Co_2Se_3
l) HgTe

7. Nombra y formula en tu cuaderno, según corresponda, los siguientes compuestos:

a) H_2SO_4
b) HClO
c) $HBrO_3$
d) H_2CO_3
e) HNO_3
f) Ácido fosfórico
g) Ácido sulfuroso
h) Ácido bromoso
i) Ácido permangánico

8. Escribe en tu cuaderno el anión y el catión de las siguientes oxisales. Nombra los iones y la sal.

Sal	Anión	Catión
$Au(ClO_3)_3$	●●●	●●●
$NaNO_2$	●●●	●●●
$Fe(NO_3)_2$	●●●	●●●
$Fe_2(SO_4)_3$	●●●	●●●
$CaCO_3$	●●●	●●●

9. Nombra y formula en tu cuaderno, según corresponda, los siguientes compuestos.

a) $Ca(ClO_2)_2$
b) $Mg(NO_3)_2$
c) $Cu_3(PO_4)_2$
d) Hiposulfito de rubidio
e) Nitrito de plomo (II)
f) Sulfito de sodio
g) Yoduro de potasio
h) Arseniuro de cadmio
i) Ácido bórico
j) Peróxido de sodio
k) Hidróxido de cobre (II)
l) Fosfano
m) Anión dicromato
n) $AuPO_4$
o) $Ca(ClO)_2$
p) $CsNO_3$
q) $LiMnO_4$
r) H_2O

2 Formulación y nomenclatura de química orgánica

Carbono			Oxígeno (y azufre)	
–C– (cuatro enlaces simples)	>C=	–C≡	–O–	O=
Nitrógeno			**Halógeno**	**Hidrógeno**
–N– (tres enlaces simples)	–N=	N≡	X–	H–

Figura 1. Enlaces que pueden formar los elementos.

La **formulación orgánica** formula y nombra los compuestos cuya base estructural es el carbono, al que acompañan hidrógeno, oxígeno, nitrógeno, azufre y halógenos.

2.1. Hidrocarburos

Los **hidrocarburos** son los compuestos orgánicos más sencillos. Solo contienen átomos de carbono e hidrógeno. En función de los enlaces de carbono que contengan, se clasifican en **alcanos** (C–C), **alquenos** (C=C) y **alquinos** (C≡C).

El nombre sistemático (IUPAC) de un **hidrocarburo de cadena lineal** se compone de:

prefijo	met– (1C)	et– (2C)	prop– (3C)	but– (4C)	pent– (5C)	hex– (6C)	hept– (7C)	oct– (8C)	non– (9C)	dec– (10C)
sufijo	**–ano** (alcanos)			**–eno** (alquenos)			**–ino** (alquinos)			

	Alcanos	Alquenos	Alquinos
Descripción	Solo tienen enlaces simples	Las posiciones de los dobles enlaces se indican mediante un número localizador (la cadena se empieza a numerar por el carbono más próximo al doble enlace). El localizador corresponde al primer carbono del doble enlace y se escribe delante de la terminación, separado por un guión. Se emplean las terminaciones **–eno**, **–dieno**, **–trieno**,…	Tienen al menos un triple enlace. Su nomenclatura sigue las mismas reglas que la de los alquenos; solo hay que sustituir **–eno** por **–ino**.
Ejemplos	CH_4 metano $CH_3–CH_3$ etano	$CH_2=CH–CH_3$ propeno (1 2 3 4 5 6 7 8) $CH_3=CH–CH=CH–CH_2–CH=CH–CH_3$ octa-1,3,6-trieno	$CH≡CH$ etino (6 5 4 3 2 1) $CH_3–C≡C–CH_2–C≡CH$ hexa-1,4-diino

Si un hidrocarburo pierde un átomo de hidrógeno de un carbono terminal, se origina un **radical alquílico** cuyo nombre se obtiene sustituyendo su terminación por **–ilo** (CH_3– , metilo; CH_3–CH_2– , etilo; CH_3–CH_2–CH_2– , propilo; CH_3–CH_2–CH_2–CH_2– , butilo,...).

Un **hidrocarburo de cadena ramificada** deriva de un hidrocarburo de cadena lineal, al que se ha sustituido el hidrógeno de un carbono intermedio por un radical alquílico.

Según la IUPAC, para nombrar hidrocarburos ramificados se debe escoger la cadena principal, numerarla e incorporar los radicales correspondientes, terminados en **–il**.

Nomenclatura de hidrocarburos ramificados

1. Elegir la cadena principal.

- Si no hay enlaces dobles o triples, la cadena principal es la de mayor número de átomos de carbono.
- Si hay enlaces dobles o triples, es la que tiene mayor número de estos.
- En caso de igualdad, se elige primero la cadena de mayor número de carbonos.

Ejemplo:

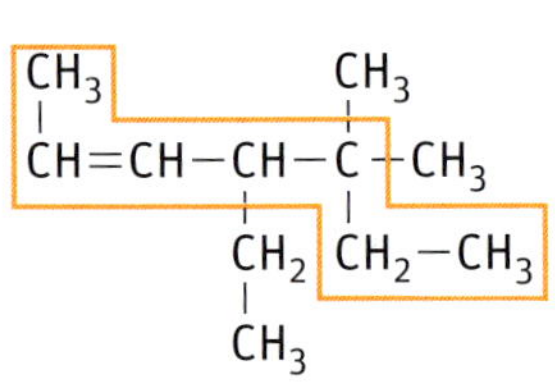

2. Numerar la cadena principal.

- Si no hay enlaces dobles o triples, se comienza por el extremo más próximo a una ramificación.
- Si hay algún enlace doble o triple, se empieza por el extremo más próximo a este.
- En caso de igualdad, se numera asignando a los dobles enlaces los localizadores más bajos.

Ejemplo:

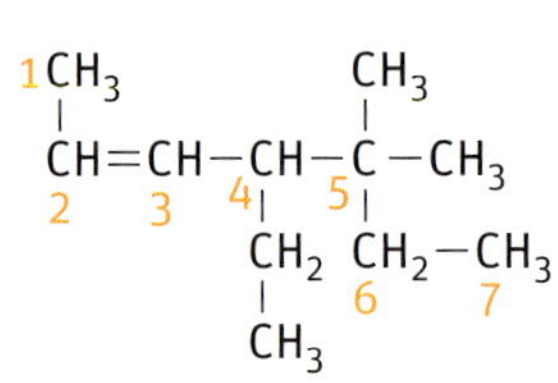

3. Nombrar el hidrocarburo.

- Se nombran primero y alfabéticamente las cadenas ramificadas, como si fueran radicales, sin la **–o** final.
- Delante del nombre de cada radical, y separado por un guión, se indica el número del localizador del carbono de la cadena principal al que va unido.
- Si hay varios radicales iguales, se usan **di–**, **tri–**,…

Ejemplo:

4-etil-5,5-dimetilhept-2-eno

2.2. Derivados halogenados

> Los **derivados halogenados** resultan de sustituir uno o más átomos de hidrógeno en un hidrocarburo por otros tantos átomos de un halógeno (flúor, cloro, bromo o yodo).

Se nombran como en los casos anteriores, considerando y numerando los halógenos como radicales y citándolos en el lugar que les corresponde por orden alfabético.

CH_3Cl clorometano	$CHCl_3$ triclorometano
1 2 Br_2HC-CH_3 1,1-dibromoetano	3 2 1 $CH_3-CH=CHI$ 1-yodoprop-1-eno

2.3. Grupos funcionales

> Se llama **grupo funcional** a un átomo o grupo de átomos que confiere a una molécula sus propiedades químicas características.

Si hay un grupo funcional, la cadena principal se numera dando el localizador más bajo al grupo funcional, que se nombra en último lugar con su terminación propia.

> Los **compuestos oxigenados** están constituidos por carbono, hidrógeno y oxígeno.
>
> Los **compuestos nitrogenados** están constituidos por carbono, hidrógeno y nitrógeno; en algunos casos pueden contener, además, oxígeno.

	Grupo funcional	Nomenclatura	Ejemplos	
Oxigenados	Alcoholes	Se nombran con el radical procedente del alcano terminado en **–ol**. Los polialcoholes terminan en **–diol**, **–triol**,... con sus localizadores.	5 4 3 2 1 $CH_3-CH_2-CH(CH_3)-CHOH-CH_3$ 3-metilpentan-2-ol	4 3 2 1 $CH_3-CHOH-CH_2-CH_2OH$ butan-1,3-diol
	Aldehídos	Este grupo es siempre principio o final de la cadena, por lo que no necesita localizador. Se hacen terminar en **–al**, o **–dial**.	$CH_3-CH_2-C(=O)H$ propanal	1 2 3 4 5 $CHO-CH_2-CH(CH_2-CH_3)-CH_2-CHO$ 3-etilpentanodial
	Cetonas	Este grupo se encuentra en el interior de la estructura carbonada. Se nombran con la raíz del hidrocarburo, terminada en **–ona**, **–diona**,...	$CH_3-C(=O)-CH_3$ propanona (acetona)	4 3 2 1 $CH_3-CH(CH_2-CH_2-CH_3)-CO-CO-CH_3$ (5 6 7 en la cadena lateral) 4-metilheptan-2,3-diona
	Ácidos carboxílicos	Al ser principio o final de la cadena, este grupo no necesita localizador. Se nombran con la palabra **ácido** terminada en **–oico** o **–dioico**.	$CH_3-C(=O)OH$ ácido etanoico (ácido acético)	1 2 3 4 5 $COOH-CH(CH_3)-CH_2-CH_2-COOH$ ácido 2-metilpentanodioico
Nitrogenados	Aminas	Se nombran añadiendo **–amina**, **–diamina**,... al nombre del hidrocarburo o de los radicales sustituyentes.	CH_3-NH_2 metilamina	1 2 3 $NH_2-CH_2-CH(NH_2)-CH_3$ propano-1,2-diamina
	Amidas	Derivan de los ácidos carboxílicos, sustituyendo el –OH por $-NH_2$. Se nombran cambiando la terminación **–oico** del ácido por **–amida**.	CH_3-CONH_2 etanamida	$NH_2-CO-CO-NH_2$ etanodiamida

EJERCICIOS PROPUESTOS

10. Nombra o formula, según corresponda, los siguientes compuestos.

a) $CH_3-CH_2-CH_2-CH_2-CH_2-CH_2-CH_3$

b) $CH_3-CH=CH-CH=CH_2$

c) 3-etilhexa-1,5-diino

d) $BrCH_2-CH_2-CH_2-CH_2-CH_2I$

e) $CH_2OH-CH_2-CH=CH-CH_3$

f) $CH_3-CH_2-NH_2$

g) $CH_2=CH-CH_2-C(Br)=CH-CH=CH_2$

h) ácido 2-metil-pentanoico

i) 3,4-dibromopent-1-eno

j) pentano-3-amina

k) 3-metilpentanamida

Soluciones de las actividades

UNIDAD 1

8. a) 83,5 km; b) 0,432 g; c) 5,4 ·10^2 cm; d) 5,76·10^3 s

10. Error absoluto = 0,01 g; error relativo = 0,29 %

11. a) 1; b) 2; c) 3; d) 4; e) 3; f) 4

12. a) 46,54; b) 46,53; c) 46,53; d) 46,55; e) 46,54; f) 46,53

13. 7,8 g/cm^3 **15.** 103 m/s; 14º dirección NE, por encima de E

30. a) 4,5 · 10^3 g; b) 5,3 · 10^{-3} s; c) 6,5 · 10^3 K; d) 3 · 10^{-3} g; e) 5,6 · 10^{-3} kg; f) 3,51 · 10^4 m; g) 6,2 · 10^{-2} m; h) 2 · 10^{-3} A

31. a) 3,4 km; b) 1,52 kg; c) 5,32 m^3; d) 6,42 μs; e) 8,2 cm; f) 3,4 cm^3

34. a) 3,2 mm; b) 5,4 • 10^3 kg; c) 58,0 μm d) 4,5 g e) 34 ng

35. 12,4 t **36.** 5700 s

37. 0,75 s **38.** 0,032 L **39.** 2,00 · 10^5 L **40.** 60 dm^3 = 0,060 m^3

41. 330 cm^3 **42.** a) 1,4 m^2; b) 1,4 · 10^2 dm^2 = 1,4 · 10^4 cm^2

43. 3,0 · 10^{-29} m^3 **44.** 12,5 ± 0,1 g; 0,8 %

45. a) 1,27 mm; b) 0,01, 0,01; 0,02; 0,04; 0,01; 0, 00; 0,02; c) 0,016 mm; d) 1,3%; e) 1,27 ± 0,016 mm

46. a) 6628 km; b) 3,9%

47. a) 2; b) 2; c) 3; d) 4

48. a) 1,56 · 10^5 J; b) 1,01 · 10^3 g; c) 20,1 s ; d) 0,346 g

49. 125,6 m **50.** 25 N

51. 4,2 N

UNIDAD 2

1. 9,09·10^{-31} kg

21. Aproximadamente 10^{-2} m, es decir, 1 cm.

34. 2, 8, 18 y 32 respectivamente.

35. N.º de protones = N.º de electrones = 21; Z = 21; A=45

UNIDAD 3

58. e) 7,0 cm^3

UNIDAD 4

4. m_i =173 g; m_f = 173 g; m_{CO2} = 44 g

8. 34 g/mol H_2O_2 , 17 g/mol NH_3, 100 g/mol $CaCO_3$

9. a) 6 · 10^{24} moléculas de H_2O_2 y 2,4 · 10^{25} átomos;
b) 3,01 · 10^{23} moléculas de CCl_4 y 1,5 · 10^{24} átomos totales;
c) 2,2 · 10^{24} moléculas de SiH_4 y 1,1 · 10^{25} átomos totales.

10. 4 mol; 7,26 · 10^{24} átomos totales; 2,42 · 10^{24} átomos de Na

13. 8 mol y 184 g de Na; 2 mol y 63 g de O_2 **14.** 50 mL **25.** 80 g de O_2

26.

Masa de azufre (g)	Masa de hidrógeno (g)	Masa de sulfuro de hidrógeno (g)
32,0	2,0	34,0
16,0	1,0	17,0
8,0	0,5	8,5
48,0	3,0	51,0

30.

Sustancia	Mol	Masa (g)	V(L) a 0ºC y 1 atm
Oxigeno, O_2	0,5	16	11,2
Metano, CH_4	4	64	89,6
Neón, Ne	10	200	224

31. a) 8,8 · 10^{21} moléculas; b) 3,96 · 10^{23} átomos; 1,06·10^{23} átomos de C; 9,68 · 10^{22} átomos de O; 1,94 · 10^{23} átomos de H. **32.** 2,5 · 10^{-5} mol

32. 2,5 · 10^{-5} mol **33.** 1,4 · 10^5 mol Fe > 1,0 · 10^5 mol Al

34. 0,02 mol NaCl; 0,02 mol/L; 427 mL.

35. a) 0,14 mol/L; b) 0,014 mol $CaCl_2$; 1,60 g $CaCl_2$

37. a) 1 mol; b) 2 mol; c) 0,75 mol **38.** a) 29,25 g NaCl ; b) 20 g NaOH

41. 0,5 L HCl; 3 mol Cl_2 = 67,2 L Cl_2 (a 0ºC y 1 atm) **42.** 1000 L NH_3

43. b) 0,5 mol glucosa; c) 0,6 mol CO_2 y 0,6 mol H_2O; d) 0,45 mol O_2 = 10 L O_2

44. b) 0,944 mol H_2 = 5,7·10^{23} moléculas H_2; c) 21,1 L H_2

45. b) 0,2 mol C_2H_5OH ; c) 1,12 mol $C_6H_{12}O_6$

46. b) 56 L CO_2 **51.** 0,167 L H_2SO_4 **52.** 0,4 mol/L KOH

53. b) 13,500 mol H_2SO_4 **56.** 3,5 mol CO_2 y 7 mol H_2O

57. a) 6,8·10^{-2} mol CO_2; b) 0 mol CO_2; c) 6,3·10^{-2} mol CO_2;
d) 6,9·10^{-2} mol CO_2. **59.** 22, 3 mol N_2 y 66,9 mol H_2

UNIDAD 5

2. a) 1965 kJ; b) 0,05 mol **3.** c) 0,11 mol **4.** c) 202,1 kJ

5. v = 4·10^{-4} mol/s = 8·10^{-4} mol/L·s **6.** 0,02 mol/s → 0,01 g/s

10. v_1 = 1 ·1 0^{-2} g/s, v_2 0 7 · 10^{-4} g/s, v_3 = 5 · 10^{-3} g/s, v_4 = 1,4 · 10^{-3} g/s

14. b) 250 kJ **16.** b) 92 kJ; c) 368 kJ; d) 0,25 mol

18. b)– 482 kJ **19.** b) 607,6 kJ **21.** a) 23 506 kJ; b) 940,3 L

22. b) 280 kJ **23.** b) 2297 kJ; c) 121,7 L

24. a) 1425 kJ; b) 624 kJ; c) 30 L

26. v = 1,5·10^{-2} g/s = 6,25·10^{-4} mol/s

27. a) 0,5 g/min → 1,67·10^{-5} mol/s; b) 1,67·10^{-5} mol/s → 2,2 g/s

29. a) v_1 = 0,025 mol/(L·s); v_2 = 0,0125 mol/(L·s); v_3 = 0,075 mol/(L·s)

39. c) 0,156 mol H_2SO_4; 0,217 mol HNO_3

UNIDAD 6

21. b) 1,535 · 10^{-10} m; 1,339 · 10^{-10} m; 1,203 · 10^{-10} m

41. b) 0,143 g

56. a) 1,04 · 10^3 g ; b) 449 g

UNIDAD 7

3. 50 m **5.** 9,80 m/s; 1,85 m/s **6.** 20 min; 28,3 km

7. 2,8 m/s^2 **8.** 5 m/s^2; – 5 m/s^2 **9.** a) 6,11 s; b) 187 m

10. a) 30 m; 14 m/s; b) 20 m **11.** a) 70 m; b) 4,1 s; c) 5,8 s

12. 3,5 · 10^{-3} rad/s; 5,6 · 10^{-4} Hz; 9,1 · 10^{-4} m/s^2

17. 4 m; 2π m

19. b) 100 m; 40 m; c) $v_{m\,0\text{-}1}$ = 1,0 m/s; $v_{m\,1\text{-}2}$ = 1,3 m/s; $v_{m\,2\text{-}3}$ = – 1 m/s; $v_{m\,tot}$ = 1,1 m/s

UNIDAD 7

20. 12 m/s; –4 m/s² **21.** 67 m/s²; $2{,}4 \cdot 10^5$ m/s

22. b) 94,3 m; **b)** 14,4 m/s **24. a)** –5 m; **b)** 6 s; **c)** 0,33 s

25. a) x = –10 + 0,4 t; **b)** 10 km; 34 km

27. b) Caso (I) 3 h; Caso (II) 2,5 h; **c)** Caso (I) A: 90 km; B: 180 km; Caso (II) A: 150 km B: 150 km

28. Se encuentran a 75 km de A, a las 3 h de su partida.

29. 116,7 km; 1,7 h

30. a) 0,4 m/s²; 0,5 m/s²; **b)** – 8,1 m/s²; - 1,5 m/s²; 403 m; 75 m)

34. (A) a_1 = 1 m/s²; a_2 = 0; a_3 = - 0,4 m/s²; 375 m. **(B)** 1 m/s²; 4,5 m

35.

t (s)	0	2	4	6	8	10	12
s (m)	0	10	20	34	56	86	124
v(m/s)	5	5	5	9	13	17	21

36. b) 0,02 h; 0,4 km; **c)** 0,04 h **38. a)** 3,4 s; 32,8 m/s

39. 78,4 m; 39,2 m/s; 3,3 s **42. a)** 3 s; Δs = 0; **b)** – 10,4 m/s

43. a) 211,5 m; t = 1,5 s; **b)** 5,8 s

45. $4{,}29 \cdot 10^{-7}$ Hz; $1{,}03 \cdot 10^3$ m/s; $2{,}68 \cdot 10^{-6}$ rad/s; $2{,}76 \cdot 10^{-3}$ m/s²

46. 0,3 m/s; 0,5 m/s; 3,5 rad/s **47.** 33,4 vueltas **48.** 1620 vueltas

UNIDAD 8

4. R_x = 163,64 N; R_y = 63,64 N; R = 175,58 N

8. 0,28 m/s² **11.** 0 m/s² **13.** – 440 N **13.** 5700 N

15. b) 71,4 N/m; **c)** 28,6 g **17. a)** 40 N/cm; **b)** 6,25 cm; **c)** 320 N

19. a) – 2 N; **b)** 5,8 N; **c)** 19,2 N; 51,3º

20. I) F_x = -207,8 N; F_y = 120 N; II) F_x = 39,8 N; F_y = –23 N

21. R_x = 2 N; R_y = –7,9 N **22.** 519,6 N **25.** 1171,5 N

28. 97,2 m/s² **30.** 10N; 0 N; –60 N **33.** 11,4 m/s

34. a) $2F$; **b)** $a/3$; **c)** $4m$; **d)** $a \cdot 2^{1/2}$

36. a) 3 N; **b)** 2,4 N; **c)** 1,9 N **d)** –28,8 N

37. a) v_A = 4,2 m/s; v_B = –3,3 m/s; **b)** v_A = 3, 7 m/s; v_B = –2,7 m/s

38. a) –25 m/s²; 4 N; **b)** 3 m/s

40. 18 m/s **41. a)** 7,7 s; **b)** 13 s; **c)** 12,5 m/s **42.** 5,3 m/s²

UNIDAD 9

5. 3,2 m; 19,6 m **6.** 1024,5 m/s; 2,7.10⁻⁶ rad/s; 27días **10.** 49 N

11. a) N = 784 N; $F = F_{roz}$ = 392 N; **b)** 552 N **12.** 240 N **13.** 5 m/s

15. 4 N; 2,2 m/s **12.** 11,9 m/s **17.** $8{,}7 \cdot 10^{-8}$ N

18. a) ω = 9,9 rad/s; T = 0,63 s; 2,9 vueltas

21. a) $4{,}44 \cdot 10^3$ N; $7{,}72 \cdot 10^3$ m/s; **b)** 90,9 min

24. a) 25,9 N/kg; **b)** 0,28 N/kg; **c)** $1{,}38 \cdot 10^{22}$ N; **d)** $1{,}37 \cdot 10^4$ m/s; 3,55

25. a) 1,62 N/kg; **b)** $7{,}35 \cdot 10^{22}$ kg **28.** 7,51 s (Marte); 2,83 s (Tierra)

29. a) 223 días; **b)** $3{,}52 \cdot 10^4$ m/s; **c)** 0,011 m/s²

30. a) Ganímedes: $1{,}07 \cdot 10^6$ km; Calisto: $1{,}88 \cdot 10^6$ km; **b)** $1{,}73 \cdot 10^4$ m/s

32. a) 4,9 N; 49 N; 9,8 m/s². **b)** Madera: 6,8 m/s²; Hierro: 9,5 m/s²; Madera: 13,6 m/s; Hierro: 19 m/s

36. 0,1 **37.** 7 m/s² **39. c)** 410 N; 400 N; 390 N

40. -2 m/s²; 0,21 **43.** 100,45 N; 89 N 100,45 N; 75,8 N

UNIDAD 10

1. 3267 Pa; 6533 Pa; 19 600 Pa

2. $p_{(cara\ 60x12)}$ = 1769 Pa; $p_{(cara\ 60x17)}$ = 1249 Pa; $p_{(cara\ 12x17)}$ = 6245 Pa

4. p_{ondo} = 29400 Pa; p_{pared} = 9800 Pa **9.** 949 m

11. 27 812 N **12.** 294 N **15.** $4 \cdot 10^7$ Pa **16.** 140 525 Pa

17.

Fuerza (N)	5	10	25	50
Superficie (m²)	0,0005	0,001	0,005	0,01
Presión (Pa)	10000	10000	5000	5000

21. 26,4 cm **22.** 2333 kg/m³ **25.** 10,3 m

26. b) 55 978 Pa (A); 67 973 Pa (B); 101 293 (C); 90 630 (D)

28. 88651 Pa **30.** 19889 N

32. $p_A = p_B = p_C$ = 102 273 Pa; $p_D = p_E = p_F$ = 103 253 Pa

35. E = 25 186 N; F_T = 31 164 N **37.** 0,62 N

38. a) 196 N; **b)** 20 L; **c)** 9,1% **40. a)** 2510 cm³

42. a) 0,88 N; **b)** 681 N; **c)** 680 N **46.** 30 000 N

UNIDAD 11

1. $E_{c2\ m/s}$ = 200 J; $E_{c4\ m/s}$ = 800 J; $E_{c6\ m/s}$ = 1800 J; $E_{c8m/s}$ = 3200 J; $E_{c10\ m/s}$ = 5000 J

2. 1764 J; 588 J; 0 J **6.** 980 J; 0 J; –980 J; 0J

8. a) 150 W; **b)** $2{,}7 \cdot 10^6$ J; **c)** 0,75 kWh , 0,09 €

9. a) 1 058 400 kJ = 294 kWh; **b)** 5880 N

11. a) –30 J; 33 J; **b)** 91 % **15. a)** 196 J; **c)** 20 m/s

16. a) 3500 J; **b)** E_{c2} = 7000 J; E_{c3} = 10 500 J

23. a) 89,5 J; **c)** 89,5 J **25. b)** Con 65,5 m/s; **c)** 218,7 m

26. 300 J **27. a)** 8660 J; **b)** 112,5 J; **c)** –112.5 J

28. a) 392 N; **b)** 1372 J; **c)** –34 J; **d)** 818 J

29. a) $1{,}35 \cdot 10^6$ J; **b)** – $1{,}35 \cdot 10^6$ J; **c)** –13 636 J **31. a)** 0 J

32. a) E_c = 0 J; $E_p = E_m$ = 2450 J; **b)** 2450 J; **c)** E_c = 2450 J; v = 9,9 m/s **d)** 0 J **e)** 10 m **f)** –2450 J

33. c) 0,7 m **34. a)** 14 J; 0 J; –9 J Total 15 J; **b)** 15 J; 0,77 m/s

35. a) 6000 J; **b)** 4800 J **36. a)** 1,86 · !0⁷ J; **b)** 1,58 · !0⁷ J; **c)** 85.4 %

37. b) 10 cm; **c)** d_3 = 15 cm; d_4 = 20 cm; **d)** 6 kg

38. a) 12 544 J; **b)** 784 N; **c)** 209 W; **d)** 94 %

39. 1,08 · !0⁷ J = 1,08 · !0⁴ KJ; 7,56 · !0⁶ J = 7,56 · !0³ KJ

41. W = 22,6 J; **a)** W = 22,6 J; F = 40 N

UNIDAD 12

1. 1 923 000 J = 1923 kJ **2.** 471 J/kgºC **6.** $5{,}2 \cdot 10^7$ J

8. c_{eA} = 7000 J/kgºC; c_{eB} = 2333 J/kgºC

14. a) 176 ºF y 353 K; **b)** 27 ºC y 300 K; **c)** –4 ºF; **d)** –29 ºC

17. 167200 J **22.** 83 L **23.** 0,24 kg **27.** $2{,}4 \cdot 10^{-5}$ K⁻¹

29. 4,8 x 10⁻⁵ K⁻¹ **30.** 2,4 mm **32. a)** 2,20 L; **b)** 0,13 L; **c)** 2,20 L

33. 1,26 cm³ **37.** $1{,}80 \cdot 10^6$ J; $1{,}94 \cdot 10^6$ J **38.** $7{,}94 \cdot 10^5$ kJ

39. 11,7 kg

40. a) 167 200 J; **b)** 216 000 J; **c)** 48 800 J; **d)** 77,4 %

El libro de **Física y Química para 4.º ESO** forma parte del Proyecto Editorial de Educación Secundaria de SM. En su realización ha participado el siguiente equipo:

Autoría
Ana Cañas, Jesús Ángel Viguera, Aureli Caamaño, Fernando I. de Prada

Asesoría científica
J. G. L. de Guereñu

Edición
Rocío A. Medina, Manuel Reyes, Daniel Omar Romero, María Garrido (edición digital)

Corrección
Ricardo Ramírez

Ilustración
ARCHIVO SM, Ricardo de Arce Borda, Ramón Colera Cañas, Pablo Jurado, Santiago Alberto Moralejo, Félix Moreno Arrastio, Jacinto Rodriguez Montoro, Myriam Alicia García Marquet, Juan Francisco Cobos Hernández, Ariel Alejandro Gómez, Diego Conte Peralta, Nicolás Fernández Prímola, EL OJO DEL HURACÁN, Antonio Muñoz Tenllado, Luis Mosquera Arancibia

Fotografía
Javier Calbet, Juan Baraja, José Manuel Navia, Sergio Cuesta, María Pía Hidalgo / ARCHIVO SM; Schmidbauer, Sergio Dotta Jr, Pedro Carrion Juarez, Peter Rey; Jose Antonio Nicoli / Dreamstime; Shawn Riley / iStock; CONTACTO; EFE; ALAMY IMAGES; PHOVOIR; PHOTOLINK; INGIMAGE; THINKSTOCK; Dotta; 123RF; SHUTTERSTOCK; GETTY IMAGES; AGE FOTOSTOCK; ESA / ATG medialab

Edición gráfica
Juan Baraja

Diseño de cubierta e interiores
Estudio SM

Responsable de proyecto
Ángel Rubio

Coordinación de contenidos digitales
Mara Mañas

Coordinación editorial de Ciencias
Laura Pérez

Dirección de Arte del proyecto
Mario Dequel

Dirección editorial
Aída Moya

ISBN: 978-84-675-8706-7
Depósito legal: M-03371-2016
Impreso en la UE / *Printed in EU*

Este libro está impreso
en papeles procedentes
de bosques gestionados
de manera sostenible.

Analiza y determina

En el lenguaje cotidiano se hace una utilización poco precisa de algunos términos científicos. Para comprobarlo, indica, antes y después de acabar la unidad, cuál de las siguientes frases es correcta y escríbelas adecuadamente si no lo son.

a *El Sol tiene mucho más calor que la Luna.*

b *La Tierra devuelve al espacio una cantidad de energía similar a la que recibe del Sol.*

c *La Luna solo tiene energía cuando está iluminada por el Sol.*

Piensa y reflexiona

La normativa de evacuación de edificios en caso de incendio incluye las siguientes recomendaciones de actuación. Justifícalas:

a) Cerrar puertas y ventanas a medida que se abandona el edificio.

b) Cuando haya humo en la habitación en que te encuentras, salir gateando.

c) No utilizar los ascensores.

Y tú, ¿qué opinas?

La investigación en automoción se ha centrado en las mejoras relativas a la seguridad, al rendimiento de los motores y a la disminución de las emisiones contaminantes. Debate con los compañeros sobre las ventajas que aportan las siguientes mejoras: la búsqueda de nuevos combustibles, el desarrollo de motores alternativos y la disminución de las emisiones contaminantes.

- **¿Por qué se suele hablar de escasez de energía si esta se conserva en todos los procesos?**
- **¿Qué son las máquinas térmicas?**
- **¿Qué papel han jugado las máquinas térmicas en el desarrollo de la humanidad?**

1 ¿Tienen calor los cuerpos calientes?

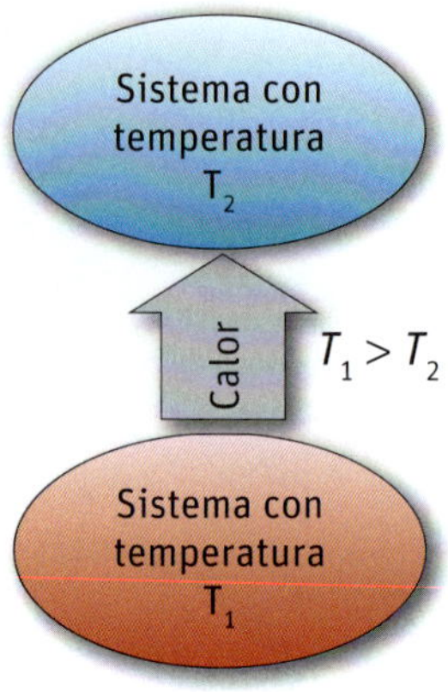

La transferencia de energía de unos sistemas a otros que tienen diferente temperatura se realiza mediante **calor. El calor no es una característica del sistema.** De la misma forma que no se dice que un cuerpo tiene trabajo, tampoco se debe decir que tiene calor. Los cuerpos calientes tienen temperaturas altas, pero no calor.

Los sistemas tienen **energía interna.** Una parte de esta es la denominada **energía térmica,** debida a la **suma de las energías cinéticas** de todas sus partículas. La energía térmica está relacionada con la **temperatura,** que es proporcional a la **energía cinética media** de dichas partículas.

ANALIZA

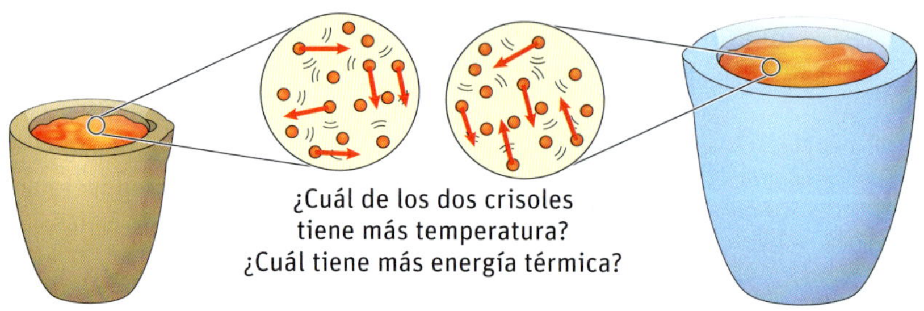

La energía térmica, E_t, es una magnitud extensiva. Su valor depende de la masa del sistema. Es la **suma de las energías cinéticas** de todas las partículas.

$$E_t = \Sigma E_{c\ \text{partículas}}$$

La temperatura es una magnitud intensiva. Su valor no depende de la masa del sistema. Es proporcional a la **energía cinética media** de sus partículas.

$$T = k \cdot E_{c\ \text{media}}$$

Ten en cuenta

La energía térmica no se puede calcular directamente, pero sí sus variaciones.

Cuanto mayor es la $E_{c\ \text{media}}$ de las partículas del sistema, más alta es su **temperatura.**

El calor se transfiere de los sistemas con mayor temperatura a los sistemas con menor temperatura. Se designa con la letra *Q*, y su unidad en el SI es el julio, J.

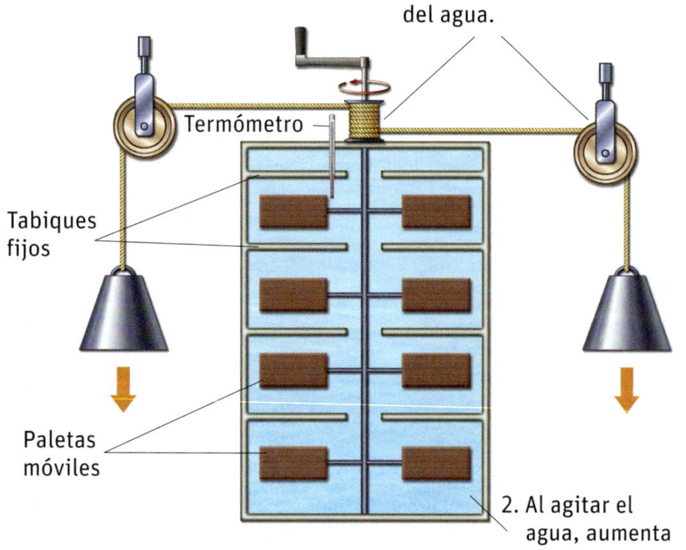

Figura 12.1. Experiencia de Joule.

El calor como fluido material

En el siglo XVII, los científicos utilizaban la **teoría del calórico,** que afirmaba que el calor era un fluido llamado *calórico* que pasaba de los cuerpos calientes a los fríos.

Se definió su unidad, la **caloría,** como la cantidad de calor que hay que comunicar a un gramo de agua para que eleve su temperatura 1 °C. A principios del siglo XIX se obtuvieron resultados experimentales que cuestionaban la validez de la teoría del calórico.

El calor como transferencia de energía

A mediados del siglo XIX, el científico inglés J. P. Joule comprobó que se podía aumentar la temperatura de un sistema realizando trabajo sobre el mismo. Para demostralo, diseñó y realizó el experimento que puedes encontrar en smSaviadigital.com PRACTICA. Joule dejó de considerar el calor como materia y pasó a considerarlo como energía transferida. Al igualar el trabajo realizado con la energía absorbida por el agua, halló la relación entre la caloría y el julio:

1 cal = 4,18 J   1 J = 0,24 cal

Medida de la temperatura

Notamos que una persona tiene fiebre solo con tocarle la frente. Aunque con el tacto intuimos el valor de la temperatura, esta medida, que depende del observador, es imprecisa y a veces engañosa. El tacto no es un buen termómetro.

> El **termómetro** es un aparato de medida que tiene alguna característica observable, como es una longitud, una resistencia eléctrica, etc., que varía con la temperatura.

Escalas termométricas

Escala Celsius	Escala Fahrenheit	Escala Kelvin (absoluta)
Es la empleada habitualmente. A la fusión del hielo le corresponden 0 °C, y a la ebullición del agua, 100 °C. Este intervalo se divide en 100 partes iguales, cada una de las cuales es un grado centígrado (°C).	Utilizada en países anglosajones. La fusión del hielo corresponde a 32 °F, y la ebullición del agua a 212 °F. La relación con la escala centígrada es: $\frac{T(°C)}{100}=\frac{T(°F)-32}{180}$	Utilizada por los científicos. El cero absoluto (0 K) corresponde a –273 °C. El kelvin (K) es la unidad de temperatura en el SI. La relación con la escala centígrada es: $T\,(K) = T\,(°C) + 273$

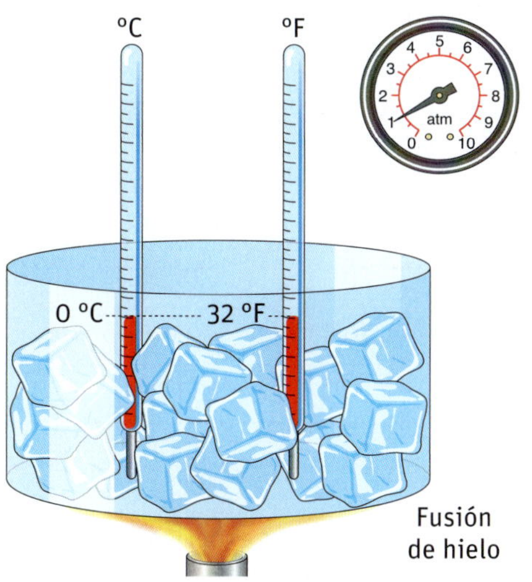

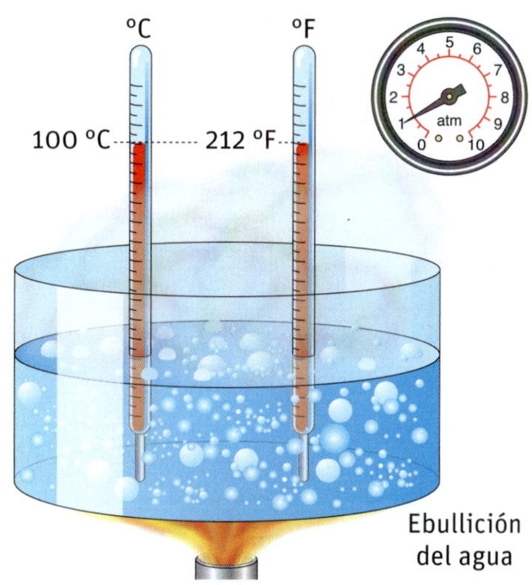

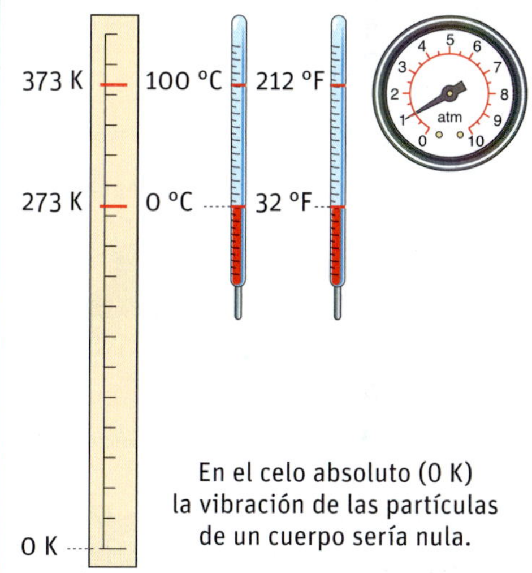

Cambios de escala

1. **Según un periódico inglés, la temperatura media del agua del mar durante el verano en la Costa del Sol fue de 73 °F. ¿Cuál es el valor de esta temperatura en la escala Celsius? ¿Y en la escala absoluta?**

SOLUCIÓN

$$\frac{T(°C)}{100}=\frac{T(°F)-32}{180} \Rightarrow \frac{T(°F)}{100}=\frac{73-32}{180} \Rightarrow T(°C) = 23\,°C$$

$$T(K) = T(°C)+273 = 296\,K$$

ACTIVIDADES

1. La etiqueta de una botella de leche indica que proporciona un aporte energético de 46 kcal por cada 100 mL de su contenido. ¿Qué energía aporta cada litro de esa leche expresada en J y kJ?

Nutrición

Valores energéticos y nutricionales medios:

	por 100 ml	un vaso 250 ml	% IR*
Valor energético:	195 kJ 46 kcal	488 kJ 116 kcal	6 %
Grasas:	1,6 g	4,0 g	6 %
de las cuales saturadas:	1,0 g	2,5 g	13 %
Hidratos de carbono:	4,8 g	12,0 g	5 %
de los cuales azúcares:	4,8 g	12,0 g	13 %
Proteínas:	3,2 g	8,0 g	16 %
Sal:	0,10 g	0,25 g	4 %

Minerales:

	por 100 ml	% VRN**	un vaso 250 ml	% VRN**
Calcio:	120,00 mg	15 %	300,00 mg	38 %

*IR-Ingesta de Referencia de un adulto medio (8400 kJ/2000 kcal)

(**) VRN: Valores de Referencia de Nutrientes

¡Dieta variada, equilibrada y ejercicio!

2 ¿Qué le ocurre a un sistema al intercambiar calor?

Figura 12.2. Uno de los líquidos de la fotografía está aumentando su temperatura, mientras que el otro no.

Ana y Marcos están tomando un refresco en una terraza. Mientras el refresco de Ana se está calentando, el de Marcos no, ya que en este último aún queda hielo.

> Cuando un sistema intercambia calor, o bien varía su temperatura o bien cambia de estado.

Cuando no hay cambio de estado, ¿de qué depende el calor que hay que aportar a un sistema para variar su temperatura? En la investigación que se plantea para responder a esta pregunta, empezamos por suponer que en el calor que hay que aportar influyen los siguientes factores:

- La masa que se va a calentar.
- La variación de temperatura que se desea obtener, ΔT.
- La clase de material que forma el sistema.
- La temperatura inicial del sistema, T_0.

ANALIZA Y CONCLUYE

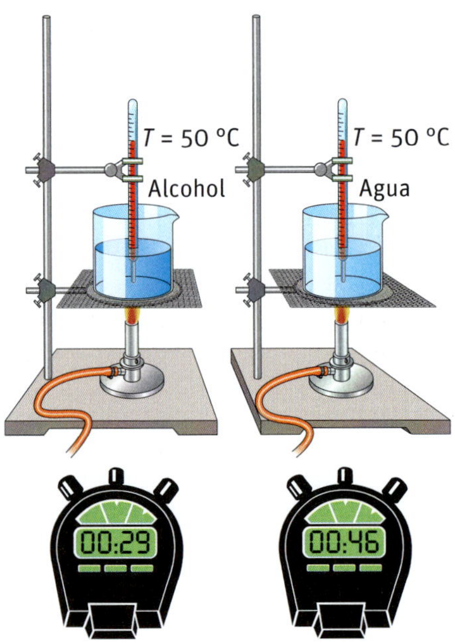

El tiempo de calentamiento es una medida indirecta del calor aportado.

Para corroborar las suposiciones emitidas, se ha realizado una serie de experiencias cuyos resultados se recogen en la tabla siguiente. Observa dichos resultados y compara los datos adecuados para sacar conclusiones.

Experiencia	Masa (kg)	ΔT (°C)	Sustancia	T_0 (°C)	Calor aportado (kJ)
1	0,50	30	Agua	20	62,70
2	0,25	30	Agua	20	31,35
3	0,50	60	Agua	20	125,40
4	0,50	30	Alcohol	20	36,75
5	0,50	60	Agua	10	125,40

Para saber si el calor aportado, Q, depende de la masa, se comparan las experiencias 1 y 2, en las que solo cambia la masa; para saber si depende de ΔT, se comparan las experiencias 1 y 3, en las que solo cambia el ΔT; para saber si depende de la sustancia, se comparan las experiencias 1 y 4, en las que solo cambia la sustancia; por último, para saber si depende de la temperatura inicial, T_0, se comparan las experiencias 3 y 5, en las que solo cambia T_0.

Se observa que el calor aportado depende de la masa, de la variación de temperatura y de la sustancia, pero no de la temperatura inicial.

Sustancia	Calor específico (J/kg °C)
Agua	4180
Alcohol	2450
Hielo	2100
Cobre	390
Aluminio	900
Vapor de agua	1920

> El calor que hay que dar a un sistema para aumentar su temperatura depende de la masa, de la variación de temperatura y de la clase de sustancia. No depende de la temperatura inicial, T_0:
>
> $$Q = m \cdot c_e \cdot (T_f - T_0) = m \cdot c_e \cdot \Delta T$$

Este proceso es reversible. El calor que recibe un sistema para aumentar su temperatura es el mismo que desprende cuando disminuye su temperatura en la misma cantidad.

La dependencia de la sustancia viene dada por el **calor específico,** c_e, que se define en el SI como el calor que hay que dar a 1 kg de masa para elevar su temperatura 1 K o 1 °C. Se expresa en J/kg °C.

Equilibrio térmico

Si se añade leche fría a leche muy caliente para que no queme, se transfiere energía de la caliente a la fría hasta que llegan a una temperatura intermedia, igual para las dos, cuyo valor depende de la proporción en que se hayan mezclado. Cuando esto ocurre, se dice que la leche ha alcanzado el **equilibrio térmico.**

EXPERIMENTA

Calcula experimentalmente la temperatura del equilibrio térmico cuando se mezclan dos sistemas a distinta temperatura. Ve midiendo las temperaturas, T_1 y T_2, anótalas en una tabla y represéntalas en una gráfica, hasta que se alcance el equilibrio térmico.

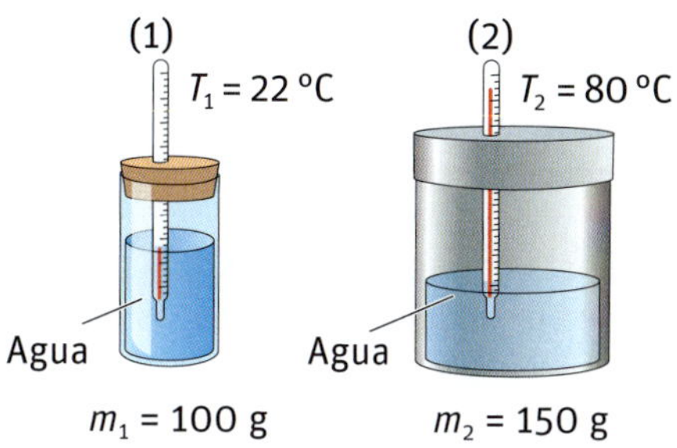

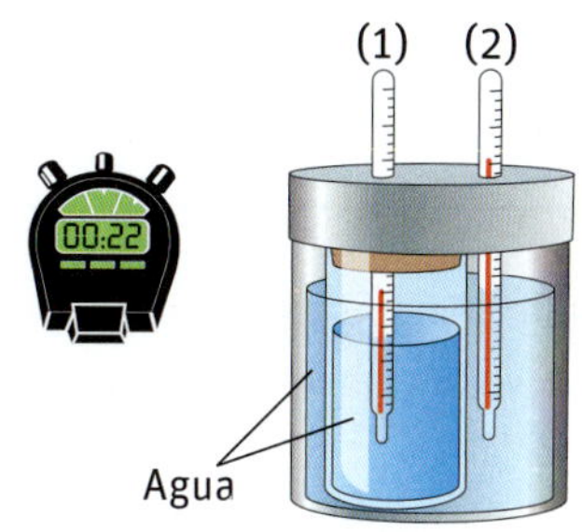

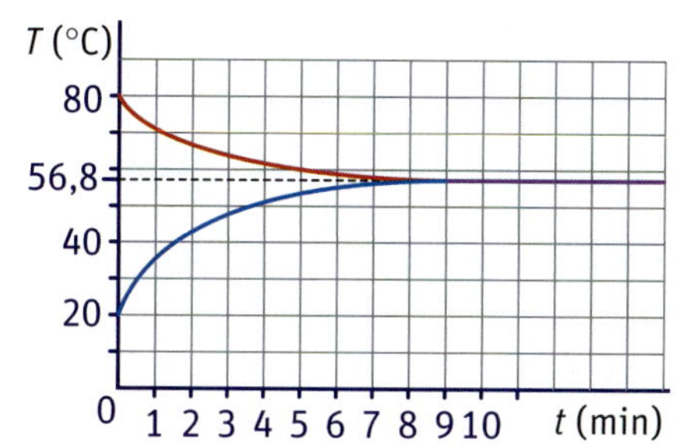

Cuando se alcanza la temperatura de equilibrio, T_e, el calor cedido por el agua caliente es $Q_{cedido} = m_2 \cdot c_e \cdot (T_{02} - T_e)$, y el recibido por el agua fría es $Q_{recibido} = m_1 \cdot c_e \cdot (T_e - T_{01})$.

En el equilibrio térmico entre dos sistemas aislados, en que solo se produce intercambio entre ellos, el calor cedido por el más caliente es igual al recibido por el más frío:

$$m_2 \cdot c_{e2} \cdot (T_{02} - T_e) = m_1 \cdot c_{e1} \cdot (T_e - T_{01})$$

En el caso de la experiencia planteada, la temperatura de equilibrio sería:

$$0{,}15 \cdot c_{e2} \cdot (80 - T_e) = 0{,}1 \cdot c_{e1} \cdot (T_e - 22)$$

Ahora bien, $c_{e1} = c_{e2} = c_{e\ agua}$, de donde se obtiene T_e = 56,8 °C.

Calcula el calor específico del granito

2. Se ha introducido una piedra de granito a 20 °C en agua a 80 °C. Calcula el calor específico del granito a partir de los datos de este experimento.

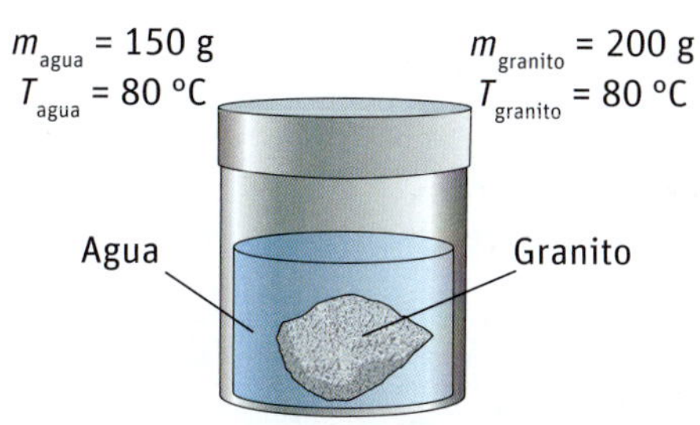

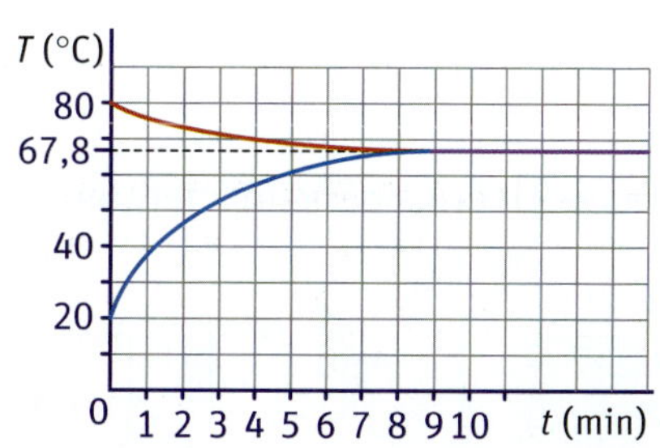

La temperatura de equilibrio viene dada por la línea horizontal en la curva de calentamiento del granito, cuyo valor experimental resulta ser T_e = 67,8 °C.

$$0{,}2 \cdot c_{e\ granito} (67{,}8 - 20) = 0{,}15 \cdot 4180 \cdot (80 - 67{,}8)$$

Despejando, se obtiene $c_{e\ granito}$ = 800 J/kg °C.

¿Sabías qué?

En los desiertos, de día se pueden alcanzar temperaturas de hasta 60 °C; sin embargo, por la noche la temperatura baja hasta −10 °C. Busca información sobre las causas de este fenómeno.

ACTIVIDADES

2. Al echar un trozo de hierro de 0,5 kg que está a 400 °C en 1 kg de agua a 25 °C se alcanza el equilibrio térmico a los 45 °C. ¿Cuál es el calor específico del hierro?

3 Cambios de estado

Sustancia	Calor latente (J/kg)	
	Fusión	Vaporización
Agua	$3{,}34 \cdot 10^5$	$2{,}26 \cdot 10^6$
Alcohol	$1{,}04 \cdot 10^5$	$8{,}54 \cdot 10^5$
Aluminio	$3{,}97 \cdot 10^5$	$9{,}45 \cdot 10^6$
Cobre	$1{,}34 \cdot 10^5$	$5{,}06 \cdot 10^6$

Al suministrar energía en forma de calor al agua, la temperatura de esta se eleva. Sin embargo, puede comprobarse que deja de hacerlo cuando empieza a hervir y mientras el agua está hirviendo, pues todo el calor se emplea en el cambio de estado.

> Cuando el intercambio de calor en una sustancia pura está produciendo un cambio de estado, su temperatura no varía.

La energía necesaria para cambiar de estado un kilogramo de una sustancia se llama **calor latente**, L. Por ejemplo, para fundir 1 kg de hielo hay que suministrar 334 400 J, y para vaporizar 1 kg de agua a 100 °C se necesitan 2 257 200 J. En general:

$$Q = m \cdot L$$

ANALIZA

Hemos calentado una bola de granizo de 1 g desde que se encuentra en estado sólido a −40 °C hasta que se halla en estado gaseoso a 140 °C. Se ha obtenido la siguiente gráfica. Observa la transferencia de calor que se produce en cada una de las etapas:

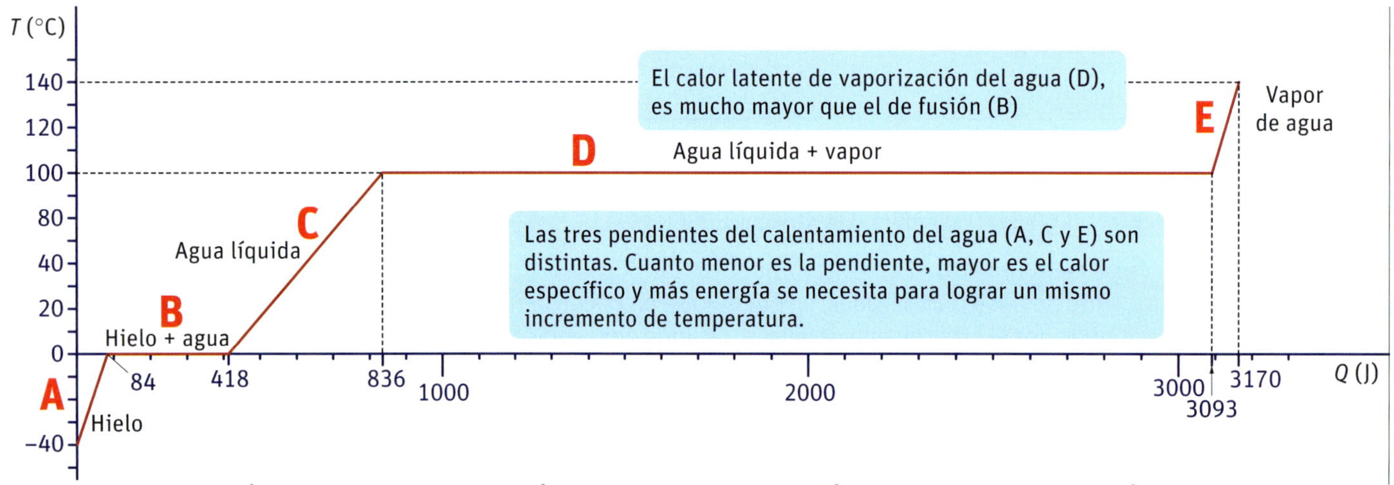

A: El hielo se calienta hasta llegar a 0 °C.

$Q = m \cdot c_{hielo} \cdot \Delta T$

B: Se funde el hielo; la temperatura permanece a 0 °C.

$Q = m \cdot L_f$

C: El agua líquida aumenta su temperatura hasta 100 °C.

$Q = m \cdot c_{agua} \cdot \Delta T$

D: Empieza la ebullición; la temperatura permanece a 100 °C.

$Q = m \cdot L_v$

E: El vapor de agua eleva su temperatura.

$Q = m \cdot c_{vapor} \cdot \Delta T$

A partir de estas expresiones es posible calcular la energía total suministrada a la masa de agua en todo el proceso. Si se introducen los valores de los calores específicos y latentes, la masa y las variaciones de temperatura, se obtiene la energía total:

$$Q_{total} = 3170 \text{ J}$$

La **teoría cinética** permite interpretar el proceso descrito:

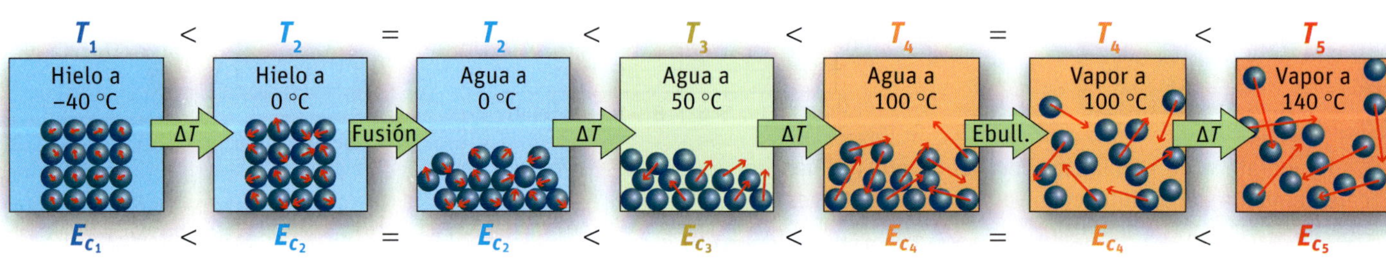

Estos procesos son **reversibles:** en la solidificación y en la condensación de una sustancia se desprende la misma energía que la que se absorbe en la fusión y en la vaporización.

Calcula el calor necesario para calentar un vaso de leche

3. **El vaporizador de una cafetera envía sobre 200 g de leche a 20 °C un chorro de 10 g de vapor a 100 °C, que al condensarse calienta aquella. El calor específico de la leche es de 3888 J/kg °C.**

a) ¿Qué cantidad de calor aporta el vapor al condensarse? ¿A qué temperatura queda la leche?

b) ¿Qué calor total ha cedido el vapor? Representa la gráfica *Q*-*T* del proceso hasta alcanzar el equilibrio térmico.

SOLUCIÓN

a) Al condensarse el vapor, aporta un calor $Q_c = L_v \cdot 0{,}01 = 2\,257\,200 \cdot 0{,}01 = 22\,572$ J. En el equilibrio térmico entre el vapor de agua y la leche, el calor total que da el vapor es el que recibe la leche (no se consideran las pérdidas):

$$22\,572 + 0{,}01 \cdot 4180 \cdot (100 - T_e) = 0{,}2 \cdot 3888 \cdot (T_e - 20)$$

Despejando, resulta que la temperatura de equilibrio es $T_e = 51{,}6$ °C.

b) El calor total cedido por el vapor de agua es:

$$Q_{cedido} = 22\,572 + 0{,}01 \cdot 4180 \cdot (100 - 51{,}6) = 24\,595 \text{ J}$$

Es decir, el gran calor latente de vaporización del agua ha conseguido –¡con solo 10 g de vapor!– que la temperatura de 200 g de leche suba de 20 °C a 51,6 °C.

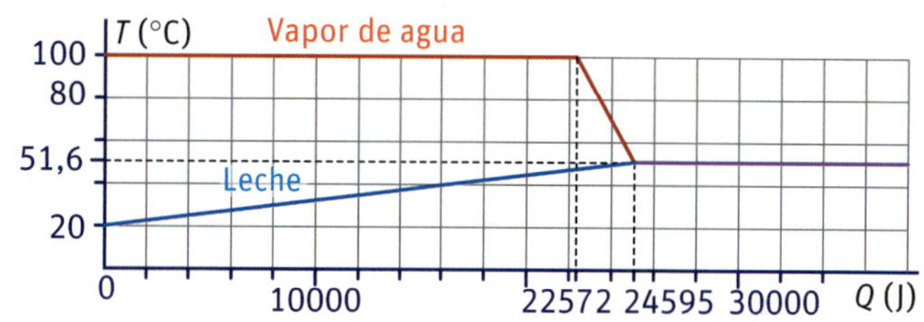

La presión en los cambios de estado

Al observar las tablas de valores de los puntos de fusión o ebullición, puede comprobarse que en ellas se indica también la presión. ¿Por qué se añade este dato?

Sustancia	Punto de ebullición a 1 atm (°C)
Agua	100
Etanol	78
Sal de mesa	1465
Cobre	2300
Ácido acético	118
Hierro	3000

OBSERVA

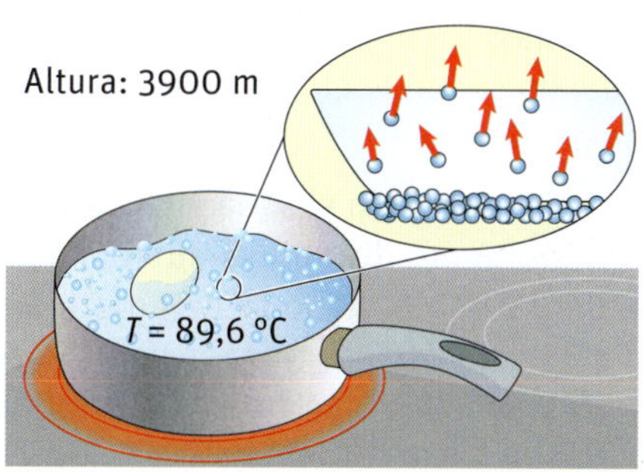

La Paz (Bolivia) está situada a gran altura (3900 m). Por ello su presión atmosférica es mucho menor que si estuviese al nivel del mar. También es menor el punto de ebullición, 89,6 °C, por lo que el huevo tarda más en cocerse.

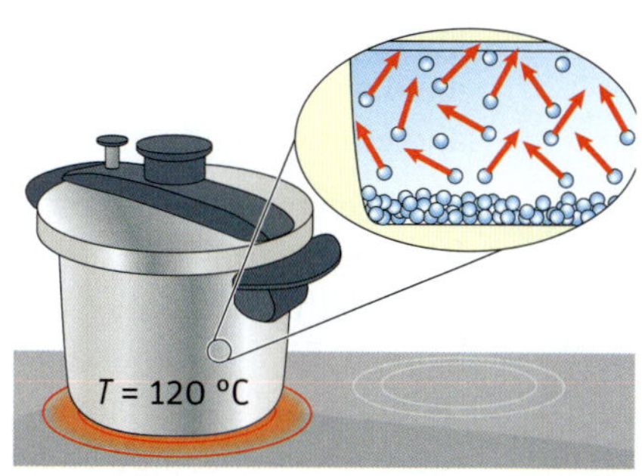

El exceso de presión que originan estas ollas en su interior hace que la ebullición tenga lugar a mayores temperaturas que en las ollas normales, lo que contribuye a que se necesite menos tiempo para cocinar los alimentos.

La temperatura a la que se produce un cambio de estado depende de la presión.

ACTIVIDADES

3. El hilo de la imagen está fundiendo lentamente el hielo. Sin embargo, a medida que lo va atravesando, se vuelve a solidificar. Explica este fenómeno.

4 Dilataciones por efecto del aumento de la temperatura

Cuando aumenta la temperatura de un sistema, salvo raras excepciones, este se dilata, es decir, aumenta de tamaño. Cuando disminuye su temperatura, se contrae, es decir, disminuye su volumen.

Casi todos los cuerpos se dilatan cuando aumenta la temperatura, ya sean sólidos, líquidos o gases. Sin embargo, esta dilatación es mucho mayor en el caso de los gases. Puedes comprobarlo con la siguiente experiencia.

EXPERIMENTA

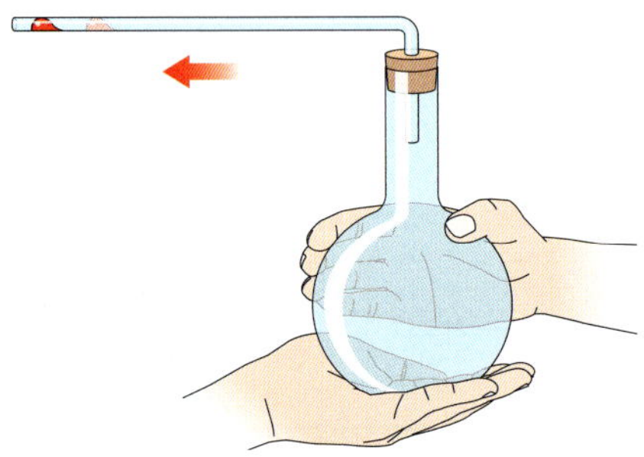

Basta con abrazar el matraz con las manos para que el aire del interior se dilate lo suficiente como para desplazar la gota de agua coloreada.

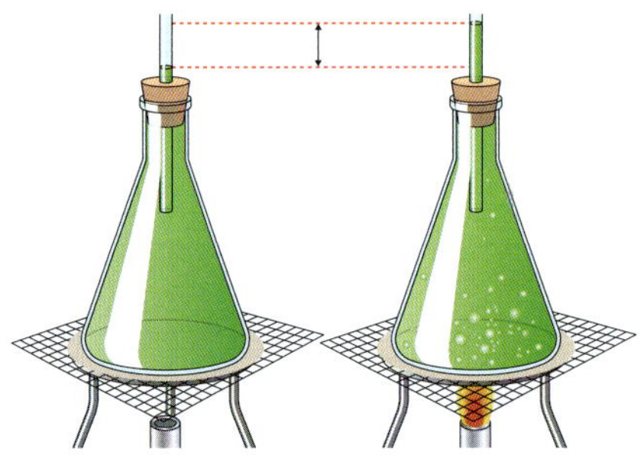

Para conseguir que el agua coloreada suba por el tubo unos centímetros al dilatarse, es preciso calentarla con un mechero.

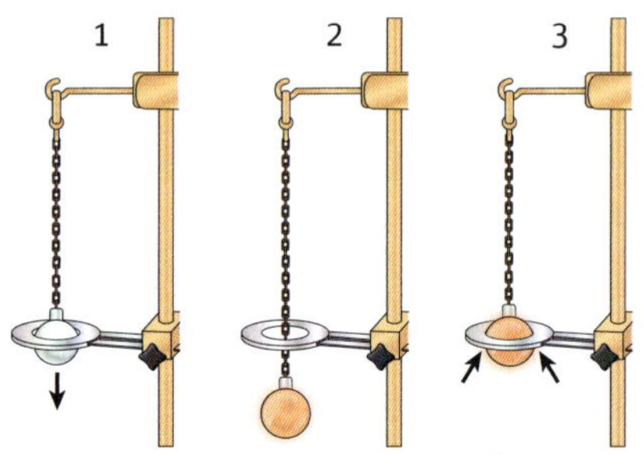

Inicialmente, la bola de acero pasa por el aro. Si se calienta con un mechero, no podrá pasar de nuevo, a menos que el aro se caliente igualmente.

El agua, una excepción muy beneficiosa

Aunque, a partir de los 4 °C, el agua se dilata a medida que recibe calor, igual que la gran mayoría de los sistemas, tiene un comportamiento anómalo entre 0 °C y 4 °C, y también cuando se funde el hielo. En estos casos, al recibir calor, disminuye su volumen.

Esta excepción hace posible la vida de los peces en el agua en lugares muy fríos. Cuando el hielo recibe calor y se funde, disminuye su volumen. El agua del deshielo es por ello más densa que el hielo, y este flota sobre aquella. El agua líquida más densa está a 4 °C y, por tanto, esta es la temperatura del agua más profunda. ¿Has pensado qué ocurriría si el hielo fuese más denso que el agua?

Aplicaciones prácticas de la dilatación

Además del **termómetro** de mercurio o de su sustituto, el **galinstan** (que se emplea para evitar la toxicidad del mercurio), hay otras aplicaciones, como es la lámina bimetálica.

La **lámina bimetálica** forma parte de muchos sistemas de control. Está formada por dos láminas unidas entre sí, una de latón y otra de acero. Al calentarse, por ejemplo al producirse un fuego, el latón se dilata mucho más que el acero, con lo que se dobla la placa, que, a la temperatura fijada, toca el tornillo y conecta el circuito de alarma.

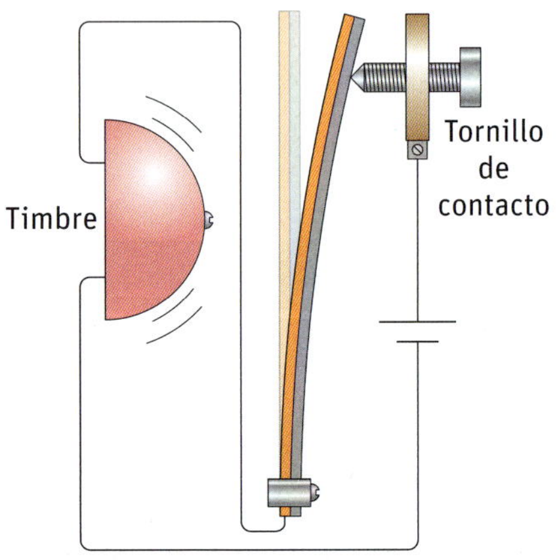

Figura 12.3. Lámina bimetálica.

ACTIVIDADES

4. El termómetro de mercurio solo sirve para medir un tramo de temperaturas. ¿Por qué? ¿Podría utilizarse para calcular la temperatura de fusión del aluminio? Busca los datos que necesites y razona la respuesta.

Dilatación lineal

Ya hemos visto que los sólidos se dilatan, pero ¿cuánto se alarga una barra al calentarla? ¿De qué factores crees que depende la dilatación lineal?

EXPERIMENTA

1. Hipótesis de partida

Buscamos los factores de que depende el alargamiento (ΔL) de una barra de longitud L al calentarla. Son posibles factores: su longitud, su grosor, el aumento de temperatura (ΔT) y el material de que está hecha la barra.

2. Planificación de la investigación

Compararemos el alargamiento entre parejas de barras con: longitudes diferentes (con igual material, grosor y aumento de temperatura); materiales diferentes (con igual longitud, grosor y ΔT); grosores diferentes (con igual longitud, material y ΔT), y distinto aumento de temperatura (con igual longitud, grosor y material).

3. Realización de la experiencia

Con montajes similares a este se van tomando los datos de la tabla y van haciéndose las comparaciones indicadas.

4. Tabla de valores

Experiencia	L_0 (cm)	Sustancia	Grosor (cm^2)	ΔT (°C)	Dilatación lineal, ΔL (cm)
1	60	Aluminio	0,5	300	0,43
2	120	Aluminio	0,5	300	0,86
3	120	Aluminio	1,0	300	0,86
4	120	Cobre	1,0	300	0,61
5	120	Aluminio	1,0	500	1,44

smSaviadigital.com ANALIZA

El aumento de longitud de la barra, o **dilatación lineal,** depende de su longitud inicial, del material con que está hecha y del aumento de temperatura, pero no del grosor.

La ecuación de la dilatación lineal con la temperatura para los sólidos es:

$$\Delta L = \alpha \cdot L_0 \cdot \Delta T$$

El **coeficiente de dilatación lineal,** α, es distinto para los diferentes materiales. En el SI, α es el aumento de longitud de 1 m al aumentar su temperatura 1 K o 1 °C.

Dilatación cúbica

La dilatación cúbica es el aumento de volumen que experimenta un sistema al aumentar su temperatura. Su expresión es:

$$\Delta V = \gamma \cdot V_0 \cdot \Delta T$$

En el SI, el coeficiente de dilatación cúbica, γ, es el aumento de volumen de 1 m^3 al aumentar su temperatura 1 K o 1 °C. Su valor aproximado es $\gamma \simeq 3\alpha$.

Te interesa saber

Al aumentar la temperatura en los gases, además del volumen, varía la presión. Por ello, γ está definido a presión constante. **Su valor es el mismo en todos los gases:**

$$\gamma = \frac{1}{273}\ °C^{-1}$$

Saca conclusiones de la investigación planteada

4. **En la investigación planteada, ¿cuál es la variable dependiente? En cada comparación entre dos experiencias, ¿cuál es la variable independiente y cuáles son las controladas?**

SOLUCIÓN

La variable dependiente es ΔL. Su valor puede depender o no de las demás variables. La variable independiente es la que se varía arbitrariamente: en la 1.ª comparación, la longitud; en la 2.ª, el material; en la 3.ª, el grosor, y en la 4.ª, el aumento de temperatura, ΔT.

5 Mecanismos de transferencia del calor

Las figuras permiten identificar las diferentes formas en las que se transfiere el calor.

IDENTIFICA

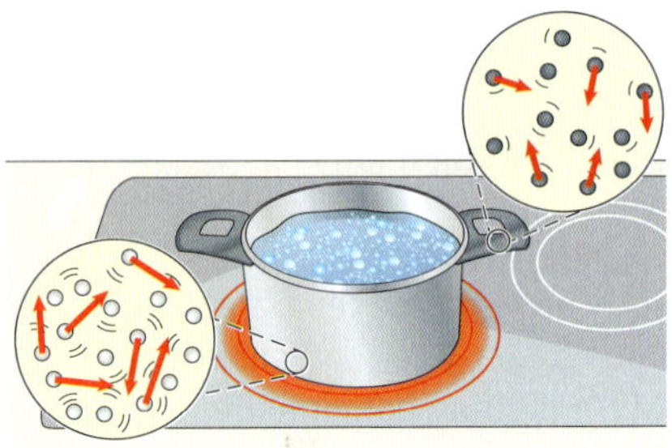

Conducción

Las partículas de la cazuela en contacto con la fuente de calor se mueven más rápidamente y chocan con las de al lado, aumentando su temperatura. Al ser de un material conductor, se calienta rápidamente toda la cazuela. Las asas, de material aislante, transmiten muy mal el calor y casi no se calientan. La conducción se produce por contacto directo sin desplazamiento de materia.

Convección

El agua en contacto con la tetera se calienta por conducción. Al dilatarse, disminuye su densidad y se desplaza hacia arriba, enfriándose. El agua más fría y densa de arriba baja por los laterales, y se calienta. En este proceso se calienta todo el líquido. La convección se produce por desplazamiento de los fluidos, que, al tener distinta temperatura, presentan distinta densidad.

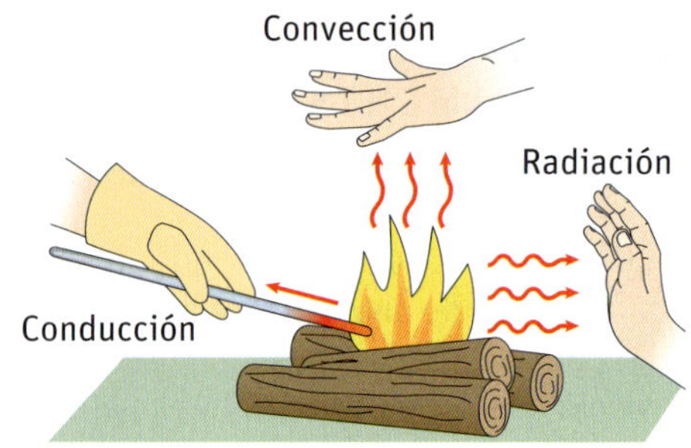

Radiación

Además de por conducción y convección, podemos calentarnos por radiación, sin necesidad de tocar el fuego ni de poner las manos en el aire caliente que sube. El calor que nos llega del Sol se propaga también por radiación. La radiación se produce mediante ondas electromagnéticas, que no requieren un medio material para propagarse.

smSaviadigital.com OBSERVA

Figura 12.4. En la imagen se ilustra la formación de la brisa diurna. ¿Qué ocurrirá por las noches?

Los tres mecanismos estudiados pueden observarse en la playa en un día soleado. Las **brisas costeras** son corrientes de **convección.** Durante el día, por **radiación,** se calienta la arena, por su menor calor específico, mucho antes que el agua.

Además, al evaporarse el agua a temperatura ambiente, absorbe mucho calor sin elevar su temperatura. El resultado es que la superficie de la arena está mucho más caliente que la del agua. Por ello, el aire que está encima de la arena tiene menor densidad y se eleva, creando un vacío, que rellena el aire más frío que está sobre el agua. Así se origina la brisa. Por último, cuando se pasea por la playa descalzo, se siente en las plantas de los pies el calor que aporta la arena por **conducción.**

> El calor se puede transmitir de tres formas: por **conducción,** es decir, por contacto y sin desplazamiento de materia; por **radiación,** en forma de ondas electromagnéticas y sin necesidad de medio material, y por **convección,** es decir, con transporte de materia en los fluidos.

Todos los cuerpos emiten radiación. Esta emisión de energía es mayor a medida que aumenta la temperatura. Si un sistema recibe más radiación que la que emite, será **receptor** de radiación y se calentará o cambiará de estado. En caso contrario, si recibe menos energía que la que emite, será un sistema **emisor.**

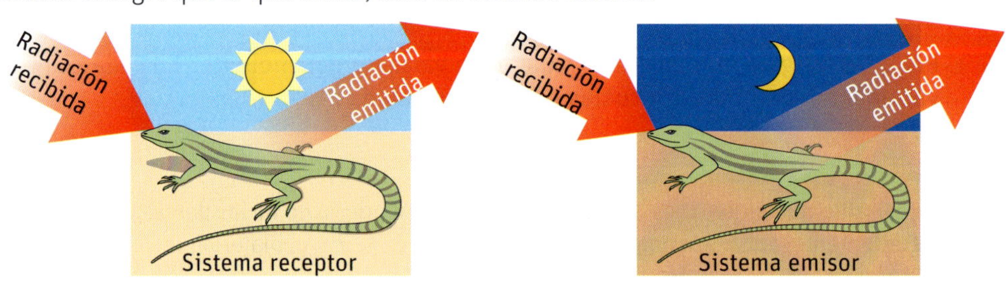

ACTIVIDADES

5. Imagina que un amigo está diseñando su casa y decide poner los radiadores en la parte alta de las habitaciones para que no ocupen lugar a la hora de colocar los muebles. ¿Con qué problema se va a encontrar si toma esa decisión?

Un fenómeno meteorológico frecuente: la inversión térmica

A medida que se sube en la atmósfera, normalmente el aire está más frío. Sin embargo, durante ciertos períodos de tiempo puede alterarse esta distribución de las temperaturas y quedar el aire frío estancado en la parte baja de la atmósfera. En estos casos se dice que se ha producido una **inversión térmica**.

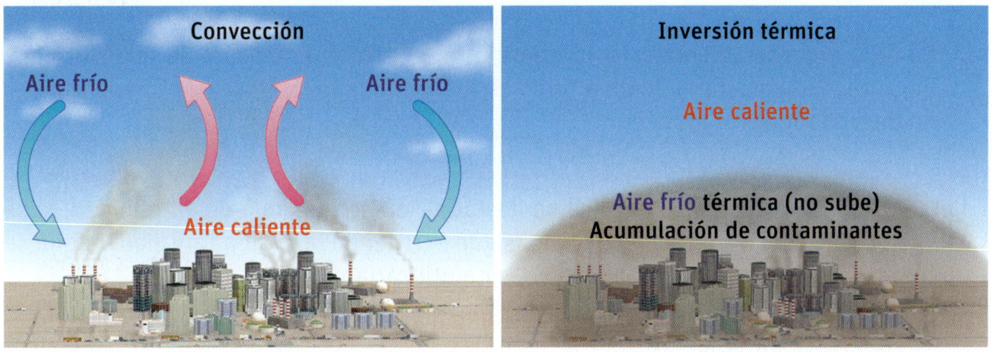

Este fenómeno puede producirse en las noches frías sin nubes. El suelo se enfría rápidamente y el aire frío que hay cerca del mismo, más denso que el caliente, se queda estancado abajo e impide la convección. De este modo la contaminación queda atrapada a baja altura. Durante el día, el Sol vuelve a calentar el suelo y se restablece la situación normal con las corrientes de convección.

¿Cómo aprovechar las formas de transmisión del calor?

Los jerséis y chaquetas de lana, los plumas y otras prendas similares abrigan porque son buenos aislantes de la conducción y de la convección. Además de ser malos conductores térmicos, mantienen el aire retenido en su interior, con lo que evitan las corrientes de convección. Las prendas que mejor abrigan son las que mantienen aislado nuestro cuerpo impidiendo que se enfríe.

Por otro lado, la radiación solar pasa casi sin alterarse por los materiales transparentes, calienta los oscuros, es reflejada en gran medida por los blancos y lo es más aún por los plateados. Por ello se pintan de negro los paneles solares, con lo que aumenta la absorción y se calienta mejor el agua, mientras que los trabajadores de una fundición llevan trajes con revestimiento metálico que reflejan la radiación térmica.

Figura 12.5. En determinados trabajos es preciso emplear trajes y guantes especiales que protegen de la radiación y de la conducción del calor.

¿Qué camiseta se calienta más?

5. Se ha introducido un termómetro en camisetas iguales de distintos colores y se han expuesto al Sol. ¿Qué relación se deduce de la siguiente tabla de valores entre la energía absorbida y el color de las camisetas?

Duración (min)	$T_{\text{camiseta blanca}}$ (°C)	$T_{\text{camiseta roja}}$ (°C)	$T_{\text{camiseta negra}}$ (°C)
0	19,0	19,0	19,0
5	21,5	23,5	26,3
10	24,0	28,0	33,5
15	26,5	32,5	40,8

SOLUCIÓN

A partir de los datos, se comprueba que los colores oscuros absorben más energía que los claros, ya que elevan más la temperatura en el mismo tiempo.

ACTIVIDADES

6. En cierto lugar, el valor medio de la radiación solar incidente durante el día es 200 W/m^2. Calcula la energía solar que incide en un tejado de 6 m^2 durante 12 h.

6 Conservación de la energía

Figura 12.6. Una lavadora transforma la energía eléctrica en la energía mecánica y térmica necesaria para realizar el lavado.

De todas las formas de energía, la eléctrica es la más solicitada, por su facilidad de utilización, por las numerosas aplicaciones que tiene y porque se aprovecha casi sin pérdidas, con un gran rendimiento. Es, por tanto, una energía de gran calidad.

Basta con apretar un interruptor para que la lavadora realice por sí sola un trabajo tan tedioso como lavar la ropa. Al final del lavado, después de utilizar la energía eléctrica, sigue habiendo la misma energía, pero se ha degradado sin posibilidad de reutilización.

En todo proceso **se conserva la energía,** pero esta puede pasar de unas formas más útiles, de mayor calidad, a otras de menor calidad. Se dice que la energía se ha **degradado** en el proceso.

En el lenguaje común se dice que "se ha gastado" la energía, aunque en realidad, si se tienen en cuenta la lavadora y el entorno, sigue existiendo la misma cantidad; lo que se está indicando es que ya no es posible volver a utilizarla.

También puede producirse energía de alta calidad a partir de otros tipos de calidad inferior, como ocurre en la generación de energía eléctrica en las centrales térmicas. Sin embargo, en estos procesos el rendimiento es pequeño.

OBSERVA

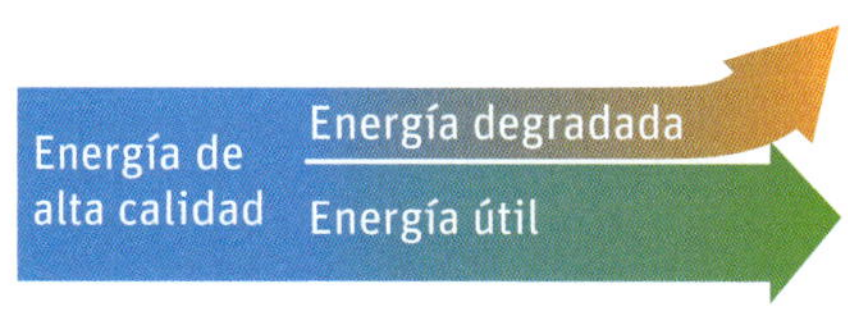

Esquema de la transformación de energía de alta calidad en energía útil con gran aprovechamiento.

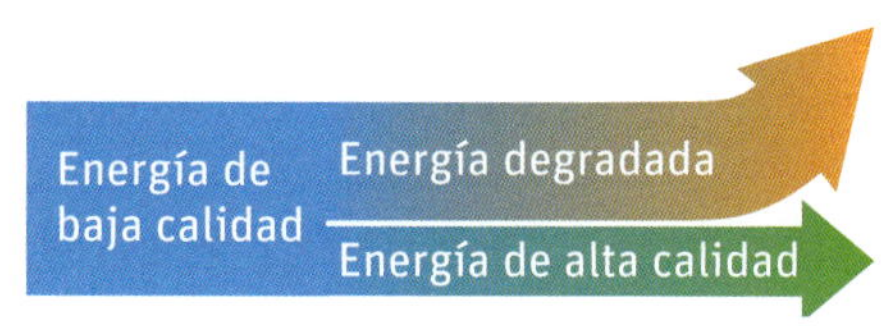

Esquema de la transformación de energía de baja calidad en energía de alta calidad con bajo aprovechamiento.

Balance energético de la Tierra

La principal fuente de energía de la Tierra es el Sol. La energía que llega de nuestra estrella se transmite por radiación, atravesando el espacio casi vacío que nos separa de ella.

En la Tierra tiene lugar una enorme cantidad de procesos gracias a esta energía. Ahora bien, nuestro planeta devuelve una cantidad de energía similar a la que recibe. Esta no se gasta en los procesos, pero sí se degrada en muchos de ellos.

La energía que la Tierra recibe del Sol es de mayor calidad que la que la Tierra devuelve al espacio. La mayor parte de la radiación solar que llega a la Tierra es luz visible, mientras que una gran cantidad de la que emite la Tierra es infrarroja, de peor calidad.

Ten en cuenta

A partir del gran desarrollo industrial de las últimas décadas se está vertiendo a la atmósfera un exceso de gases de efecto invernadero que está dando lugar a un ligero desequilibrio en el balance energético de la Tierra, pues dificultan la emisión natural de su radiación al espacio exterior.

ACTIVIDADES

7. Un coche circula por una carretera. Al entrar en una ciudad reduce la velocidad, y al llegar a un semáforo se detiene. ¿Qué ha pasado con la energía que tenía el coche en la carretera?

Transformación del trabajo en calor y viceversa

El calor y el trabajo están muy relacionados: haciendo trabajo sobre un sistema se puede generar calor y calentando un sistema se puede producir trabajo.

OBSERVA

Para inflar las ruedas de las bicicletas se realiza trabajo sobre la bomba. Dicho trabajo hace que el aire se comprima y se caliente. Es decir, con el trabajo se ha generado calor.

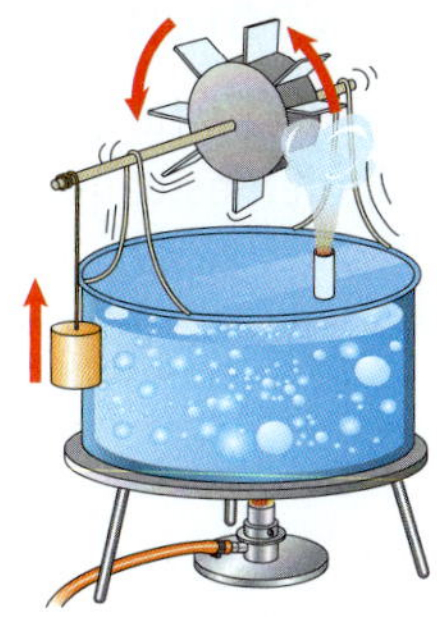

El calor emitido por el mechero hace hervir el agua, y el vapor de agua mueve la rueda generando trabajo. Mediante esta turbina elemental, con el calor se ha producido trabajo.

Amplía

El segundo principio de la termodinámica afirma lo siguiente: "No es posible ninguna transformación cíclica que, funcionando de manera continua, transforme íntegramente el calor absorbido en trabajo. Siempre debe haber emisión de calor".

Máquinas térmicas

Se llaman **máquinas térmicas** los dispositivos que pueden:

- Transformar cíclicamente calor en trabajo. Se denominados **motores térmicos.**
- Envíar energía térmica de un sistema más frío, T_2, a otro más caliente, T_1, aportando trabajo, como ocurre en los **frigoríficos**.

Para producir trabajo, una máquina térmica debe tener al menos dos focos, uno caliente, T_1, y otro frío, T_2. En el esquema del motor térmico puede verse que el trabajo realizado es la diferencia entre el calor aportado por el foco caliente y el cedido al foco frío.

Los motores térmicos aprovechan la gran energía interna que se desprende al quemar combustibles.

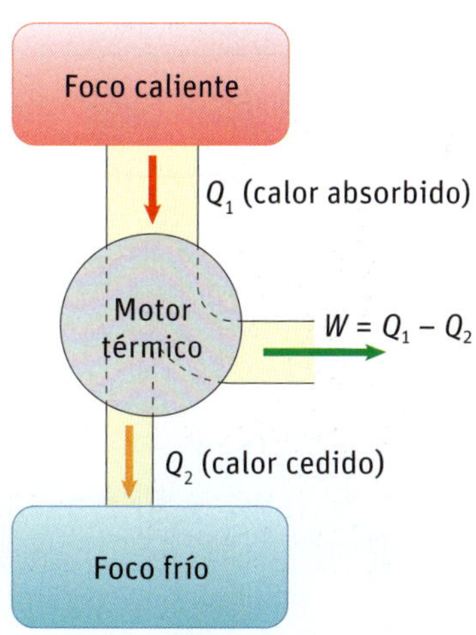

Esquema de un motor térmico

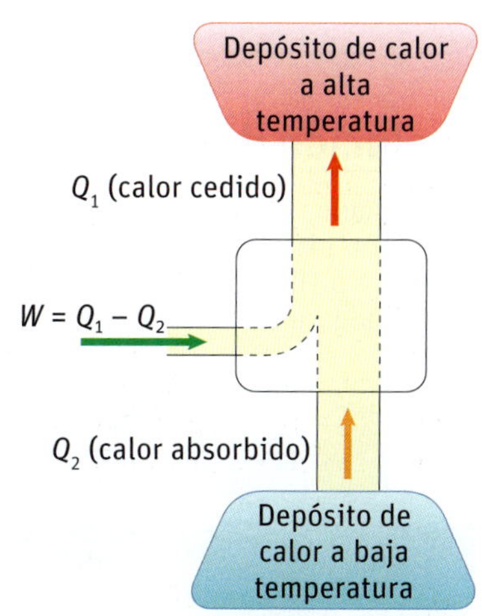

Esquema de un frigorífico

Rendimiento de los motores térmicos

Aplicando la expresión estudiada en la unidad 11, el rendimiento de una máquina térmica será:

$$\mu_{\text{motor térmico}} = \frac{E_{\text{útil}}}{E_{\text{aportada}}} \cdot 100 = \frac{W}{Q_1} \cdot 100$$

Las máquinas térmicas tienen bajos rendimientos. Las máquinas que no son térmicas suelen tener rendimientos mayores que las térmicas. El rendimiento de una central hidroeléctrica se sitúa en torno al 80 %, mientras que el de una central térmoeléctrica es del orden del 20 %. Introduciendo mejoras, producto de la investigación tecnológica, se han conseguido rendimientos del 40 % en centrales térmicas de ciclo combinado.

7 Clasificación de los motores térmicos

Los motores térmicos utilizan la energía de los combustibles. Son motores térmicos los motores de combustión de los coches, las turbinas de las centrales térmicas, los motores a reacción de los aviones, etc. Un criterio para clasificar los motores térmicos es por el **lugar en el que se produce la combustión:** en los **motores de combustión externa**, esta se realiza fuera del motor, y en los **motores de combustión interna,** en el interior del motor.

Motores de combustión externa

En ellos se calienta un fluido que, al expansionarse y enfriarse, produce trabajo, como vemos en los siguientes esquemas de funcionamiento.

IDENTIFICA

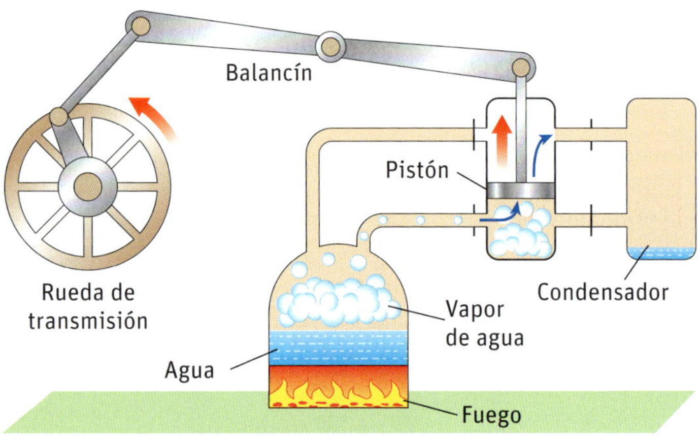

Esquema de la máquina de vapor

El vapor de agua a presión generado en la caldera llega al cilindro empujando el pistón hacia arriba, a la vez que el vapor de arriba sale al exterior. Cuando el pistón llega arriba, se cierra la válvula de abajo y el vapor de la caldera sale por el conducto de arriba al cilindro y empuja el pistón hacia abajo. Con las cuatro válvulas se regula el proceso.

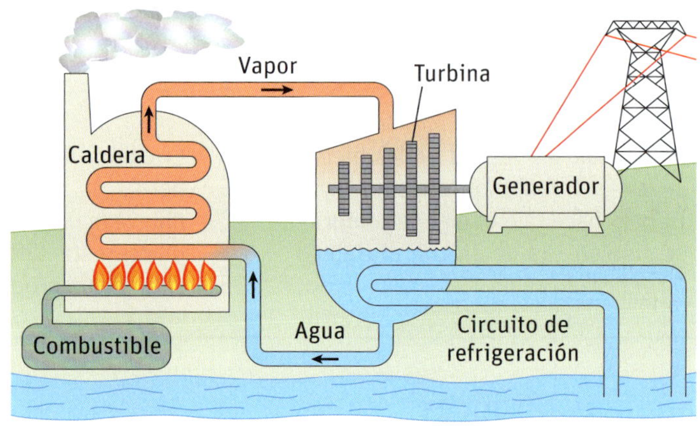

Esquema de central eléctrica convencional

El vapor de agua a presión que sale de la caldera pasa por la turbina y la hace girar. Esta obliga a girar al eje del generador, que produce corriente eléctrica. El vapor de agua que ha hecho mover la turbina se expande, se enfría y se condensa en el refrigerador, tras lo cual vuelve a la caldera, donde se repite el proceso.

smSaviadigital.com ANALIZA

Evolución de las máquinas térmicas

La máquina de vapor desarrollada por James Watt fue el motor principal de la Primera Revolución Industrial. Gracias a ella aumentó enormemente la capacidad de producción y de movilidad.

Desde 1830 hasta mediados del siglo XX, la locomotora a vapor fue la principal forma de tracción en los ferrocarriles.

Motores de combustión interna

Como ya se ha visto, la combustión en estos motores se realiza en su interior y son **los propios gases de la combustión los que realizan el trabajo.**

IDENTIFICA

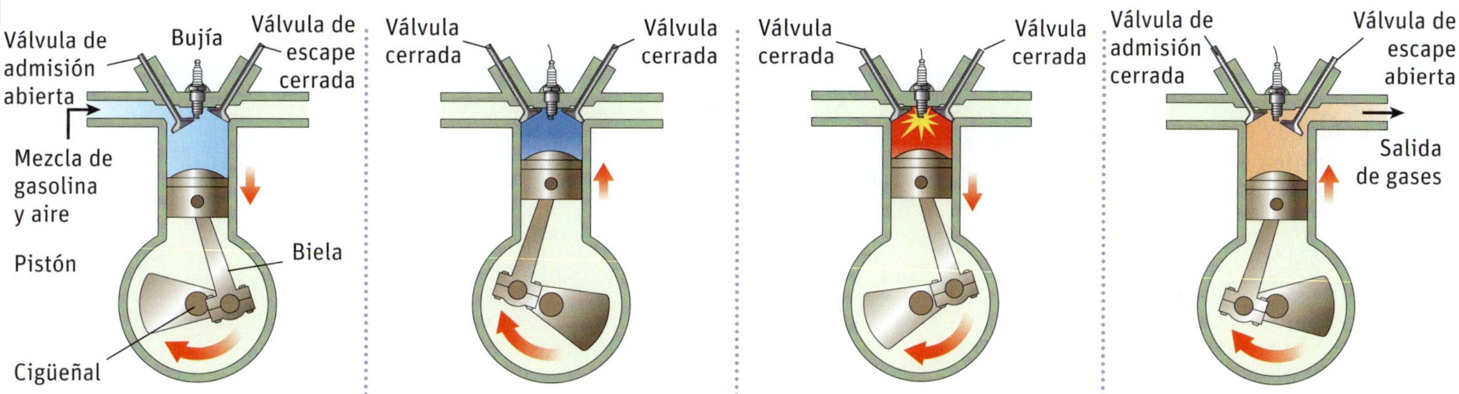

Primer tiempo: admisión. La mezcla de gasolina y aire, preparada en el carburador, entra en el cilindro por la válvula de admisión. El pistón baja.

Segundo tiempo: compresión. El pistón sube. La mezcla de gasolina y aire se comprime hasta el máximo posible y se calienta. Las válvulas están cerradas.

Tercer tiempo: explosión. Se enciende la bujía y salta la chispa que hace explotar la mezcla. Las válvulas siguen cerradas y el pistón baja haciendo trabajo.

Cuarto tiempo: escape. El pistón sube y expulsa los gases quemados por la válvula de escape, que está abierta, mientras la de admisión permanece cerrada.

smSaviadigital.com ANALIZA

El **trabajo** del motor de cuatro tiempos se produce solamente en el tercer tiempo, esto es, en la **explosión**.

Igual que a un columpio, ya en movimiento, se le impulsa cada dos carreras, al motor de cuatro tiempos, cuando está en marcha, se le empuja cada cuatro carreras del émbolo. Para empezar a funcionar, el coche necesita un motor eléctrico, ya que hasta la tercera carrera no recibe el impulso que lo mantiene en movimiento.

PON EN VALOR

En la mayoría de procesos industriales y actividades cotidianas, se generan gases de efecto invernadero, que provocan el denominado calentamiento global.

¿Debemos tomar medidas urgentes?

n 1889 apareció el actual motor de cuatro tiempos e gasolina. En 1903, Henry Ford empezó a construir ɔs primeros coches en serie, accesibles a un amplio ector de la población.

En 1893, Rudolf Diesel desarrolló el motor diesel, utilizado ampliamente en maquinaria agrícola e industrial, en ferrocarriles y en el transporte marítimo.

En el motor a reacción, el aire entra por la parte delantera y se comprime al pasar por el compresor. Se inyecta el combustible y una bujía enciende la mezcla. Los gases de la explosión salen hacia atrás y, como reacción, el avión es impulsado hacia adelante.

Repasa lo aprendido

1 ¿Tienen calor los cuerpos calientes?

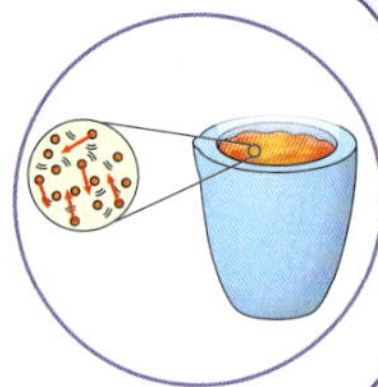

Los cuerpos no tienen calor, tienen temperatura. El calor es la energía que intercambian con otros sistemas por tener diferente temperatura. La dirección del intercambio es siempre de mayor a menor temperatura.

2 ¿Qué relación hay entre la energía térmica y la temperatura?

Un sistema tiene más energía térmica cuanto mayor es su temperatura.

3 ¿Qué efectos produce el calor sobre los sistemas materiales?

Al recibir calor, un sistema puede:

- Elevar su temperatura: $Q = m \cdot c_e \cdot \Delta T$
- Cambiar de estado: $Q = m \cdot L$

Al subir la temperatura, se producen **dilataciones.**

Estos procesos son **reversibles**.

4 ¿Cuáles son los mecanismos de transferencia de energía mediante calor?

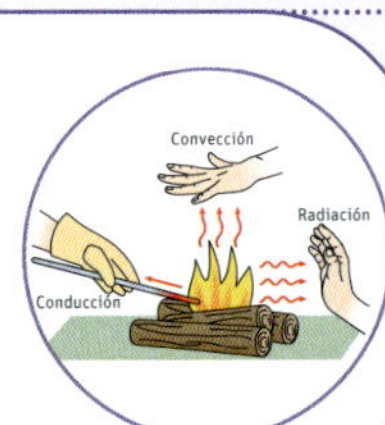

Conducción. Se produce por contacto directo sin desplazamiento de materia.

Convección. Se produce por desplazamiento de los fluidos al variar su densidad por calentarse o enfriarse.

Radiación. Se produce con ondas electromagnéticas, que no requieren medio material para propagarse.

5 ¿Por qué se suele hablar de escasez de energía si esta se conserva en todos los procesos?

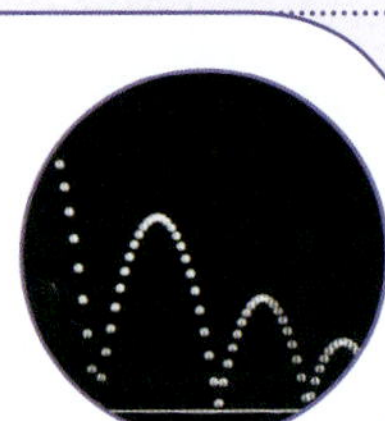

En todo proceso **se conserva la energía,** pero esta puede pasar de unas **formas útiles** a otras **degradadas.**

La energía mecánica de la pelota de la imagen no se conserva, sino que se va degradando paulatinamente a otra forma menos útil. Esta degradación tiene lugar en todas las transferencias energéticas, y puede provocar cierta escasez de energía útil.

6 ¿Qué son las máquinas térmicas?

Se llaman **máquinas térmicas** los dispositivos que...

- Transforman cíclicamente calor en trabajo; son los llamados motores térmicos.
- Envían la energía térmica de un nivel térmico inferior, T_2, a otro superior, T_1, aportando trabajo, como los frigoríficos.

7 ¿Qué papel han jugado las máquinas térmicas en el desarrollo de la humanidad?

Las máquinas térmicas han sido la base del desarrollo industrial, como la **máquina de vapor,** principal motor de la Primera Revolución Industrial, los **motores térmicos,** claves para el transporte y la generación de electricidad, o los **frigoríficos,** fundamentales para la seguridad alimentaria, etc.

smSaviadigital.com VALORA LO APRENDIDO > Resumen de la unidad

Procedimientos de la ciencia

Elaboración de conclusiones

Los trabajos, investigaciones y experiencias de carácter científico permiten con frecuencia elaborar conclusiones. Los datos manejados en el proceso científico pueden encontrarse en tablas, gráficas, descripciones de experiencias o investigaciones, etc.

1 DEDUCE CONCLUSIONES A PARTIR DE UNA TABLA DE VALORES

La siguiente tabla muestra los datos tomados de una investigación.

Experiencia	Sustancia	Masa (kg)	ΔT (°C)	Calor o trabajo, Q o W	Energía aportada (kJ)
1	Agua	0,5	30	Q	62,70
2	Agua	0,3	30	Q	37,62
3	Alcohol	0,5	30	Q	36,75
4	Agua	0,5	50	Q	104,50
5	Agua	0,3	30	W	37,62

El objetivo de esta investigación es comprobar qué factores influyen en la energía que hay que dar a un cuerpo para que eleve su temperatura. Esta energía será la **variable dependiente.** Las **hipótesis** son los factores que se han considerado, que son los que están en la tabla: la clase de sustancia, la masa, etc. A su vez, estos factores son las variables, independientes o controladas según el papel que jueguen.

Conclusiones

Las **conclusiones** se obtienen comparando las experiencias de dos en dos:

- Para comprobar si la masa influye en la cantidad de energía que hay que aportar, se comparan las experiencias 1 y 2, en las que la masa **(variable independiente)** varía, pero las demás variables **(variables controladas)** no. Se comprueba que la energía aportada varía; por tanto, la masa sí influye en la energía que hay que aportar. De igual modo se hace con las demás variables.
- Para comprobar si influye el tipo de sustancia, se comparan las experiencias 1 y 3; vemos que sí influye.
- Para comprobar si influye el incremento de temperatura, se comparan las experiencias 1 y 4; se comprueba que sí influye.
- Para comprobar si influye que la energía se aporte en forma de calor o de trabajo se comparan las experiencias 2 y 5; vemos que no influye.

2 DEDUCE CONCLUSIONES A PARTIR DE LA DESCRIPCIÓN DE UNA EXPERIENCIA

En un baño de aceite caliente se meten a la vez cuatro barras metálicas iguales, pero construidas con distintos materiales. Todas ellas tienen un trozo de cera pegado en su extremo. **Se observa** que la cera se cae de las barras por este orden: A, C, D, B.

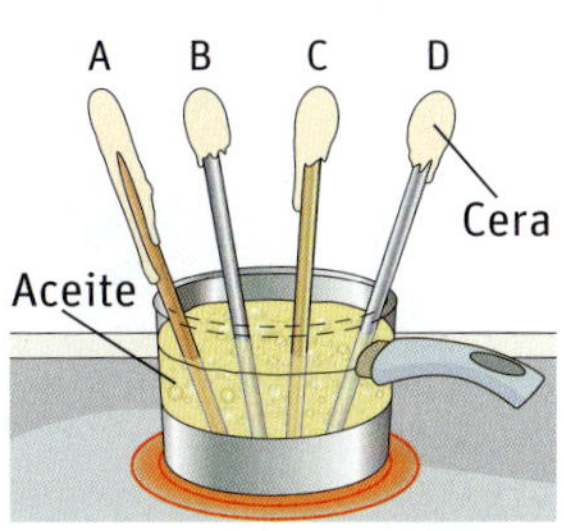

Puede deducirse que **el objetivo** de la experiencia es saber qué metales son mejores conductores. **Se comprueba** que el mejor conductor es A, seguido de C, D y B, por este orden.

3 ELABORA CONCLUSIONES A PARTIR DE UNA GRÁFICA

Se han elaborado dos gráficas Q-T a partir de dos masas de 100 g de sendas sustancias A y B. **Se observa** que, a medida que se da calor, aumenta la temperatura en ambas masas y que no hay cambios de estado.

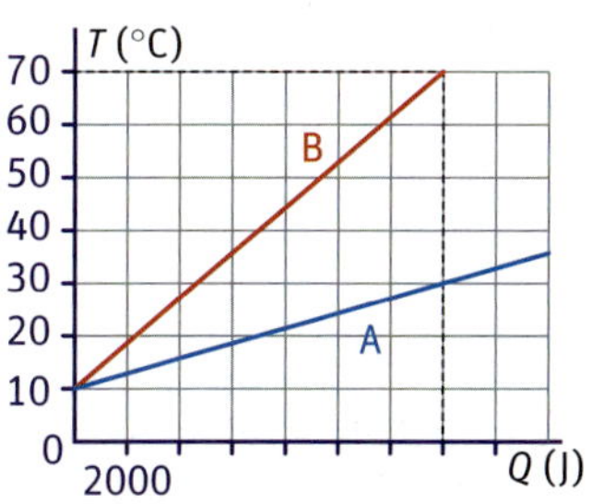

Cuando se aplica el mismo calor a ambas masas, la temperatura sube más en la sustancia B que en la A. Puede **deducirse** que A tiene mayor calor específico que B.

ACTIVIDADES

8. En la experiencia de las dos masas de 100 g, ¿por qué se deduce de los datos que A tiene mayor calor específico que B y que no hay cambio de estado? Calcula el calor específico de las dos sustancias.

Actividades

Calor, temperatura y su medida

9. Completa la siguiente frase con una de las opciones: "El agua del grifo contenida en una jarra tiene ●●● que la de un vaso rellenado con ella".

a) La misma energía térmica

b) La misma temperatura

c) El mismo calor

d) La misma energía interna

10. Indica un error de la siguiente frase: "En el espacio interestelar, donde se alcanzan temperaturas de hasta −500 °C, no se podría estar sin trajes especiales por las bajas temperaturas y presiones".

11. Realiza un trabajo de investigación bibliográfica sobre los científicos que crearon las tres escalas de temperatura y su importancia histórica.

12. La agencia meteorológica ha comunicado que la temperatura en Londres durante el día ha variado de 36 °F a 45 °F. ¿En qué época del año son más probables estas temperaturas, en invierno o en verano?

13. Sin utilizar la fórmula, realiza estas conversiones:

a) −10 °C a grados Fahrenheit

b) −50 °F a grados Celsius

SOLUCIÓN

Como sabemos, cada grado Celsius se corresponde con 1,8 grados Fahrenheit. Por otro lado, 32 °F son 0 °C:

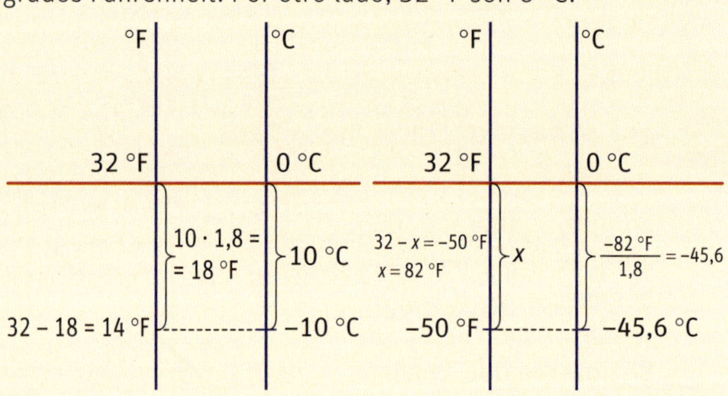

a) −10 °C equivalen a −14 °F.

b) −50 °F son −45,6 °C.

14. Realiza las siguientes conversiones:

a) 80 °C a °F y a K

b) 80 °F a °C y a K

c) −20 °C a °F

d) −20 °F a °C

Después de hacer los cálculos, comprueba los resultados obtenidos en www.e-sm.net/svfq4eso12_01.

15. Con un simple molde de papel para magdalenas es posible hervir agua. Sin embargo, cuando se acaba el agua, el molde se quema. Compruébalo y explica a qué se debe este fenómeno.

16. Haz en casa esta sencilla experiencia: mete una cazuela pequeña con agua dentro de otra cazuela con agua más grande, de modo que la pequeña quede flotando, pero no inestable. Espera a que empiece a hervir; comprobarás que el agua de la cazuela pequeña no hierve. ¿A qué se debe este fenómeno?

SOLUCIÓN

En la temperatura de ebullición, el metal de la cazuela exterior, a mayor temperatura, le da calor al agua con la que está en contacto y esta hierve. Como la cazuela interior está a la misma temperatura que el agua exterior y que el agua que contiene, no puede aportar calor al agua de su interior para que hierva. Este modo de calentar se llama "al baño María".

Efectos del calor sobre los cuerpos

17. ¿Qué calor hay que darle a 0,5 L de agua, que está a 20 °C, para hacer una infusión, si la temperatura de ebullición del agua es de 100 °C en el lugar donde estamos? La densidad del agua es de 1 kg/L.

18. smSaviadigital.com OBSERVA

Observa la experiencia del enlace, donde dos bolas de igual masa, una de cerámica y la otra de metal, calentadas en un horno a la misma temperatura, se ponen sobre un bloque de hielo.

a) ¿Fundirán la misma cantidad de hielo?

b) En la foto se observa el momento en que han dejado de fundir el hielo. Deduce cuál de las bolas tiene mayor calor específico.

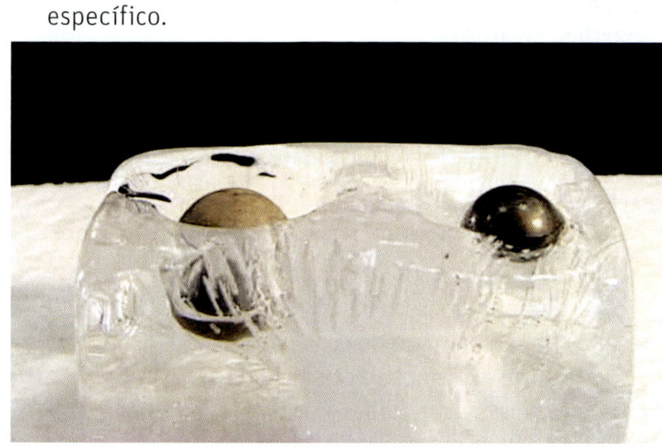

c) ¿Cuál de las dos fundirá más rápidamente el hielo? ¿Por qué?

19. Al calentar la misma masa de dos sustancias diferentes, A y B, se obtiene la gráfica dada.

a) Razona si se está produciendo o no un cambio de estado.

b) ¿Cuál de las dos sustancias tiene mayor calor específico? Razona la respuesta.

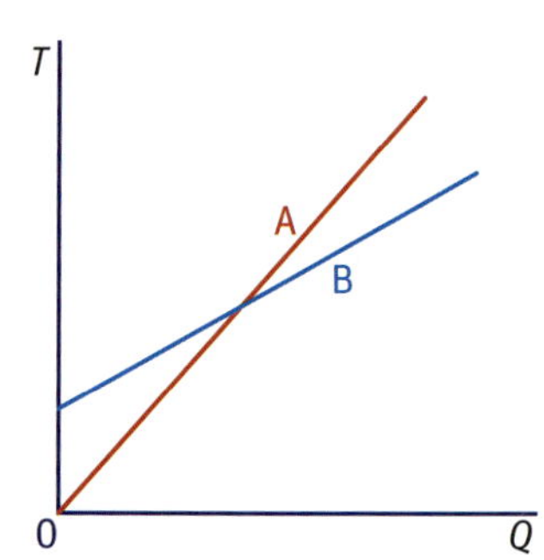

20. Observando la gráfica de calentamiento del agua se detecta algún error. Responde a los siguientes apartados razonando las respuestas.

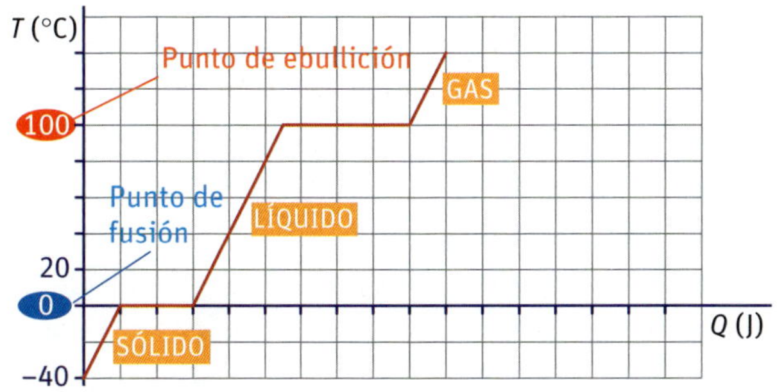

a) Cuando no se están produciendo cambios de estado, todas las rectas tienen la misma pendiente. ¿Es un error o debe ser así? Razona la respuesta.

b) En los tramos horizontales, la longitud de la ebullición es ligeramente mayor que la de fusión. ¿Es un error o debe ser así? Razona la respuesta.

21. Al pedir un refresco en un bar, el camarero saca un vaso con 40 g de hielo a 0 °C y le echa 200 g de limonada, que está a 20 °C. ¿A qué temperatura quedará el refresco?

SOLUCIÓN

No se consideran las pérdidas de calor fuera de la propia mezcla. El calor específico de la limonada se supone igual que el del agua, ya que su valor real es muy similar.

Cuando hay un cambio de estado, lo primero que hay que ver es si la temperatura de la mezcla pudiese ser la del cambio de estado. Si todo el refresco pasase a 0 °C, desprendería un calor Q:

$$Q = m \cdot c_e \cdot \Delta T = 0{,}2 \cdot 4180 \cdot 20 = 16\,720 \text{ J}$$

Para fundirse, el hielo necesita un calor Q':

$$Q' = m \cdot L = 0{,}04 \cdot 334\,400 = 13\,376 \text{ J}$$

Por tanto, la temperatura va a estar por encima de los 0 °C. En la mezcla, el calor aportado por el refresco es igual al calor absorbido por el hielo, es decir:

$$0{,}2 \cdot 4180 \cdot (20 - T_e) = 13\,376 + 0{,}04 \cdot 4180 \cdot (T_e - 0)$$

De donde se obtiene la temperatura de la mezcla:

$$T_e = 3{,}3 \text{ °C}$$

Si el calor que da el refresco no hubiese llegado a fundir el hielo, la mezcla estaría a 0 °C.

22. Se han echado 50 L de agua a la bañera, pero para bañarse se siente demasiado caliente. Con un termómetro se comprueba que está a 50 °C. ¿Qué cantidad de agua a 18 °C hay que echar para que la temperatura quede a 30 °C?

Dato: densidad del agua = 1 kg/L

23. Si en un calorímetro se meten 100 g de hielo a –10 °C con agua a 50 °C y la mezcla queda a 10 °C, ¿qué cantidad de agua se ha echado?

24. Una aplicación práctica del gran valor que tiene el calor latente de vaporización es el botijo, un sistema tradicional que permite disponer de agua fresca. ¿Cuál es su fundamento?

SOLUCIÓN

El botijo está hecho de un material poroso, de modo que el agua del interior se filtra por los poros manteniéndolo húmedo. El aire seco evapora el agua, para lo cual esta necesita recibir energía, que proporciona el ambiente y la propia agua, que baja así su temperatura. Por esta misma razón se refresca nuestro cuerpo cuando sudamos.

Este fenómeno puede explicarse desde la **teoría cinética.** Al ser la temperatura proporcional a la energía cinética media de las partículas, las más rápidas que llegan a la superficie se evaporan al recibir energía del ambiente, con lo que baja la energía cinética media del sistema y, por tanto, la temperatura.

25. El botijo barnizado, ¿refresca el agua? Razona la respuesta.

26. ¿Para qué se pone anticongelante en los coches? La temperatura a la que se congela el agua del depósito, ¿es mayor o menor que la del agua sin anticongelante?

Dilataciones

27. La longitud de un tendido eléctrico de aluminio es de 100 km a 0 °C. Cuando su temperatura se eleva hasta 40 °C, la longitud aumenta 96 m. ¿Cuál es el coeficiente de dilatación del aluminio?

28. Los datos obtenidos en una investigación en la que se quiere saber de qué factores depende el aumento de una superficie al elevar su temperatura, o dilatación superficial, se han recogido en la siguiente tabla:

Experiencia	S_0 (cm^2)	Sustancia	ΔT °C	ΔS (cm^2)
1	200	Aluminio	100	0,96
2	400	Aluminio	100	1,92
3	400	Cobre	100	1,36
4	400	Aluminio	200	3,84

S_0 es la superficie inicial, y ΔS, su dilatación superficial.

a) ¿Qué hipótesis crees que se han propuesto?

b) ¿Cuál ha sido la variable dependiente?

c) ¿Qué experiencias hay que comparar para comprobar si se cumple cada una de las hipótesis formuladas?

Actividades

29. La ecuación que relaciona la dilatación superficial con la superficie inicial, el aumento de temperatura y el tipo de material es $\Delta S = S_0 \cdot \beta \cdot \Delta T$, donde β, llamado **coeficiente de dilatación superficial,** es el término que da la dependencia del material, y su valor es distinto para cada material.

Con los datos de la investigación del ejercicio anterior, calcula el valor del coeficiente de dilatación superficial del aluminio y comprueba que es el doble que el coeficiente lineal, que en el caso del aluminio es $\alpha = 2{,}4 \cdot 10^{-5}$ °C^{-1}.

30. Una viga de acero que va a ser utilizada en construcción mide 4 m a 25 °C. Las temperaturas extremas de la zona donde se va a utilizar son de –10 °C a 40 °C. ¿Cuánto se ha dilatado la barra? ¿Debe tenerse en cuenta o no estas dilataciones en el diseño de la construcción?

Dato: coeficiente de dilatación del acero = $1{,}2 \cdot 10^{-5}$ °C^{-1}

31. Deduce que el coeficiente de dilatación superficial β es el doble del coeficiente de dilatación lineal α.

SOLUCIÓN

Lo demostraremos en el caso sencillo en que la superficie es un cuadrado de lado l y área S:

$$S_0 = l_0^2 \qquad S = l^2$$

$$S = \left(l_0 + \Delta l_0\right)^2 = \left(l_0 + l_0 \cdot \alpha \cdot \Delta T\right)^2$$

$$S = l_0^2 + 2 \cdot l_0^2 \cdot \alpha \cdot \Delta T + \left(l_0 \cdot \alpha \cdot \Delta T\right)^2$$

Como se ve en la figura, el área dilatada S es igual a S_0 más las dos áreas rayadas más el área del pequeño cuadrado.

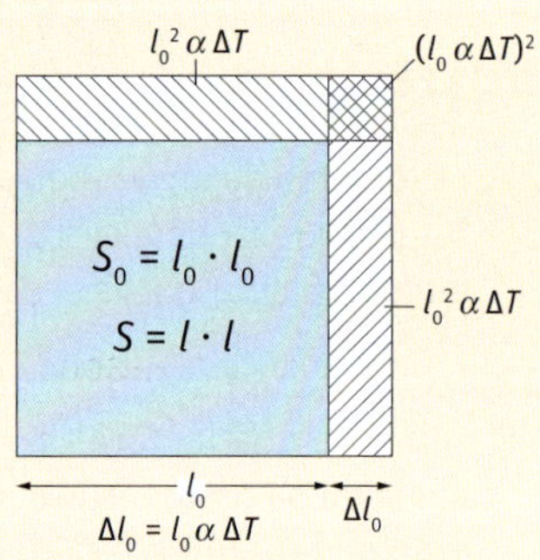

El área de dicho cuadrado se puede despreciar, pues es muy pequeña frente a las otras superficies, de lo que resulta:

$$\Delta S = S - S_0 = 2 \cdot l_0^2 \cdot \alpha \cdot \Delta T = S_0 \cdot 2 \cdot \alpha \cdot \Delta T$$

Comparando con $\Delta S = S_0 \cdot \beta \cdot \Delta T$, puede decirse que $\beta = 2\alpha$, sabiendo que se comete un ligerísimo error.

32. Si se calientan 20 L de oxígeno desde 20 °C hasta 50 °C:

a) ¿Cuánto aumenta su volumen si su presión se mantiene constante? Recuerda que el coeficiente de dilatación a presión constante de los gases es de 1/273 °C^{-1}.

b) Compara la dilatación cúbica del oxígeno con la del agua en ese mismo intervalo de temperaturas, sabiendo que el coeficiente de dilatación del agua es de $0{,}21 \cdot 10^{-3}$ °C.

c) ¿Cuánto aumentará el volumen si en vez de oxígeno se calienta helio?

33. A una temperatura de 0 °C, una esfera de acero tiene 5 cm de radio. Se calienta hasta 200 °C. Sabiendo que el coeficiente de dilatación lineal del acero es de $1{,}2 \cdot 10^{-5}$ °C^{-1}, ¿cuánto aumentará su volumen?

Mecanismos de transmisión del calor

34. El termo es el aislante por excelencia: impide la conducción, la convección y la radiación; por eso sirve para mantener el café caliente, o el agua fresca cuando vamos de excursión.

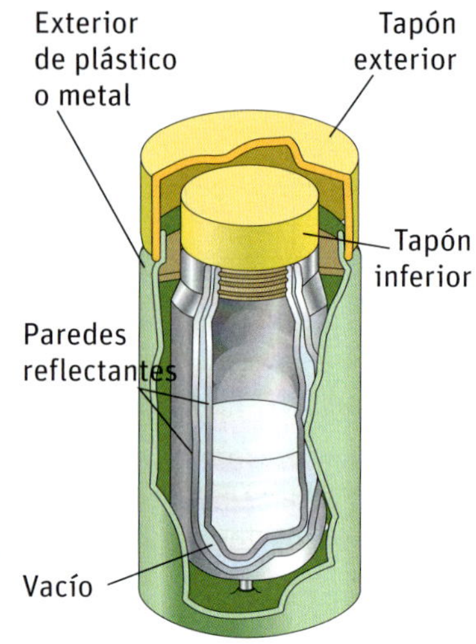

a) ¿Cómo evita el termo que los alimentos de su interior no pierdan o ganen energía por radiación?

b) ¿Cómo aísla los alimentos de la transmisión del calor por convección y conducción?

35. Las normativas de construcción obligan a incorporar completos sistemas de aislamiento en las casas con el fin de ahorrar energía tanto en invierno como en verano. Un avance importante en este terreno ha sido la aparición de los materiales aislantes reflectantes o reflexivos.

Haz un trabajo bibliográfico sobre los nuevos sistemas de aislamiento y los nuevos materiales empleados y explica cuáles son sus ventajas respecto de otros sistemas de aislamiento. Presenta el trabajo en soporte informático.

36. Los lugares costeros tienen climas suaves gracias a las grandes masas de agua que los regulan. Razona cuáles son las causas de este fenómeno.

37. Si el valor medio de la radiación solar incidente durante el día en un determinado lugar es de 50 W/m^2, ¿qué energía solar media incide en 1 m^2 en 1 h?

¿Qué energía incide sobre un colector plano de 15 cm de ancho y 90 cm de largo expuesto durante 8 h a esa radiación solar?

Potencia, máquinas y rendimiento

38. El poder calorífico de un combustible es la energía que se desprende al quemar 1 kg del mismo.

En el caso de la gasolina de 95 octanos, el poder calorífico se sitúa en torno a 44 100 kJ/kg. Si su densidad es de 0,75 kg/L y un coche que lleva esta gasolina gasta de media 6 L cada 100 km, determina la energía que ha aportado cuando recorre 400 km.

39. Un coche de gasolina recorre 200 km. Ha gastado $5 \cdot 10^5$ kJ. La energía aprovechada ha sido de $11 \cdot 10^4$ kJ. ¿Cuál ha sido su rendimiento?

Si el poder calorífico de la gasolina es de 42 700 kJ/kg, ¿qué masa de gasolina se ha gastado?

40. Para cocinar arroz es preciso calentar 500 g de agua de 20 °C a 100 °C. Se emplea un calentador de 600 W, que tarda 6 min en alcanzar esa temperatura.

a) ¿Qué energía ha utilizado el agua para calentarse?

b) ¿Qué energía ha aportado el calentador?

c) ¿Qué energía se ha desperdiciado?

d) ¿Cuál ha sido el rendimiento del calentador?

41. sm**Savia**digital.com **APLICA**

La máquina térmica más antigua que se conoce la construyó Herón de Alejandría en el siglo I d. C. Con una lata y unos tubos, doblados y dispuestos en el mismo sentido de giro, se puede construir una máquina similar a la de la imagen. Echa un poco de agua en el bote colgado, caliéntala y deja que hierva; el bote empezará a girar. De este modo, el calor aportado se ha convertido en trabajo.

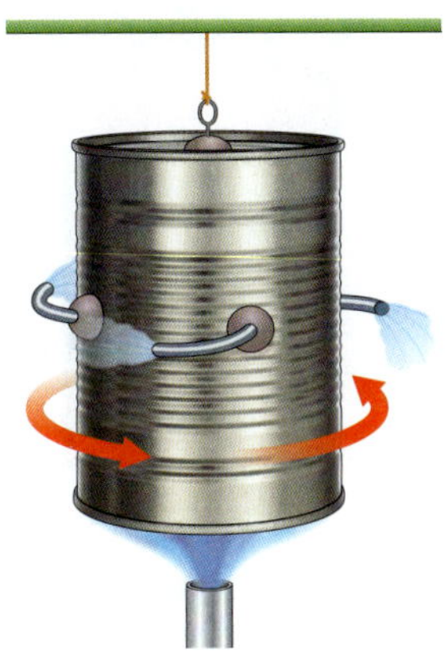

a) ¿Por qué gira la lata cuando sale el vapor del agua que había dentro? ¿Qué pasaría si los tubos enfrentados estuviesen dirigidos hacia el mismo lado?

b) Busca información sobre Herón de Alejandría y su máquina térmica y elabora un breve informe.

42. Observa el funcionamiento de un motor diésel de cuatro tiempos:

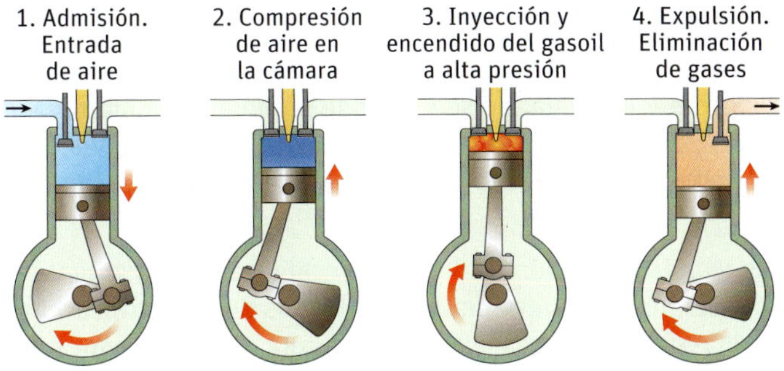

Las diferencias con el motor de gasolina son las siguientes:

- Utiliza **gasoil,** un combustible diferente de la gasolina.
- Su **cámara de compresión** es **mucho menor** que en el motor de gasolina. Esto hace que en la segunda carrera el aire se comprima y se caliente mucho más que la mezcla de aire-gasolina. El combustible se inyecta en la cámara cuando el aire está totalmente comprimido.

Contesta ahora a las siguientes preguntas:

a) ¿Por qué no tiene bujía para producir la explosión?

b) Los motores de gasolina utilizan un **carburador,** que es un espacio donde se mezclan la gasolina y el aire. El acelerador regula la mezcla, pues hace aumentar o disminuir la proporción de gasolina en la misma. ¿Por qué los motores diésel de gasoil no tienen carburador?

43. Observa el cilindro del motor de cuatro tiempos de gasolina y responde a las siguientes cuestiones.

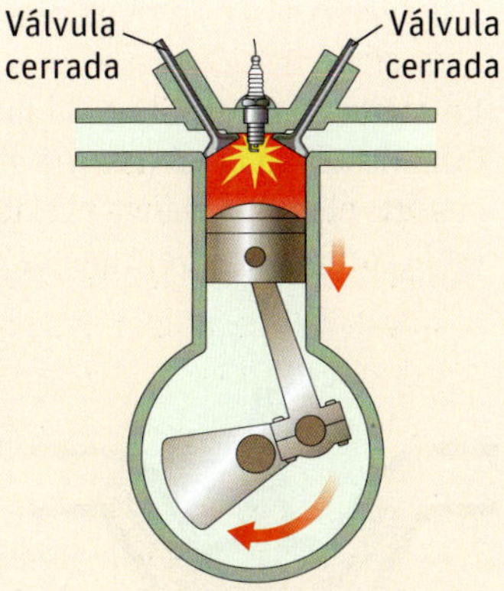

a) ¿Por qué se dice que es de combustión interna?

b) ¿Cuál es el foco caliente? ¿Y el foco frío?

c) ¿Cuál es el fluido que produce el trabajo?

SOLUCIÓN

a) Porque la combustión se realiza en el interior del motor. Los propios gases de la combustión realizan el trabajo.

b) El foco caliente son los gases cuando se produce la explosión, que están a mayor temperatura y en su expansión realizan el trabajo. El foco frío es el ambiente donde van los gases que salen por el tubo de escape.

c) El fluido que realiza el proceso y produce el trabajo es la mezcla de gasolina y aire al quemarse.

44. Observa la sencilla turbina de agua de la ilustración.

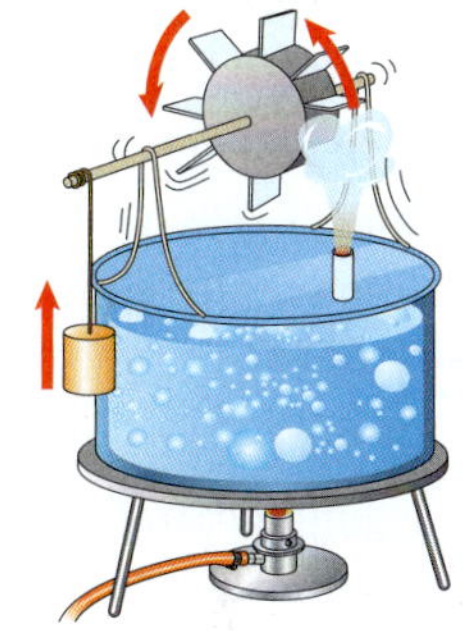

a) ¿Qué clase de máquina de combustión es?

b) ¿Cuál es el foco caliente? ¿Y el foco frío?

c) El fluido que produce el trabajo, ¿es el combustible?

45. Adaptado de prueba PISA. La mayor parte de los coches modernos están equipados con un catalizador. El catalizador hace que los gases de escape del coche sean menos perjudiciales para las personas y para el medioambiente. Aproximadamente el 90 % de los gases tóxicos son transformados.

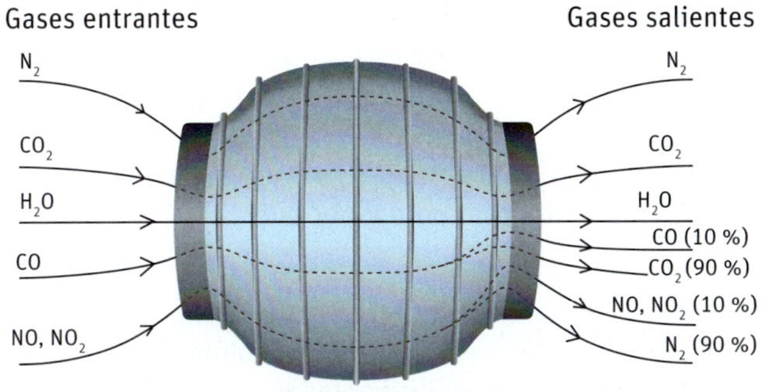

a) Utiliza la información de la figura para explicar cómo el catalizador hace que los gases de escape sean menos perjudiciales.

b) Explica qué es lo que sucede en el catalizador en términos de átomos y de moléculas.

c) ¿Qué problema debería tratar de resolverse para que los gases de escape fueran menos nocivos?

Ponte a prueba

¿Cómo se puede mejorar el rendimiento de los coches?

En el motor de gasolina, la mezcla de gasolina y aire se comprime, y por ello se calienta en la segunda carrera de los cuatro tiempos. Cuando acaba la carrera, en el momento de la máxima compresión, se enciende la bujía y se produce la explosión; en este momento es cuando el motor realiza el trabajo. Cuanto mayor sea la compresión, mayor será el rendimiento del motor. Los coches actuales alcanzan en la compresión volúmenes de tan solo la décima parte del volumen inicial.

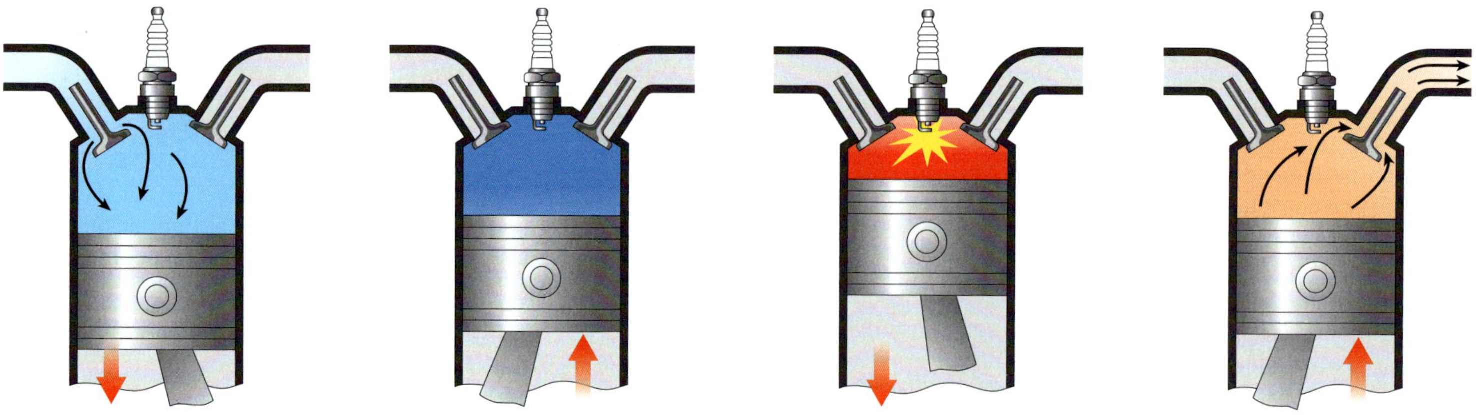

1. ¿Qué tipo de energía se transfiere en la segunda carrera, en la que aumenta la energía interna de los gases y se eleva su temperatura?

2. La cilindrada unitaria de un coche, que es el volumen que barre el pistón dentro del cilindro en cada carrera, es de 400 cm^3. El volumen de la cámara, que es el volumen donde queda comprimida la mezcla en la segunda carrera, es de 50 cm^3.

   Se llama razón de compresión el cociente del volumen total que puede ocupar la mezcla de gasolina y aire y el volumen de la cámara. ¿Cuál es la razón de compresión del motor de este coche?

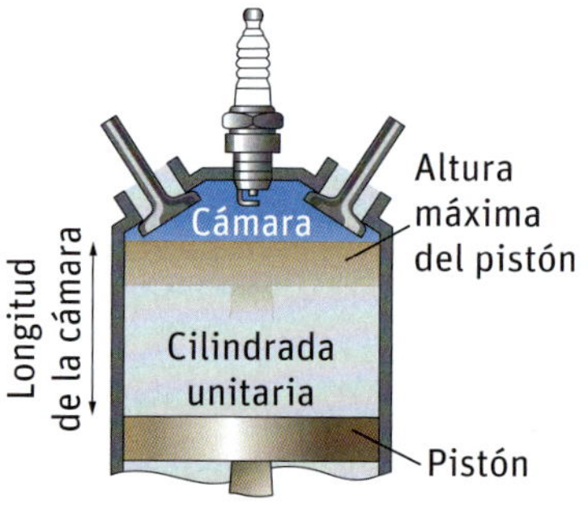

En la segunda carrera de los cuatro tiempos puede producirse el siguiente problema: mientras se comprime la mezcla de gasolina y aire, se calienta tanto que se "autoenciende" y se produce la explosión sin llegar a la máxima compresión. En este caso, la mezcla sufre dos explosiones, una en el autoencendido antes de llegar al final de la carrera y otra cuando se enciende la bujía. Esto produce un ruido característico en el motor, que se llama "picado de biela" o "detonación". Cuando ocurre esto, el empuje debido a la expansión de los gases no se produce en el momento adecuado, por lo que disminuye el rendimiento del motor; además, puede dañarse el interior del cilindro, así como la biela y el cigüeñal.

Cuanto mayor es el índice de octano de la gasolina, más compresión puede recibir sin autoencenderse. Por esta razón las gasolinas con un alto índice de octano consiguen mayores compresiones y, en consecuencia, mayores rendimientos. Algunos de los hidrocarburos que forman la gasolina tienen una tendencia muy baja al autoencendido, mientras que otros la tienen muy alta. Cuanto mayor sea la proporción de hidrocarburos de baja tendencia al autoencendido, mayor será el octanaje.

3. Una gasolina de 98 octanos, ¿presentará mayor o menor facilidad de "picar biela" que una de 95 octanos? ¿Cuál de las dos tendrá mayor rendimiento y por qué?

Otro factor importante en las mezclas que forman las gasolinas es la volatilidad. Cuando el tiempo es muy frío, es difícil vaporizar las gasolinas y al coche le cuesta arrancar. Por eso, las compañías petrolíferas preparan diferentes mezclas para cada época del año. En invierno se aumenta la proporción de componentes volátiles para facilitar la vaporización. En verano, en cambio, si la gasolina es muy volátil, se evapora del depósito, con lo que, además de perderse combustible, se contamina el ambiente.

4. Las compañías petrolíferas cambian cuatro veces al año la composición de las gasolinas. ¿Por qué no lo notamos? ¿Cómo lo notaríamos si no la cambiasen?

¿Con cuál de los calentadores se consigue mayor rendimiento para hacer una infusión?

Se quiere investigar cómo conseguir, con el mayor rendimiento, calentar agua de 20 °C a 100 °C. Para calentar 0,5 L de agua en la placa de vitrocerámica de 1250 W se ha tardado 454 s. Se quiere saber si con otros aparatos se podría conseguir un mejor rendimiento.

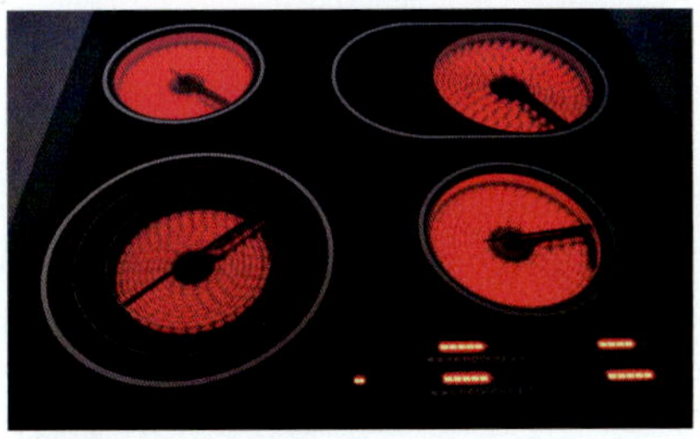

1. ¿Qué cantidad de calor hay que suministrar al agua?
2. ¿Qué energía eléctrica se ha empleado en la placa vitrocerámica? ¿Cuál es el rendimiento obtenido con la vitrocerámica?
3. ¿Qué datos son necesarios para calcular los demás rendimientos?

AUTOEVALUACIÓN

1. Completa la siguiente frase con una de las opciones. "¿Cuál tiene más ●●●, 1 kg de vapor de agua a 100 °C o 1 kg de agua a 100 °C?"

a) Energía interna
b) Calor
c) Temperatura
d) Energía térmica

2. A la vista de la tabla de calores latentes de fusión y vaporización, ¿cuáles de las conclusiones indicadas pueden deducirse de ella y cuáles no?

Sustancia	$L_{fusión}$ (J/g)	$L_{vaporización}$ (J/g)
Agua	334	2257
Alcohol etílico	104	854
Mercurio	12	287
Aluminio	397	9447
Plata	88	2332

a) Los metales tienen calores latentes de vaporización mucho mayores que los no metales.
b) Los calores latentes de vaporización son mucho mayores que los de fusión.
c) Las sustancias líquidas tienen menores calores latentes que los sólidos.
d) Los calores latentes de las distintas sustancias son distintos.

3. La torre Eiffel está construida íntegramente en acero. Su temperatura media es de 6 °C en invierno y de 25 °C en verano. ¿Qué altura tendrá en verano, suponiendo que su altura en invierno es de 324 m?

a) 74 m b) 331,4 m c) 7,4 cm d) 324,07 m

4. Al mezclar 50 g de agua a 80 °C con 10 g a 10 °C se ha obtenido una de estas gráficas.

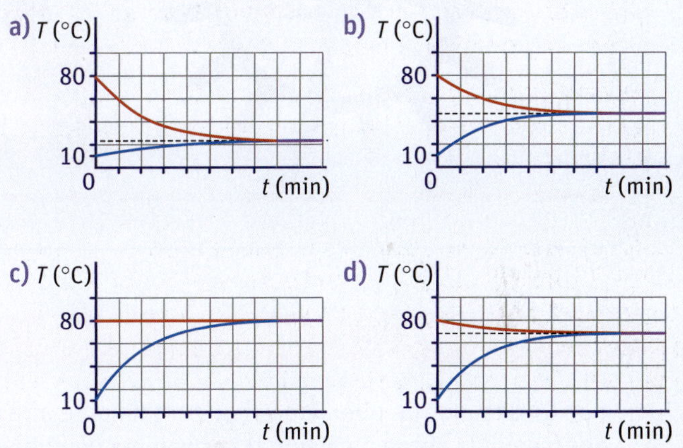

¿Cuál de ellas se ha podido obtener? Razona la respuesta.

5. Observa los dos esquemas siguientes de máquinas térmicas e indica si son correctas estas afirmaciones:

a) A es un frigorífico y B es un motor.
b) A es un motor y B es un frigorífico.
c) A es un frigorífico, pero el esquema B es imposible.
d) Los dos esquemas son imposibles.

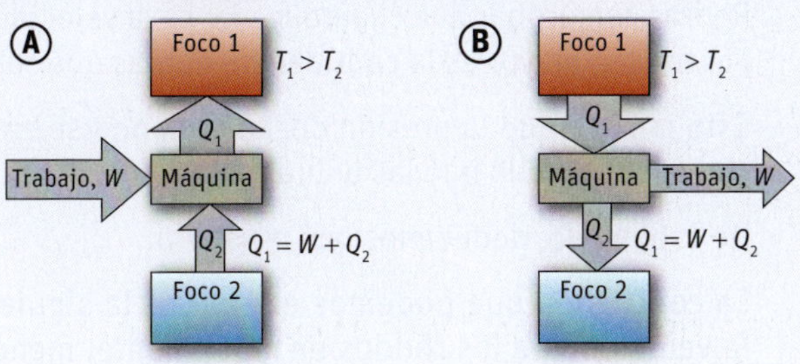

smSaviadigital.com VALORA LO APRENDIDO > Autoevaluación con sus soluciones

PROYECTO DE

INVESTIGACIÓN

¿CAMBIA LA PRESIÓN SI EL AGUA SE MUEVE?

En una visita a la antigua Herrería de Compludo (Monumento Nacional, en la provincia de León) los alumnos observan que en vez del típico fuelle necesario para mantener el fuego de dicha herrería, se utilizaba un ingenio hidraúlico. En la tubería del agua que cae cuando se abre la compuerta de la derecha, hay dos agujeros, A y B, por los que entra el aire exterior, de modo que al dirigirlo por una tubería hacia la llama de la fragua, mantiene encendido el fuego.

A la vista de este hecho se hacen la siguiente pregunta: ¿por qué en vez de salir el agua por los agujeros de la cañería, entra el aire en su interior? Para resolverla, os planteamos esta otra cuestión: ¿cambian las presiones de los fluidos si están en movimiento?

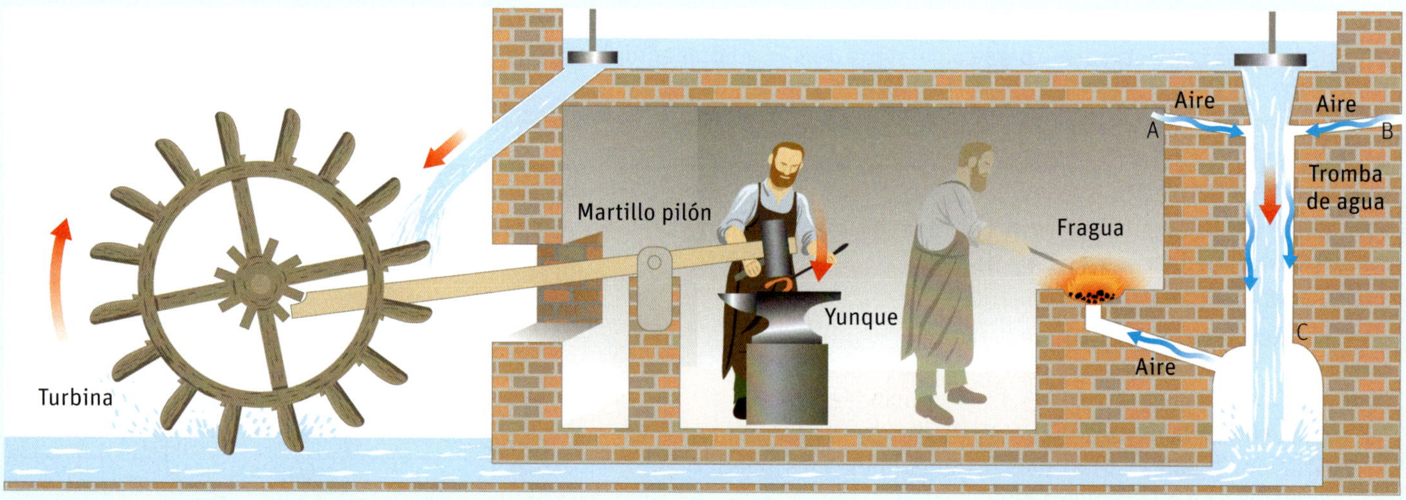

INVESTIGAMOS CON FLUIDOS EN MOVIMIENTO

Con un secador de pelo, lanza horizontalmente aire a distintas velocidades (según la potencia elegida) por encima del tubo conectado a un recipiente con bolitas ligeras.

Cuenta la cantidad de bolitas que suben por el tubo al cabo de medio minuto y rellena una tabla como esta:

Velocidad del viento	Baja	Media	Alta
Nº. bolitas que suben	●●●	●●●	●●●
Presión originada en A	p_1	p_2	p_3

Podrás comprobar que cuanto mayor es la velocidad del aire que expulsa el secador, mayor es la cantidad de bolitas que suben.

Esto implica que la presión del aire al ponerse en movimiento se ha hecho menor, por lo que las bolitas suben.

De este modo, deducimos que $p_1 > p_2 > p_3$.

La conclusión que podemos extraer es la siguiente: cuanto mayor es la velocidad de los fluidos en movimiento, menor presión producen.

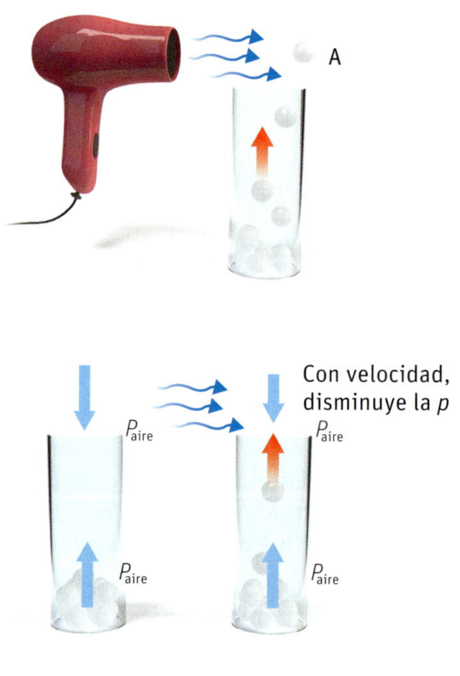

LA CIENCIA EXPLICA

Ahora ya podemos entender el funcionamiento del "fuelle" hidráulico de Compludo.

Si en C hubiera un cerramiento y el tubo se llenase de agua, esta ejercería una presión sobre las paredes, que la haría salir por los agujeros A y B.

Pero, al no estar cerrado en C, el agua cae por el tubo aumentando su velocidad y produciendo una depresión respecto del exterior que hace que entre el aire.

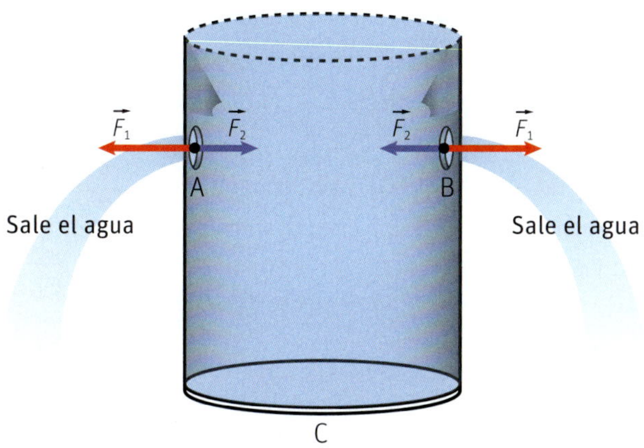

Las fuerzas en A y B son: F_2 hacia dentro del tubo debido a la presión atmosférica (p_{atm}) y F_1 hacia fuera, debida a la presión del agua en reposo.

$$F_1 > F_2$$

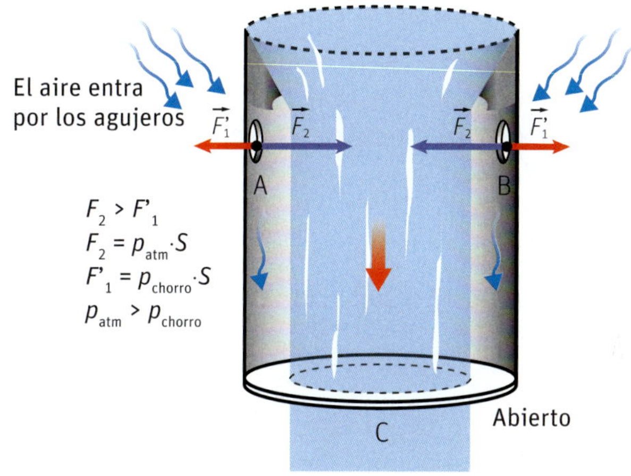

Al caer el chorro, ha disminuido tanto la presión del agua sobre los huecos A y B, que se ha hecho menor que la atmosférica, de modo que el aire de fuera entra en el tubo. Al aumentar la velocidad en la caída, el agua genera más depresión y acelera el aire.

Relaciónalo con tu entorno

Construcciones como las chimeneas y utensilios de uso común, como los pulverizadores, se basan en este fundamento.

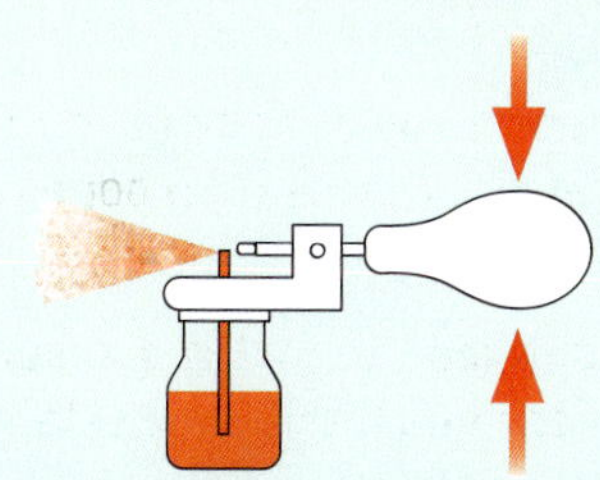

En el pulverizador se genera una baja presión con el chorro de aire en la boca del frasco. Debido a ello se consigue subir el líquido del frasco, que sale pulverizado en pequeñas gotas.

Cuanto más altas son las chimeneas, la velocidad del viento en su boca suele ser más constante y elevada y por lo tanto, mayor la diferencia de presión con la de la base. Esto hace que los humos de la combustión salgan mejor.

Mira el vídeo de los efectos de los fluidos en movimiento al disminuir la presión en sm**Savia**digital.com OBSERVA **Principio de Bernoulli**, en el que puedes ver experimentos que puedes realizar con materiales sencillos.

Los remolinos, los tizones, los huracanes, tienen su fundamento en las grandes depresiones que generan los fluidos cuando adquieren grandes velocidades.

Entra en sm**Savia**digital.com INVESTIGA para saber cómo habría que actuar para escapar de un remolino.

Soluciones de las actividades

UNIDAD 1

8. **a)** 83,5 km; **b)** 0,432 g; **c)** 5,4 ·10^2 cm; **d)** 5,76·10^3 s

10. Error absoluto = 0,01 g; error relativo = 0,29 %

11. **a)** 1; **b)** 2; **c)** 3; **d)** 4; **e)** 3; **f)** 4

12. **a)** 46,54; **b)** 46,53; **c)** 46,53; **d)** 46,55; **e)** 46,54; **f)** 46,53

13. 7,8 g/cm^3 **15.** 103 m/s; 14º dirección NE, por encima de E

30. **a)** 4,5 · 10^3 g; **b)** 5,3 · 10^{-3} s; **c)** 6,5 · 10^3 K; **d)** 3 · 10^{-3} g; **e)** 5,6 · 10^{-3} kg; **f)** 3,51 · 10^4 m; **g)** 6,2 · 10^{-2} m; **h)** 2 · 10^{-3} A

31. **a)** 3,4 km; **b)** 1,52 kg; **c)** 5,32 m^3; **d)** 6,42 μs; **e)** 8,2 cm; **f)** 3,4 cm^3

34. **a)** 3,2 mm; **b)** 5,4 · 10^3 kg; **c)** 58,0 μm **d)** 4,5 g **e)** 34 ng

35. 12,4 t **36.** 5700 s

37. 0,75 s **38.** 0,032 L **39.** 2,00 · 10^5 L **40.** 60 dm^3 = 0,060 m^3

41. 330 cm^3 **42.** **a)** 1,4 m^2; **b)** 1,4 · 10^2 dm^2 = 1,4 · 10^4 cm^2

43. 3,0 · 10^{-29} m^3 **44.** 12,5 ± 0,1 g; 0,8 %

45. **a)** 1,27 mm; **b)** 0,01, 0,01; 0,02; 0,04; 0,01; 0, 00; 0,02; **c)** 0,016 mm; **d)** 1,3%; e) 1,27 ± 0,016 mm

46. **a)** 6628 km; **b)** 3,9%

47. **a)** 2; **b)** 2; **c)** 3; d) 4

48. **a)** 1,56 · 10^5 J; **b)** 1,01 · 10^3 g; **c)** 20,1 s ; **d)** 0,346 g

49. 125,6 m **50.** 25 N

51. 4,2 N

UNIDAD 2

1. 9,09·10^{-31} kg

21. Aproximadamente 10^{-2} m, es decir, 1 cm.

34. 2, 8, 18 y 32 respectivamente.

35. N.º de protones = N.º de electrones = 21; Z = 21; A=45

UNIDAD 3

58. **e)** 7,0 cm^3

UNIDAD 4

4. m_i =173 g; m_f = 173 g; m_{CO2} = 44 g

8. 34 g/mol H_2O_2 , 17 g/mol NH_3, 100 g/mol $CaCO_3$

9. **a)** 6 · 10^{24} moléculas de H_2O_2 y 2,4 · 10^{25} átomos; **b)** 3,01 · 10^{23} moléculas de CCl_4 y 1,5 · 10^{24} átomos totales; **c)** 2,2 · 10^{24} moléculas de SiH_4 y 1,1 · 10^{25} átomos totales.

10. 4 mol; 7,26 · 10^{24} átomos totales; 2,42 · 10^{24} átomos de Na

13. 8 mol y 184 g de Na; 2 mol y 63 g de O_2 **14.** 50 mL **25.** 80 g de O_2

26.

Masa de azufre (g)	Masa de hidrógeno (g)	Masa de sulfuro de hidrógeno (g)
32,0	2,0	34,0
16,0	1,0	17,0
8,0	0,5	8,5
48,0	3,0	51,0

30.

Sustancia	Mol	Masa (g)	V(L) a 0ºC y 1 atm
Oxigeno, O_2	0,5	16	11,2
Metano, CH_4	4	64	89,6
Neón, Ne	10	200	224

31. **a)** 8,8 · 10^{21} moléculas; **b)** 3,96 · 10^{23} átomos; 1,06·10^{23} átomos de C; 9,68 · 10^{22} átomos de O; 1,94 · 10^{23} átomos de H. **32.** 2,5 · 10^{-5} mol

32. 2,5 · 10^{-5} mol **33.** 1,4 · 10^5 mol Fe > 1,0 · 10^5 mol Al

34. 0,02 mol NaCl; 0,02 mol/L; 427 mL.

35. **a)** 0,14 mol/L; **b)** 0,014 mol $CaCl_2$; 1,60 g $CaCl_2$

37. **a)** 1 mol; **b)** 2 mol; **c)** 0,75 mol **38.** **a)** 29,25 g NaCl ; **b)** 20 g NaOH

41. 0,5 L HCl; 3 mol Cl_2 = 67,2 L Cl_2 (a 0ºC y 1 atm) **42.** 1000 L NH_3

43. **b)** 0,5 mol glucosa; **c)** 0,6 mol CO_2 y 0,6 mol H_2O; **d)** 0,45 mol O_2 = 10 L O_2

44. **b)** 0,944 mol H_2 = 5,7·10^{23} moléculas H_2; **c)** 21,1 L H_2

45. **b)** 0,2 mol C_2H_5OH ; **c)** 1,12 mol $C_6H_{12}O_6$

46. **b)** 56 L CO_2 **51.** 0,167 L H_2SO_4 **52.** 0,4 mol/L KOH

53. **b)** 13,500 mol H_2SO_4 **56.** 3,5 mol CO_2 y 7 mol H_2O

57. **a)** 6,8·10^{-2} mol CO_2; **b)** 0 mol CO_2; **c)** 6,3·10^{-2} mol CO_2; **d)** 6,9·10^{-2} mol CO_2. **59.** 22, 3 mol N_2 y 66,9 mol H_2

UNIDAD 5

2. **a)** 1965 kJ; **b)** 0,05 mol **3.** **c)** 0,11 mol **4.** **c)** 202,1 kJ

5. v = 4·10^{-4} mol/s = 8·10^{-4} mol/L·s **6.** 0,02 mol/s → 0,01 g/s

10. v_1 = 1 ·1 0^{-2} g/s, v_2 0 7 · 10^{-4} g/s, v_3 = 5 · 10^{-3} g/s, v_4 = 1,4 · 10^{-3} g/s

14. **b)** 250 kJ **16.** **b)** 92 kJ; **c)** 368 kJ; **d)** 0,25 mol

18. **b)**– 482 kJ **19.** **b)** 607,6 kJ **21.** **a)** 23 506 kJ; **b)** 940,3 L

22. **b)** 280 kJ **23.** **b)** 2297 kJ; **c)** 121,7 L

24. **a)** 1425 kJ; **b)** 624 kJ; **c)** 30 L

26. v = 1,5·10^{-2} g/s = 6,25·10^{-4} mol/s

27. **a)** 0,5 g/min → 1,67·10^{-5} mol/s; **b)** 1,67·10^{-5} mol/s → 2,2 g/s

29. **a)** v_1 = 0,025 mol/(L·s); v_2 = 0,0125 mol/(L·s); v_3 = 0,075 mol/(L·s)

39. **c)** 0,156 mol H_2SO_4; 0,217 mol HNO_3

UNIDAD 6

21. **b)** 1,535 · 10^{-10} m; 1,339 · 10^{-10} m; 1,203 · 10^{-10} m

41. **b)** 0,143 g

56. **a)** 1,04 · 10^3 g ; **b)** 449 g

UNIDAD 7

3. 50 m **5.** 9,80 m/s; 1,85 m/s **6.** 20 min; 28,3 km

7. 2,8 m/s^2 **8.** 5 m/s^2; – 5 m/s^2 **9.** **a)** 6,11 s; **b)** 187 m

10. **a)** 30 m; 14 m/s; **b)** 20 m **11.** **a)** 70 m; **b)** 4,1 s; **c)** 5,8 s

12. 3,5 · 10^{-3} rad/s; 5,6 · 10^{-4} Hz; 9,1 · 10^{-4} m/s^2

17. 4 m; 2π m

19. **b)** 100 m; 40 m; **c)** $v_{m\,0\text{-}1}$ = 1,0 m/s; $v_{m\,1\text{-}2}$ = 1,3 m/s; $v_{m\,2\text{-}3}$ = – 1 m/s; $v_{m\,tot}$ = 1,1 m/s

UNIDAD 7

20. 12 m/s; –4 m/s^2 **21.** 67 m/s^2; $2,4 \cdot 10^5$ m/s

22. **b)** 94,3 m; b) 14,4 m/s **24.** **a)** –5 m; **b)** 6 s; **c)** 0,33 s

25. **a)** x = –10 + 0,4 t; **b)** 10 km; 34 km

27. **b)** Caso (I) 3 h; Caso (II) 2,5 h; **c)** Caso (I) A: 90 km; B: 180 km; Caso (II) A: 150 km B: 150 km

28. Se encuentran a 75 km de A, a las 3 h de su partida.

29. 116,7 km; 1,7 h

30. **a)** 0,4 m/s^2; 0,5 m/s^2; **b)** – 8,1 m/s^2; - 1,5 m/s^2; 403 m; 75 m)

34. **(A)** a_1 = 1 m/s^2; a_2 = 0; a_3 = - 0,4 m/s^2; 375 m. **(B)** 1 m/s^2; 4,5 m

35.

t (s)	0	2	4	6	8	10	12
s (m)	0	10	20	34	56	86	124
v(m/s)	5	5	5	9	13	17	21

36. **b)** 0,02 h; 0,4 km; **c)** 0,04 h **38.** **a)** 3,4 s; 32,8 m/s

39. 78,4 m; 39,2 m/s; 3,3 s **42.** **a)** 3 s; Δs = 0; **b)** – 10,4 m/s

43. **a)** 211,5 m; t = 1,5 s; **b)** 5,8 s

45. $4,29 \cdot 10^{-7}$ Hz; $1,03 \cdot 10^3$ m/s; $2,68 \cdot 10^{-6}$ rad/s; $2,76 \cdot 10^{-3}$ m/s^2

46. 0,3 m/s; 0,5 m/s; 3,5 rad/s **47.** 33,4 vueltas **48.** 1620 vueltas

UNIDAD 8

4. R_x = 163,64 N; R_y = 63,64 N; R = 175,58 N

8. 0,28 m/s^2 **11.** 0 m/s^2 **13.** – 440 N **13.** 5700 N

15. **b)** 71,4 N/m; **c)** 28,6 g **17.** **a)** 40 N/cm; **b)** 6,25 cm; **c)** 320 N

19. **a)** – 2 N; **b)** 5,8 N; **c)** 19,2 N; 51,3º

20. I) F_x = -207,8 N; F_y = 120 N; II) F_x = 39,8 N; F_y = –23 N

21. R_x = 2 N; R_y = –7,9 N **22.** 519,6 N **25.** 1171,5 N

28. 97,2 m/s^2 **30.** 10N; 0 N; –60 N **33.** 11,4 m/s

34. **a)** $2F$; **b)** $a/3$; **c)** $4m$; **d)** $a \cdot 2^{1/2}$

36. **a)** 3 N; **b)** 2,4 N; **c)** 1,9 N **d)** –28,8 N

37. **a)** v_A = 4,2 m/s; v_B = –3,3 m/s; **b)** v_A = 3, 7 m/s; v_B = –2,7 m/s

38. **a)** –25 m/s^2; 4 N; **b)** 3 m/s

40. 18 m/s **41.** **a)** 7,7 s; **b)** 13 s; **c)** 12,5 m/s **42.** 5,3 m/s^2

UNIDAD 9

5. 3,2 m; 19,6 m **6.** 1024,5 m/s; 2,7.10^{-6} rad/s; 27días **10.** 49 N

11. **a)** N = 784 N; $F = F_{roz}$ = 392 N; **b)** 552 N **12.** 240 N **13.** 5 m/s

15. 4 N; 2,2 m/s **12.** 11,9 m/s **17.** $8,7 \cdot 10^{-8}$ N

18. **a)** ω = 9,9 rad/s; T = 0,63 s; 2,9 vueltas

21. **a)** $4,44 \cdot 10^3$ N; $7,72 \cdot 10^3$ m/s; **b)** 90,9 min

24. **a)** 25,9 N/kg; **b)** 0,28 N/kg; **c)** $1,38 \cdot 10^{22}$ N; **d)** $1,37 \cdot 10^4$ m/s; 3,55

25. **a)** 1,62 N/kg; **b)** $7,35 \cdot 10^{22}$ kg **28.** 7,51 s (Marte); 2,83 s (Tierra)

29. **a)** 223 días; **b)** $3,52 \cdot 10^4$ m/s; **c)** 0,011 m/s^2

30. **a)** Ganímedes: $1,07 \cdot 10^6$ km; Calisto: $1,88 \cdot 10^6$ km; **b)** $1,73 \cdot 10^4$ m/s

32. **a)** 4,9 N; 49 N; 9,8 m/s^2. **b)** Madera: 6,8 m/s^2; Hierro: 9,5 m/s^2; Madera: 13,6 m/s; Hierro: 19 m/s

36. 0,1 **37.** 7 m/s^2 **39.** **c)** 410 N; 400 N; 390 N

40. -2 m/s^2; 0,21 **43.** 100,45 N; 89 N 100,45 N; 75,8 N

UNIDAD 10

1. 3267 Pa; 6533 Pa; 19 600 Pa

2. $p_{(cara\ 60x12)}$ = 1769 Pa; $p_{(cara\ 60x17)}$ = 1249 Pa; $p_{(cara\ 12x17)}$ = 6245 Pa

4. p_{ondo} = 29400 Pa; p_{pared} = 9800 Pa **9.** 949 m

11. 27 812 N **12.** 294 N **15.** $4 \cdot 10^7$ Pa **16.** 140 525 Pa

17.

Fuerza (N)	5	10	25	50
Superficie (m^2)	0,0005	0,001	0,005	0,01
Presión (Pa)	10000	10000	5000	5000

21. 26,4 cm **22.** 2333 kg/m^3 **25.** 10,3 m

26. **b)** 55 978 Pa (A); 67 973 Pa (B); 101 293 (C); 90 630 (D)

28. 88651 Pa **30.** 19889 N

32. $p_A = p_B = p_C$ = 102 273 Pa; $p_D = p_E = p_F$ = 103 253 Pa

35. E = 25 186 N; F_T = 31 164 N **37.** 0,62 N

38. **a)** 196 N; **b)** 20 L; **c)** 9,1% **40.** **a)** 2510 cm^3

42. **a)** 0,88 N; **b)** 681 N; **c)** 680 N **46.** 30 000 N

UNIDAD 11

1. $E_{c2\ m/s}$ = 200 J; $E_{c4\ m/s}$ = 800 J; $E_{c6\ m/s}$ = 1800 J; $E_{c8m/s}$ = 3200 J; $E_{c10\ m/s}$ = 5000 J

2. 1764 J; 588 J; 0 J **6.** 980 J; 0 J; –980 J; 0J

8. **a)** 150 W; **b)** $2,7 \cdot 10^6$ J; **c)** 0,75 kWh , 0,09 €

9. **a)** 1 058 400 kJ = 294 kWh; **b)** 5880 N

11. **a)** –30 J; 33 J; **b)** 91 % **15.** **a)** 196 J; **c)** 20 m/s

16. **a)** 3500 J; **b)** E_{c2} = 7000 J; E_{c3}= 10 500 J

23. **a)** 89,5 J; **c)** 89,5 J **25.** **b)** Con 65,5 m/s; **c)** 218,7 m

26. 300 J **27.** **a)** 8660 J; **b)** 112,5 J; **c)** –112.5 J

28. **a)** 392 N; **b)** 1372 J; **c)** –34 J; **d)** 818 J

29. **a)** $1,35 \cdot 10^6$ J; **b)** – $1,35 \cdot 10^6$ J; **c)** –13 636 J **31.** **a)** 0 J

32. **a)** E_c = 0 J; $E_p = E_m$ = 2450 J; **b)** 2450 J; **c)** E_c = 2450 J; v = 9,9 m/s **d)** 0 J **e)** 10 m **f)** –2450 J

33. **c)** 0,7 m **34.** **a)** 14 J; 0 J; –9 J Total 15 J; **b)** 15 J; 0,77 m/s

35. **a)** 6000 J; **b)** 4800 J **36.** **a)** 1,86 · !0^7 J; **b)** 1,58 · !0^7 J; **c)** 85.4 %

37. **b)** 10 cm; **c)** d_3 = 15 cm; d_4 = 20 cm; **d)** 6 kg

38. **a)** 12 544 J; **b)** 784 N; **c)** 209 W; **d)** 94 %

39. 1,08 · !0^7 J = 1,08 · !0^4 KJ; 7,56 · !0^6 J = 7,56 · !0^3 KJ

41. W = 22,6 J; **a)** W = 22,6 J; F = 40 N

UNIDAD 12

1. 1 923 000 J = 1923 kJ **2.** 471 J/kgºC **6.** $5,2 \cdot 10^7$ J

8. c_{eA} = 7000 J/kgºC; c_{eB} = 2333 J/kgºC

14. **a)** 176 ºF y 353 K; **b)** 27 ºC y 300 K; **c)** –4 ºF; **d)** –29 ºC

17. 167200 J **22.** 83 L **23.** 0,24 kg **27.** $2,4 \cdot 10^{-5}$ K^{-1}

29. 4,8 x 10^{-5} K^{-1} **30.** 2,4 mm **32.** **a)** 2,20 L; **b)** 0,13 L; **c)** 2,20 L

33. 1,26 cm^3 **37.** $1,80 \cdot 10^6$ J; $1,94 \cdot 10^6$ J **38.** $7,94 \cdot 10^5$ kJ

39. 11,7 kg

40. **a)** 167 200 J; **b)** 216 000 J; **c)** 48 800 J; **d)** 77,4 %

Notas

Notas

Notas

Notas

El libro de **Física y Química para 4.º ESO** forma parte del Proyecto Editorial de Educación Secundaria de SM. En su realización ha participado el siguiente equipo:

Autoría
Ana Cañas, Jesús Ángel Viguera, Aureli Caamaño, Fernando I. de Prada

Asesoría científica
J. G. L. de Guereñu

Edición
Rocío A. Medina, Manuel Reyes, Daniel Omar Romero, María Garrido (edición digital)

Corrección
Ricardo Ramírez

Ilustración
ARCHIVO SM, Ricardo de Arce Borda, Ramón Colera Cañas, Pablo Jurado, Santiago Alberto Moralejo, Félix Moreno Arrastio, Jacinto Rodriguez Montoro, Myriam Alicia García Marquet, Juan Francisco Cobos Hernández, Ariel Alejandro Gómez, Diego Conte Peralta, Nicolás Fernández Prímola, EL OJO DEL HURACÁN, Antonio Muñoz Tenllado, Luis Mosquera Arancibia

Fotografía
Javier Calbet, Juan Baraja, José Manuel Navia, Sergio Cuesta, María Pía Hidalgo / ARCHIVO SM; Schmidbauer, Sergio Dotta Jr, Pedro Carrion Juarez, Peter Rey; Jose Antonio Nicoli / Dreamstime; Shawn Riley / iStock; CONTACTO; EFE; ALAMY IMAGES; PHOVOIR; PHOTOLINK; INGIMAGE; THINKSTOCK; Dotta; 123RF; SHUTTERSTOCK; GETTY IMAGES; AGE FOTOSTOCK; ESA / ATG medialab

Edición gráfica
Juan Baraja

Diseño de cubierta e interiores
Estudio SM

Responsable de proyecto
Ángel Rubio

Coordinación de contenidos digitales
Mara Mañas

Coordinación editorial de Ciencias
Laura Pérez

Dirección de Arte del proyecto
Mario Dequel

Dirección editorial
Aída Moya

Todas las actividades contenidas en este libro han de ser realizadas en un cuaderno aparte, nunca en el propio libro.
Los espacios incluidos son meramente indicativos y su finalidad es puramente didáctica.

Gestión de las direcciones electrónicas
Debido a la naturaleza dinámica de internet, Ediciones SM no puede responsabilizarse de los cambios o las modificaciones en las direcciones y los contenidos de los sitios web a los que remite en este libro.

Con el objeto de garantizar la adecuación de las direcciones electrónicas de esta publicación, SM emplea un sistema de gestión que redirecciona las URL que con fines educativos aparecen en la misma hacia diversas páginas web; entre otras de uso frecuente: http://es.wikipedia.org, www.youtube.es. SM declina cualquier responsabilidad por los contenidos o la información que pudieran albergar, sin perjuicio de adoptar de forma inmediata las medidas necesarias para evitar el acceso desde las URL de esta publicación a dichas páginas web en cuanto tenga constancia de que pudieran alojar contenidos ilícitos o inapropiados. Para garantizar este sistema de control es recomendable que el profesorado compruebe con antelación las direcciones relacionadas y que comunique a la editorial cualquier incidencia a través del correo electrónico ediciones@grupo-sm.com.

ISBN: 978-84-675-8706-7
Depósito legal: M-03371-2016
Impreso en la UE / *Printed in EU*

Este libro está impreso en papeles procedentes de bosques gestionados de manera sostenible.